中文社会科学引文索引（CSSCI）来源集刊

比较政治学研究

总第27辑

比较视野下的区域国别研究

李路曲 ◎ 主编

天津出版传媒集团

天津人民出版社

图书在版编目（CIP）数据

比较政治学研究. 总第 27 辑，比较视野下的区域国别研究 / 李路曲主编. -- 天津 ：天津人民出版社，2024.
12. -- ISBN 978-7-201-20969-2

Ⅰ．D0

中国国家版本馆 CIP 数据核字第 2025R9M099 号

比较政治学研究总第27辑：比较视野下的区域国别研究

BIJIAO ZHENGZHI XUE YANJIU ZONG DI 27 JI: BIJIAO SHIYE XIA DE QUYU GUOBIE YANJIU

出　　版	天津人民出版社
出 版 人	刘锦泉
地　　址	天津市和平区西康路35号康岳大厦
邮政编码	300051
邮购电话	(022)23332469
电子信箱	reader@tjrmcbs.com

责任编辑	王　玎
特约编辑	田志明
封面设计	汤　磊

印　　刷	天津新华印务有限公司
经　　销	新华书店
开　　本	710毫米×1000毫米　1/16
印　　张	25.25
插　　页	2
字　　数	320千字
版次印次	2024年12月第1版　2024年12月第1次印刷
定　　价	96.00元

2024 年第 2 辑　总第 27 辑

Comparative Politics Studies No.27

主办单位

天津师范大学政治与行政学院

主编

李路曲

编辑部主任

佟德志

编辑部成员

高春芽　张三南　吕同舟　周幼平　李　辛

卷首语

　　2024年1月在教育部公布的《研究生教育学科专业简介及其学位基本要求(试行版)》中,"比较政治"被正式列为政治学二级学科。这一变化凸显了比较政治学科建设和人才培养的重要性。在此背景下,如何吸收和借鉴已有的丰富学术资源,进而形成比较政治理论体系的中国自主表达,是亟待比较政治学研究者反思和讨论的重要话题。遵循这一学术旨趣,本辑共收录16篇文章,既涵盖了比较政治学前沿理论,也包括国别研究、政党政治、民主化、国家建构等经典议题。本辑还特别收录了关于近期比较政治研究力作《演变:西方政治的新现实》和《新制度主义政治学十讲》的评介性文章。

　　近年来,中国比较政治研究在本土化理论建构和方法创新等方面取得显著进展。本辑开篇刊载了陈峰的《历史政治学刍议——本体理论还是研究路径或方法?》一文。文章认为,应该恰如其分地认识历史政治学的定位、作用和局限性,作为一种研究视角和方法,历史政治学不偏袒任何特定的规范倾向和议题,有助于增强比较政治学研究的多样性、开放性和批判性。

　　政党在现代国家治理中发挥着重要作用,本辑特别推出以"政党发展的新趋势与理论思考笔谈"为主题的文章,内容涉及政党体制、激进右翼政党、政党数字化、"政党—政府"关系和世界政党理论,旨在推动政党政治的比较研究,完善现代化理论。其中,周建勇对政党体制演变的概念进行了操作性界定,高春芽探讨了激进右翼政党重构代议民主制的政治机理,丁辉揭示了数字时代政党组织生态与权力结构的变化,张翔比较了中西方"政党—政府"关系的形态,袁超主张化解世界政党理论的结构失衡问题需要从反思认识论入手。围绕政党政治的前沿议题,李祉球对印度尼西亚与菲律宾的政党体系制度化水平进行了比较分析,指出政党体系制度化水平的差异与殖民时期不同的政党起源方式有关。王雄探讨了美国议员流动性变迁的根源、影响、改革及前景,提出美国议员流动性的阶段性反弹无法从根本上逆转议员流动性僵化问题。

民主转型和国家建构是比较政治学研究的重点内容,本辑收录了四篇相关文章。刘林涵和何增科以南非为典型个案,构建了"领袖人格—政治沟通—民主转型"的解释框架,剖析了领袖人格特质与政治沟通的匹配效应对民主转型的影响。闫健和周易晖在梳理和反思冲突代理理论的基础上,借助"地位焦虑"这一新机制探究卢旺达政府冲突代理行为背后的深层逻辑。曾庆捷聚焦苏联对第三世界国家土地改革的影响,通过实证研究发现苏联援助对土地改革的正向推动作用通过规范传播、改变国内政治力量对比、提供土改所需的物质基础三个因果机制实现。闫亮和顾培希以新加坡、马来西亚和泰国的现代国家建构历程作为研究对象,试图阐释精英结构的变化对现代国家建构成效的影响,强调现代国家建构的关键在于形成能长期维系的精英结构。

比较政治学关注跨国的比较研究,同时也致力于通过国别研究探索规律并构建普遍性理论。张婧和孟天广从拉丁美洲18个国家的跨国分析出发,考察了公共危机情景下国家救济对非制度化参与的影响效果和作用机制。基于世界价值观调查的跨国时间序列数据,赵德泽使用多层线性模型揭示出个体宗教经验对政治兴趣的多重影响。郑立从反对式民主的角度深度解析美国的国家认同危机,提出"移民冲击"成为党争工具,进而导致政治极化和国家认同危机,是美国"赢者通吃"政治体制的结果。张旭在政治衰败的视野中考察右翼民粹主义对自由民主的威胁,认为应对政治衰败和自由民主危机需要从政治动员和政治参与两方面入手。张汉等选取埃及、土耳其和伊朗三个案例展开比较历史分析,结论表明,发展中国家军政关系的差异源自领导权模式的不同。郝诗楠和徐子涵立足拉美、西亚北非及撒哈拉以南非洲三个地区的案例,梳理出发展中国家军政关系的三大发展趋势。

2024年问世了两部重要的比较政治学研究力作,本辑分别收录了关于这两部书的评介性文章。马丝妮认为,《演变:西方政治的新现实》一书为理解西方当下与未来的民主政治提供了具有思辨性和启发性的阐释;杨楠则在梳理《新制度主义政治学十讲》一书轮廓的基础上,对其研究特点和学术价值予以了评价。

《比较政治学研究》编辑部

2024年12月

目　录

历史政治学刍议

——本体理论还是研究路径或方法?

陈　峰*

内容摘要　近年来,历史政治学在国内政治学界备受关注。有学者认为历史政治学在中国具有特殊而显著的地位,是建构中国自主政治学知识体系的基石。但是,当前有关历史政治学的一些论述,似乎混淆了理论和研究视角及方法之间的区别,将历史政治学与政治学主流理论对立,甚至认为它超越了后者。这种看法的根源在于将历史政治学误解为具有独特本体论的理论。本文认为,"历史"并非具有独立意义的政治学本体论概念,而是一个贯穿于各种本体论的横切性因素,跨越不同本体论理论的边界,能与不同的政治学理论相互兼容。因此,历史政治学的重要性并非在于创造了能与现有本体理论并驾齐驱甚至取而代之的新的本体理论,而是提供了一种揭示这些理论的历史或时间属性的研究路径,从而生成新的理论观点。历史制度主义就是范例之一。在区分本体理论和研究路径的基础上,本文从方法论层面,选择性地讨论当前历史政治学论述中涉及的三个问题:理论建构的路径和局限、数据来源的潜在争议,以及历史政治学与规范性的关系问题。

关键词　历史政治学;政治学本体论;历史制度主义;美国政治发展

---

*　陈峰,香港浸会大学教授(荣休)。

引　言

　　政治学和历史学的关系源远流长。早在政治学学科的初创年代，美国的政治学家就认为政治学和历史密不可分。[①]在行为主义兴起之前，美国政治学和历史有千丝万缕的联系——传统的宪政研究和制度分析基本上都是历史主义的。在两次世界大战之间，行为主义的兴起打破了传统的政治学研究习惯，追求科学化的数据测量、假设检验、模型建构成为政治学研究的主流，历史被认为无助于政治学的科学化而被冷落。但即使在行为主义最昌盛的年代，仍有少数政治学者和政治社会学者坚持运用历史分析——20世纪60至80年代，李普塞特、摩尔、亨廷顿、悌利、本迪克斯、斯考切波、卢波特等著名学者都通过研究历史事件、过程和背景来理解政治现象，对政治学的重要议题如革命、民主化、国家建构、制度发展和政治秩序等做出了重要贡献。他们的研究开创和奠定了比较历史分析这个研究领域。比较历史分析虽然体现了政治学和历史的出色结合，但没有提供历史分析运用于国别政治研究的路径。七八十年代开始兴起的两个密切相关学派——历史制度主义和美国政治发展（American Political Development，APD）——突破了这一局限。前者扬弃了传统制度主义静态和描述的特性，建立了关键时刻、事件顺序、路径依赖、正向反馈、过程追踪等重要概念，强化了追溯因果机制和识别类型的能力，打破了纯粹叙事的传统历史分析套路，为国别政治研究中的历史分析提供了概念框架。APD则以美国历史为实证基础研究政治变迁和发

[①]　例如，19世纪末哥伦比亚大学的美国政治学者约翰·伯格斯曾指出，政治学和历史两个领域相互重叠，相互渗透，无法明显分开，必须从历史角度研究政治学，从政治学角度研究历史……如果把它们分开，一个会成为跛子，另一个则会成为鬼火。John W. Burgess, "Source," *The American Historical Review*, 1897, 2(3):401-408. 20世纪初，约翰·霍布金斯大学政治系创系教授威洛比亦认为，政治学和历史的关系是如此密切，将它们作为绝对分离的学科进行研究是不切实际的，也是不可取的。W. W. Willoughby, "The American Political Science Association," *Political Science Quarterly*, 1904, 19(1): 107-111.

展,范围涉及美国政治的各个方面,包括政党发展、选举制度、利益集团、社会运动、政策制定过程和宪法解释等。这类研究大多采用个案分析法,通过分析历史事件、政策辩论和制度变迁来理解政治发展的原因和结果。虽然历史分析与政治学研究的结合由来已久,并早已成为政治学的重要组成部分,但英文文献中从未出现"历史政治学"这一用法。这类研究通常被称为"历史导向的政治学"(historical-oriented political science),而进行这类研究的学者则被称为"有历史头脑的政治学者"(historical-minded political scientists)。

"历史政治学"这一概念由中国学者首倡,用于概括将历史分析方法应用于政治学问题的各种研究。按中文语境,比较历史分析、历史制度主义、APD,都可以归入历史政治学范畴。和西方一样,历史政治学在中国的兴起也有着特定的社会背景。过去四十多年国家独特的发展经历,激发了政治学者从历史角度去探讨中国现代化道路和治理模式的根源与正当性,从而建立中国本土的政治学知识体系。为此,一些学者提出了一套关于历史政治学的论述。他们认为,长期以来,西方主流政治学理论对历史分析的忽视造成了知识上的空缺,而历史政治学填补了这一空白,超越了传统的"理性选择""国家中心论""社会中心论"等主流理论。他们进一步强调,鉴于中国独特的中华文明连续性,历史政治学在中国具备特殊而显著的地位,对理解中国政治的至关重要,当成为中国政治学研究的"专属方法"和建构中国自主政治学知识体系的基石。①毋庸置疑,历史政治学是政治学不可或缺的一个领域,对学科发展起着重要作用。但是,以上论述有值得商榷之处。本文认为,在推动历史政治学的同时,恰如其分地认识其定位、作用和局限,才有益于这一学科的发展。

本文针对国内学界当下的讨论,并借鉴西方历史政治学的研究

---

① 有关国内历史政治的论述,本文主要参考杨光斌教授本人与其他合作者的论文:杨光斌:《什么是历史政治学?》,《中国政治学》2019年第2辑;杨光斌:《历史政治理论序论》,《社会科学》2022年第10期;杨光斌、释启鹏:《历史政治学的功能分析》,《政治学研究》2020年第1期。

脉络,提出几点粗浅看法。首先需要指出,历史政治学并非一种独立的理论,而是一种研究视角和方法,能与不同的政治学理论相互兼容。当前有关历史政治学的一些论述,似乎混淆了理论和研究视角及方法之间的区别,视历史政治学与其他政治学理论对立,甚至超越后者。这种看法的根源在于将历史政治学视为具有本体论含义的理论。在质疑历史政治学本体论的基础上,本文认为,历史政治学作为一种研究视角的价值主要体现在认识论和方法论层面,并从这个角度选择性地讨论三个与历史分析方法有关的问题:历史理论建构的路径和局限、数据来源的潜在争议,以及历史政治学与规范性的关系问题。当然,政治学科中的历史分析方法还有许多值得深入探讨的问题,本文无法一一涉及。

一、历史政治学与本体论

在当前的讨论中,有部分学者提出历史政治学是一种具有本体论含义的独特理论,从而对西方主流政治学理论提出挑战并进行超越。他们认为,历史政治学的出现,反映了中国政治学研究的范式转变。这个看法实际上是对历史政治学性质的误读。确实,西方的历史政治学起源于部分学者对传统政治学研究的不满和反思。针对当时主导政治学的理性选择理论和结构功能主义的非历史倾向,这些学者提出了尖锐的批评。他们认为,理性选择理论采用抽象的理论框架解释政治现象,忽视了具体历史背景和独特的政治经验;而结构功能主义将政治制度视为稳定的、功能完善的政体,忽视了历史过程对政治体制内的权力冲突、利益竞争和变革力量的塑造作用。同时,他们也质疑传统政治学对定量研究的执迷,认为一味追求普遍性和概括性的理论势必忽视历史的特殊性和多样性,无法真正捕捉政治发展的具体背景、过程和动态。

然而,这些批评并不意味着历史政治学与现有的政治学理论完全对立。事实上,历史政治学并非从根本上否定主流政治学理论的本体论假设,而是指出由于这些假设与历史割裂而削弱了其解释力。将"历史"重新引入政治学,旨在强调历史视角对于政治学研究的重要性,而不是从本体论层面挑战政治学理论——因为历史政治学本身并不构成具有本体论意义的理论。认为历史政治学与政治学主流理论对立的看法不恰当地将一种独特的研究视角和方法混同于本体论理论。

政治学的本体论涉及关于政治现实性质的基本假设,旨在界定政治领域内的基本实体、关系和属性,塑造学者对政治现象的概念和理解方式,是建构理论框架的基石。政治学本体论要回答的问题包括:政体由什么构成？它的组成部分是什么,它们是如何相互联系的？有哪些一般性原则主导着其运作和变化？这些原则是因果关系吗？如果是,政治因果关系的本质是什么？是什么驱使政治行为者的行为？个体偏好和社会制度以何种方式存在？这些事物是具有普遍性,还是取决于特定背景？[1]对于这些问题,存在两种基本的本体论立场:基础主义(foundationalism)或反基础主义(anti-foundationalism),[2]在政治学(及其他社会科学)中典型地表现为结构(structure)解释和能动(agency)解释之间的分野。大体上,政治经济学视角、阶级视角、国家视角、制度分析等属于前者,理性选择、建构主义及文化视角等属于后者。虽然在实际研究中,学者极少明确强调或表达自己的本体论倾向,但他们采用的理论和概念,无论是体系、结构、国家、政权、社会集体、身份、个体、观念或以上变量的组合,客观上都反映本体论假设。本体论是关于政治世界深层因果结构的前提,没有这些前提,政治分析无法进行。[3]

---

[1] Colin Hay, "Political Ontology," in Robert Goodin, ed., *The Oxford Handbook of Political Science*, Oxford University Press, 2011.

[2] Paul Furlong and David Marsh, "A Skin Not a Sweater: Ontology and Epistemology in Political Science," in David Marsh and Gerry Stoker, eds., *Theory and Methods in Political Science*, third edition, Palgrave and Macmillan, 2010:184–210.

[3] Colin Hay, "Political Ontology", in Robert Goodin, ed., *The Oxford Handbook of Political Science*, Oxford University Press, 2009:1160.

　　历史政治学是否具有独特的本体论? 一些学者持肯定态度。虽然他们并未明确阐述这一本体论的确切含义,但似乎在暗示历史政治学的本体论自然而然地是"历史",认为历史作用或某种历史沉淀因素塑造了政治现象和结果,决定了政治的属性。[①]毫无疑问,政治现象和结果都有其历史根源,都是特定历史过程的产物。这个观点很少受到质疑,政治学者普遍认同历史对于理解政治连续性和变迁的重要性。但是,"历史"是否构成政治学研究的本体论是一个值得商榷的问题。

　　历史本体论是一个哲学概念,关乎历史本质、存在和性质的问题,也有学者把史学本体论称为历史哲学或理论,黑格尔、斯宾格勒、汤因比等是历史本体论的代表人物,他们各自强调了历史在自由、文化、变革等方面的特殊意义。当代科学哲学家伊恩·哈金是主张历史本体论的著名学者。他把历史本体论视为一个哲学框架,用于探讨历史上形成的理解世界的概念和范畴如何塑造现实。他认为,我们对世界的理解不仅仅是对客观现实的被动反映,而是由我们创建的范畴和分类积极塑造的。一旦确立了这些分类,它们可以通过塑造人们对世界的感知和互动方式而产生真实的影响。他的历史本体论揭示过去的意义建构过程如何塑造了当前的现实。[②]李泽厚也从哲学意义上理解历史本体论,指出他使用这一概念是为了强调以人与自然(外在自然与内在自然)的历史总体行程来作为一切现象(包括"我活着"这一体己现象)的最后实在。[③]虽然历史本体论作为一个哲学概念为我们带来重要的智识性启示,但难以成为明确的政治学本体论。

　　首先,"历史"是一个复杂且丰富的概念,用于描绘过去事件、过程和发展。它涵盖了广泛的人类活动,包括社会、政治、体制、战争、

---

① 例如,杨光斌认为,中国的文明基体,包括"种族、文字、疆域的稳定性、大一统国家、民本政治社会体制、仁爱的社会关系以及对外的'公家秩序'(天下为公、天下一家)等,决定了中国政治的属性"。《历史政治理论序论》,《社会科学》2022年第10期。

② Ian Hacking, *Historical Ontology*, Harvard University Press, 2004.

③ 李泽厚:《历史本体论》,生活·读书·新知三联书店,2008年,第19页。

经济、文化、宗教等各个方面。这些因素相互交织,难以割裂。由于历史的复杂性、多面性和多质性,难以简约或抽象出通用的政治属性概念,也难以成为建构政治学研究独立变量的基础。例如,一些学者在分析"历史遗产"(historical legacy)对民主转型国家劳工政策的影响时发现,虽然探究"深层历史"会得到一些有趣的、令人启发的相关性,却无法提供将过去与现在连接起来的因果机制。①包罗万象的"历史遗产"更像是"历史背景"或"历史根源"的同义词,难以生成可操作化的概念或变量。其次,既然"历史"涵盖相互交织的诸多面向,其中哪些因素以及如何影响了政治结果往往取决于研究者的主观判断和解读。这就意味着历史本体论所指涉的"存在"的确切含义难以明确定义,其客观性就成为一个困难的问题。最后,与其他本体论的理论概念完全不同,历史是一个实证概念,是对过去事件和情景及其发展的描述,不能定义政治的属性和本质。历史政治学对特定历史事件、现象和时期的研究难以形成一般性理论。

此外,政治学研究和历史不可分割这一事实恰恰说明,历史不具有一个单独的、独立意义的本体性质。如前所述,政治学的不同本体论是对政治属性和存在的不同定义,在性质上是独特的、互相区隔的。但"历史"是一个贯穿于各种本体论的横切性因素,跨越不同本体论理论的边界,在各种政治学本体论中都具有重要作用。任何本体性的"存在"——不论是结构、能动、行为者、制度、文化等——都具有时间或历史维度,同时受到历史制约,并且都在历史过程中生成、存在、变化或消亡。历史政治学提供分析框架,将本体存在或相关变量置于时间过程中进行考察,揭示历史过程中的不同因素对政治现象和结果的影响。至于如何确定、分析或解读这些影响因素,则取决于学者秉持的本体论立场。历史政治学的分析视角可以融入各种不同本体论的理论观点,任何政治学理论倾向的学者都可以同时是历

---

① Tari Caraway, Maria Lorena Cook, and Stephen Crowley, eds., *Working through the Past: Labor and Authoritarian Legacies in Comparative Perspective*, Cornell University Press, 2015.

史政治学的研究者。因此,历史政治学的重要意义,并非创造了新的定义政治属性的本体理论,而是揭示政治学各种理论和概念的历史属性。

在我们熟悉的文献中,将历史分析和不同的本体论理论相结合的研究并不少见,马克思和韦伯的理论就是经典的例证。他们关于资本主义起源和发展的理论有着完全不同的本体论预设,前者是结构,后者是文化(或观念),但他们都开创性地将历史分析用于理论建构,为历史政治学以及历史社会学奠定了重要的智识基础。当代政治学研究的一些重要成果同样产生于不同理论观点与历史分析的结合。例如,摩尔有关民主和专制起源的研究以及斯考切波的革命研究本质上都是结构主义的,但前者强调社会经济和阶级关系,可视为社会中心论,[①]而后者关注国家危机(同国家与上层阶级的关系有关)和国际压力,可视为国家中心论,[②]但他们都运用了历史以及比较的视角,使得结构性的问题呈现出时间的脉络,创造性地建构了独特的政治发展和革命的理论,成为历史政治学的经典之作。理性选择理论最为人诟病的缺陷之一是其非历史性,但莱维成功地将这一理论与历史视角结合起来,探讨了统治者提取岁入和社会服从的关系,通过研究收入提取随时间和地点发生变化的原因,得出了政治交易成本比经济交易成本更为重要的结论。[③]同样地,几位著名理性选择学者的论文集《分析叙事》将理论模型用于历史分析,提出了一种从特定案例中提取可实证检验的一般假设的方法。[④]显然,莱维和其他理性选择派的学者并未改变他们的理论预设,但他们强调了理性人的偏好、行为和选择受到历史以及其他客观条件的制约和影响。

[①]　Barrington Moore, B., *The Social Origins of Dictatorship and Democracy: Lords and Peasants in the Making of the Modern World*, Beacon Press, 1966.

[②]　Theda Skocpol, *States and Revolutions: A Comparative Analysis of France, Russia, and China*, Cambridge University Press, 1979.

[③]　Margaret Levi, *Of Rule and Revenue*, University of California Press, 1989.

[④]　Robert H. Bates, Avner Greif, Margaret Levi, Jean-Laurent Rosenthal, and Barry R. Weingast, *Analytic Narratives*, Princeton University Press, 1992.

上述例子显示,作为一个将时间维度引入政治分析的研究领域,历史政治学对各种理论开放,是一个理论多元的领域。不同的理论观点在历史政治学中都有其价值和适用性,研究者可以根据具体问题和研究目的选择适合的理论框架和观点进行研究。不管是结构主义、国家中心论、社会中心论、制度主义、理性选择、文化主义、政治经济学,还是其他,都可用作审视和分析历史现象演变、发展、影响和因果关系的理论框架。事实上,历史政治学是离不开各种既有的理论的。没有这些理论的存在,历史政治学就失去了概念基础,成为空中楼阁,或者成为单纯的历史叙述。为了使"历史"成为政治学研究的有效概念工具,政治学学者必须超越"历史是重要的"(history matters)这个至关重要但显而易见的论断,清晰地确定影响政治结果的具体变量,而这就需要依靠不同本体论的理论。不同的理论倾向决定研究者如何取舍历史数据或如何确定因果因素,历史提供的知识和资料必须靠各种理论框架去组织、加工和表达,不同的理论塑造不同的历史解释。

概言之,对历史本体论的质疑,并非否定本体论对历史政治学的意义。恰恰相反,这种质疑意在强调历史/时间维度与各种本体理论之间的密切关联。历史政治学的重要性并非在于创造能与现有本体理论并驾齐驱,甚至取而代之的新本体理论,而是提供一种揭示这些理论历史/时间属性的方法,从而生成新的理论视角。历史制度主义就是最好的范例。

二、历史制度主义的本体论

如果说以上例子显示历史视角可以与各种政治学的主流理论兼容,那历史制度主义则更近一步,体现了这一视角和既有政治学理论(即制度主义)的融合,创造性地将制度的时间维度理论化,建构了路径依赖、关键时刻、正向反馈等重要概念,从而形成了新的政治学理论观点。历史制度主义以及历史社会学是国内历史政治学最主要的思想资源,对当前国内历史政治学的论述有深刻影响。那么,历史制度主义是否是以"历史"为本体论的理论呢? 答案应该不是。

历史制度主义有两个松散的学派。主流学派认为,作为一种有关"时间中的政治"的理论,[①]历史制度主义以制度为本体,时间维度不会改变制度本体的本质。这种观点是结构主义的。另一部分学者强调"能动"(行为者)在制度变迁和发展中的关键作用。显然,这两种论述的本体都不是"历史",而是历史过程中的制度或行为者。

历史制度主义强调时间/历史过程对制度起源和转变的影响,它基于这样一个假设:任何一种制度结构及其各个不同部分都是在历史过程中建构起来的,因此对于任何单个部分的性质和前景,都应当置于政治形成的长时段中予以理解。政治系统、制度、结构和实践都不是自然或固有的,而是由历史过程塑造而成,有赖于时间过程中的权力动态、社会力量和行为者选择的交互作用。[②]并且,历史塑造的政治发展并非线性或注定的,而是历史偶然性和各种因素互动的产物。事件发生的时间和顺序等时间性因素影响制度的产生和变迁,而这一过程影响政治权力的分配以及公共政策。概言之,历史制度主义认为历史/时间是制度本体的固有属性,正如皮尔森所说,历史制度主义"强调……许多当代时间过程的影响是嵌入在制度中的——无论是正式规则、政策结构还是规范"[③]。

但是,将制度嵌入时间/历史过程并不改变其本体地位。在历史制度主义学者看来,制度作为正式或非正式的规范、惯例和实践具有先验性(结构主义)和实质性(物质主义),[④]既先于个体行为,又独立

[①] Paul Pierson, *Politics in Time: History, Institutions, and Social Analysis*, Princeton University Press, 2004.

[②] Karen Orren and Stephen Skowronek, *The Search for American Political Development*, Cambridge University Press, 2004:147.

[③] Peter Pierson, "The Path to European Integration: a Historical Institutionalist Approach," *Comparative Political Studies*, 1996, 29(2):123–163.

[④] Mark Blyth, Oddný Helgadóttir, and William Kring, "Ideas and Historical Institutionalism," in Orfeo Fioretos Tulia Falleti and Adam Sheingate, eds., *The Oxford Handbook of Historical Institutionalism*, Oxford University Press, 2016:147.

于个体行为,对政治过程有自主的影响力,也就是说,过去的制度配置和决策在很大程度上塑造了当前和未来的政治轨迹。即使历史制度主义提出一些有时间(temporal)含义的概念,仍然有明确的本体论预设。我们可以以"关键时刻"(critical juncture)这一概念为例。"关键时刻"是指在一个相对较短的时间段内发生的具有重大而持久后续影响的变化或事件,通常成为某种"路径依赖"过程的初始标记。尽管"关键时刻"是个相对离散的时间现象,历史制度主义理论将其锚定在社会制度分析中,强调"关键时刻"的"关键"应是具有结构性的分析单位,如短暂的政治、社会或经济剧变,政治权力的松动或调整等,通常表现为"事件"或重大政局或政策变化。例如,比较政治学者科利尔等在他们的经典著作《塑造政治场域》中指出,20世纪中叶,拉美主要国家从镇压工人运动转向对其实行国家吸纳或政党吸纳,是历史上的"关键时刻",形塑了拉美此后的政治发展轨迹。[1]同样,拉美国家战后开始推行进口替代战略也被视为一个重要的"关键时刻",造成了后来几十年政治经济模式的路径依赖。[2]

虽然历史制度主义强调时间性对解释政治结果至关重要,并建构了关键时刻和路径依赖等理解时间性的重要概念工具,但这些概念并非具有定义政治属性的本体论含义,而是对历史/时间性过程中的制度变迁的因果机制的理论描述。这就是说,在历史制度主义的理论中,历史/时间并非本体,过程中的制度才是。时间/过程是因果链条,不是原因本身。历史制度主义的方法是通过追踪事件的轨迹,以确定连接因果的机制、过程和干预变量,探讨历史过程中某些现象或事件如何导致特定结果。因此,历史制度主义不是一种以"历史"为本体的理论。

在主流历史制度主义学者强调制度作为具有因果能力的自主实

---

[1]　Ruth Collier and David Collier, *Shaping the Political Arena: Critical Junctures, the Labor Movement, and Regime Dynamics in Latin America*, Princeton University Press, 1991.

[2]　Hillel Soifer, "The Causal Logic of Critical Junctures," *Comparative Political Studies*, 2012, 45(12):1572-1597.

体的同时,也有学者认为必须承认"能动",即行为者在塑造政治结果
方面的实质性作用。他们指出,这种作用在关键时刻显得尤为突出。
关键时刻根源于社会结构条件,但会带来什么样的发展方向是不确
定的,有多种可能性,先前的结构条件不一定决定随后制度发展的类
型和方向。因此,关键时刻为个体行为者提供了选择的可能和塑造
制度后续发展路径的机会。有学者用列宁的"革命形势"概念来诠释
"关键时刻",指出在历史突变的紧要关头,列宁拒绝了孟什维克的改
良主义,选择了激进的革命策略,从而开启了新的制度发展路径。[1]
因此,在这些学者看来,尽管制度是决定性的结构,但个体行为和决
策对制度的影响和塑造是不可忽视的。他们认为,在现实世界中,制
度和行为者两者之间是相互交织和相互形构的,后者的行动受到制
度的限制,同时也能通过行动改变或重塑制度的轨迹。这一观点涉
及结构和能动之间关系这一社会科学争论已久的问题。历史制度主
义确实提供了将结构和能动这两种不同本体论结合起来的时间框
架,有助于我们理解制度和行为者在塑造政治过程和结果过程中的
复杂互动。但是,诚如科利尔等所说,虽然行为者在关键时刻有自由
裁量权,但他们的选择仍然"深深地嵌入于先行条件"[2]。马宏尼亦指
出,关键时刻是结构相对不稳定的时刻,为意志坚定的行为者提供了
自主塑造政治结果的机会,但他们的选择仍根植于先前的结构。[3]归
根结底,选择的范围是由既定条件决定的。只有将行为者可用的选
择范围嵌入历史的社会和制度背景中,才能重建不同选择的历史合
理性和政治可行性。

---

[1] James Conran and Kathleen Thelen, "Institutional Change," in Orfeo Fioretos Tulia Falleti and Adam Sheingate, eds., *The Oxford Handbook of Historical Institutionalism*, Oxford University Press, 2016:56.

[2] Giovanni Capoccia, "Critical Junctures," in Orfeo Fioretos Tulia Falleti and Adam Sheingate, eds., *The Oxford Handbook of Historical Institutionalism*, Oxford University Press, 2016:90.

[3] Giovanni Capoccia, "Critical Junctures," in Orfeo Fioretos Tulia Falleti and Adam Sheingate, eds., *The Oxford Handbook of Historical Institutionalism*, Oxford University Press, 2016:90.

概言之,历史制度主义是将历史分析方法与特定政治学理论相融合的重要成果。它将静态的政治实体及其关系置于时间维度加以理解,揭示长期过程对因果关系的影响,强调制度与结构的历史嵌入性,即当前的制度和结构是在历史过程中形成的。但是,引入历史视角并未改变历史制度主义的本体论,而是将制度本体置于历史过程中,历史并非本体。同时,部分历史制度主义学者关注能动在制度发展中的作用,建构了将两种不同本体论结合起来的理论观点。这是否代表新的本体论立场,见仁见智。但可以确定的是,在制度和能动结合的理论中,历史并非本体因素,而是两者互动的时间框架和脉络。

三、理论建构的路径与局限

综上所述,本文认为,历史政治学是一个研究领域,不同理论倾向的研究都有一席之地;同时,它也体现一种研究方法,即通过运用政治学的理论和概念,分析历史过程或现象,来回答政治学的重大问题,因此与政治史的研究有着根本区别。具体来说,历史政治学有三种研究途径:第一,通过观察历史演变过程,辨识长期模式和动态,确认反复出现的主题、周期和轨迹,从而构建理论框架;第二,通过深入分析个别事件、时期或过程,详细描述、解释和揭示政治事件之间的因果关系;第三,采用比较历史分析来理解不同历史案例之间的差异和相似之处,通过"最相似案例"或"最不同案例"方法发现因果机制或识别模式。

现有的文献显示,历史政治学有两种研究传统:个案(或国别)研究和比较研究。国内学界对"比较历史研究"已不陌生,事实上,当前有关历史政治学的论述深受其启示。比较历史研究的方法和比较政治学基本相同,其结论具有一定的普遍性。例如,民主发展和阶级之间的关系一直是比较政治学者关注的议题。摩尔的《民主和专制的起源》、卢波特的《自由主义、法西斯主义和社会民主主义》和卢斯齐梅耶等合著的《资本主义发展和民主》都运用比较历史分析,从阶级结构和阶级联盟的角度审视民主形成的理论框架。他们的比较研究显示,不同的阶级结构和联盟形塑了不同的政治发展道路:摩尔认为没有资产阶级就没有民主,[①]卢波特认为阶级联盟导致不同的政权类型,[②]卢斯齐梅耶等认为工人阶级是民主发展的重要力量。[③]因此,跨国研究证明了阶级联盟和政治发展密切相关的普遍意义。

但是,历史比较研究没有提供历史分析如何运用于国别政治分析的路径。七八十年代兴起的"美国政治发展"学派填补了这一空白。就研究目标(即通过分析历史解释制度的持续和变迁)和方法取向(即以本国历史为资料来源)而言,APD和国内学界推动的历史政治学颇为契合。遗憾的是,国内有关历史政治学的论述没有充分关注APD对这一领域的重要贡献。

APD是历史分析和国别政治研究相结合的典范。这一学科专注于研究美国政治的历史变迁和发展,致力于理解政治制度、政策和实践随时间的演变,以及塑造这些变化的因素和动力。这一领域学者的研究范围涉及美国政治的各个方面,包括政党发展、选举制度、利益集团、社会运动、政策制定过程和宪法解释等。他们主要采用案例内分析法(within-case analysis),通过分析历史事件、政策辩论和制度变迁来理解政治发展的原因和结果。值得指出的是,APD和历史制度主义有着密切的关系,[④]可以说,APD的实证研究为历史制度主义的兴起创造了条件,而历史制度主义很大程度上是对APD研究的理

---

① Barrington Moore, *The Social Origins of Dictatorship and Democracy: Lords and Peasants in the Making of the Modern World*, Beacon Press, 1966.

② Gregory Luebbert, *Liberalism, Fascism, or Social Democracy: Social Classes and the Political Origins of Regimes in Interwar Europe*, Oxford University Press, 1991.

③ Dietrich Rueschemeyer, Stephens, E. H., and Stephens, J. D., *Capitalist Development and Democracy*, University of Chicago Press, 1992.

④ 一个事实突显两者的密切关联:著名APD学者,如奥伦、斯科沃罗尼克、皮尔逊等同时也是历史制度主义理论的主要建构者。

论化和概念化,成为APD的主要理论框架。①

APD的著名学者斯科沃罗尼克和奥伦认为,虽然APD是一门以美国政治和历史为经验基础的学科,但同样的研究模板可以应用于任何国家的政治。他们认为,APD中的America表明“美国”只是研究政治的历史建构及其意义的“众多实验室之一”。②任何国家的政治都可以视为历史建构的组成部分,都有不同时间背景下的政治安排如何共同运作的问题,也都面对历史文化和传统对政治的持久影响。因此,APD给我们的启示不仅仅是有关理解美国政治的一种独特视角,更是将历史分析应用于政治学研究的思路与方法。以下通过三位著名APD学者的代表作来了解这一学派的研究路径、风格和局限。

斯科沃罗尼克的《建立新的美国国家:国家行政能力的扩展,1877—1920》被视为APD领域诞生的标志。作者探讨了美国历史上不同政治时期行政国家的建立。他反对从功能反应和利益集团影响的角度解释进步的改革政策,认为国家的变革(或无法变革)根植于现存制度安排中的政治斗争。根据这个思路,斯科沃罗尼克认为,虽然在19世纪,美国因联邦权力孱弱,社会普遍存在一种无国家感,但事实上,政党和法院一直起着整合国家政治的作用:法院通过维护经济关系,政党通过恩庇侍从网络,来主导政府运作并组织国家与社会的互动。相比之下,国家行政机构的作用十分有限。当进步时代的改革者试图建立一个集中的行政国家来处理现代化和工业化带来的问题时,他们面临一个由“法院和政党”塑造的国家,其代表们有自己的利益和制度地盘要维护,因此政治精英和社会运动在推动议程时必须面对既有的制度秩序。1900年后,新的行政权力开始快速扩张,政党和法院实力衰退,总统和国会为控制新的行政权力而进行的宪法斗争成为政治竞争的焦点。斯科沃罗尼克的结论是,美国的国家

---

① 历史制度主义也为比较政治提供了理论框架。Svens Steinmo, Kathleen Thelen, Frank Longstreth, *Structuring Politics: Historical Institutionalism in Comparative Analysis*, Cambridge University Press, 1992.

② Karen Orren and Stephen Skowronek, *The Search for American Political Development*, Cambridge University Press, 2004:26.

建设并非像一般理论中描写的那样经历从弱到强的线性过程,而是以法院和政党为一方与国家行政为一方之间的"治理强弱交换",由此形成了一个运行能力和确定公共目标能力都有限的国家。①

斯考契波的《保护士兵和母亲:美国社会政策的政治根源》质疑一个很常见的观点:因为美国缺乏社会主义运动,因此美国的社会政策大大落后于欧洲。通过研究原始历史资料和政治分析,斯考契波指出,19世纪末期美国已存在广泛的社会福利制度,挑战了美国个人主义阻碍社会政策发展的看法。她的研究聚焦两个"关键时刻"中出现的社会政策:内战后老兵养老金和进步时代的母亲养老金;前者的实践为后者提供了样板。随后联邦政府和四十多个州制定了社会福利支出、劳工法规和健康教育计划。特别引发她兴趣的是,作为一个独特的母性福利国家,许多旨在援助妇女和儿童的计划是在美国妇女获得选举权之前制定和实施的。由此她发现,在妇女被排除在选举政治之外的时期,他们已通过创建庞大的全国性妇女俱乐部联合会,与政府内的改革者和倡导改革的专业妇女组织合作,形成了推动联邦立法的重要力量。在这些历史证据的基础上,斯考契波提出了政治机构、政党政治、社会动员和利益团体之间相互作用的理论框架,用于解释政府改革者和社会团体如何在它们互动所创造的机会和限制范围内设计和改变社会政策。②

奥伦的《滞后的封建主义:劳工、法律与美国自由主义的发展》是美国宪法政治的获奖作品。她的研究挑战主流理论将美国描述为建国伊始就是完全自由国家(liberal state)的传统观点。通过详尽分析历史和法律文献,她发现英国封建时代的主仆法持久影响着美国的劳动关系和劳动立法,强化等级关系和阶级不平等,阻碍建立公平和包容的劳工权利制度。直到19世纪末和20世纪初劳工运动的出现,

① Stephen Skowronek, *Building a New American State: The Expansion of National Administrative Capacities, 1877–1920*, Cambridge University Press, 1982.
② Theda Skocpol, *Protecting Soldiers and Mothers: The Political Origins of Social Policy in the United States*, Harvard University Press, 1992.

才开始动摇封建性的雇佣关系,并最终在新政时期立法保障工人组织、罢工和谈判的权利。奥仑特别指出了工人运动对建立自由主义秩序的作用,强调在封建残余与自由理念的冲突中,劳工争取权益的斗争证明劳工组织是自由主义秩序的创造者,而非摧毁者—美国劳工运动成功地利用国家在准封建环境中建立了自由的劳动关系。[①]

这三位学者通过历史个案研究,分别探讨了美国国家建构、福利制度和劳动关系制度建构的独特过程和轨迹,挑战了既有的制度发展理论。他们认为制度并非指抽象的"国家"或各类固定的机构设置,而是由各种多重、重叠和竞争的治理安排形式构成。每个特定制度安排都是在历史上的特定环境中产生,从而它们依次纠缠,新的结构沿着由旧机构铺设的路径发展,新旧制度以复杂、不协调甚至对立的关系互相叠加。与此同时,制度的不确定性为社会力量的影响创造了空间。因此,新旧制度的交融和张力与社会力量的介入,导致了新的政治动力、机制或模式,成为理解美国政治发展的关键所在。[②]必须指出的是,虽然APD的兴起和历史制度主义密切关联,但这个领域学者的理论倾向各式各样,只要浏览《美国政治发展研究》期刊就能发现,理性选择、国家与社会理论、阶级视角、文化和观念分析等都被广泛应用,这显示了各种理论观点与历史视角的结合。

APD开创了历史分析和政治学研究相结合的学科领域,为深度了解美国政治,识别政治结果及模式提供了短期研究难以获得的洞察力,对美国政治学的发展产生过独特影响。[③]同时,它也为以国别历史为实证基础的政治学研究提供了有价值的范例。这类研究可以揭示一个国家独特的历史和政治发展路径,深入理解其政治制度和

---

① Karen Orren, *Belated Feudalism: Labor, the Law, and Liberal Development in the United States*, Cambridge University Press, 1991.

② Karen Orren, *Belated Feudalism: Labor, the Law, and Liberal Development in the United States*, Cambridge University Press, 1991:11.

③ 美国政治学学科中的"美国政治"领域从此分为三个子学科——政治行为、政治制度、ABD(美国政治发展)。同时,APD学者于1986年创办了学科的专门期刊——《美国政治发展研究》(*Studies in American Political Development*);美国政治科学学会也设立了"政治与历史"专题小组。

行为的特殊性、追踪制度和政策的演变过程,进而展示如何通过一系列历史事件和决策形成当前的政治格局。而且,基于国别的历史案例研究可以验证或修正现有理论,为理论建构提供新的视角和证据,也为跨国比较研究提供坚实的基础。但另一方面,以个案研究为基础的历史政治学研究也存在明显的局限性。主要表现为,以历史个案为基础的政治学研究是问题驱动,而不是理论驱动的,其目标是解释特定的事件、过程或结果,探索个案的独特性和复杂性,对特定历史背景下的问题提供解释。这类研究难以提炼出通用的概念,其结论往往缺乏普遍的理论意义,并且可能会在比较的视角下变得不确定。由于这些限制,历史分析难以取代主流政治学追求一般性理论、概念化以及严格因果验证的研究取向。可能就是因为这个原因,APD在美国政治研究领域一直处于相对边缘的地位。历史政治学要突破这些限制,追求理论建构的普适性,跨国比较研究是一个必要的方法,即通过比较不同国家和地区的政治发展,发现相似性或差异性并揭示原因,确定不同国家政治发展中的哪些因素是特定情境的产物,哪些因素具有更广泛的适用性。这一研究路径和比较政治学类似,有助于揭示共同模式和机制,建立有一定普遍意义的理论。

四、资料选择的困境

作为一种研究方法,历史政治学面临的另一重要挑战是如何选择资料和数据。历史本身是一个巨大的资料库,提供大量的数据源,包括档案文件、官方记录,以及报刊、个人日记等。就这方面而言,历史政治学研究和其他视角的政治学研究没有本质区别,都需要用理论概念去组织、分析和解释经验数据,只是数据来源不同。APD的研究主要依靠美国建国以来保存的原始档案资料,以APD为例,其研究者的幸运之处在于美国历史很短,各种档案资料保存相对齐全完整,研究者完全有条件通过搜集和分析原始历史数据去研究政治发展。前面提到的三个APD范例,学者基本是依靠一手历史数据著述。

　　然而,政治学者并非历史专家。面对汗牛充栋、纷繁复杂的历史资料,大多数政治学者必须依赖历史学家的研究成果——即二手资料——进行研究。历史政治学的文献显示,无论是研究革命的原因、民主和专制的起源、国家制度的演变,还是思想文化的影响,政治学者的相关知识主要来源于历史学家提供的叙述和文本。[1]因此,在很大程度上,是历史学家塑造了政治学者对历史的认知。由此就产生了一个问题:历史学家本身持有不同的立场、视角和偏好,对史料有不同取舍,对相同事件有不同的解释,他们的叙述和文本是否都能用作完全客观中立的数据? 如果不是,那么,试图用历史事件来检验或构造理论的政治学者应如何在不同的历史叙事和解释之间进行取舍? 又应如何辨别历史叙述的准确性,或者确定某种叙述比其他叙述更为精确?

　　这些问题经常困扰历史政治学研究,即使最杰出的学者,也不得不面对这种困境。以悌利的"战争造就国家"理论为例,这一基于中世纪欧洲历史的结论被认为是对国家形成理论的重要贡献,但这个结论不时受到比较政治学者的质疑,他们认为悌利的史料具有太强的选择性,忽略了同样可能有重要影响的事实。比如,有学者认为,不仅仅是战争,还有农民起义、宗教冲突和贸易冲突等因素同样会影响国家形成。如何确定战争比其他因素更为重要? 也有学者认为,法国的中央化(即国家形成)早在欧洲军事技术改进和国家之间战争之前就发生了,"战争造就国家"有违时间顺序;更有学者认为,欧洲的国家建设战略——通过征兵建立常规军、征收直接和间接税、贤能制取代贵族制等等——开始于18世纪,而之前数世纪的战争并未导致国家建构,相反,是阻碍和扭曲了国家形成,因为国家不得不依靠贵族的财源和雇佣军进行战争。[2]显然,这些学者采用不同的历史叙事挑战了悌利的结论。

---

① 当然,现在也有部分政治学者有能力直接利用历史数据从事研究,特别是计量研究。

② 质疑悌利观点的相关文献,可参见 Tuong Vu, "Studying the State through State Formation," *World Politics*, 2010, 62(1):148-175.

　　摩尔的比较历史研究同样引发质疑。戈尔德索普指出,摩尔著作中有关英国的案例高度依赖托尼(Tawney)和坎贝尔(Campbell)两位历史学家的研究成果,将他们对英国内战的解读用作其研究的背景叙事,从而得出了革命暴力是封建主义向民主制度转型的必要前提。在戈尔德索普看来,摩尔借以立论的文献只是对英国17世纪历史诸多叙事中的一种,而且这种解读在当时就不为多数历史学者认同。戈尔德索普甚至进一步认为,比较历史学者常常把历史学家的著作视为"事实"的来源,而不是将后者视作对历史资料的解读。[①]言下之意,这必然会影响前者的立论。

　　尽管对悌利和摩尔理论的质疑未必能完全否定他们观点的深刻性和合理性,却凸显了历史政治研究中数据选择的复杂性,显示了如何选择历史叙事会直接影响研究结果。历史政治学者无法回避如何从众多的历史叙述中进行选择,以及采用何种历史诠释作为"实事"的问题。正如约尔延·莫勒所说,使用历史分析的政治学者需要认识到,人们对过去的了解充满不确定性;历史政治学研究的结论是否可靠,取决于其作为信息来源的历史作品。[②]那么,为了克服二手资料造成的研究困局,历史政治学者是否应该像历史学家一样,必须使用原始资料来进行研究呢? 斯考契波明确表示行不通,她甚至认为这个要求对于比较历史研究将是毁灭性的,因为鲜有政治学或社会学学者同时也是历史专家,他们缺乏运用原始史料从事跨国比较研究的能力和精力。她本人对法国革命、俄国革命和中国革命的比较研究都是依赖历史学家的叙述。她相信优秀的历史学研究成果完全可以成为社会学或政治学特定研究题目的证据来源,[③]不过她没有说明应该如何判定一项历史研究是否优秀,如何确定哪些文本可用作验

---

① Goldthorpe, John H., "The Uses of History in Sociology—A Reply," *British Journal of Sociology*, 1994, 45, Mar.:55-77.

② Jorgen Moller, "Feet of Clay? How to Review Political Science Papers that Make Use of the Work of Historians," *Political Science and Politics*, 2020, 53(2):253-257.

③ Theda Skocpol, "Emerging Agendas and Recurrent Strategies," in Theda Skocpol ed., *Vision and Method in Historical Sociology*, Cambridge University Press, 1984.

证或建构理论的证据。因此，在讨论历史社会学时，有学者认为，如果没有一套令人满意的解决选择偏差问题的方法，这个领域是脆弱的，因为其结论很容易受到挑战，这种挑战不仅会来自历史学家，也可能来自倾向于不同历史叙事的政治学同行。有学者承认目前并不存在对二手资料进行分类的"固定规则"，但建议学者公开披露自己的资料选用准则和分析程序，让读者有判断证据是否可信的依据。[①]莫勒则提出了更加具体的四个标准：关于历史事实的证据主张是否主要基于历史学家而非社会科学家的著作？关于历史事实的证据主张是否主要基于相对较新而不是较旧的历史资料？是否对不同的历史解释有所讨论或至少有意识到这些差异，并尝试在它们之间进行裁定？作者对有关历史事实的具体主张是否表明页码出处？他相信这四条标准有助于改善和提升政治学研究中的历史分析。[②]

中国有五千多年的历史，浩如烟海的历史文献，历史研究分工精细，高度专业化。大多数政治学者的历史知识不可避免地有赖于古今历史学家的著述，而历史学家在择取资料、解释举证、分析论述等方面会受到个人偏好、知识领域以及意识形态的影响。因此，政治学者在将历史学家的叙述当作宝贵的信息来源之时，需要保持审慎和批判的态度，避免将符合自己理论观点的叙事视为理所当然，应该考虑多种不同观点和解释。

五、历史政治学和规范性

国内历史政治学的兴起根源于过去几十年的社会巨变。史无前例的高速现代化、有效的社会治理、前所未有的国际影响力，引发国内外学者对中国道路和中国模式的强烈兴趣，试图从不同学科和角

---

① Ian Lustick, "History, Historiography, and Political Since: Multiple Historical Records and the Problem of Selection Bisa," *American Political Science Review*, 1996, 9(3):605-618.

② Jorgen Moller, "Feet of Clay? How to Review Political Science Papers that Make Use of the Work of Historians," *Political Science and Politics*, 2020, 53(2):253-257.

度去理解中国当前的发展,其中包括历史角度。部分国内政治学者认为,中国历史悠久,拥有几千年未曾中断的大型政治文明体,且正经历历史性的伟大复兴,因此,历史政治学对解读和正当化中国模式、构建中国自主的政治学体系和话语具有特殊意义。这种观点在一定程度上反映了当前国内对历史政治学的期待,即通过深入挖掘中国历史的独特经验和规律,为当代政治学理论的创新和本土化提供理论依据和实践指导。但同时,这种论述似乎暗示历史政治学具有某种规范性含义,特别有利于建立中国本土的政治学知识体系。

不可否认,所有的政治学理论都带有一定的规范倾向。自由主义、保守主义、马克思主义、社会民主主义,或其他思想体系,都会影响政治学理论的规范倾向。但是如前所述,历史政治学并非一种特定的理论,而是一种研究方法。与其他研究方法一样,历史政治学本身是价值中立的,与特定的本体论或规范倾向没有逻辑上的必然联系。正因为如此,这一研究方法不仅可以与不同的本体论相融,也能为不同价值取向的学者所采用。学者在选择资料来源、建构叙事结构、解释历史数据及应用何种理论框架时,都可能受到他们规范立场的影响。准确地说,历史政治学是一个容纳各种观点、各种立场竞争的领域,其研究规范性体现在学者对历史事件和现象的不同理解和解释上,而非天然有利于任何特定的政治学话语或议程。

以上APD的例子已显示历史政治学是一个开放的领域。虽然APD学者对批判传统的研究方式有共识,但他们对美国政治发展的解释却有不同侧重,反映了学者规范取向的差别。比如,多数学者是自由主义倾向的,专注制度内部的竞争、张力和变革动力及对行为者的形塑作用,斯科沃罗尼克、皮尔逊的研究属于这种类型。但也有部分学者试图理解社会力量对制度变革的影响,如斯考契波特别强调社会团体,尤其是妇女组织在建立美国福利制度中的作用,而奥伦则专注了工人运动对改变美国劳动体制的影响,体现左翼立场。显然,APD学者有各自的规范立场,虽然并非尖锐对立。

但是,在历史政治研究中,不同的规范立场和意识形态的影响有时会非常明显,学者对同一历史事件或现象会有完全不同的理解和叙述,这种情况并不罕见。我们可以设想以法国革命为例。毫无疑问,法国革命是学者理解革命、阶级、暴力、宪政、权利和意识形态等诸多政治现象最重要的源泉之一。由于价值理念和意识形态的不同,历史学者和政治学者对法国革命的解释大相径庭。自由主义学者强调大革命期间的自由、平等理念及与君主制的斗争,凸显启蒙思想的作用、对个人权利的要求及民主制度的建立。他们的分析可能会侧重于革命的正面意义,将其框架为政治和社会进步的催化剂。保守立场的学者可能会对法国革命持怀疑和谨慎态度。他们关注传统机构的崩溃、激进势力的崛起以及随之而来的暴力和破坏。他们的分析强调社会变革的危险和稳定的丧失,将革命描绘成威胁既定社会秩序的破坏性力量。而马克思主义学者可能会从阶级斗争和封建制度向资本主义过渡的视角来审视法国大革命。他们会分析资产阶级的角色、革命期间的经济权力斗争及财富的再分配;同时,聚焦于工人阶级的革命潜力,以及资产阶级领导的革命在实现真正社会平等方面的局限性。因此,法国革命的研究告诉我们,历史政治领域必然充满规范立场对立的理论,反映不同的意识形态对重大问题的分析和解释的影响。但作为研究方法,历史政治学不偏袒任何特定的规范倾向和议题。

不同价值取向影响对历史的理解是历史政治学研究中的普遍现象,中国的历史政治学也必然如此。无论是对中国的传统政治和体制、社会和治理、文化和思想,还是对当代政治的影响,学者的理解不会完全相同,甚至相互对立。毫无疑问,政治学者从丰富的中国历史中开掘资源,将有益于政治学的发展。但如果狭隘地定义历史政治学的研究目标,就有可能阻碍研究的多样性、开放性和批判性。

结 语

历史政治学是政治学的重要领域,提供了深度理解政治过程、事件、结果以及对现实政治影响的路径,无论是历史比较研究,还是历史个案研究,都对学科发展做出了深远的贡献。但是历史政治学并非一种具有独特本体论的理论,而是一个研究领域、一种研究路径和方法。正因为如此,历史政治学可以与不同本体论假设的理论相结合。历史政治学弥补了政治学研究中非历史倾向的不足,但不能取代或超越任何政治学的本体理论,因为它本身不是本体理论。相反,历史政治学研究离不开各种不同本体论的理论。同理,作为一个研究领域或研究路径,历史政治学容纳不同规范倾向和观点的研究,认为历史政治学特别有利于某些规范性议题是对这个研究领域的误解。

根据APD及比较历史分析的实践,本文还特别强调了历史政治学的两个主要局限:第一,在上述介绍APD时已指出,以国别历史为实证基础的理论建构有很大制约。这些理论虽然可以解释特定情景下的具体问题,但缺乏普遍意义,亦可能在跨国比较的视角下失去确定性。所以建构理论务必审慎,切勿将其广义化。同时,为了强化历史政治学研究的理论构建,应该加强比较历史分析,因为比较方法更有利于识别政治政治发展的模型和确定因果机制,建构相对普适性的理论。第二,由于专业训练以及时间、精力和资源的限制,除少数学者能运用原始历史数据外,多数政治学者必须依靠历史学家的研究作为知识和数据来源,而历史学家的作品可能受到不同观点和立场的影响。因此,政治学者需要认真面对多样化、不一致的历史叙述和解释,以及如何取舍不同的历史文本的挑战。

最后,虽然历史政治学为我们提供了独特的知识和洞见,但它只是政治学领域众多研究路径和方法中的一种。政治世界具有多个维度,历史仅是其中之一。政治学的每种研究路径和方法都有其优点和局限性,都只适用于特定的研究问题和具体领域。历史政治学也不例外。而且,相比之下,历史政治学在理论建构、研究范围以及方法论等方面仍存在诸多限制,在学科中客观上仍处于相对弱势的地位。中国悠久、独特的历史为政治学者提供了研究制度持续与变迁的丰富土壤，显示了中国历史政治学研究的巨大潜力，有待学者去开拓，为这一学科的发展做出贡献。归根结底，历史政治学的形成和发展取决于大量具体的研究作品。只有通过这类作品才能为政治现象提供新的解释和洞见，并在具体案例中展示历史视角的独特价值，锤炼历史分析在政治学研究中的应用，从而巩固这一学科的基础。

政党发展的新趋势与理论思考笔谈

周建勇　高春芽　丁　辉　张　翔　袁　超

编者按　政党是现代国家政治生活的组织者,有关政党的理论和实践问题构成了比较政治学研究的重要领域。当前我国正在发展和完善新型政党制度,与此同时,西方国家的政党体制也在民粹主义、激进右翼等反建制力量的冲击下,发生了结构性变迁。从比较的视野审察政党现实、展望政党前景,对于准确认识大变革时代,就具有了毋庸置疑的现实意义。2023年12月3日,"政治学评介"微信公众号举办了以"政党政治:实践视野与比较分析"为主题的圆桌论坛。论坛由上海师范大学李路曲教授担任与谈人,来自中共上海市委党校的周建勇教授、天津师范大学的高春芽教授、中山大学的丁辉副教授、厦门大学的张翔教授和深圳大学的袁超副教授,通过在线对谈的形式展开了讨论。本组笔谈由五位学者的发言稿整理而成,内容分别涉及当代西方国家政党体制的演变、民粹主义激进右翼政党的行动逻辑、数字化时代的政党生态、政党—政府的互动关系,以及世界政党理论的结构性失衡。期待本次学术论坛的举办,有助于国内学界关注政党政治的前沿问题,共同推动政党政治的比较研究。

一、政党体制演变:一个概念的分析[*]

周建勇[**]

政党体制是理解政党政治,进而了解一国政治制度及其运行的重要维度。沃林茨认为:"对政党研究,以及,更宽泛地从比较分析来看,政党体制是一个关键要素。理由不难了解:当选民在投票时,竞选的政党数形成了他们所面对的选择菜单。"[①]政党体制是连接选民与国家的中介,萨托利(G. Sartori)甚至认为"只有政党体制具有表达的特质"[②]。经典的研究侧重政党体制的概念与类型,[③]并讨论政党体制的成因(作为因变量)[④]或政党体制导致的结果(作为自变量)[⑤]。相对于政党及其演变的研究而言,比较政治学对政党体制演变的研究和关注相对不足,原因不难理解,政党体制演变比政党演变(如新政党的出现、意识形态的变化、政党结盟或者解组等,甚至政党的执政在野等)要复杂得多;而且,制度具有稳定性(或曰惰性),一旦形成就会维持相对稳定,政党体制也不例外,一旦形成就具有相对稳定性,表现出"冻结"(或僵化)的趋势,这也减少了人们的关注,如梅尔认为,作为一种体系的政党体制,也会自我冻结,展现出趋于稳定的样态,[⑥]这实际上是指政党体制的"冻结"或僵化。不过,随着社会经济、

---

[*] 本部分系研究阐释党的十九届四中全会精神国家社科基金重大项目"坚持和完善党的领导制度体系研究"(项目批准号:20ZDA013)的阶段性成果。
[**] 周建勇,政治学博士,中共上海市委党校党的建设教研部教授、副主任,主要从事中外政党制度、执政党建设等方面的研究。

① Steven Wolinetz, Party Systems and Party Systems Change, in Richard S. Katz and William J. Crotty, eds., *Handbook of Party Politics*, SAGE, 2006:51.
② [意]G.萨托利:《政党与党党体制》,王明进译,商务印书馆,2006年。
③ [荷兰]保罗·彭宁斯(Paul Pennings)、[英]詹-埃里克·莱恩(Jan-Erik Lane):《比较政党制度变迁》,何景荣译,韦伯文化国际出版有限公司,2006年。
④ [美]阿伦·李帕特:《选举制度与政党体制》,张慧芝译,桂冠图书股份有限公司,2003年。Douglas Rae, *The Political Consequences of Electoral Laws*, Yale University Press, 1971.
⑤ 如[美]普沃斯基:《民主的危机》,周建勇译,上海人民出版社,2022年。
⑥ Peter Mair, "The Freezing Hypothesis. An Evaluation," in Lauri Karvonen and Stein Kuhnle, eds., *Party Systems and Voter Alignments Revisited*, Routledge, 2001:33.

政治的发展,随着选举制度调整或者重大事件影响,政党体制也在发生变化。政党体制演变,既包括政党体制的类型之变(质变),也包括某一类政党体制的渐进之变(量变)。政党体制的类型之变很难在短期内发生,因而,长时段地关注政党体制的渐变对理解政党体制演变实属必要。

(一)问题提出

自20世纪20年代开始,西欧各国的政党体制一直非常稳定。政党体制主要为两个政党:一个中左政党、一个中右政党所支配。其中社会民主党、社会党以及工党属于温和左派;不同国家右派政党的标签不尽相同,但每个国家至少有一个中间偏右的主要政党。针对这一情况,李普塞特和罗坎在1967年的开创性研究中提出了极具影响力的"冻结假说"(freezing or frozen hypothesis):"除了极少数的例外,20世纪60年代(西欧)政党体系所反映的是20世纪20年代的社会结构分化"[1],笔者称这一判断为政党体制的李普塞特命题,即政党与政党体制冻结论(又被译为僵化论或者凝固论)。这段话原文如下:

> 除极少数的例外,1960年代的(各)政党体制反映的还是本世纪(20世纪)20年代的(各)分裂结构。在"大规模高消费"的时代,西方竞争政治的关键特征之一是:供选择的政党,以及在相当多的情形下政党的组织,其历史要比大部分选民的年龄来的长。对大部分西方公民来说,当前一些活跃的政党,从他们孩提时代起,或者至少从他们第一次在选举日面临如何在各种"一揽子候选人"中进行选择时,就一直是政治景观的构成部分。[2]

---

[1] Seymour M. Lipset and Stein Rokkan, *Party Systems and Voter Alignments: Cross-National Perspectives*, The Free Press, 1967:60.

[2] [美]S. M. 李普塞特、斯坦因·罗坎:《分裂结构、政党制度与选民结盟》,载[美]S. M. 李普塞特:《一致与冲突》,张华青等译,上海人民出版社,1995年,第197页(部分文字笔者参考英文做了修改)。

虽然选举权在不断扩大,并且经历了几十年政党选择的结构性条件变化,但政党和政党体制仍然"僵化"地大体保持了原样。[1]国家—宗教、中心—边缘、城市—农村、劳方—资方,这些分裂结构都没有能够瓦解政党,反为政党所接纳,这就是政党和政党体制稳定的原因。因为不同的政党都有支持它们的选民,最典型的例子就是阶级投票(工人阶级支持左派,中产阶级支持自由党和保守党)和宗教投票(宗教团体投给拥护其宗教的政党),这些选民的政党偏好大体维持不变。

在李普塞特与罗坎看来,西方自工业革命和国家革命以来所形成的政党,即使在二战和法西斯主义/纳粹主义的转折之后,仍然生存下来,并且重新恢复原样。这表明了1918—1920年的情形已经"凝结"成型,代表了一种持续的稳定性。普选权扩大后,参与了第一次普遍竞争的政党,成功地与"它们的"选民建立了联盟(组合),这种组织及其产生的政党制度证明是永久的。根据他们的解释,政党和政党制度之所以稳定,在于旧的政党容纳了新的社会结构,与"新的"选民结盟。[2]萨托利认为,政党体制的僵化代表了一种政党体制"结构之巩固"的状态。[3]斯坦因·拉尔森(Stein Larson)进一步把政党体制僵化解释为一种动态的稳定:即允许在一定时期内有大的波动,而此后政党和政党制度将回到稳定均衡,即政党稳定论。[4]为什么会这样?

这是选民与政党的双向奔赴,一方面,选民支持某个政党,因为该政党会提出代表其利益的政策主张且一旦执政就会形成政策;另

①　Krouwel Andre, "Party Models", in Richard S. Katz and William J. Crotty, eds., *Handbook of Party Politics*, SAGE, 2006. Peter Mair, *Party System Change: Approaches and Interpretations*, Clarendon Press, 1997:4.

②　对该观点的某种批评可见梅尔,他指出:"李普塞特的观点,在30年后的今天,当然有点过时,虽然提到的可供选择的政党仍然存在。"Peter Mair, *Party System Change: Approaches and Interpretations*, Clarendon Press, 1997:3.

③　Giovanni Sartori, "From the Sociology of Politics to Political Sociology," *Government and Opposition*, 1969, 4(2):195–214.

④　《冰点论:民主国家政党体制的稳定性》,载[挪威]斯坦因·拉尔森主编:《政治学理论与方法》,任晓等译,上海人民出版社,2006年,第31页。

一方面,政党需要稳定的选民基本盘,因而,"选民与政党的结盟(partisan alignment)使得不同政党存在一个可动员的基本盘,也使不同的选民群体有着稳固的政党认同。而这个结盟一旦形成,就有自我强化和锁定趋势"①。鉴于分歧的持久存在,这一互相强化的过程也将会持续产生影响。而一旦选民们被政党充分动员起来,加上选举制度的固定,一个初步的均衡状态,即某一种政党竞争的格局或所谓的政党体制将会实现。而在那之后,政党体制将依靠惯性法则保持稳定存在,即实现政党体制的结构化巩固。②

　　简单来说,在20世纪初期形成的社会结构虽有较大变化,但既有的政党容纳了新的社会结构,所以政党体制没有改变的必要。政党体制冻结理论由此进一步发展为,无论社会发生什么样的分裂,现存的政党都会有足够的能力来容纳社会的多元化结构。在这一解释下,政党的延续、政党体制的稳定被看作理所当然。萨托利还认为,只有把政党体制理解为因变量,20世纪20年代以来的政党体制之僵化及(政党)结盟才值得探讨;如果政党体制只不过是由其自身的惯性律(laws of inertia)所导致的、作为一个自变量的沟通体系参与到政治进程中,政党体制之僵化就不值得研究了。不过,20世纪80年代以来,这种经典的政党体制模式日益难以为继;进入新世纪,民粹主义在欧美各国迅速崛起,政治权力结构的碎片化、意识形态竞争的极化程度明显提高;2008年以来,政党体制演变进一步加剧,无论是议会第一大党席位比的下降以及有效议会政党数的增加,还是"反体制"政党得票率的上升,都意味着经典政党体制模式的进一步撕裂。③

　　普沃斯基(Adam Przeworski)用两个维度观察到了政党体制的变

---

① Russell J. Dalton, "Political Cleavages, Issues, and Electoral Change," in Lawrence Le Duc, Richard G. Niemi, and Pippa Norris, eds., *Comparing Democracies: Elections and Voting in Global Perspective*, Sage Publications, 1996:321.

② Giovanni Sartori, "From the Sociology of Politics to Political Sociology," *Government and Opposition*, 1969, 4(2):195—214.

③ 王志鹏:《2018年以来西欧政党体系动态演化的比较分析》,复旦大学,博士学位论文,2023年,第12—13页。

化：第一个维度是新政党获得20%门槛的时间：从1924年至1977年间每7.6年才出现一个突破20%门槛的新政党，从1977年后开始，这种突破的间隔缩短到了2.3年，政党（体制）的稳定性在衰退。另一个指标是在1924年前后的大选中，赢得选票最多的两个政党在之后的选举中依然保持前二的比例。而2008年以来，跨党派投票的选民的流动愈加频繁，导致最大两个政党得票率的持续下降。如果考虑到意识形态的整体移动，可能政党体制变化趋势更为明显。这种政党体制之变是民主遭遇危机的重要依据。①鉴于政党体制出现了新的结构性特征，且对经典的政党体制进行的系统性重塑，给我们提出了一个非常现实的问题，要想理解政党体制的稳定与变化，首先应该界定政党体制的演变。

（二）概念界定

给政党体制的演变下一个操作性的界定是必要的，这样做有助于我们了解政党体制的类型及其演变，同时也有助于我们了解西式民主政治的运作及其面临的挑战。演变，对应英文词"evolution"，另外，"change""transition""transformation"等也分别表达了变化之意，如果笼统言之，同样也是演变之意。进一步地，有学者指出了"change"和"transformation"的不同，前者侧重变迁（量变），后者是转型，也就是根本性变迁（即质变）。

索尔特·恩耶迪（Zsolt Enyedi）等学者认为，政党体制演变可以主要理解为政党体制从一个类型到另一类型的变化，不同的分类和类型学有助于帮助我们理解这种演变。此外，政党体制演变还可以定性之方式加以界定，在这种情况下，就同类型之变无关了，重点聚焦于程度之差异。②很显然，这一界定包括了政党体制的质变及量变。

---

① 参见［美］普沃斯基：《民主的危机》，周建勇译，上海人民出版社，2022年。
② Neil Carter, Daniel Keith, Gyda M. Sindre, and Sofia Vasilopoulou, *The Routledge Handbook of Political Parties*, Routledge International Handbooks, Routledge, 2023:31.

"分析政党体制就在于研究各政党及它们的相关关系"①,分析政党体制演变,同样需要关注这一特性。尼德麦尔认为,政党体制的长时段分析必须回答的问题就是:政党体制的各属性中,哪种属性的发展可代表某个政党体制正在变迁,或者保持稳定? 他将政党体制界定为"一国之中介体系,其在选民与政府之间起调停作用,因此,我们可从选举和执政两个维度区分政党体制之特性",选举层面包括破碎化、不对称性、浮动性、极化程度与正当性五种属性;执政层面包括区隔化(segmentation)与政府稳定性两种属性;②并区分了四种变迁:一是暂时性波动,也就是政党时运的一般性起伏;二是有限变迁,只有一两种属性出现了变化;三是普遍性变迁,许多种属性同时发生;四是转型,政党体制的所有属性均出现变动,造成一个全新的政党体制。③尼德麦尔的分析涵盖政党体制之渐变和突变,前面三类属于渐变,而第四种则属于突变。保罗·彭宁斯等人将政党体制演变界定为"政党间的诸关系某种持续变化:这种变化既源于政党间的竞争或合作,又影响政党间的竞争与合作"④。他们进而认为,政党体制演变,由诸如政党数目、意识形态距离与政党规模等与政党相关的因素所造成,也由诸如各政党活动的制度环境等与体制相关的因素所引起。

在此基础上,他们区分了三种形态的政党体制变迁:第一,稳定或停滞状态,各政党所运作的制度环境,以及政党的数量、政党规模或各政党彼此的政策差距,都未出现根本性的改变。在大多数情形中,政党体制的稳定,都是经年累月且趋于制度化的政党竞争或合作模式所造成的结果。稳定并非既定事实,政党也不是不活跃,相反,政党体制稳定意味着支配型政党的积极主导作用。第二,渐进式变迁,政党体制之一个或多个核心要素,以渐进的方式进行着变迁。与

① Neil Carter, Daniel Keith, Gyda M. Sindre, and Sofia Vasilopoulou, *The Routledge Handbook of Political Parties*, Routledge International Handbooks, Routledge, 2023:30.
② Paul Pennings and Jan-Erik Lane, *Comparing Party System Change*, Routledge, 1998:127.
③ [荷兰]保罗·彭宁斯、[英]詹-埃里克·莱恩:《比较政党制度变迁》,何景荣译,韦伯文化国际出版有限公司,2006年,第139页。
④ Paul Pennings and Jan-Erik Lane, *Comparing Party System Change*, Routledge, 1998:5-6.

各政党的竞争与合作相关的,追求选票、权位以及政策的政党行为,
都可能受到这些变迁所影响。这种变迁是永恒的,但也受制于体制
的大部分其他特征保持不变的程度。第三,激进式变迁,基于各政党
行为者相关因素的变化或制度的变化,让政党体制在短时间内产生
根本的改变。①从这一解释来看,稳定状态或停滞状态并非政党体制
的一成不变,而是这种变化比较细微,同理,政党体制之变还是包括
了量变和质变。

　　结合上述认识,笔者提出的操作性界定是,政党体制演变是指政
党体制之特质在较长时段中发生的各种变化,对此概念的理解需要
把握如下四点:

　　第一,所谓"较长时段",就是要把时间维度考虑进来,即一种政
党体制维系(或者改变)多久即可被认为该政党体制的形成(或质
变),也就是指研究各政党自身的变化及它们相互关系的变化的"期
限"。诚如韦尔指出:"我们关注的不是政党制度短期或中期的'调
整',而是党际关系的变化。党际关系的变化对政党体制的影响是根
本性的。"②他提到的"短期"或"中期"即属"期限"之意,笔者认为,一
般维持三次大选以上的变化就是质变,即一种新型政党体制的形成。

　　第二,政党体制演变究竟是渐变还是突变(量变或质变),需要关
注政党体制的某些特质,即需要明确哪个或者哪几个特质的改变就
意味着新的政党体制类型的生成。简单来说,"相关性"政党③的变
化,或者"相关性"政党相互关系的变化,都是政党体制特质的重要
方面。

　　第三,政党体制的演变,可以是渐进式的,也可以是突变式的。
制度的演变,要么渐变,要么突变,一般来说,渐变往往是诱致性变
迁,而突变往往是强制性变迁。因而,政党体制的"变化",可以是渐

①　[荷兰]保罗·彭宁斯、[英]詹-埃里克·莱恩:《比较政党制度变迁》,何景荣译,韦伯文化
　　国际出版有限公司,2006年,第9—10页。
②　[英]艾伦·韦尔:《政党与政党制度》,谢峰译,北京大学出版社,2011年,第200页。
③　[意]G.萨托利:《政党与政党体制》,王明进译,商务印书馆,2006年,第103页。

进式量变,也可以是根本性质变。

第四,与第二点相关,就政党体制演变的结果而言,如下三种情形均可能发生:一种是渐进式改变,即大体保持政党体制的原初状态,这种渐变虽然并非质的改变,但同样是政党体制演变;一种是政党体制的根本性改变,即政党体制从一类型变成了另一类型(这是我们通常的理解)。此外,还有一种可能,就是政党体制在变化之后,又回到最初的状态,这是回稳或者回摆(restablization),"也就是政党制度的趋势在一次有限的改变后又反弹回原来的模式"①,这也是前文斯坦因·拉尔森提及的动态稳定之说。政党体制的此种变化,同样可理解为政党体制之变。

对政党体制演变的这一操作性界定,让我们在更深层次上理解和把握一国的政党体制及其演变。既然制度的稳定和变化都是相对的,政党体制的稳定和变动同样是相对的。这就需要我们结合政党体制的形成及其类型学,通过政党—选民的社会分布结构的分析,以及选举制度的机制分析,对政党体制的稳定(自我冻结)与变迁(解冻)作更为细致的探讨。

二、激进右翼政党的反代议制诉求
及其政治重构效应

高春芽*

20世纪八九十年代以来,西欧政治版图中崛起了具有民粹主义风格的激进右翼政党(populist radical right party)。有别于传统的主流政党形象,激进右翼政党反对代议民主的正当性,否定精英政治的有效性,主张人民主权者的直接统治。他们倡导诸如通过公民投票进

---

① [荷兰]保罗·彭宁斯、[英]詹-埃里克·莱恩:《比较政党制度变迁》,何景荣译,韦伯文化国际出版有限公司,2006年,第71页。
* 高春芽,政治学博士,天津师范大学政治与行政学院教授,主要从事比较政治、政治学理论等方面的研究。

行政治决策的激进倡议,冲击着代议民主实践长期形成的共识框架。在新自由主义全球化导致阶层收入差距扩大和欧洲经济一体化引起大规模移民涌入的背景下,激进右翼政党的反建制动员逐渐取得了选举突破,发展成为能够影响政策议程的议会党或执政党。现实情形在显示西欧政治生态日益右倾化的同时,也说明曾经在话语上反对代议制的激进右翼政党,开始在行动上利用代议制谋求政治领导权。如何理解激进右翼政党话语和行动之间的张力,如何认识激进右翼政党对代议民主体系的渗透,因此成为当前政治学研究的重要问题。

　　国内现有的相关研究,或从社会分野的角度挖掘激进右翼政党崛起的动力,或从政治过程的角度论述激进右翼政党与主流政党之间的议题竞争,或从政策效能的角度辨析激进右翼政党对国家治理的影响。研究者通常会指出激进右翼政党对代议民主的严峻挑战,但对于这种挑战发挥作用的方式,仍缺乏整体性的审视。对此,有必要采用"国家—政党—社会"的分析框架,考察激进右翼政党如何从话语和行动上冲击代议民主,探讨激进右翼政党重构代议民主制的政治机理。

(一)激进右翼政党崛起的三重面向

　　具有反建制倾向的激进右翼政党力量的壮大,引发了代议民主已经陷入困境并可能发生蜕变的担忧。激进右翼政党宣扬本土主义意识形态排斥外来移民、使用民粹主义话语控诉权力精英、倡导威权主义方式维护国家利益,似乎预示着和代议民主制相对立的"威权民粹主义正在西方兴起"[①]。

　　探讨激进右翼政党对代议民主的重构效应,首先需要明确作为政治行动者的激进右翼政党,在话语上反对什么、在行动上坚持什

---

① Pippa Norris and Ronald Inglehart, *Cultural Backlash Trump, Brexit, and Authoritarian Populism*, Cambridge University Press, 2019:xiv.

么。从政治话语的角度,激进右翼政党反对精英操控的代议民主,倡导人民的直接统治,表现出去制度化的诉求。从政治行动的角度,激进右翼政党以主权者的名义表达"人民的意志",将制度程序排斥的社会议题纳入政治议程,表现出再政治化的取向。激进右翼政党去制度化话语的提出,源于代议民主整合功能不足的现实,是"民主瘫痪的副产品"。①当代西欧激进右翼政党的崛起,发生在实施普遍选举的代议民主制环境中。代议民主的运行逻辑是,将公民社会的各种诉求纳入法定程序,依据制度化整合的方式解决利益冲突,"把潜伏性性革命化解为宪政的活动"②。反建制激进活动的边缘化直至失去社会基础,是代议民主平稳运作的重要表征。以战后英国为例,1950—1970年期间,工党和保守党的总得票率从未低于87.5%,两党获得的下院议席的比例从未低于98%。③代议民主制下主流政党的周期性选举竞争,吸引了绝大多数选民的参与和支持,压缩了反建制政党的动员空间。而当代西欧激进右翼政党的崛起,直观地显示了代议民主的整合危机,预示着政治对抗性的上升。

激进右翼政党的崛起,可以从其在选民中的影响力、议会中的影响力和政府中的影响力三个方面进行衡量。首先,从1992—2019年西欧主要国家的选举结果来看,激进右翼政党的选举支持率从不足5%上升至超过15%。2022年俄乌冲突爆发的背景下,由于国家安全议题的凸显和经济形势的恶化,激进右翼政党再次利用民族主义情绪进行社会动员。具有民族排外倾向的芬兰人党(True Finns)、意大利兄弟党(Brother of Italy),接连在大选中取得佳绩。在2024年3月葡萄牙举行的议会选举中,成立仅五年的激进右翼政党"够了"党(Chega),获得了18%的选票。其次,从2019年以来的议会大选结果来看,西欧激进右翼政党的议席占有率显著增长。在2023年巴以冲突爆发后举行的荷兰大选中,长期坚持反移民议题的自由党,获得众议院

---

① Yves Mény and Yves Surel, *Democracies and the Populist Challenge*, Palgrave, 2002:15.
② 应奇:《代表理论与代议民主》,吉林出版集团责任公司,2008年,第7页。
③ [美]阿伦·利普哈特:《民主的模式》,陈崎译,北京大学出版社,2006年,第8页。

150个席位中的37个,首次成为拥有组阁权的第一大党。激进右翼政党趋于上升的议会党地位,显示了代议机构中政党力量对比的变化,从整体上影响了国家的政策和立法倾向。最后,激进右翼政党逐渐实现了从抗议党到执政党的身份转换。2000年以来,先后有奥地利自由党(Austrian Freedom Party)、丹麦人民党(Danish People's Party)、意大利联盟党(League Party)、荷兰自由党(Dutch Freedom Party)、挪威进步党(Norwegian Progressive Party)等,进入多党执政的联合政府。2023年,意大利甚至组建了兄弟党主导的联合政府。时至今日,激进右翼政党拥有了较为广泛的选民基础,显示出不断增强的联盟能力,已经成为主流政党必须面对的强劲挑战者。

(二)激进右翼政党反代议制诉求的形成机理

激进右翼政党的反代议制诉求,通过否定精英统治的正当性,表现出民粹主义的心理取向。激进右翼政党将代议民主视为腐化的精英体制,寻求超越主流政党的直接民主实践。西方国家实行的代议民主,从选举程序上将人民主权转换为政府治权,具有大众参与和精英竞争两个相互关联的维度。根据政治学者伯纳德·曼宁的观点,代议民主将政治统治建立在社会同意的基础上,是民主制和贵族制两种政体成分的复合,具有"民主贵族制"(democratic aristocracy)的特征。①具体而言,成年公民平等地参与普遍性选举活动,展现了民主制的特征;政治精英通过公开的方式竞争领导权,则显示了贵族制的特征。代议民主从制度设计上激励统治者增进人民的福祉,建构了精英和民众之间的协作关系。当代议制政府长期不能有效回应社会诉求时,统治正当性的社会基础就会因为政党治理无效性而受到侵蚀。由于主流政党代表能力的缺失,激进右翼政党的反代议制取向,就具有了人民主权者反抗权力精英的民粹主义色彩。激进右翼政党

---

① Bernard Manin, *The Principles of Representative Government*, Cambridge University Press, 2002:132.

倡导全民公决的直接行动,这实质上将代议民主视为丧失政治代表性的精英体制。根据激进右翼政党宣扬的民粹主义话语,掌握统治权的精英阶层将普通社会成员排斥在政治议程之外,已经异化为人民利益的对立面。公民超越正式制度采取的直接行动,"比代议民主更民主"[1]。激进右翼政党倡导的直接民主,将抽象的人民主权观念转换为可以感知的行动过程。普通成员由此摆脱了遭受权力精英操控的无力感,并从集体行动中获得了归属感。激进右翼政党反对代议制,本质上是反抗借助选举程序获取领导权的政治精英及其主导的政治过程。

　　激进右翼政党的反代议制诉求,还通过诉诸人民意志的裁决,表现出激进主义的行动倾向。在激进右翼政党的话语中,代议民主奉行的分权制衡、多元协商是精英集团维护既得利益者的合谋,只有采取反建制的直接民主行动才能彰显人民意志的裁决。代议民主是在民族国家建构和资本主义发展基础上建立的政治制度,它以认可共同体内部的社会多元性作为运行基础,是"多元社会的上层政治组织"[2]。正是因为地域、阶级、职业分化产生了差异化利益诉求,所以需要借助代议制渠道进行利益表达和政治整合。代议民主实践即依托周期性选举和政党的组织动员,将社会分化形成的利益多元性传递至代议机构,最终通过代表之间的相互协商制定法律政策。基于选举制度的表达功能和政党制度的整合功能,代议民主从社会多元性中建构政治公共性。代议民主的支持者倾向于认为:"政党代表多元性,政党制度象征统一性。"[3]代表不同阶层利益的政党之间的竞争性互动,能够将特殊利益引导至公共利益的轨道上。而在代议民主的实际运作中,由于信息能力或组织能力的不对称,"民主的多元性通过各种特殊利益之间的斗争而导致了对普遍性总体利益的歪

---

①　Mike O'Donnell, *Crises and Popular Dissent: The Divided West*, Emerald Publishing Limited, 2021:22.
②　应奇:《代表理论与代议民主》,吉林出版集团责任公司,2008年,第130页。
③　Jan-Werner Müller, *What Is Populism?*, University of Pennsylvania Press, 2016:79.

曲"①。在传统阶级分野弱化、中产阶级选民扩张的后工业社会,主流政党为了迎合中间选民、实现选票最大化的目的,还会形成政策趋同的"政党卡特尔"(cartel of parties)。②合谋垄断统治权的左右翼政党,跨越了传统的意识形态界限,共同防范潜在的挑战性政党。政党卡特尔的出现,导致左右翼政党操控的选举竞争,不再具有驱动政策回应的激励效能。

代议民主是一种通过选举和问责机制,将公民和国家相互连接的政治制度。在国家与社会的互动中,普遍选举提供了统治正当性,公民问责则建构了治理回应性。代议民主制度实施所预设的目标是,通过政党政治的中介作用促进公共利益。政党政府的组建,应该服务于公益目标的实现。民主政治的公共性职能,具有超越于政党利益之上的价值定位。而在政党卡特尔化的条件下,即使主流政党疏离社会却依然能够控制政治领导权,这表明党派性利益事实上凌驾于公共性原则之上。由于党派利益固化在代议民主的框架中,所以激进右翼政党对主流政党的抗议就表现为对"政治建制"的反对。持有反对立场的激进右翼政党认为,主流政党及其权力精英把持的中间代表环节,从制度上将人民和国家分隔开来。人民只是以选举的方式向精英授权,既不能影响政治过程,也不能左右政策结果。只有求助于人民的裁决,才能让国家权力回归人民,兑现民主政治的承诺。特别是在经济全球化浪潮的冲击下,民族国家的部分权能已经转移至跨国公司或国际组织手中。激进右翼政党因此操纵民族主义话语,拥护魅力型领导人采取反全球化、反移民政策。激进右翼政党的反代议制诉求,是社会经济危机环境中的政治变革主张。它所反对的并非具体的左翼政党或右翼政党,而是左右翼政党背离社会诉求、垄断国家权力所形成的政党体制。正是源于对既有政党体制代

---

① [法]莫里斯·迪韦尔热:《政党概论》,雷競璇译,香港青文文化事业有限公司,1991年,第227页。
② Richard S. Katz and Peter Mair, *Democracy and the Cartelization of Political Parties*, Oxford University Press, 2018:134.

表性排斥的抗议,所以激进右翼政党又被称作"反政党体制的政党"
(anti-party-system parties)。①激进右翼政党试图通过去制度化的方
式,否定主流政党主导的多元协商机制,树立政治决策的一元化权
威。当激进右翼政党以维护民族利益的形象进行社会动员时,激进
主义变革就具有了毋庸置疑的正当性。

(三)激进右翼政党对代议民主制的重构

当前西欧的激进右翼政党已经在竞争性选举中取得了突破,拥
有相对稳定的选民基础,实现了"从边缘到统治"的转变。②主流政党
与激进右翼政党力量对比的变化,特别是后者从抗议党向执政党的
转变,显示了激进右翼政党对代议民主制的重构效应。在国家与社
会关系的视野中,代议民主的功能呈现为工具价值和规范价值的双
维结构。在工具价值的意义上,代议民主为公民的利益表达提供了
开放性空间。法律秩序范围内的社会诉求,都可以通过代议渠道进
入公共领域,公开地影响议程设置。代议民主因此成为公民社会影
响政治过程的中介载体。在规范价值的意义上,代议民主以维护政
治平等和尊重社会多元作为精神理念。代议民主既奉行多数原则也
捍卫少数群体的权益,主张通过协商而非强制的方式解决社会冲突。
而在西方流行的国家与社会关系的二元框架中,代议制通常被视为
公民表达利益诉求和监控政策过程的工具,甚至"被人理解为纯粹是
一种'技术'"③。这种将代议制简化为技术工具的政治观,忽视了政
治制度的价值维度。代议民主的内生规范,是确保制度运行发挥建
设性作用、维护公共利益的精神导引。代议制因此并不是"单一的工
具"④,它还负有规范权力行使、落实政治责任的使命。而激进右翼政

① Richard S. Katz and Peter Mair, *Democracy and the Cartelization of Political Parties*, Oxford University Press, 2018:1.
② Daniele Albertazzi and Duncan McDonnell, *Populists in Power*, Routledge, 2015:1.
③ 应奇:《代表理论与代议民主》,吉林出版集团责任公司,2008年,第8页。
④ [法]弗朗索瓦·基佐:《欧洲代议制政府的历史起源》,张清津等译,复旦大学出版社,2008年,第73页。

党借助选举程序竞争领导权的行为,在利用代议民主工具价值的同时,将会从制度体系内部威胁代议民主的规范价值。

作为社会与国家互动关系的联结机制,代议民主为公民、社会组织及激进右翼政党等行动者,提供了接近政治过程、表达社会抗议的合法机会。在激进右翼政党处于早期发展阶段时,由于主流政党控制了政治议程,处于边缘地位的激进右翼政党往往借助民粹主义话语反对代议制。激进右翼政党试图通过否定代议制的政治功能,消解主流政党的统治正当性。而激进右翼政党在逐渐巩固自身的社会基础后,同样会利用代议民主提供的制度渠道谋求政治领导权。由于选举程序建构统治正当性的社会共识并未完全破裂,这导致激进右翼政党的现实选择不是彻底走向对抗,而是参与领导权竞争。话语上反对代议制和行动上介入代议制之间出现张力的背后,是激进右翼谋求从抗议党转向执政党的理性选择。激进右翼政党遵循选举程序参与领导权竞争,通常被视为主流化的表现,激进主义的反建制色彩由此将趋于弱化。意大利北方联盟(Northern League)2017年更名为联盟党、法国国民阵线2018年更名为国民联盟(Rassemblement National),这些都是激进右翼政党在选举竞争力提高后,主动弱化自身激进标签的形象塑造。它们试图通过重构政党形象和扩展议题倡议,更加有效地吸引选民支持。当激进右翼政党处于选举弱势的地位时,代议制是将其排斥在领导权之外的、精英化的政治建制。而当激进右翼政党具备不容忽视的选举潜力时,代议制就成为展示其政治影响的、合法化的公开舞台。但激进右翼政党利用代议制的工具价值,并不等于认同代议制本身。随着激进右翼政党影响力的提高、特别是成为联合政府中的执政党后,代议制包容多元、崇尚协商的规范价值,将会不同程度地受到侵蚀。激进右翼政党威权主义的领导风格,能够在不改变代议制结构的前提下,导致政治过程的失衡和政策选择的封闭。正如人们从当前西欧政治现实中所见,"民主已开始作为排斥而不是包容的工具发挥作用"①。激进右翼政党将全球化进程中的移民涌入视为民主失败的标志,所倡导的排斥移民政策即代议制功能变异的具体表现。由此可以得出结论,激进右翼政党对代议民主的重构,未必直接导致制度结构的整体性改变,而可能表现为运作过程的功能性异化。

三、数字时代的政党:组织生态与权力重构*

丁　辉**

数字技术正在席卷当代政治社会生活的方方面面,也深度影响着政党政治。自19世纪末以来,历经多次重大的科学技术革新和政治秩序重建,政党一直是现代政治生活中最为核心的制度组织和集体行动者,更是现代政治科学的经典研究对象,主流政党研究甚至就此延续了一条沿着"干部党—大众党—全民党—卡特尔党"的历史红线而展开的类型学传统。在数字时代的今天,政党受到了什么样的冲击和挑战,又发生了什么样的内外变化,要求学界及时跟进了解,保持不断更新的观察和持续深入的分析。其中有三个关键问题,亟需政党研究予以更多关注:其一,数字化时代的政党组织机制发生了什么变化?其二,数字时代的政党组织权力结构发生了哪些变化?其三,政党数字化意味着政党类型学传统的解释效力和限度又在哪里?本篇笔谈并不是要给这些问题以确切的答案,而是试图在比较短的篇幅里呈现探索相关答案的可能性空间,致力于吁请学界同仁投之以更多的共同研究努力。

---

① [保]伊万·克拉斯特耶夫:《欧洲的黄昏》,马百亮译,东方出版中心,2021年,第19页。
* 本文是国家社科基金一般项目"政党治理数字化的类型学与中国模式研究"(23BZZ014)的阶段性成果。
** 丁辉,政治学博士,中山大学中国公共管理研究中心研究员,中山大学政治与公共事务管理学院副教授,主要从事欧洲政党制度、政治学理论等方面的研究。

(一)混合化组织生态:边界、尺度与领域

借用政治地理学中立足边界、尺度与领域三个重要维度所建立起来的空间概念,有助于理解数字化给政党组织机制带来的影响。当然,传统政治地理学所讲的空间仍主要是物质性的空间,根据地理区位关系形成空间属性,其中边界关乎身份特征,强调内外有别,尺度关乎关系层级,强调视野有差,领域关乎适用效力,强调范围有限。数字空间则完全不同,虽依托于具体的数字技术和能源支持,但其本质上是非物质性的空间,不受物理时空条件的限制,边界模糊而渗透性强,尺度灵活而敏感度高,领域多元而流动性大。如果说在21世纪之初数字空间还往往被冠之以"虚拟空间"之名,强调它不具有物质空间才有的本真性,那么随着千禧一代出生的年轻"数字公民"成长为政治行动的中坚群体,他们的生命记忆和生命体验都和网络世界紧密联系在一起,进而大数据形成了贯穿宏观社会与微观生活的通约规则,把物质性空间中的生活世界数字化,所谓的"虚拟空间"就因其高度的精确性、复杂性、公开性及透明性,成了比物质性空间更彰显世界本真性的数字空间。相应地,当社会人的生活更多地以数字形式在数字语境中被展开、被认知、被组织起来,作为社会人的政治的现代政党也撬动了自身组织机制的数字转向。

首先,数字化改变了政党组织生活的边界。在前数字时代,政党组织受限于地理区隔下的物质空间,也服从制度化的科层体系,保持封闭的成员边界和严格的内部纪律,围绕党部办公室和党员集会等场景展开政治行动,要求政治参与者身体在场。数字时代则不同,政治行动克服了时空条件限制,突破了政治参与的面对面场景壁垒,以实时互动的在线行动重新定义了政治参与的"在场"标准,也就重塑了政党组织生活中的参与伦理。参与个体的"在场性"不再绑定单一的线下场景,而是可以依托在线表决、直播会议等线上途径,对政党提出了更具包容性和开放性的要求,要求政党超越原先自行定义的身份边界,不再坚守高门槛的成员身份,而是以去中心化的网络平台

取代中心化的科层等级,创造更多样化、多层次的成员身份结构。

其次,数字化改变了政党组织生活的尺度。在前数字时代,政党和个体之间的匹配机制比较粗糙生硬,不仅政党跟踪、捕捉党员和支持者的诉求偏好的能力较低,工具手段较为匮乏,往往失焦或误判,个体也容易在宏大的理念叙事和微观的政治营销之间进退失据。数字技术工具包的丰富,大大改善了二者之间的供需关系,使双方都能够更为便利地在鸟瞰视角和显微视角之间进行切换,寻找到最佳匹配对象。一方面,对政党而言,以大数据和机器学习为技术支撑,围绕海量信息的数据生产、挖掘与分析,算法设计与算法应用成为政党认知和回应民意的重要工具,开辟了政党筛选、抓取和引领政策议题的主要途径。另一方面,对个体而言,作为"数字人"的公民个体无须具备很高的教育水平、经济实力和政治兴趣,更可以从费时费力的信息搜集、信息分析和信息评估等事务中解放出来。以近年来蓬勃发展的投票建议应用程序(voting advice applications)为例,注册选民用户可以借助由信息存储与算力强大的第三方数据服务器,匹配个人偏好与政党政策,从而在保障政治参与的独立性的同时,降低参与成本,提高参与质量。换言之,数字时代的政治动员和政治参与进入了尺度敏感自如的高清时代。

最后,数字化改变了政党组织生活的领域。在前数字时代,个体的政治行动受制于物质时空条件的单一性限制,无法同时出现在两个不同的行动领域,此处在场,它处就无法在场。因此,政党组织政治行动高度依赖职业化、本地化的干部精英,政治动员和政治参与都局限于地理空间范围内的行动网络。政治行动的数字解放则为政党和个体的多领域行动都创造了条件。以近年来涌现的网红政治为例,一方面,数字化为缺乏线下的本地支持网络的草根意见领袖和超级志愿者提供了变现政治影响力的线上动员平台机制,[1]另一方面,

---

[1] Paulo Gerbaudo, *The Digital Party: Political Organisation and Online Democracy*, Pluto, 2019.

为作为"数字人"的"社会人"介入政治参与和政治竞争开辟了多元化的行动场域，方便了精英和民众在个体层面上的点对点互动，以及在群体层面上的点对面互动。

总体上来说，数字化使政党告别了封闭的、身份僵化的单一组织机制，走向开放的、身份灵活的混合生态机制。

(二)精英分化与权力重构

数字化推动政党组织机制变化是否意味着政党组织权力发生了重构？从数字悲观主义的视角来看，答案是否定的。数字悲观主义认为，数字技术演进非但没有破局，反而是沿袭甚至是强化了已有的不平等格局，政治经济学依旧发挥作用，穷人依旧是更加买不起和用不起数字技术设备软硬件的人，即便是造就了一批新的权力精英，但总体上数字化不过是让处于支配地位的有权阶层和当权派的权力更加稳固。就政党政治而言，数字化也不过是继续加大建制派政党和政党内的建制派精英的既有优势。这一技术批判视角有其合理之处，本文最后一节会再次回到这个话题上来。然而，关于数字化是否也推动了政党组织权力结构的重组这个问题，首先必须指出，数字悲观主义把数字鸿沟等同于数字不平等，给出了过于狭隘的简化论断，并没有细致地梳理旧的社会裂隙和新的数字裂隙之间的关系，尤其是二者在多大程度上存在重合、交叉或者存在的变化空间，忽视了新旧权力精英之间的关系远比"加入—吸纳"的格局更为复杂。

本文建议，在承认数字技术批判视角有效性的同时，我们应当注意到一个事实，即数字时代造成了政党精英的三重分化。其一，新的权力相关者入局，包括数字技术专家、网红明星、网络意见领袖等；其二，旧的权力相关者发生分化，从领袖层、科层干部、积极分子三个层面上，都呈现出积极拥抱数字化和消极逃避数字化的分野；其三，潜在的外部权力类型介入的可能性，如提供信息基础设施的接入权、决定数据生产和推送的算法权及打造社交媒体平台的运营权。

政党精英的分化超越了精英循环的传统路径。首先是前两个维度上的精英分化结合起来,很大程度上改写了"悬殊曲线律"(law of curvilinear disparity)的经典命题,构成了有可能彻底颠覆米歇尔斯"寡头铁律"的数字时代版本。在梅伊(John D. May)于1973年所提出的悬殊曲线律版本中,政党领袖单方向地靠近中间党员和中间选民,能够取得节制党内科层精英的权力优势。[1]数字时代的政党则更进一步,领袖和超级志愿者的个人化行动都得到了强化,从两个方向上制约了科层精英的组织化行动:一方面,去中心化的数字网红从中心化的积极分子群体中剥离出来;另一方面,个人化的领袖精英从寡头化的科层政治中解放出来。进一步地,当政党越来越依赖于去中心化的"网红竞争",就不仅降低了边缘政治精英和草根明星向核心精英圈层跃迁的适应性需求,也降低了精英领袖对封闭性成员组织的依赖程度。[2]

此外,第三个维度上的精英分化将政党权力格局放置到了更为语境化的复杂结构之中。无论是政党还是参与个体,一旦接入数字网络,只能选择默许算法权力的游戏规则,被动地参与数据信息的供给、搜索、跟踪、推送等各个环节,成为平台内容的生产者和消费者,成为被算法权力瞄准和俘获的被治理者,臣服于统摄性的数字利维坦——一种传统的"国家—社会—市场"分析结构无法容纳的权力面向。

(三)反思政党数字化:真相抑或迷思?

现在让我们回到前面技术批判导向的数字悲观主义所提出的问题:数字化真的有用吗?政党数字化真的能够产生实质性的影响吗?

正如上文所揭示出的,数字技术改变政党的组织生态与权力结构,这一点是毋庸置疑的。无论是选战数字化、精英网红化、党员用

---

[1] John D. May, "Opinion Structure of Political Parties: The Special Law of Curvilinear Disparity," *Political Studies*, 1973, 21(2):135-151.

[2] 丁辉:《数字时代的政党》,载郭定平主编:《政党政治研究手册》,上海人民出版社,2023年,第415—432页。

户化,事实上都在宣告,只要政党开始部分地或者坚决地全面采纳数字技术,那么政党组织传统中所依赖的大量组织经验和组织资源,都面临更新换代。而一厢情愿地只想以数字为辅,继续坚守政党的线下生态为主要标准,也许不过是体现了代际差异在年龄结构不利于数字公民的政党组织中的惯性影响罢了。

　　然而,至于数字技术是否真的改变政党的组织效能,学界就此争议不断,发出根本性的诘问:政党诉诸数字化转型,通过模糊边界改变自身规模和认同的标准,这究竟是一种本质意义上的政党组织活性创新,还是掩盖或者绕开组织凝聚力萎缩这一后物质主义时代政治难题的技术策略?即便是在笔者在另一篇文章中提出的混合化分析框架,一方面试图在工具论和本体论之间采取相对中立的立场,另一方面试图跳出数字乐观和数字悲观的二分法,但也都严格把理论效力限制在组织结构和组织机制意义上的政党形塑,而没有论及组织目的和组织理念的意识形态塑造。[1]然而,最新的几项相关研究不约而同地指出,政党数字化无法对个体的政治情感、议题极化、政治知识、线下政治参与等个体层面或者群体层面的政治行为施加有效的塑造性影响。[2]即使像投票建议应用程序这样的技术辅助工具,无法影响选民的投票率,也无法帮助某个特定政党获益。[3]有学者指出,也许把算法捧上神坛是有问题的,政治的基本单元还是要回归人性,真相即便可以被捏造和瓦解,但总有客观性。[4]

　　让我们把问题变得更尖锐一些:数字技术改变认同吗?人的数字解放真的能够提高民主质量吗?正如本文开头所指出的,一篇短短的笔谈并不是要给出答案,而是试图揭示这些关键问题是如此无

---

①　丁辉:《数字化政党:一个非类型学的理论框架》,《政治学研究》2024年第1期。

②　Sandra González-Bailón et al., "Asymmetric Ideological Segregation in Exposure to Political News on Facebook," *Science*, 2023, 381:392-398.

③　Christine Benesch et al., "Do Voting Advice Applications Change Political Behavior?" *The Journal of Politics*, 2023, 85(2):684-700.

④　Patricia Rossini, "Farewell to Big Data? Studying Misinformation in Mobile Messaging Applications," *Political Communication*, 2023, 40(3):361-366.

法回避。而如何去理解这些问题的内涵,甚至检讨有没有更恰当的问题提出方式,也许比给出答案更为重要。也许我们需要让子弹再飞一会儿? 毕竟政党的组织生态和权力结构如果发生了改变,我们很难说组织理念和意识形态依然绝对不发生任何改变。正如前面所指出,随着口衔数字密码出生的数字公民最终成为政治动员和政治参与的主流人群,数字技术的代际效应可能才真正发生作用。

最后,当我们把目光投向当下方兴未艾的人工智能大爆炸,一系列新的问题迎面而来。人工智能技术的日新月异,是否会为理解数字化冲击政党政治这一研究问题开辟新变量和新维度? 从本体意义上考察,人工智能和一般数字技术的区别是什么? 虽然当下的人工智能并不是独立于人的自主智能,我们是否要为基于人的政治留出基于非人的政治的空间? 本人所提出的混合化视角理解下的政党,仍旧承认人是基本的行动者单元,无论是数字人还是社会人,政党中的技术混合,包括人的技术混合,都是立足人的政治。然而,如果人工智能不仅是技术手段、组织环节、生态场景,而且是社会要素,那么我们该如何理解政治的本真性? 这并不是在拾人牙慧地重复我们将臣服于"末世论"的机器统治寓言,而是在认真地展望,由人类个体组成的社会有没有可能发展成为一个由数字个体组成的社会的子集? 在这种可能性下,政治组织面对的不仅是如何沟通国家和公民之间关系的传统问题,而且是如何沟通数字国家和数字公民之间的未来问题:国家的数字存在与公民的数字存在,要求我们去理解非人格政治的政治伦理意义。

四、"政党—政府"关系的现代形态：
一个中西方比较的视角

张　翔*

从历史发展的角度上看,控制或影响政府是现代政党的一个关键性目标,而现代政府也几乎不可避免地是一个政党政府。可以说,自进入现代政治以来,政党与政府之间的关系就已经难解难分。那么,现代政党如何组织现代政府？现代政党的出现对于公共行政构成了什么样的影响？中国与西方典型国家在这一问题上呈现出什么样的不同逻辑？这些问题不仅是政党政治学的关键问题,也是公共行政学研究长期忽视的问题。

(一)西方政党政府的制度架构:从"分赃制"到"官僚制"

在西方典型国家中,警惕政党是一种政治文化基因。华盛顿在1796年的《告别演说》中就曾对美国的建国者们提出警告:"以最严肃的态度警告你们警惕政党精神的有害影响。"但是,面对一个具有规模性的超大国家,西方典型国家除了利用现代政党组织政府以外,也别无选择。从这个角度上看,政党政府在文化上一直是一种"退而求其次"的安排。这种"退而求其次"的安排曾一度证明了华盛顿的警示并非没有道理。在相当长的一段时间中,政党控制政府的直接结果是"政党分赃"的出现。在政党轮替的过程中,赢得选举的政党将政府中的所有职位分配给支持者、亲信、盟友等作为回报。1829年3月,民主党的第一位美国总统安德鲁·杰克逊就职后,撤换大量民主共和党的联邦政府官员,代之以自己的支持者与友人,从而使"政党分赃制"成为一种全面展开的制度形态。这种任人唯亲的制度安排

---

* 张翔,政治学博士,厦门大学公共事务学院教授,主要从事中国政府与政治、政党政治等方面的研究。

表面上看推进了民主政治,但必然以损害政府的有效运转与公信力为代价。因此,随着"政党分赃"在整个国家中自上而下地蔓延,只看忠诚而不论绩效的逻辑折射出资产阶级政党给行政体系带来的腐败。为了解决政党分赃制产生的问题,以威尔逊、古德诺为代表的西方理论界从韦伯官僚制中得到启示,推动"政治—行政"两分的理论变革。在"政治—行政"两分的理论引导下,自1883年的《彭德尔顿法案》开始,现代官僚制得以建立并推广。官僚制给公共行政带来了革命,使文官在制度上具有了不受政治直接干预的独立性(bureaucratic autonomy),从而对政党在行政体系中的影响构成了约束。

这场以官僚制为导向的公共行政革命不只是改革了行政制度,更为重要的是重塑了"政党—政府"关系。与政党共进退的政治家只能通过选举成为政务官,即使赢得选举也必须面对在制度上具有独立性的官僚体系,从而在现代政党与现代政府之间构建起一种特殊的分工关系。这也深刻地影响了现代政党组织政府的逻辑。

(二)"有限的决策":西方现代政党组织政府的基本职能

在现代官僚制的制度背景下,现代政党在组织政府过程中的职能被进一步压缩,想再像过去一样一手遮天地采用"分赃制"已然是不可能。可以说,现代官僚制不仅是缔造了现代政府,更进一步改造了现代政党。由此,现代政党的职能被局限在"有限的决策"之中。这种有限性主要表现在两个方面:

一方面,在"政治—行政"两分的背景下,现代政党的职能仅限于政治决策。"政治—行政"两分的直接结果是决策功能与执行功能出现了分离。由此,政府实质上被区分为两个层次,一是由政党所控制的政府,二是由官僚所控制的政府。前者具有政权属性,负责决策;而后者则有行政机关的属性,负责执行。由此可见,现代政党虽然赢得选举,掌握政权,从而能够组织政府,但其职能已经由"独揽大权"转向"决策权",从而将执行权转置于由官僚所控制的行政机关。而在官僚制的制度保护下,官僚对现代政党决策的执行远不是一个被动的过程,而是具有显然的主动性。这种主动性意味着,政党的决策在执行过程中将面临官僚的变通、改造,甚至抵制,这就在实践中约束了政党决策被有效执行的空间,从而限制了现代政党决策权的作用。在这种背景下,现代政党在组织政府过程中的职能被进一步压缩。

另一方面,"选举"限制了现代政党的组织功能。在西方典型国家中,现代政党的根基在选举。应该说,选举是现代政党组织政府的入场券。但是,选举既为现代政党提供了合法性支持,也弱化了现代政党的组织结构。由于从中央到地方(从联邦到地方)各级政府之间的选举是分级展开的,现代政党从中央到地方的组织逻辑被割裂开。这意味着,在西方典型国家,即使赢得大选,成为组织政府的执政党,其只能在联邦层级中发挥作用。从这个角度上看,现代政党的决策权也只能在联邦层级中发挥作用。

通过上述分析可见,西方典型国家在解决现代政党问题的过程中产生了现代官僚制。而现代政党也在现代官僚制的制度体系中不断学习,从而适应由现代官僚制所塑造的"政党—政府"关系。

(三)中国的"党政关系":"政党—政府"关系的新形态

相较于西方典型国家而言,中国的党政关系则呈现出"政党—政府"关系的新形态。不可否认的是,现代政党首先出现在西方典型国家。但是,随着现代政党的不断发展,现代政党与政府之间的关系也呈现出新的形态。中国的党政关系无疑开创了一种不同于西方模式的全新形态。这种新形态既影响了公共行政模式,也为现代政党的发展提出一条新路径。

第一,党的领导制度建构了"政治—行政"的新关系。与西方典型国家的"政党—政府"关系不同,在中国的党政关系中,中国共产党确定了"政治领导行政"的新关系。在"政治—行政"两分的制度背景中,在政党中成长起来的政治家需要通过民主选举成为政务官才能对行政官僚构成影响,但在中国,公共行政体系整体性地嵌入在中国共产党的组织权威结构中。由此,中国共产党明确了"政治领导行政"的新逻辑,成为现代政府的政治领导力量。因此,中国共产党之于现代政府不是一般意义上的组织,而是一种政治意义上的领导。在这个领导过程中,中国共产党就不局限于领导中央政府,而是全面领导从中央到地方的各级政府。

第二,在新的"政治—行政"关系下,党的领导制度建构了公共政策过程的新逻辑。既然中国没有走"政治—行政"两分的西方道路,那么根植于"政治—行政"两分基础上"决策"与"执行"的分工也自然被淡化,从而统一在党的领导制度中。不同于官僚制将决策环节与执行环节分别赋予政务官与事务官,中国共产党实现了从"决策"到"执行"的全过程领导。这意味着,中国的党政关系不像西方典型国家那样是一种分工关系,而是党的领导下的一种统合关系。

第三,干部制创造了不同于官僚制的新组织。官僚制是西方典型国家公共行政的基础性制度结构,也是对政党进行约束的基本方式。中国共产党则在马克思主义的理论指引与实践探索的基础上建设"干部制"。相较于适用于"政治—行政"两分的官僚制而言,干部制适用于"政治领导行政"的逻辑。从这个角度上看,干部制不像官僚制那样为行政官僚防范政党干预提供制度保护,而是一种要求行政官员具有政治属性的人事制度。因此,干部比官僚具有更强的政策纪律性,也具有更强的制度执行力。作为一种新组织,干部制是联结党政关系的重要制度,它突破了西方典型国家在政党与政府之间设置的制度壁垒。

中国的党政关系是在底层逻辑上重构了西方理论叙事中所预设的"政党—政府"关系形态,从而形成了一种基于现代政党的公共行政模式。这种新模式呈现出公共行政理论与实践的"中国道路"。这条道路来自中国共产党的伟大探索,是西方公共行政理论的一种例外。这种例外不是统计意义上的一种"小概率事件",而是指向了一种全新的公共行政模式。随着全球南方的崛起,发展中国家的公共行政过程时常面临着民主制与官僚制之间、政党与官僚之间的复杂矛盾,而这种矛盾往往阻碍了发展中国家行政改革的深化,从而限制了发展潜能。而作为一个发展中国家,公共行政的中国道路则对于全球南方国家解决公共行政问题具有很强的启示,这也是中国式"政党—政府"关系的世界意义。

五、世界政党理论的结构问题刍议

袁 超[*]

综览全球政治史,现代政党仅诞生不过200余年,就已成为现代政治活动最重要的参与主体,而随之形成的政党政治则上升为世界绝大多数国家政权运行的主流形态。但与世界政党政治实践的繁荣发展相比,世界政党理论的发展却明显滞后。实际上,萨托利早于1976年就在其著作《政党与政党体制》中提出了政党理论"滞后说",认为"政党在实践中得到发展大约有150年的历史了,但理论方面的发展却非常滞后"[①];未曾想过了近40年,这种理论滞后于实践的现象仍然存在,其背后存在着世界政党理论的结构根源。

开宗明义,笔者将世界政党理论的结构问题视为历史—政治演化的结果,具体可表述为:冷战结束后,世界政党理论加速形成了自由主义—地区性政党理论"自觉宰治"而广义政党理论"惯性缺位"的失衡结构。

(一)何谓世界政党理论

结合政治实践,世界政党理论至少存在两个层次的内涵:其一,指数量意义上的世界范围内存在的各流派政党理论学说的总称;其二,指效用意义上的能够对全球政党实践与政党政治演化予以原理性阐释的广义政党理论。笔者认为,当代世界至今尚未形成严格有

---

* 袁超,政治学博士,深圳大学政府管理学院、党内法规研究中心长聘副教授,主要从事政党政治、民主化理论等方面的研究。

① [意]G.萨托利:《政党与政党体制》,王明进译,商务印书馆,2006年,第51页。

效的第二层意义上的世界政党理论。因此,为避免发生歧义,本部分在论析中出现的"世界政党理论"概念仅限于表达第一层内涵,而第二层内涵则专门用"广义政党理论"概念来表达。

说到广义政党理论,简单讲来就是追求解释世界所有政党与政党政治现象及本质的普适理论。这看似是个理论的乌托邦,但大概稍有一点学术抱负的政治学者就会对此矢志以求,颇具代表性的包括但不限于18世纪以来的博林布鲁克、伯克、韦伯、迪维尔热、唐斯、亨廷顿、李普塞特和罗坎、萨托利、卡茨和梅尔等。然而,无论这些学者是否真的始终心存建构广义政党理论的意识,他们陆续提出的政党学说大致在交错中构建了西方现代政党学理论体系,并自觉地用以认识、解释和评价世界政党政治。

为了明晰西方现代政党学与广义政党理论的事实关系,需要对"广义政党理论"概念重新进行剖析,在规范层面回答何谓"广义"或称"普适"。首先,广义政党理论必须以具有包容性的"政党"和"政党政治"概念为基石,并完成关于这两个概念最基本内涵的共识性建构,这个"强调"看似多此一举,但世界政党理论的结构失衡恰恰由此生发,却较少为中西方学者进行严肃论辩。其次,广义政党理论是迈向本体论、实在论和因果论统一的超越政治意识形态的结构化理论体系,它致力于形成关于政党历史起源、本质属性、结构功能、运转逻辑等元问题的原理性解释。最后,基于上述两点,可进一步作出如下阐释:广义政党理论是超越地区性政党理论的关于世界政党与政党政治实践的广涵性理论体系,它不会囿于某种狭隘的地域性历史认知、族群性政治利益和零和性意识形态,它致力于在融合不同主义之政党学说的基础上重建关于东西方政党的历史起源、组织嬗变及政党政治形态演化的统合性解释。

(二)世界政党理论的结构失衡及其政治根源

无论广义政党理论是否应该是一种理论的乌托邦,当下的世界政党理论都暂无演化为广义政党理论的迹象,甚至还存在着内部结构失衡的情况。在此,需引入"地区性政党理论"概念,以理解世界政党理论内部的学说间关系及其形态演化。

若以对世界政治变迁产生深刻影响的"阶级力量—意识形态"为分类标准,结合政党与社会革命及社会转型的历时性关联,可将当代世界政党理论划分为"资产阶级—自由主义政党理论"和"无产阶级—社会主义政党理论",二者分别内含于伴随着地区性政党与政党政治生发而形成的政党学说之中,且各自都由经典理论学说和变体理论学说组成。客观来看,两种政党理论都形成于特定的地方性政治实践,尽管它们也在政治浪潮的全球演化中向世界各地传播,甚至还实现了不同程度的在地化,但这并没有改变它们地方性知识的理论特质。从知识论生产的角度看,广义政党理论本应在世界政党政治的实践历程中逐渐形成,但两类政党理论的各自演化非但没有走向融合发展,反而在世界政治变迁中变得愈发有张力。对此,可透过"地缘政治竞争—政治思潮扩张—国际秩序变迁"的关系机制来进行理解。

从全球政治史变迁出发,18世纪以来的英国工业革命和法国大革命奠定了世界政治体系的基本结构,资产阶级革命的胜利形成了英、法、美等中心国家,推动了自由帝国主义的实践和政治思潮的自由主义民主理论。①然而,19世纪40年代的欧洲反资本主义运动开始挑战资本主义世界政治体系,马克思、恩格斯推动了欧洲工人运动的政治化和国际化,促成了实践上的共产主义活动,并构建起兼具实践和理论形态的科学社会主义。从政治思潮塑造政治秩序的角度看,自由主义与社会主义共同塑造了欧美社会变革。自由主义经历了分化、左转和国际对抗,政治思潮开始变得武器化,其与社会主义的对抗最终诱发了划分世界势力范围的冷战。以自由主义和社会主义思潮的变体展开为指引(观念体系),美苏各自形成了自由主义、全

---

① 相关研究和论述可参见杨光斌:《政治思潮:世界政治变迁的一种研究单元》,《世界经济与政治》2019年第9期;杨光斌:《意识形态与冷战的起源》,《教学与研究》2000年第3期。

能主义的政治形态(制度体系),其对抗过程将经济史意义上的东西方"大分流"推向历时性的政治竞争局面,而其争霸结果则深刻改变了国际秩序并影响了当代世界政治学发展的价值取向、议题设置和规范逻辑。与布罗代尔指称的历史乃"沉默之海"命题相同,[①]政治学与国际关系理论更是胜利者的专利,失败者或失利者只能成为历史中的"失语者",因而自由主义政治思潮、理论及其关于政治现代化的制度设计与实践则在远未终结的历史中被讴为"历史的终结"。

自由主义逐渐确立了全球霸权,由近代欧美走来的政党理论被整体吸纳进以现代化、民主化理论为代表的自由主义发展政治学理论框架之中。于是,在理论话语上明确回答"'什么样的政党与政党政治'能够推动发展中国家、新兴独立国家甚至是社会主义国家实现'(西方)政治现代化/民主化'转型",不仅成为政党理论发展的主流议题和强势价值,还成为现当代世界政党理论走向政治性分化的逻辑起点。由此开始,自由主义政党学说得以全球大流行,而社会主义政党学说则相对收缩发展,世界政党理论的结构失衡问题日渐浮现。

从部分与整体的关系视角出发,作为"部分"的各种政党理论学说之间的关系形态,在很大程度上影响着作为"整体"的世界政党理论的性质及解释力,但其关键后果远非于此,而是延伸到其对于政治实践的结构化导向。冷战结束后,两种政治思潮角逐的阶段性结果将两大政党学说引向难以弥合的政治性分化,特别是自由主义政党理论的意识形态全球化,导致世界政党理论产生了空前的结构问题,不仅在理论性质上与广义政党理论渐行渐远,还在理论解释力上愈发陷入"以偏概全"的怪圈。总体而言,当代世界政党理论的结构失衡突出体现为基石概念方面的"难以通约性"、因果论分析与政治实

---

① 法国年鉴学派大师布罗代尔在其"长时段"历史理论研究中曾提出过一段经典命题:"历史是阳光永远照射不到其底部的沉默之海。在巨大而沉默的大海之上,高踞着在历史上造成喧哗的人们。但恰恰像大海深处那样,沉默而无边无际的历史内部的背后,才是进步的本质,真正传统的本质。"转引自[美]莫雷·佐伊选编:《反联邦党人文集》,杨明佳译,商务印书馆,2022年,序言。历史往往由成功者、胜利者书写,浮于"沉默海洋"之上的从来都不是历史的全部,但常常被奉为某种"正统"或"真理"。

践价值方面的"冲突对抗性",以及理论辐射影响与政治宣传—社会认受程度方面的"强不均衡性",未来笔者还将就此问题在另一篇文章中进行详细阐释。

(三)反思世界政党理论的认识论之维

从全球政治史演化的角度看,既然世界政党理论的结构失衡有着显见的、难以左右的地缘政治根源,而非单纯的理论建构问题,那么是否意味着广义政党理论将真正沦为"理论的乌托邦"? 答案是否定的。实际上,地缘政治竞争与政治思潮—政党知识论"武器化"之间互构关系的生成有赖于一种关键的中间机制,即知识论的社会化机制,它的本质是围绕社会认受程度而展开的知识论与认识论互相塑造的政治过程。因此,从学者力所能及的角度出发,化解世界政党理论结构失衡问题、探寻广义政党理论的首要路径是反思认识论、重构认识论。

循此思路,便不难发现长期存在于世界政党理论演化中的认识论禁锢:首先,作为解释政党与政党政治现象的首套知识论体系,自由主义政党理论占据了得天独厚的时序优势,其以现代政党的原型垄断了现代政党的标准,并进一步规定了政党政治的"正当"形态,从而建立起观察、研究和评价政党活动的认知"规范"。其次,由此知识论所限定的认识论,在世界政治变迁中被政治权力"俘获"并转化为意识形态权力,进而在地缘政治竞争中沦为维护自由帝国主义扩张合法性的观念战工具。最后,无论是扮演"教科书角色",还是充当"观念战工具",这套认识论及其认知塑造行径都仰赖强劲的国家实力,这些国家均是主导世界政治变迁的先发达国家,即18世纪以来以英、法为代表的欧洲国家及后来实现超越式发展的美国。由于认识论关系到认知对象的可知性问题,并同时限定着认知活动在发生学意义上的行动逻辑,因而认识论禁锢不仅在某种道义高度上否定了新知识论的生产正当性,还在全球话语竞争中压制了新知识论的生产能动性及传播有效性。当下世界正处于百年未有之大变局,突破认识论禁锢已迫在眉睫,它不仅是构建广义政党理论的先决条件,更是人们能否客观认知世界特别是发展中国家政党与政党政治新类型、新形态与新发展的必要前提。

根据前文对广义政党理论概念的层次建构,反思和重构政党理论认识论的理论路线,应该以重新审思"政党"与"政党政治"这组基石概念为起点展开。

第一,重建政党组织属性的定位意识。要客观全面地认识"政党",弥补"政党"概念的内涵缺陷,首先应建立定位政党组织属性的意识,重新认识政党的组织属性问题。或许在相当长的政党发展史中,甚至时至今日,人们都不曾严肃深入地思考过政党的组织属性问题,中西方社会总是习以为常地将己方政党的源起与发展视为"常态"叙事甚或普适性叙事,进而导致双方难以客观全面地理解彼此。从整体上看,自政党诞生后,基于其应然的职能定位和实然的功能特征,政党体现为多属性结合的组织,它不仅以社会性和政治性为本质属性,还可能在不同条件下表现出经济性(或称资本性)甚至宗教性等特殊的组织属性:就其本质属性而言,对于有着不同历史起源的政党,社会性与政治性在其组织运作中亦会体现出不同的次序逻辑,与将社会性视为第一属性的欧美早期政党叙事不同,在反对既有政权的社会革命、抵抗外侮的民族独立等运动中诞生并成长起来的政党往往以政治性为第一属性,这两类政党会因此呈现出完全不同的国家观及实践逻辑;就其特殊属性而言,它们往往体现在由资本集团、宗教势力等力量组建的政党组织,并在权力博弈过程中表现出借政党名义由经济权力、宗教权力向政治权力转化的意图。由此可见,政党的组织属性是复杂且多样的,它直接决定了政党在权力秩序体系中的职能定位与功能特征,并进一步决定了政党政治形态的复杂性和多样性,唯有首先建立起深入思考政党组织属性的研究意识,才是真正认识政党的开端。

第二,重探政党起源叙事的权力结构。应该说,离开发生学去讨论"政党""政党政治",实际上是在玩"先射箭再画靶"的游戏。政党起源问题至关重要,它实则牵涉两套互相支撑的论述:一是历史过程论述,即在线性的时间序列中,现代政党最初孕育于一个怎样的权力秩序体系,它关系到人们对现代政党本质属性的认定;另一是政治过程论述,即在横向的空间序列中,一定社会场域之内,组织意义上的政党与国家存在怎样的建构与被建构的事实,它关系到政党和国家各自从地位到功能、从能力到作用、从制度到机制等一系列根本性问题。所谓权力秩序体系,主要指"政治权力、经济权力与社会权力"在特定时空条件下形成的结构性关系,这里特别强调政党与国家之间的组织权力关系;权力秩序体系的核心结构是"政党与国家的地位主从和权力配比状态",形成该结构的前置性变量是"政党与国家之间建构与被建构的关系过程",而该结构输出的结果性变量则是"政党政治形态",这才是政党起源深蕴的本质问题,亦是"政党"与"政党政治"概念建构的本体论意涵。

　　第三,重述政党政治形态的存在逻辑。政党的组织属性,特别是其社会性和政治性的次序逻辑问题与政党的起源历史高度相关,主要牵涉"政党与国家之间建构与被建构的关系过程"事实。大致来看,对于任何一个迈向现代化的政治体系来说,现代政党的诞生都会直接对其权力秩序体系产生结构性影响,要么是政党通过一定方式(比如社会动员和竞争性选举)周期性地参与到既存国家的政权架构和运行之中,具有代表性的是 17 世纪下半叶以来的欧美国家政党政治;要么是政党试图通过阶级斗争的革命手段参与政治,具有代表性的是 19 世纪末以来的俄中马克思列宁主义政党政治;于是,事实上的政党与国家之间建构与被建构关系就形成了,即"国家建构了政党"或"政党建构了国家",中西方政党在各自权力秩序体系中的位置和角色差异也就此显现。景跃进提出的"政党在社会中"或"政党在国家中",不仅反映了政党的组织属性,更指向政党政治形态的存在逻辑。最后,必须强调,政党政治形态的现实形成及其结构化差异是历史政治变迁的结果,相关知识论的构建工作应充分尊重和体现其多样性和复杂性,而不应采用非黑即白式的意识形态评判。

　　综上,进一步的研究不妨可依循"政党起源—政党组织属性—政党政治形态"路径展开,这或许能为更新陈旧的世界政党理论带来一定积极作用。

政党起源与新兴民主国家的政党体系制度化水平

——基于印度尼西亚与菲律宾的比较

李祉球①

内容摘要 多党竞争模式下,政党体系的制度化水平对于新兴民主国家的治理情况具有重大影响。从经验上看,为何部分新兴民主国家政党体系制度化水平更高,而另一些国家的政党体系制度化水平长期停滞不前? 本文为理解二战后独立的前殖民地国家的政党体系制度化水平差异提供了一种基于殖民时期政党起源方式的解释,认为在殖民统治中,政党与殖民者互动关系所塑造的政党起源方式会影响后续政党的社会动员强弱,进而导致多党竞争时期政党体系制度化水平的差异。对印度尼西亚与菲律宾的比较案例分析表明,与那些主要政党起源于体制内力量的国家相比,政党起源于体制外力量的国家更有可能进行深入的社会动员,加强政党的组织建设与意识形态建设,最终产生制度化的政党体系。

关键词 政党体系制度化;政党起源;印度尼西亚;菲律宾

---

① 李祉球,北京大学政府管理学院博士研究生,主要研究方向为比较政治学。

一、引言

现代政治需要政党的引导,现代国家的政治活动开展离不开政党的参与。既有研究指出,政党政治的运行状况对于一国的政治稳定、经济发展、治理绩效等方面都具有重大影响。[1]在第三波民主化浪潮下,越来越多的国家引入竞争性选举,建立多党制。然而,与政党发展历史较为久远的西方民主国家相比,第三波民主化国家在政党体系制度化(party system institutionalization)水平上的差异很大,一些国家的选举结果较为稳定,选民与政党建立了深厚的联系,政党竞争过程秩序井然;另一些国家的政党则缺乏社会根基,选民往往根据领导人的个性而非政党的施政纲领来投票,选举过程时常出现暴力冲突。[2]如何解释新兴民主国家中政党体系制度化水平的差异?为什么其中有些国家的政党体系制度化水平更高,而另一些国家的政党体系制度化水平则相对低下?

政党体系制度化反映出一国政党政治发展状况,对其成因的研究能够进一步丰富我们对于各国政党政治演变的认识与理解。笔者关注的是那些在殖民主义统治之下孕育出政党政治的国家,从这一时期的政党起源考察后续多党竞争时期的政党体系制度化水平。据一些学者的统计,1974—2013年,全球有近80个国家发生民主转型,[3]其中约有1/3是二战后独立的前殖民地国家。因此,殖民经历是考察部分新兴民主国家政党体系制度化水平的重要视角。本文认

---

[1] Barbara Geddes, "What Do We Know about Democratization after Twenty Years?" *Annual Review of Political Science*, 1999(2):115-144; Fernando Bizzarro et al., "Party Strength and Economic Growth," *World Politics*, 2018(70):275-320.

[2] Allen Hicken and Erik Martinez Kuhonta, "Introduction: Rethinking Party System Institutionalization in Asia," in Allen Hicken and Erik Martinez Kuhonta, eds., *Party System Institutionalization in Asia: Democracies, Autocracies, and the Shadows of the Past*, Cambridge University Press, 2015:1.

[3] 包刚升:《第三波民主化国家的政体转型与治理绩效(1974—2013)》,《开放时代》2017年第1期。

为,脱胎于殖民统治的政党与宗主国的互动产生了体制内和体制外两种政党起源方式,主要政党起源于体制外力量的国家比起源于体制内力量的国家具有更强的动力进行社会动员,这为多党竞争时期的政党体系制度化水平提供了历史遗产。

二、文献综述

作为复数的政党及其相互联系构成了政党体系,[1]如果说制度化意味着"组织和程序获取价值观和稳定性的一种进程"[2],那么政党体系的制度化[3]则表现为"在体系内的政党具备惯例和组织基础的情况下,行为者的预期、目标和行为都具有可预见性"[4]。一般来说,在制度化的政党体系中,主要政党的稳定性较强,选票波动率较小;不易被其他社会组织所俘获,能够保持自主性;同时,选民认为政党具备合法性基础,产生政党认同,政党与选民之间建立稳固的联系。既有的研究主要从政治制度、社会分裂、经济发展三大路径解释民主国家政党体系制度化水平的差异。

(一)以政治制度为中心的解释

政治制度的视角首先强调民主选举的延续时间对于政党体系制度化水平的影响。很多学者指出,制度化是民主体系经过一段时间

---

① [意]G.萨托利:《政党与政党体制》,王明进译,商务印书馆,2006年,第69页。

② [美]塞缪尔·P.亨廷顿:《变化社会中的政治秩序》,王冠华、刘为等译,上海世纪出版社,2008年,第10页。

③ 政党体系制度化区别于政党制度化(party institutionalization),前者更加强调竞争体系下政党的总体情况而非单个政党的制度化水平。Vicky Randall and Lars Svåsand, "Party Institutionalization in New Democracies," *Party Politics*, 2002(8):5–29. 同时,政党的制度化特征也区别于其控制力(dominance)特征,后者指的是特定政党在政治体系中相对于其他参与者(官僚机构、社会团体、领导人、军队等)的力量。Qingjie Zeng, "All Power to the Party! The Sources of Ruling Party Strength in Authoritarian Regimes," *Canadian Journal of Political Science*, 2021(54):186–208.

④ Scott Mainwaring and Timothy Scully, "Introduction: Party Systems in Latin America," in Scott Mainwaring and Timothy Scully, eds., *Building Democratic Institutions: Party Systems in Latin America*, Stanford University Press, 1995:4–5.

发展的结果。选民对于政党的忠诚需要经过长时期的培养,[1]以形成稳定的投票模式。塔维茨基于欧洲后共产主义国家的研究发现,选举波动性在民主转型的初期较大,并随着民主制度的稳固而下降。[2]卢普等人对阿根廷的研究也发现,随着民主选举的持续进行,选举波动性会逐步下降。但是当民主崩溃时,选举波动性再次上升,政党体系更加动荡。[3]

还有一些学者强调选举制度的作用。迪韦尔热定律概括了选举制度与政党制度之间的关系,指出一轮简单多数决制度倾向于产生两党制,而两轮投票制和比例代表制有利于多党制的形成。[4]据此,一些学者认为,比例代表制之下,议会中的政党数量较多,导致每次选举中的选票更加分散,加剧了选举结果的波动性。[5]但是也有研究指出,比例代表制下的政党能够更加全面地反映选民的利益,从而与选民建立深刻的社会联系,提高政党体系的制度化水平。[6]亦有学者认为,总统制不利于政党体系制度化的发展,这是因为在那些民主制度不成熟国家的总统选举中,选民更容易根据政党候选人本身的个性而非政党的意识形态或纲领进行投票,这使得政治家缺乏政党建设的激励。相反,在议会制下,政党在议会中的席位是政党领袖获得

---

[1] Philip E. Converse, "Of Time and Partisan Stability," *Comparative Political Studies*, 1969(2): 139–171.

[2] Margit Tavits, "The Development of Stable Party Support: Electoral Dynamics in Post-communist Europe," *American Journal of Political Science*, 2005(49):283–298.

[3] Noam Lupu and Susan Stokes, "Democracy, Interrupted: Regime Change and Partisanship in Twentieth-century Argentina," *Electoral Studies*, 2010(29):91–104.

[4] Maurice Duverger, *Political Parties: Their Organizations and Activities in the Modern State*, Methuen, 1955:217–239.

[5] Aurel Croissant and Philip Völkel, "Party System Types and Party System Institutionalization: Comparing New Democracies in East and Southeast Asia," *Party Politics*, 2012(18): 235–265.

[6] Allen Hicken and Erik Martinez Kuhonta, "Introduction: Rethinking Party System Institutionalization in Asia," in Allen Hicken and Erik Martinez Kuhonta, eds., *Party System Institutionalization in Asia: Democracies, Autocracies, and the Shadows of the Past*, Cambridge University Press, 2015:1–24.

行政权力的关键,政客也就更有动力建立政党与选民的联系。[1]

但无论是强调民主制度维系的时间还是各种具体制度安排的作用,都很难在政党体系制度化水平的差异这一问题上形成有效的解释。前一种解释路径在不同的样本选择中呈现出很大的差异。一些针对新兴民主国家的研究中并没有发现民主化时间效应的显著性。[2]加里·莱奇基于23个新兴民主国家的选举研究指出,民主制度维系的时间效应在二战前就实行民主化改革、建立政党体制的国家更有可能发挥作用。对于在第三波民主化浪潮中才进行选举的一些国家而言,政党政治往往充斥着腐败与勾结,选民对政党持失望而非认同态度。另外,一国是采取简单多数决还是比例代表制,议会制或是总统制,本身就深深植根于不同的历史环境,是特定政治条件的"副产品"。

(二)以社会分裂为中心的解释

李普塞特与罗坎曾提出"社会分裂理论"(social cleavage theory),认为欧洲的国家革命与工业革命形成的社会分裂产生了稳定的以群体为基础的政治冲突模式,并通过现代政党制度表现出来。[3]在这一视角之下,学者们通常认为,没有建立在社会分裂基础之上的政党体系制度化水平较低。例如,伯尔尼发现,稳定的政党体系更有可能出现在那些族群分裂严重的社会中,这是因为这些社会当中的族群认

① Scott Mainwaring and Mariano Torcal, "Party System Institutionalization and Party System Theory after the Third Wave of Democratization," in Richard S. Katz and William Crotty, eds., *Handbook of Party Politics*, Sage, 2005:204-227.

② Kenneth M. Roberts and Erik Wibbels, "Party Systems and Electoral Volatility in Latin America: A Test of Economic, Institutional, and Structural Explanations," *American Political Science Review*, 1999(93):575-590. Gary Reich, "The Evolution of New Party Systems: Are Early Elections Exceptional?" *Electoral Studies*, 2004(23):235-250.

③ Seymour M. Lipset and Stein Rokkan, "Cleavage Structures, Party Systems, and Voter Alignments: an Introduction," in Seymour M. Lipset and Stein Rokkan, eds., *Party Systems and Voter Alignments: Cross-national Perspectives*, Free Press, 1967:13-23.

同更容易转化为对特定政党的忠诚。①赫伯特·基奇特等人则进一步指出,特定类型的社会分裂更有利于产生稳定的政党体系,相较于社会文化或族群等分裂占主导的国家,经济—分配分裂(economic-distributive cleavage)塑造的社会中更可能出现结构化的政党体系。②

基于社会分裂的解释存在以下两个方面的问题:首先,随着社会环境的变化与后物质主义价值观的兴起,以社会分裂为基础的投票模式是否仍在发挥影响是值得怀疑的。③其次,社会分裂理论并没有解释为什么一些国家的社会分裂能够转化到政党体系之中,而另一些国家却不能? 这种以社会为中心的视角忽略了国家的角色与制度的作用,④正如吉柏所强调的,在竞争性选举中,基于社会分裂而形成的政党体系更有可能在公民社会薄弱的情况下出现,⑤国家与制度,甚至是政党本身同样会对社会分裂能否反映到政党体系之中产生影响。

(三)以经济发展为中心的解释

经典的经济投票(economic voting)理论认为,在经济状况较差的情况下,选民会"惩罚"执政党,转而支持反对党。⑥据此,一些学者认为,短期内的经济衰退会使得选民支持反对党与新政党,导致政党体系的不稳定。这些研究发现,在人均国内生产总值增长率低、通货膨胀率高的选举年份里,选举结果波动性会相应地增高,这不利于产生

---

① Johanna Kristin Birnir, *Ethnicity and Electoral Politics*, Cambridge University Press, 2007:200.

② Herbert Kitschelt et al., *Post-communist Party systems: Competition, Representation, and Inter-party Cooperation*, Cambridge University Press, 1999:385-391.

③ Clem Brooks, Paul Nieuwbeerta and Jeff Manza, "Cleavage-based Voting Behavior in Cross-national Perspective: Evidence from Six Postwar Democracies," *Social Science Research*, 2004(35):88-128.

④ 魏翊:《国家建构策略与政党政治动员——当代非洲政党制度化的政治起源》,《世界经济与政治》2021年第3期。

⑤ Pradeep K. Chhibber, *Democracy without Associations: Transformation of the Party System and Social Cleavages in India*, University of Michigan Press, 2001:20.

⑥ Michael S. Lewis-Beck, "Economics and the American Voter: Past, Present, Future," *Political Behavior*, 1988(10):5-21.

制度化的政党体系。①另外一些研究者则更加关注较长时期内经济发展的影响,鲍威尔和塔克发现,后共产主义国家的政党体系制度化发展是长期以来经济复苏的结果,那些经济复苏更加缓慢的国家更容易出现大量政党进入或退出政党体系的现象。②也有研究发现,从长期来看,在遭遇经济危机之后,选民逐渐疏远了主流政党,欧洲国家的政党体系波动性更加明显,政党碎片化、极化趋势加强。③

　　以经济发展来解释政党体系制度化水平的问题在于:一方面,这一视角背后假定了选民对于经济状况的感知是同质性且准确的。但是,对于那些民主制度更加不成熟的国家而言,选民对经济状况的评价可能会受到信息接触等因素的调节作用,④因而经济形势的变化并不一定会如实地反映到选民的投票选择中。另一方面,对于一些新兴民主国家而言,国家层面的经济发展也不必然会给中下层选民带来直接的好处,他们对执政党的满意度更取决于政府能否通过再分配降低经济不平等。⑤最后,这一视角只强调选民需求端的作用,而忽略了作为供给端的政党可能会根据经济情况的变化调整纲领与政策,以契合选民的要求。

　　尽管上述三类解释都从特定角度丰富了我们对于政党体系制度化水平成因的理解,但既有研究总体上还存在着以下问题:第一,现有研究忽视了政党的角色,没有回答政党本身在推动或抑制政党体系制度化的发展中发挥着什么样的作用;第二,这些研究都是从一国

①　Kenneth M. Roberts and Erik Wibbels, "Party Systems and Electoral Volatility in Latin America: a Test of Economic, Institutional, and Structural Explanations," *American Political Science Review*, 1999(93):575-590.

②　Eleanor Neff Powell and Joshua A. Tucker, "Revisiting Electoral Volatility in Post-communist Countries: New Data, New Results and New Approaches," *British Journal of Political Science*, 2014(44):123-147.

③　Enrique Hernández and Hanspeter Kriesi, "The Electoral Consequences of the Financial and Economic Crisis in Europe," *European Journal of Political Research*, 2016(55):203-224.

④　Raymond M. Duch, "A Developmental Model of Heterogeneous Economic Voting in New Democracies," *American Political Science Review*, 2001(95):895-910.

⑤　Michael Bernhard and Ekrem Karakoç, "Moving West or Going South?: Economic Transformation and Institutionalization in Postcommunist Party Systems," *Comparative Politics*, 2011 (44):1-20.

政党政治形成之后的时段中寻找原因,而没有关注到政党起源这一关键历史时期的影响;第三,现有研究认为政党及政党体系完全是由其所处的环境所决定的,但在某种程度上,政党与其所处环境是一起发展的,在演变过程中甚至也会反过来影响后者。①

<h1 style="text-align:center">三、理论框架:政党起源、社会动员
与政党体系制度化</h1>

本文尝试从政党起源中寻找导致新兴民主国家间政党体系制度化水平差异的原因,以弥补上述理论中的不足之处。在二战后独立的新兴民主国家中,对于那些在殖民统治下孕育出政党政治雏形的国家而言,殖民时期构成了后续多党竞争下政党体系制度化发展的"关键节点"(critical juncture)。在这一时期中,殖民当局与政党之间的互动中形成了两种政党起源方式——体制内力量与体制外力量,起源于体制外力量的政党面临着严重的资源匮乏、社会威胁问题,具有社会动员的迫切压力,会更加重视政党的组织建设与意识形态建设,这为多党竞争时期更加制度化的政党体系奠定了基础。

(一)殖民时期的政党起源

安格鲁·帕尼比昂科指出,政党的组织特征在很大程度上依赖于其历史,即依赖于组织是如何起源的,又是如何巩固的,胜于依赖其他因素。②迪韦尔热从政党起源的角度对内生型政党与外生型政党进行了区分,前者起源于选举与议会之中,由议会团体逐步演变成为政党,后者起源于议会之外,是从议会外的组织发展起来的。相比较

---

① [美]利昂·D.爱泼斯坦:《西方民主国家的政党》,何文回译,商务印书馆,2014年,第28页。
② [意]安格鲁·帕尼比昂科:《政党:组织与权力》,周建勇译,上海人民出版社,2013年,第58页。

而言,后者更富有凝聚力。①帕尼比昂科则从组织建构与组织发展、外部发起组织的有无、是否存在克里斯玛型领袖三个方面界定政党起源模式。②

上述研究更多的是基于西方的经验,这些类型学划分主要建立在代议制成熟的竞争性选举经验基础上。对于很多经历过殖民统治的国家而言,议会机构、官僚自主性等现代国家要素在很大程度上是在独立之后才逐步建立发展起来的。本文所强调的政党起源方式更多的是基于殖民当局与初生政党之间的互动关系,对那些在殖民时期孕育出政党政治的国家而言,如果主要政党受彼时的殖民政权压制(repression)而与之形成对抗关系,力图推翻殖民当局的统治,那么这一国家的主要政党在起源之初就属于体制外力量;相反,倘若一国主要政党被殖民当局所吸纳(cooptation)而与其合作共谋,并不试图推翻其统治,反而在一定程度上成为维护殖民统治的工具,那么我们认为该国的主要政党在形成之初属于体制内力量。③

(二)政党起源与政党的社会动员

卡尔·多伊奇将社会动员定义为"人们改变旧的社会、经济和心理认同,接受新的社会化与行为模式的过程"④。社会动员本身是现代化过程的产物,涉及打破既有的环境、习惯或认同,以及引导被动员群体加入新的组织、产生新的认同这样两个阶段。不同于社会主导或国家主导的现代化模式,许多发展中国家的现代化是由政党推

---

① Maurice Duverger, *Political Parties: Their Organizations and Activities in the Modern State*, Methuen, 1955:23—37.

② [意]安格鲁·帕尼比昂科:《政党:组织与权力》,周建勇译,上海人民出版社,2013年,第58—61页。

③ 体制内力量与体制外力量的政党起源方式划分并不是简单的革命党与非革命党的区别,一些体制外力量起源的政党也可以通过较为温和的方式与殖民者抗争,如印度的国大党。

④ Karl W. Deutsch, "Social Mobilization and Political Development," *American Political Science Review*, 1961(55):493—514.

动的。①一方面,在强大官僚机构或市民社会缺位的情况下,许多政党成为建设现代国家、实现民族整合的主要力量。②另一方面,由于缺乏政治参与实践经验,在代议制建立后的选举活动中,政党在吸引选民选票的同时也发挥了鼓励公民参与民主政治的作用,成为政治社会化的重要推动者。③

既有研究发现,在革命或社会运动中动员公民的政党在收集信息、吸纳成员、政党凝聚力与合法性等方面比其他政党占据优势。④例如,津巴布韦的非洲民族联盟(ZANU)在创建之初就多次发动针对白人统治者的武装斗争,这一过程增加了该党的强制性能力(coercive capability)与各种社会团体的联系。⑤据此,本文提出,在那些具有被殖民历史的国家中,国家独立前的政党起源方式会对独立后政党的社会动员能力产生影响。具体而言,在那些政党起源于体制外力量的国家中,政党所拥有的资源相对匮乏,生存环境也会更加严峻,因此具有更加强烈的社会动员需求,相应地也会在政治实践中产生更加强大的社会动员能力。这里的社会动员既包括"硬性"的组织建设,也包括"软性"的意识形态。一方面,政党需要加强自身内部结构建设,积极招募党员,将政党组织渗透进基层社会,提高自身的复杂性与深度;另一方面,政党也通过意识形态建设将自身与其他政党区分开,以争取特定群体的支持。⑥

---

① 杨光斌:《制度变迁中的政党中心主义》,《西华大学学报(哲学社会科学版)》2010年第2期。
② [美]塞缪尔·P.亨廷顿:《变化社会中的政治秩序》,王冠华、刘为等译,上海世纪出版社,2008年,第254页。
③ Myron Weiner and Joseph LaPalombara, "The Impact of Parties on Political Development," in Joseph LaPalombara and M. Weiner, eds., *Political Parties and Development*, Princeton University Press, 1966:399-435.
④ Steven Levitsky and Lucan A. Way, *Competitive Authoritarianism: Hybrid Regimes after the Cold War*, Cambridge University Press, 2010:61-66.
⑤ Steven R. Levitsky and Lucan A. Way, "Beyond Patronage: Violent Struggle, Ruling Party Cohesion, and Authoritarian Durability," *Perspectives on Politics*, 2012(10):869-889.
⑥ 赵鼎新:《论意识形态与政党政治》,《学海》2017年第3期。

(三)政党起源、政党的社会动员与政党体系制度化水平

如前文所述,在殖民统治下,政党与殖民者之间的互动关系产生了体制内力量与体制外力量两种政党起源模式,起源于体制外力量的政党具备更强的社会动员意愿与能力。政党在这一过程中通过组织建设与意识形态建设渗透进社会,逐步建立起选民对政党的认同与信任。与此同时,社会动员过程也可能成为政党自身凝聚力的来源。在不利的生存环境下,社会动员的压力迫使政党成员紧密团结在一起以应对威胁。[1]这种具有凝聚力的政党在日后的发展过程中更能够避免分裂的危险,也不容易受其他社会力量的制约。因此,那些在体制外起源、经历高强度社会动员的政党就为多党竞争时期政党体系的制度化水平奠定了基础。这些政党更有可能具备较高的稳定性与自主性,不易被其他社会组织俘获;同时,选民的政党认同强,政党与选民之间建立深厚的联系。而那些起源于体制内力量的政党则缺乏社会动员的意愿和能力,更无法与选民建立纲领性的联系,由此导致此后低下的政党体系制度化水平。

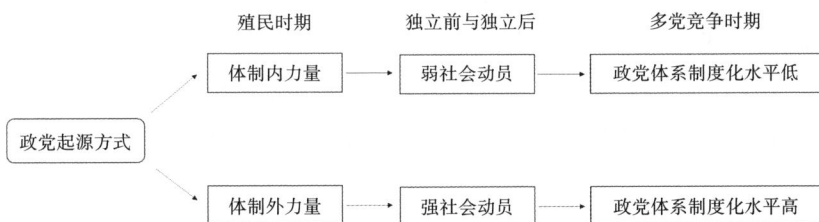

图1 政党起源方式与政党体系制度化水平的分析框架

为了论证上述推断的合理性,本文还需在以下四个方面做出说明:首先需要明确的是,这里所强调的政党并不指向某个单一的政治实体,而是指那些具备政治影响力的组织,分析的是一个国家的主要

---

[1] Steven Levitsky, James Loxton, and Brandon Van Dyck, "Introduction: Challenges of Party-Building in Latin American," in Steven Levitsky et al., eds., *Challenges of Party-Building in Latin America*, Cambridge University Press, 2016:12–13.

政党及其互动情况。

　　其次,殖民时期的政党起源何以在数十年之后仍然在多党竞争模式之下影响政党体系制度化水平? 本文认为,在路径依赖(path dependence)的作用下,不同起源模式中政党的社会动员强度会产生惯性。[1]这是由于在国家独立之后,政党可能面临着地位不稳固、合法性不足的问题,需要从社会中获得支持性力量。此外,政党在执政的情况下可以产生一些有利于后续政党组织发展巩固的制度安排。

　　再次,在一些国家中,起源于殖民时期的政党未必能始终延续,或者独立后的部分政党可能并非起源于殖民时期,但是在政党间的示范与竞争效应之下,[2]非殖民时期起源的政党也会具备社会动员的压力,这有利于提升整体政党体系的制度化水平。那么,为何选择殖民统治下的政党起源时期而非其他时期作为影响新兴民主国家政党体系制度化水平的关键节点? 例如,一些学者强调了二战后至威权利维坦建立或威权统治时期作为东南亚国家政党政治发展的关键节点发挥着重要影响。[3]本文认为,较少学者关注到这些地区的现代国家形成时期,也就是从民族主义运动的兴起到实现国家独立这一时间段对政党政治发展的影响,因此本文对这一关键节点的考察是对既有文献的一种补充。同时,关注第三世界发展的学者也指出,殖民统治的建立是这一地区卷入世界体系的节点,构成了其经历"大转型"的历史时刻,因此不能忽视殖民统治在东南亚政治发展中的重要

---

① 〔美〕保罗·皮尔逊:《时间中的政治:历史、制度与社会分析》,黎汉基等译,江苏人民出版社,2014年,第53页。

② E. Spencer Wellhofe, "The Effectiveness of Party Organization: a Cross National, Time Series Analysis," *European Journal of Political Research*, 1979(7):205-224.

③ 斯莱特(Dan Slater)的研究强调了二战结束至威权利维坦上台前夕这一关键节点内抗争政治形势对于东南亚各国威权时期执政党的影响。Dan Slater, *Ordering Power: Contentious Politics and Authoritarian Leviathans in Southeast Asia*, Cambridge University Press, 2010:22-27. 希肯(Allen Hicken)等人强调了亚洲若干个国家前威权政体的特征对于民主转型以后各国政党体系制度化水平的影响。Allen Hicken and Erik Martínez Kuhonta, "Shadows from the Past: Party System Institutionalization in Asia," *Comparative Political Studies*, 2011(44):572-597.

意义。①此外，由于是否产生持续性的遗产被认为是判断某一历史时期是否为关键节点的重要指标，②从遗产持续性的角度而言，殖民时期的作用也是不容忽视的。因此，本文所选取的殖民统治的政党起源时期符合关键节点的两个评估标准——概率激增（probability jump）和时间杠杆（temporal leverage），③即与节点相关的最终结果出现的概率变化和关键节点影响的持续时间。

最后，本文认为，政党体系制度化水平的发展受到多种因素的制约，因而在给定政党起源模式下依然有可能产生不同制度化水平的政党体系，但政党起源模式依然是考察政党体系制度化水平的重要维度，如果一国的政党政治发展中缺乏了这样的历史遗产，在同等条件下想要建立起制度化的政党体系将会面临更多的困难与挑战。

四、研究方法：基于印度尼西亚与菲律宾的比较案例分析

本文采用比较案例研究法，在说明具体的案例选择之前，需要明确研究的时空范围。④本文所关注的是那些在二战之后独立的第三波民主化国家在多党竞争时期以后政党体系的制度化水平，这就决定了本文研究的范围条件（scope condition）排除了未曾经历过殖民统治的东欧地区与在18到19世纪的拉丁美洲战争之后陆续独立的拉美国家，而主要限定在撒哈拉以南的非洲和东南亚国家，这使得案例研究更具同质性。⑤为了验证上述因果机制，本节将对印度尼西亚与

---

① 释启鹏：《新世界中的旧秩序：东南亚四国发展的比较历史分析》，中国社会科学出版社，2023年。

② David Collier and Gerardo L. Munck, "Building Blocks and Methodological Challenges: A Framework for Studying Critical Junctures," *Qualitative and Multi-Method Research*, 2017 (15):2–9.

③ Giovanni Capoccia and R. Daniel Kelemen, "The Study of Critical Junctures: Theory, Narrative, and Counterfactuals in Historical Institutionalism," *World Politics*, 2007(59):341–369.

④ 叶成城、黄振乾、唐世平：《社会科学中的时空与案例选择》，《经济社会体制比较》2018年第3期。

⑤ 叶成城、唐世平：《基于因果机制的案例选择方法》，《世界经济与政治》2019年第10期。

菲律宾两国的政党体系制度化水平进行比较分析。之所以选择这两个案例,是因为他们符合亚当·普沃泽斯基等提出的最大相似比较设计(most similar system design),即通过尽可能相似的案例分析其产生差异的原因。[1]这种"受控的比较"有助于我们发现兼具内部效度(internal validity)与外部效度(external validity)的理论。[2]

表1 印度尼西亚与菲律宾的比较

项目	国别	印度尼西亚	菲律宾
	政党起源方式	体制外力量	体制内力量
基本情况	政党政治孕育时间	20世纪初	20世纪初
	殖民历史	有	有
	独立时间	1945年	1946年
	政治发展轨迹	民主—威权—民主	民主—威权—民主
	清廉指数(1999—2019)[3]	2.80	2.99
	文武关系	军队部分职业化	军队部分职业化
	对外关系	亲美	亲美
既有解释变量	民主选举维续时间	22年	35年
	近四届大选后议会中有效政党数量	7.21	6.04
	族群分裂指数	0.803	0.807
	宗教分裂结构	存在	存在
	行政—立法制度	总统制	总统制
	经济发展(2020年以前)	中等偏下收入国家	中等偏下收入国家
	政党体系制度化水平	高	低

资料来源:笔者根据相关资料整理,其中,族群分裂指数参见 Lenka Drazanova, "Intro-

---

① Henry Teune and Adam Przeworski, *The Logic of Comparative Social Inquiry*, Wiley-Interscience, 1970:31–39.
② Dan Slater and Daniel Ziblatt, "The Enduring Indispensability of the Controlled Comparison," *Comparative Political Studies*, 2013(46):1301–1327.
③ 该指数1995—2011年采用十分制,2012年以后开始采用百分制,数值越低表示腐败程度越高,这里统一换算成十分制计算平均值。

ducing the Historical Index of Ethnic Fractionalization (HIEF) Dataset: Accounting for Longitudinal Changes in Ethnic Diversity," *Journal of Open Humanities Data*, 2020(6). 清廉指数来自透明国际，https://www.transparency.org/en/，访问时间：2023 年 1 月 26 日；议会中有效政党数量的计算方式参见 Markku Laakso and Taagepera Rein, "'Effective' Number of Parties: a Measure with Application to West Europe," *Comparative Political Studies*, 1979(12):3–27。

  在东南亚国家中，菲律宾与印度尼西亚呈现出很大的相似性。首先，从政治发展历史来看，两国在独立前都有长期的被殖民历史，在 20 世纪初期的殖民统治中孕育了政党政治，并分别于 1946 年与 1945 年获得独立。建国后两国大致都经历了民主—威权—民主的政治发展轨迹。同时，两国也都长期面临着严重的腐败问题，形成了利益交换与金钱政治盛行的庇护政党制。在文武关系问题上，两国的军人集团依然具有重要的影响力，未能完全实现军队的职业化。[1]此外，从对外关系来看，二者均与美国保持较为密切的关系。在制度安排方面，两国均为总统制国家，从民主选举维系时间来看，菲律宾显然比印尼更早地进行竞争性选举。两国的选举制度虽然存在一定差异，但是均存在着小党林立、政党碎片化的问题。在社会分裂结构上，印尼与菲律宾都是多民族国家，族群高度分裂，且都存在着宗教—世俗的社会分裂结构。从经济发展的角度来看，尽管总体上而言印尼的人均国内生产总值及其增速略高于菲律宾，但根据世界银行的划分，二者在 2020 年以前都属于中等偏下收入经济体，都呈现正向增长的经济形势。[2]二者在这些方面的相似性有助于我们在一定程度上排除既有研究中强调的政治制度、社会分裂、经济发展因素的干扰。

---

[1] 周方冶：《政治环境研究的路径与方法：“一带一路”视角下的东南亚国家比较研究》，中国社会科学出版社，2018 年，第 98—100、174—177 页。

[2] 根据世界银行的统计数据，从 1999—2019 年的年均情况来看，印尼和菲律宾人均国内生产总值分别为 2406 美元和 2072 美元，人均国内生产总值增长率分别为 3.69% 和 3.53%。尽管前者的经济表现优于后者，但二者的差异并不大。同时，从既有的经济发展的解释来看，无论是长期还是短期的经济形势，两国都并未出现严重的经济衰退现象，所以本文认为经济发展对于两国民主转型以来政党体系制度化水平的差异的解释力有限。

表2 印度尼西亚与菲律宾的政党体系制度化水平

维度	指标	操作化	印度尼西亚	菲律宾
党际竞争	选举波动性	每两次选举间所有政党得失票数的总和/2(取均值)	20.16% (1999—2019)	36.65% (1992—2019)
政党的社会基础	选民的政党认同	亚洲晴雨表中对特定政党表示出认同的受访者比例(2010)	29.74%	54.83%
政党的合法性	政党信任	亚洲晴雨表中对政党表示信任的受访者比例(2010)	41.68%	34.92%
政党组织	政党存续时间	存在时间超过10年且得票率大于5%的政党数量(2019)	7	4

数据来源:

①选举波动性的计算方式参见 Mogens N. Pedersen, "The Dynamics of European Party Systems: Changing Patterns of Electoral Volatility," *European Journal of Political Research*, 1979 (7):1–26。

②政党认同与政党信任的数据源于"亚洲晴雨表"数据库。

③政党存续时间:作者根据相关资料计算得出。

在共享上述相似性条件的情况下,两国的政党体系制度化水平却呈现出很大的差异。综合现有的一些研究,[1]本文对两国的政党体系制度化水平从党际竞争、社会基础、政党合法性与政党组织四个维度进行测量。在党际竞争方面,菲律宾的选举波动性远高于印尼。而政党的社会基础这一维度上,菲律宾民众呈现出更高的政党认同度。不过,由于菲律宾与印尼社会中都存在着不同程度的庇护主义,所以我们很难判断民众对于政党的认同是基于政党本身的纲领还是

---

[1] Aurel Croissant and Philip Völkel, "Party System Types and Party System Institutionalization: Comparing New Democracies in East and Southeast Asia," *Party Politics*, 2012(18): 235–265.

投票后获得的回报。①在政党合法性这一维度上，更高比例的印尼民众表示出对政党的信任（41.68%）。最后，从政党组织来看，印尼有更多存续时间较长的政党。根据上述的分析，印尼至少在党际竞争、政党合法性、政党组织三个方面的表现优于菲律宾。总体上看，我们可以认为，与菲律宾相比，印尼的政党体系制度化水平较高。

<h1 style="text-align:center">五、案例分析</h1>

在具备相似性的基础上，如何解释两国政党体系制度化水平的差异？本文试图论证，两国在多党竞争时期的政党体系制度化水平具有深刻的历史烙印。下文将从殖民统治、国家独立后以及多党竞争时期三个阶段考察特定的政党起源方式如何导致了印尼和菲律宾在政党体系制度化水平上的差异。

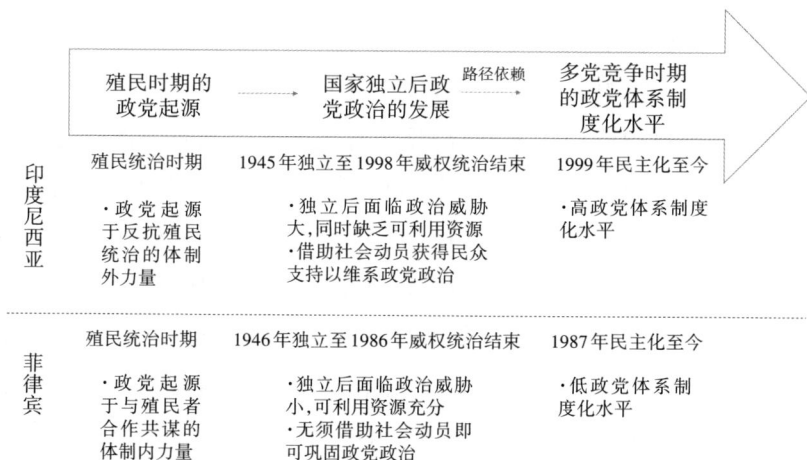

图2　印度尼西亚与菲律宾多党竞争时期政党体系制度化水平的形成过程

① Julio C. Teehankee, "Clientelism and Party Politics in the Philippines," in Dirk Tomsa and Andreas Ufen, eds., *Party Politics in Southeast Asia: Clientelism and Electoral Competition in Indonesia, Thailand and the Philippines*, Routledge, 2012:186–214.

(一)殖民时期的政党起源

20世纪初,荷兰在印度尼西亚地区确立了全面的统治。在荷兰的殖民统治下,一些具有民族主义思想的本土知识分子要求进一步发展民族经济,普及教育,提高印度尼西亚人的社会地位。在这一背景下,印度尼西亚涌现出一大批抵制殖民统治的政党,且都带有强烈的民族主义色彩。1908年,印度尼西亚第一个有组织、有纲领、有领导的政党——至善社成立。到1909年底,至善社已经有40个分社,社员约1万人。[1]该党主张爪哇族的团结和协调发展,复兴民族文化,发展民族工商业,其组织的活动对民族觉醒起到了重要的推动作用。此外,这一时期成立的其他政党如东印度党、穆罕默迪亚、东印度社会民主联盟等也都提出了争取印度尼西亚独立的主张。[2]1927年,苏加诺联合印尼民族主义协会、伊斯兰联盟、至善社等7个政党团体,组成"印尼民族政党联盟",次年改称"印尼民族党",印度尼西亚的政党力量进一步壮大。

众多政党组织的兴起引发了荷兰殖民者的警觉,不过,殖民政府起初只是限制政党组织的联合,规定各地区的政党必须保持为独立的组织。[3]但是在各政党逐渐发展壮大的情况下,殖民政府开始对日益壮大的民族主义势力进行镇压。1918年,荷兰当局破获了印尼伊斯兰教联盟中的一个秘密革命组织"B派";1926—1927年,又对印尼共产党领导的武装起义实施严酷的镇压;1929年,印度尼西亚民族党领导人苏加诺被判处四年监禁,后遭流放。从20世纪初印尼民族主义的兴起至1942年丧失统治地位,殖民当局始终拒绝印尼民族主义政党实行自治的要求,并在后期彻底禁止了政党组织的集会活动。

在殖民者对独立运动的监控和镇压加强的背景下,参与不同政

---

① George McTurnan Kahin, *Nationalism and Revolution in Indonesia*, Cornell University Press, 2003:65.

② 梁敏和:《印度尼西亚史纲》,世界图书出版广东有限公司,2019年,第144—148页。

③ 维沙尔·辛格:《印度尼西亚政党的起源》,《东南亚研究资料》1961年第4期。

党组织的一些印尼知识分子开始重视教育,以支持民族主义事业。学校成为新思想传播的主要阵地,并有意识地培养青年的政治意识。与此同时,人们的民族主义认同也在加深:红白色国旗与国歌"大印度尼西亚"成为关键的象征,民众迫切要求使用印度尼西亚语作为国语。在民族主义运动的推动下,原先作为一个地理名词的"印度尼西亚"逐渐变成一种身份认同。①此时的印度尼西亚政党已经初步形成现代政党的政治纲领,根据特定意识形态吸纳成员并推动民族主义运动。

菲律宾的政党起源情况则大不相同。1898年,美国与西班牙签订《巴黎协议》后,菲律宾成为美国的殖民地。菲律宾历史上第一个政党——联邦党,成立于1900年,该党主张与美国殖民政府合作,意图把菲律宾变成美国的一个州,这也使其日渐不得人心。1907年,在艾德总督解除政党禁令的情况下,"立即独立党"和"民族主义同盟"两个组织合并成为国民党,主张通过合法的、和平的手段获得独立。从1907年第一次菲律宾议会选举至1942年菲律宾被日本控制期间,菲律宾国民党在与美国的合作下长期在大选中获胜,其他小党无力与其竞争。菲律宾的政党在起源之初尽管也有独立的诉求,但是他们的主张更加温和,指望通过"菲律宾会议"的活动,向美国人证实菲律宾人的治国能力以实现国家独立。②

面对菲律宾的独立诉求,与荷兰统治者鲜明的拒绝态度不同,美国采取的是一种"拖延战术"。一战爆发后,美国为了更广泛地利用菲律宾的资源并巩固其在菲律宾的执政地位,于1916年制定《琼斯法案》,并在序言中规定:一旦菲律宾可以建立一个稳定的政府,就给予菲律宾独立。这使得菲律宾的民族主义者相信可以通过不流血的方式达到独立的目的。③出于经济危机的压力,以及对菲律宾出现大规

---

① George McTurnan Kahin, *Nationalism and Revolution in Indonesia*, Cornell University Press, 2003:64–100.
② 金应熙:《菲律宾史》,河南大学出版社,1990年,第451页。
③ 金应熙:《菲律宾史》,河南大学出版社,1990年,第453页。

模革命的担忧,美国国会于1932年通过了《泰丁斯—麦克杜菲法案》（即《菲律宾独立法案》）,规定10年过渡期后给予菲律宾独立。过渡时期将建立一个自治政府,但事实上自治政府的内政仍然受到美国的严重干预。由于美国政府已经在原则上承认了独立,民族主义并没有成为团结菲律宾人的核心力量。①

在美国的推动下,菲律宾很早就引入了民主体制,但由于规定候选人必须懂得英语或者西班牙语,且必须拥有相当的财产,所以选举结果事实上只对大庄园主和大资产阶级有利。由此形成的"封建制民主"只是使原本的经济精英进一步转化为政治精英,②并使美国在政治与经济寡头的帮助下强化了对菲律宾的控制。可以说,在美国的支持下,菲律宾的政党在起源之初就是作为体制内力量,这些政党虽然都有独立的主张,但始终是在美国所允许的范围内活动,并不像印度尼西亚的政党直接反对殖民当局。在20世纪30年代,虽然菲律宾已有萨达克党、共产党等体制外力量开始反抗殖民统治,并开展了一系列的起义和暴动,但很快就被国民党联合殖民当局镇压下去了。

（二）国家独立后政党政治的发展:差异化政党起源塑造的政党格局

起源于体制外力量的印尼政党在国家独立之后的生存与发展也是举步维艰。1945年日本宣布战败后,苏加诺宣告了印尼的独立。经多方协商,成立了以苏加诺为首的第一届总统制内阁,并实行多党制。③1947年,荷兰殖民者卷土重来,试图恢复殖民统治,对印尼发动进攻。1948年,殖民当局逮捕了苏加诺、哈达等民族主义运动领袖,但是大规模的争取民族独立的反抗运动仍在继续,最终迫使荷兰于1949年放弃统治。同时,地方上的叛乱也持续不断。来自内部与外

---

① ［新］尼古拉斯·塔林:《剑桥东南亚史·第二卷》,贺圣达等译,云南人民出版社,2003年,第211—217页。
② 何家丞:《论封建制民主——菲律宾的民主模式及其在发展中国家的普遍性》,《世界经济与政治》2020年第1期。
③ 梁英明:《东南亚史》,人民出版社,2010年,第190—191页。

部的威胁意味着独立之初的各个政党仍面临着严峻的生存危机。

　　1955年,印尼举行了第一次大选,议会当中存在16个政党,这意味着稳定的联合政府难以建立。这一时期,政党体系的一个突出特点是存在鲜明的社会分裂结构:马斯友美党(Masumi)等代表着伊斯兰教力量、印尼民族党是民族主义的代表、共产党和社会党是典型的左翼政党。所有政党在不同程度上宣传自己代表某一特定群体的利益,并建立相应的组织加强与特定群体的联系。①针对独立初期政治不稳定、小党林立的情况,苏加诺提出"有领导的民主",主张颁布政党法,并采取了简化政党的措施。尽管此时尚未形成制度化的政党体系,但殖民时期的民族主义斗争与独立后新生政权面临的威胁使得印尼现代政党政治的雏形显现。

　　1965年的"九·三〇"运动后,军官苏哈托发动政变,开启了"新秩序"时期。"新秩序"开始的前几年,经济状况十分糟糕,一些强大的社会力量向苏哈托政府施压。②在严峻的政治社会环境下,苏哈托及其亲信担心政权合法性问题,认为需建立一个能够反映自己意志、贯彻政府政策的组织。于是,苏哈托着手组建自己的政党——专业集团党(Golkar),并将此前遗留下来的政党整合成以民族主义思想为基础的印尼民主党和以伊斯兰教为中心的建设团结党。需要强调的是,尽管专业集团党并非殖民时期成立的政党,但苏哈托见证了如印尼共产党这样具备强大社会动员能力的政党的组织能力。在示范效应下,专业集团党进行了大规模的组织调整,政党组织的领导被替换成对党国忠诚的人士。其组织机构也同各级政府行政并行,并成立一系列行业组织。③这些制度安排成为苏哈托威权统治延续数十年的保障。

---

①　[澳]史蒂文·德拉克雷:《印度尼西亚史》,郭子林译,商务印书馆,2009年,第89—96页。

②　Benjamin Smith, "Life of the Party: The Origins of Regime Breakdown and Persistence under Single-party Rule," *World Politics*, 2005(57):421-451.

③　吴辉:《政党体系与政治稳定:东南亚经验的研究》,世界知识出版社,2005年,第227—228页。

　　而起源于殖民体制内的菲律宾政党在国家独立后的发展则呈现出另一幅景象。1946年,美国政府在菲律宾同意签署一系列不平等条约的情况下宣布菲律宾独立,这从形式上宣告了美国在当地四十多年殖民统治的结束。但事实上,与印尼不同,这种没有经历过大规模反殖民斗争的独立方式不可能完全摆脱殖民统治的阴影,美国仍然控制着菲律宾的政治与经济发展。在美国的资源支持下,菲律宾政府很快就镇压了菲律宾共产党领导的胡克运动,新生政权得以稳固。①按照斯莱特的观点,菲律宾左翼所领导的叛乱主要集中在农村地区,这使得城市精英在缺乏威胁感知的情况下难以进行合作,②这也为后期政治组织建设的缺乏埋下了伏笔。

　　由于主要政党起源于体制内力量,在美国的帮助下,菲律宾无须经历大规模的社会动员就实现了政党政治的顺利运行,这也给独立后的政党体系带来了一系列问题。1946—1972年,菲律宾存在着两个最主要的政党——国民党和自由党。与从殖民时期就运用意识形态进行社会动员的印尼政党不同,菲律宾的两大党在纲领上没有明显的区别,甚至都没有统一的政治纲领和意识形态。③在缺乏与社会互动联系的情况下,政党的基础是人情和派系,政党领袖转党叛党的情况也时有发生。看似稳定的两党制格局并不是菲律宾政治发展的内生结果,而是美国介入的产物,政党无须与选民建立直接联系,只需对家族、地方团体等组织给予回报便可以获得选举胜利,这与以政治纲领为基础的现代政党大相径庭。

　　1972年,马科斯政府以制止菲共的颠覆活动为理由,宣布全国处于紧急状态,实行军事管制。然而,与印尼不同,所谓的威胁不过是马科斯个人所制造出来趁机颁布戒严令、实行威权统治的借口而

---

① 梁英明:《东南亚史》,人民出版社,2010年,第199—201页。

② Dan Slater, *Ordering Power: Contentious Politics and Authoritarian Leviathans in Southeast Asia*, Cambridge University Press, 2010:96–97.

③ 〔美〕卢西恩·W.派伊:《东南亚政治制度》,刘笑盈译,广西人民出版社,1999年,第69页。

已。①马科斯的威权统治在开始时,有大量资源供其支配,他控制了当时利润丰厚的木材行业,②以此来进行庇护网络而非政党组织的建设。为了粉饰过于独裁的形象,马科斯于1978年举行临时国民议会选举。为此,马科斯宣布成立一个自己的政党——新社会运动党(KBL),该党成员基本上是原来各政党中效忠马科斯的人,其政治议程都是根据与马科斯有关的商业和政治利益来确定的。③与印尼同时期的专业集团党相比,马科斯控制下的新社会运动缺乏政党组织建设,各种裙带关系也抑制了政党向社会的实际渗透。

(三)路径依赖下多党竞争时期的政党体系制度化水平

在民主化以后,殖民时期政党起源带来的社会动员遗产依然在发挥作用。在政党起源方式的路径依赖作用下,两国出现了对政党组织及其社会渗透重视程度相异的制度安排。20世纪末,在亚洲金融危机的影响下,印尼的苏哈托政府的合法性开始下降,既有的精英联盟走向瓦解,④苏哈托在全国人民的强烈反对声中结束了统治。为迎接民主化时代的到来,哈比比政府建立了"学术活动党七人团体",从法律与选举制度方面为政党体系的制度化提供了基础。哈比比制定的《政党法》规定,满足"在27个省中至少有9个省存在此政党的支部"这一标准的政党才能够参与选举。另一个关键的改革是创建真正独立的国家选举委员会,监督选举的进行。⑤在民主化后的第一次全国大选中出现了48个符合参选资格的政党,国家给予每个政党1.5

① David Wurfel, "Martial Law in the Philippines: The Methods of Regime Survival," *Pacific Affairs*, 1977(50):5-30.
② Benjamin Smith, "Life of the Party: The Origins of Regime Breakdown and Persistence under Single-party Rule," *World Politics*, 2005(57):421-451.
③ [美]康灿雄:《裙带资本主义:韩国和菲律宾的腐败与发展》,李巍等译,上海人民出版社,2017年,第131页。
④ Thomas B. Pepinsky, *Economic Crises and the Breakdown of Authoritarian Regimes: Indonesia and Malaysia in Comparative Perspective*, Cambridge University Press, 2009:1-4.
⑤ [澳]史蒂文·德拉克雷:《印度尼西亚史》,郭子林译,商务印书馆,2009年,第148页。

亿卢比的公共基金,这有利于各个政党更加公平地参与选举。[1]另外,简单多数决可能会不利于缺乏资源的小党,因此,哈姆扎·哈兹领导的建设团结党以抵制选举要挟,拒绝这一制度设计。由于彼时建设团结党的抵制将使专业集团党的改革法案无法通过,后者选择妥协,最终确定了比例代表制。[2]

目前,印尼的主要政党包括民主斗争党、专业集团党、大印尼运动党、印尼民主党、民族觉醒党、繁荣公正党和建设团结党等,这些政党均有明确的政治纲领与主张。其中,第一大党印尼民主斗争党(PDI-P)脱胎于苏哈托时期的印尼民主党,政党领袖为苏加诺之女梅加瓦蒂,弘扬民族主义,在全国32个省具有强大的基层组织。源于苏加诺时期的专业集团党由270多个专业团体构成庞大的政治网络,是目前的第二大党。事实上,包括民族觉醒党、建设团结党在内的具有较深厚历史根基的政党在民主转型之后依然能够在议会中占有一席之地,这也表明历史遗产能够在多党竞争制之下发挥作用。当前,印尼的政党体系中具有鲜明的宗教—世俗分裂结构,历届大选中的选票波动率较低,选民对于政党的信任度较高,主要政党都具有较长的发展历史。相较于同为多党制的泰国与菲律宾,印尼的政党体系呈现出更高的制度化水平。

相比较而言,菲律宾从殖民时期以来对政党重视不足的问题也反映在了其关于政党发展的一系列制度安排上。1986年的"人民力量"运动颠覆了马科斯的威权统治,菲律宾再次开启民主化道路。在民主转型之后,由于制度设计的核心目的是防止威权复辟而非各个政党间的公平竞争与发展,这就产生了一些不利于政党体系制度化的非意图后果。在总统制上,总统不得连任的规定一方面使得总

---

[1] [澳]约翰·芬斯顿:《东南亚政府与政治》,张锡镇等译,北京大学出版社,2007年,第89页。

[2] Jae Hyeok Shin, "Electoral System Choice and Parties in New Democracies: Lessons from the Philippines and Indonesia," in Dirk Tomsa and Andreas Ufen, eds., *Party Politics in Southeast Asia: Clientelism and Electoral Competition in Indonesia, Thailand and the Philippines*, Routledge, 2012:101–119.

统候选人把更多的精力放在个人宣传而非政党建设上,另一方面也催生出更多的竞选者及小党,加剧选举结果波动性。在总统任期较短的情况下,赢得总统选举的胜利成了各个政党的核心目标,于是,政党的分裂与合并往往围绕着领导人而非政治纲领,例如,1998年,民众奋斗党(LAMP)由三个同意支持埃斯特拉达竞选总统的政党合并而成,后来又因支持不同候选人而分裂。在选举制度方面,阿基诺所任命的立法委员会成员大多来自地方上的政治家族,由于简单多数决的“赢者通吃”原则通常有利于那些为特定地方提供好处而换取选票的政客,这些成员积极推动这一选举制度的实施,[1]结果便是庇护关系进一步渗透。

目前,菲律宾的主要政党有民主人民力量党(PDP-LAPAN)、国民党、自由党、基督教穆斯林民主力量党(LAKAS-CMD)等,这些政党的组织方式和基础不是基于意识形态、种族、宗教等传统的社会分裂,而是不同政治家族及其联盟。时至今日,参议院中60%的议员依然是来自这些政治家族,以政客和选民之间的互惠关系为基础的“猪肉桶政治”严重削弱了地方的治理绩效。[2]由此我们可以观察到菲律宾政党政治中这样的图景:选票波动性高,选举结果具有高度的不确定性;选民对政党缺乏政治信任;大量新成立的政党涌入议会。这种低制度化的政党体系正是历史遗产的体现:殖民时期业已存在的政治家族延续至今仍然保持极高的政治影响力,在殖民体制内起源的政党在美国的帮助下无须社会动员就实现了稳定的统治,它们只是政治精英的工具而非选民利益表达的中介。

通过对两国的比较历史分析可以发现,印尼与菲律宾当前的政

[1]　Jae Hyeok Shin, "Electoral System Choice and Parties in New Democracies: Lessons from the Philippines and Indonesia," in Dirk Tomsa and Andreas Ufen, eds., *Party Politics in Southeast Asia: Clientelism and Electoral Competition in Indonesia, Thailand and the Philippines*, Routledge, 2012:101-119.

[2]　Rollin F. Tusalem and Jeffrey J. Pe-Aguirre, "The Effect of Political Dynasties on Effective Democratic Governance: Evidence From the Philippines," *Asian Politics & Policy*, 2013(3): 359-386.

党体系制度化水平的差异与主要政党的历史遗产有着密切的关联。印尼政党的起源方式具有很强的民族主义色彩。早期的政党与殖民者之间是对抗关系，在反对殖民统治的过程中，作为体制外力量的政党通过民族主义的社会动员获得了社会支持。获得独立后，印尼的新生政权面临着各种威胁，包括左翼势力的强大、经济危机等，这些问题迫使执政党进一步加强动员，全面嵌入社会以维持政权稳定。在苏哈托的威权统治时期，专业集团党就非常重视政党的建设，通过重新设置政党组织机构、吸纳反对力量等方式提高政党的制度化水平。此后，苏哈托的威权统治尽管崩溃，但重视政党建设的传统依然能够在多党竞争时期发挥作用。在菲律宾，联邦党、国民党这些最初的政党恰恰是在美国殖民势力的扶植下才形成的，这些政党与殖民者是合作共谋的关系，是一种体制内的力量。地方家族在美国的帮助下，利用政党组织扩展影响力，同时帮助美国维护其殖民统治。相对来说，菲律宾的独立方式更加温和，那些被扶植的政党并不需要通过大规模的社会动员来获得支持。同时，独立后的菲律宾面临的社会威胁也比较小，一些地方叛乱在美国的帮助下被镇压。在马科斯统治时期，其个人控制大量的财富，凭借其庇护网络就能维持统治，因此也缺乏动机进行政党建设。总之，在缺乏体制外政党起源带来的社会动员下，菲律宾的庇护网络长期主导政党政治，政党体系制度化水平低下。

六、结论

自20世纪70年代以来，在第三波民主化浪潮的冲击下，越来越多的国家引入竞争性选举制度。与民主传统深厚的西方国家相比，这些新兴的民主国家出现了多党选举模式，但是政党体系制度化水平呈现出很大的差异。本文试图为这种差异提供一种基于殖民时期政党起源的解释：殖民时期新生政党在与宗主国的互动关系下产生了受殖民者压迫的体制外力量以及与殖民者合作的体制内力量两种政党起源方式,主要政党起源于前一种模式的国家中,政党的社会动员更加深入,有利于后续产生制度化的政党体系。基于印度尼西亚与菲律宾两国的"最大相似案例设计"为这一推论提供了证据。

　　本文在既有的政治制度、社会分裂结构、经济发展解释之外,强调理解各国政党体系制度化还要追溯到政党发端起源的时刻,需要重视历史遗产的影响,如此才能更准确地把握各国政党政治的发展脉络。此外,本文也具有一定的现实意义。研究表明,一旦政党具备了社会动员的动力,便应通过各种策略手段提高动员能力,建立制度化的政党体系,这既是增强政党自身韧性的途径,也有助于提升国家层面的治理能力。因此,广大发展中国家亟需加强政党建设以提高国家治理现代化水平。

美国议员流动性变迁
——根源、影响、改革及前景*

王　雄**

内容摘要　美国建国以来,其议员流动性趋于下降,21世纪以来维持在较低水平。议会职业化和议会选举竞争弱化等制度根源塑造了议员流动性长期下降趋势。低流动性虽然强化了议会政策能力,提升了其政治地位,但也导致其代表性缺失、民意支持弱化、政策创新乏力、政治分肥危及公共利益等问题。美国试图通过任期改革来提升议员流动性,缓解因席位固化引发的政治危机,但这项改革因国内争议和制度掣肘,对改善议员流动性的作用极为有限。近年来,在个体因素和社会因素的作用下,美国议会出现了议员流动性反弹,但这种反弹也未能从根本上逆转议员流动性长期僵化问题。对美国议员流动性演变规律及影响的分析,揭露了美国民主的"寡头化"本质,也为探讨民意代表更替的普遍规律及反思议会"职业化"与"代表性"之间的关系,提供了理论启示。

关键词　议员流动;席位固化;议会僵化

---

*　本文系国家社会科学基金一般项目"人大代表议案建议联署机制与优化路径研究"(项目编号:21BZZ035)的阶段性成果。

**　王雄,政治学博士,广州大学马克思主义学院副教授,主要研究方向为比较议会政治、马克思主义中国化。

议员流动现象是一种值得探讨的议会政治现象。议员流动性高低,既反映了国家政治精英是否能够合理有序的流动,也反映了一个国家民主政治生态是否健全完善。①议员流动性需要处于一个合理的区间,否则不利于维系政治体制稳定及民主政治运转。研究表明,95%以上的议员流动率会导致政治秩序彻底失序,40%到60%的流动率将导致选举制度或政党制度发生变化,20%到40%的流动率在正常范围,低于20%的流动率则会使政权趋向"寡头化"。②

美国建国之初,其国会议员有着极高的流动性。然而,进入20世纪,其流动性则每况愈下。21世纪以来,其流动性更是降至了极低水平。一方面,新任议员数量占比更少。在第112到118届国会中,新任议员只占国会议员总数的15.3%。③另一方面,现任议员在任时间更长。1789年至19世纪初期,众议员和参议员平均不到2年任职时间。到第118届国会开始时,众议员和参议员的平均任期分别达到8.5年和11.2年。④相较于过去,当代美国国会议员无论是资深议员占比,还是任职时间长度,都出现了大幅度增长。

以国会议员为代表的美国议员低流动性现象,不仅引发了美国民众对于他们是否仍具代表性的质疑,也引发外界对于美国民主寡头化的担忧。因此,深入地分析美国议员更替现象,不仅有助于我们了解美国政治精英流动状况和民主政治变化,也可以为比较不同国家议会议员流动性现象,分析其背后的形成规律和政治影响,提供一定的理论参考。

---

① Robert Putnam, *The Comparative Study of Political Elites*, Prentice Hall, 1976:65.
② Heinrich Best et al., "Challenges, Failures, and Final Success: The Winding Path of German Parliamentary Leadership Groups towards a Structurally Integrated Elite 1848-1999," in Heinrich Best and Maurizio Cotta, eds., *Parliamentary Representatives in Europe 1848-2000: Legislative Recruitment and Careers in Eleven European Countries*, Oxford University Press, 2000:184-185.
③ "Historical Comparison of Number of New Members of U.S. Congress, 2010-2022," December 15, 2022, https://ballotpedia.org/election_results, 2022: new members elected to congress, accessed May 21, 2024.
④ Jennifer Manning, "Membership of the 118th Congress: A Profile," June 6, 2023, https://crsreports.congress.gov/product/pdf/R/R47470, accessed May 21, 2024.

　　本文主要关注的问题是：美国建国以来，其议员的低流动性是如何形成的？导致其议员流动性变化的原因有哪些？这种低流动性对议会政治产生了何种影响？美国通过何种改革缓解流动性不足的危机？这些改革又能否解决这些危机？美国议员流动性的阶段性反弹又能否改变其议员流动性僵化现象？本文将基于美国议会政治研究的文献和数据，来尝试回答这些问题。

　　在研究对象方面，尽管单独论述美国国会议员流动性会使本文更加聚焦，但在美国议会政治中，无论是国会议员的流动性变化，还是州议员的流动性变化，大都遵循相似的变化规律和政治影响，并且二者在20世纪90年代以来的议会任期制改革中相互影响。因此，为从整体上更好地把握美国议员流动性现象变迁的来龙去脉，本文在论述中将美国国会议员和州议员的流动性变迁都纳入了讨论范围。

一、美国建国以来议员流动性的历史变迁

　　议员流动指的是议员离开议会，不再担任议员职务。议员流动性则指的是议会在两届选举中议员变动的比例。通常来说，一届新的议会议员由三种群体构成：连任成员、新任成员及任职中途离开过又回归的成员。其中，新任议员和连任议员构成了议会成员的绝大多数。因此，新任议员或者连任议员的占比高低，往往被用于观察议员的流动性状况。从美国建国初期到21世纪，其立法议员流动性经历了从高到低的变化。这种变化过程大致可以分为四个阶段：

　　一是18世纪到19世纪中期，国会议员多为"公民立法者"（citizen legislators）。他们本身拥有全职的非政治性工作，只在国会兼职工作几年。因此，国会在这个时期有着极高的人员流动率。例如，1789—1801年，94名参议员中有33人在任内辞职，还有6人"跳槽"到了其他

联邦公职。在众议院,每届议员的辞职率平均为6%。[1]在19世纪初,众议院每次选举的更替率平均超过了45%。并且,在其中15次选举中,众议院的人员更替率更是超过了50%。这导致众议院中新议员比老议员还要多。[2]普莱斯(Douglas Price)对此评论道:"他们几乎以人类最快的速度逃离了国会山……早期参议院成为辞职、短期任命、选举轮换的混乱场所。"[3]这种频繁的人员变动,使得这个时期的国会议员任职时间极短。新任众议员平均任职仅为2到3年,参议员平均任职也只有3到5年。[4]

二是19世纪后期到20世纪初,国会议员职务逐渐成为一项有吸引力的职业。从1870年开始,国会议员更替率经历了约25年的下降趋势。19世纪70年代,虽然约一半以上的众议员仍是新任议员,但平均任期已上升为2个任期。1890年至1910年期间,随着国会职业化加深,国会议员流动性进一步下降。1900年是国会议员流动性变化的转折点。这一年选举产生的国会,成了美国史上第一个新成员占比不到30%的国会。[5]在随后的20世纪初,国会新任众议员的比例维持在30%以内,平均任期达到了3个任期。国会参议员的平均任期则达到了有史以来的7年。[6]与国会议员更替率下降相比,这个时期多数州议会议员流动性仍处于高位,直到20世纪初才下降。例如,1886—1895年,伊利诺伊州、艾奥瓦州与威斯康星州的众议院新任议

① [美]罗杰·戴维森、沃尔特·奥勒斯泽克、弗朗西斯·李、埃里克·施克勒:《美国国会:代议政治与议员行为》,刁大明译,社会科学文献出版社,2016年,第40页。
② Josh Huder, "The House's Competitiveness Problem… Or Lack Thereof," https://gai.george-town.edu/the-houses-competitiveness-problem-or-lack-thereof/, accessed May 21, 2024.
③ Douglas H. Price, "Congress and the Evolution of Legislative 'Professionalism'," in Norman Ornstein, ed., *Congress in Change*, Praeger Publishers, 1995:5.
④ Sarah J. Eckman and Amber Wilhelm, "Congressional Careers: Service Tenure and Patterns of Member Service, 1789–2023," January 17, 2023, https://sgp.fas.org/crs/misc/R41545.pdf, accessed May 22, 2024.
⑤ Douglas H. Price, "Congress and the Evolution of Legislative 'Professionalism,'" in Norman Ornstein, ed., *Congress in Change*, Praeger Publishers, 1995:16.
⑥ Matthew Glassman and Erin Hemlin, "Average Years of Service for Members of the Senate and House of Representatives,1st–111th Congresses, November 2, 2010," https://www.every-crsreport.com/files/20101102_RL32648_98cc1e44948f5e92b5146bc1ed00224f2597dbdf.pdf, accessed May 21, 2024.

员比例分别为68%、62%和75%,远高于同期国会新任议员比例。①

　　三是20世纪初到90年代,流动性下降趋势从国会蔓延到州议会。1925年到1935年,虽然州议会平均仍有约一半议员是初次任职,但部分州的议员任期已超过三届,甚至达到四届。20世纪70年代后期至80年代,州议会新任议员降至25%以下。②90年代任期改革后,虽然州议会成员流动性有所回升,但其后又回到下降轨道。州议员的流动性尽管整体降至低位,但州议会之间的流动性仍有较大差异。例如,工业化程度较低州的州议员流动性普遍高于工业化程度较高州的州议员,职业型州议会议员流动性普遍低于公民型州议会议员。③与此同时,国会议员流动性也仍在下降。相比1900年以前,1901年到1995年,国会众议院的新任议员平均降至23.3%,国会参议院的新任议员也降至45.6%。④

　　四是21世纪以来,议员流动性进一步下降。在州层面,2000年到2018年,50个州的众议院平均更替率降至13%,州参议院降至11%,多数州议会的平均更替率低于15%。比较而言,1991年到2000年,州众议院平均更替率为25%,州参议院为23%,只有6个州的平均更替率低于15%。并且,在99个州参众两院中,有98个出现了流动性下降的现象。⑤在联邦层面,国会议员的流动性也呈现出继续下降的趋势:一是新任议员比例创下新低。2000年到2022年,国会新任议员人数为868人,占国会议员总数的13.7%。新任众议员和新任参议员的人数分别为748人和120人,各自占众议员人数的14.3%和参议员人

① Peverill Squire, "Historical Evolution of Legislatures in the United States," *Annual Review of Political Science*, 2006(9):37.
② Richard Niemi and Laura Winsky, "Membership Turnover in U.S. State Legislatures: Trends and Effects of Districting," *Legislative Studies Quarterly*, 1987(1):115-123.
③ Joel Thompson and Gary Moncrief, "The Evolution of the State Legislature: Institutional Change and Legislative Careers," in Gary Moncrief and Joel Thompson, eds., *Changing Patterns in State Legislative Careers*, University of Michigan Press, 1992:195-206.
④ [美]罗杰·戴维森、沃尔特·奥勒斯泽克、弗朗西斯·李、埃里克·施克勒:《美国国会:代议政治与议员行为》,刁大明译,社会科学文献出版社,2016年,第41页。
⑤ Jordan Butcher, "Be Careful What You Count: Updating Legislative Turnover in the 50 States," *American Politics Research*, 2022(4):503-510.

数 10.0%。①二是国会议员任期创下新高。国会参众两院的平均任期分别达到了 1.93 届和 5.8 届。

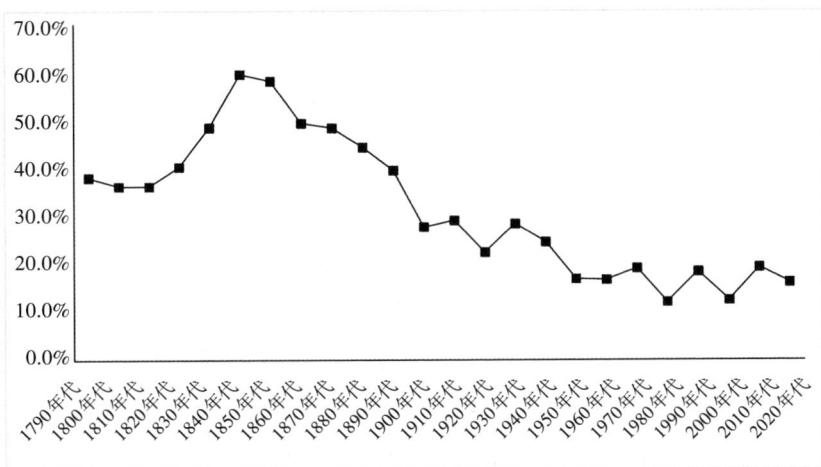

图1 美国国会众议员的流动率（18世纪90年代至21世纪20年代）

资料来源：作者自制。

　　以美国国会众议院为例，其议员流动性长期走低集中反映了美国议员整体流动性僵化的趋势。图1显示，18世纪90年代到19世纪90年代，众议员流动率在30%以上。其中，19世纪40年代的流动率达到了近60%的最高值。其后逐渐降至90年代近40%。90年代之后，国会众议员流动率呈加速下降趋势。20世纪初，众议员流动率降至27.6%，与19世纪90年代相比，该数据下降了约12%。在20世纪初至40年代之间，其流动率保持在20%到30%之间的水平。20世纪50年代到21世纪20年代，国会众议员的流动率降至20%以下的水平。其中，在20世纪80年代和21世纪初，其流动率分别降至了12%和12.4%。这使得众议院议员几乎成了一项缺乏流动的垄断性职业了。

　　不过，对美国议员流动性的总体趋势分析，并未揭示不同形式的离开方式对流动性贡献程度。对此，有研究将导致美国议员更替的

---

① "Vital Statistics on Congress," November 21, 2022, https://www.brookings.edu/articles/vital-statistics-on-congress/, accessed May 22, 2024.

方式概括为死亡、退休、未获提名、大选失利和未知类别等五种类型，并分别评估了它们在1789年到1998年之间对国会众议院流动性的影响。该研究发现，死亡和未获提名导致的众议员更替率占比较小，平均占到众议员更替数的7.4%。连任失败的人数占众议员更替数的28.3%。退休导致的更替率占比最高，平均占到众议员更替数的42.1%。未知因素导致的更替率变化也占有一定比例，平均占到众议员更替数的14.8%。[1]

我们以一个世纪为周期，对这些流动性构成要素的变化情况进行分析。这个分析反映了一个基本趋势，即某种流动性构成要素占比越大，它对议员流动性变化的影响越大。表1展现了不同构成要素对议员流动性变化的影响。从总体流动率看，18—21世纪，国会众议员流动性趋于下降。然而，流动性构成要素的变化趋势则有所差异。"死亡人数"从18世纪的4.4%上升到了20世纪的10.2%，21世纪又回落至5.6%。"未获提名人数"从18世纪的0.4%上升为20世纪的10.5%，并在21世纪出现回落。"大选失利人数"从18世纪的7.1%上升至20世纪的34%，在21世纪也出现回落。这三者的共同之处在于，它们都是在经历两个多世纪上升后，于21世纪出现回落。在其他方面，"未知因素"显著下降，"退休人数"在保持了两个世纪相对稳定后，在21世纪出现了显著上升。

由这些数据的变化可知：第一，18世纪到20世纪，死亡、未获提名和大选失利等因素对众议员流动性的影响呈上升趋势，退休因素的影响保持了两个多世纪的稳定，选举因素对于众议员流动性影响日益重要，并在20世纪达到与退休因素几乎同样重要的地位。第二，21世纪以来，死亡、未获提名和大选失利等对流动性的影响呈下降趋势，退休因素的影响显著提升。这表明退休因素变得更加重要，选举因素的影响则相对弱化。第三，无论时代如何变化，选举和退休两个

---

[1]　John W. Swain et al., "A New Look at Turnover in the US House of Representatives, 1789–1998," *American Politics Quarterly*, 2000(4):440.

因素对流动性的影响合计占到了国会众议员流动性的50%到90%，二者是影响国会众议员流动性的最关键因素。

表1　美国国会众议院流动性构成要素的占比变化

时间	总体流动率	死亡人数/更替人数	退休人数/更替人数	未获提名人数/更替人数	大选失利人数/更替人数	未知因素/更替人数
18世纪	37.9%	4.4%	43.1%	0.4%	7.2%	44.9%
19世纪	45.9%	4.9%	41.7%	4.2%	22.3%	26.9%
20世纪	21.4%	10.2%	44.5%	10.5%	34.0%	0.8%
21世纪	15.9%	5.6%	57.3%	8.2%	28.9%	0.0%

注：18世纪的数据指的是18世纪90年代的数据，21世纪的数据统计截至2020年。

二、美国议员流动性长期走低的制度根源

由于美国议员流动性主要由退休和选举两个因素所决定，因此相关文献主要从两个方面集中讨论了议员流动性长期走低的制度根源：一是议会职业化如何影响议员退休，二是选举竞争弱化如何影响议员连任。

（一）议会职业化与议员退休

议会职业化指的是议会内部系统的专业化、行政化及科层化。它以成员薪酬水平、人力资源、服务时间要求作为三个关键衡量指标。[①]按照这三个指标，美国议会可以分为职业型议会、混合型议会和公民型议会。职业化议会成员为全职工作，享受高薪待遇，立法辅助人员众多。公民型议会成员多为兼职工作，薪酬普遍较低，立法辅助人员也较少。混合型议会成员的全职程度、薪酬水平和立法辅助

---

① Peverill Squire, "Career Opportunities and Membership Stability in Legislatures," *Legislative Studies Quarterly*, 1988(1):65–82.

人员人数介于职业型议会和公民型议会之间。

美国建国后相当长的时间内,大部分议会属于低职业化议会。其成员薪水较低、开会次数有限,且没有行政助理。但在随后的两个世纪里,国会大幅增加了成员薪酬、行政人员数量和开会时间,其职业化水平出现了显著提升。[1]国会开始职业化后,其后各州议会也开始了职业化进程。表2显示,目前,在美国州议会中,职业型议会、混合型议会和公民型议会的数量分别为10个、36个和14个。这些职业型议会的平均立法工作时间占比、平均薪资水平和平均立法助理数均高于混合型议会,混合型州议会又要高于公民型议会。职业型议会既没有任期限制,又有着良好薪酬及优质人力资源。这种制度激励了其成员将以议职视为其终身职业。

表2 美国州议会的职业化类别、数量及特征

州议会类别	数量	用于立法工作的平均时间比例	平均薪资水平	平均立法助理数
职业型议会	10个	84%	82358美元	1250个
混合型议会	36个	74%	41110美元	469个
公民型议会	14个	57%	18449美元	160个

资料来源:"Full and Part Time Legislatures," https://www.ncsl.org/about-state-legislatures/full-and-part-time-legislatures/maptype/tile#undefined, accessed May 25, 2024.

总的来看,议会职业化从以下三个方面弱化了议员离职动机,稳定了其成员队伍:

一是建立了资历制。资历制是以任职年限为议会内部晋升标准的制度。早期美国议会常设委员会以个人忠诚原则来给予分配职务。这种分配原则在20世纪初被以任职年限为选任标准的资历制所取代。有学者认为,这种制度是为了确保议员忠于选民要求而采取

---

[1] Peverill Squire, "Historical Evolution of Legislatures in the United States," *Annual Review of Political Science*, 2006(9):19-44.

的一种手段,是为了解决委托代理危机而采取的一种方式。①其特点在于,议员的任职年限越长,越能享有更好的办公条件,获得理想的委员会席位和领导职务。并且,在长期任职中,他们通过深化与同事的私人关系,来建立政策联盟,为其法案提供支持,从而享有大量非正式权力。②正是资深制的建立,使议员因可预见的晋升预期及可累积的任职权威,对议会职务产生出职业忠诚。继而,这种职业忠诚又强化了他们的留守动机、意愿和行为。塞缪尔·谢内尔对此评论道:"全身心投入众议院的工作变得更加安全,因为由众议院议长决定委员会成员晋升与否被'自动规则'(资历制)取代了"。③

二是建立了薪酬制。薪酬制的建立是美国议会职业化的重要标志。1789 年美国国会开始设立薪酬制。其后,国会议员年薪保持增长态势。1925 年突破 1 万美元,1991 年突破 10 万美元,2009 年达到17.4 万美元。截至 2023 年 5 月,其年薪维持在 2009 年水平。该薪资水平约为 2022 年美国人均收入的三倍。担任领导职务的国会议员年薪会更高。国会众议院议长年薪为 22.35 万美元,多数党和少数党领袖的年薪为 19.34 万美元。除了薪酬,国会议员还享有联邦税费减免、人事和办公费用补助、社会保障和高额退休金等其他职务待遇。这些职务待遇提升有助于强化议员职业忠诚。斯夸尔发现,职业型议会薪酬最高,其成员期望在此长期任职。跳板型议会薪酬水平略低,其成员流动性略高。终止型议会缺乏薪酬激励,其成员流动性最高。④另有研究发现,影响议员职业选择最重要的薪资因素在于退休

---

① Michael Davis, "Why is There a Seniority System? To Solve an Agency Problem," *Public Choice*, 1990(1):37-50.

② James Fowler, "Connecting the Congress: A Study of Cosponsorship Networks," *Political Analysis*, 2006(4):456-487.

③ Samuel Kernell, "Toward Understanding 19th Century Congressional Careers: Ambition, Competition, and Rotation," *American Journal of Political Science*, 1977(4):669-693.

④ Peverill Squire, "Career Opportunities and Membership Stability in Legislatures," *Legislative Studies Quarterly*, 1988(1):65-82.

养老金。①美国联邦雇员退休制度(Federal Employees Retirement System，FERS)规定，国会议员必须年满62岁并已完成五年任期，才有资格领取国会养老金。只有服务满20年，才有资格在50岁退休。养老金支付数额也根据工作年限等条件来计算确定。②这些制度有助于鼓励国会议员长期留守。

三是强化了政策影响力。政治雄心差异会导致政治精英表现出进取、留任和退休等不同职业行为。③随着职业化推进，美国议会自主性不断增强，逐渐掌握了国家政策制定大权。例如，1887年，国会颁布《跨州贸易法》(Interstate Commerce Act)，这为国会发挥了全国性监管作用提供了法律基础。其后通过的《谢尔曼反托拉斯法》(Sherman Antitrust Act)和《克莱顿法》(Clayton Act)，则进一步强化了它在国家政策制定中的地位。这些法律的通过和实施向怀有雄心的政治家传递了一个有力的政治信号，即国会正在成为美国政策制定的中心，加入并持久任职将获得影响国家政策的权力。与此同时，院外利益集团的游说活动，也帮助国会提高了权力地位。这些利益团体要求联邦将国家税收分配权力转移到国会并获得成功。概言之，国会政策权力扩大和利益集团院外活动的影响，大幅提升了议员在国会长期任职的价值，从而吸引了众多雄心勃勃的职业政客涌入国会。

在议会职业化作用下，退休议员人数呈现出显著下降趋势。图2显示，在早期非职业化时期的国会众议院，议员退休人数占众议员总数的比重呈现出上升趋势，并在19世纪40年代达到25.3%的最高峰。其后，在19世纪晚期和20世纪初期，随着众议院资深制、薪酬制等制度的建立和完善，以及国会政策影响力上升为国家主导性权力，国会

---

① Richard Hall and Robert Houweling, "Avarice and Ambition in Congress: Representatives' Decisions to Run or Retire from the US House," *American Political Science Review*, 1995(1): 121–136.
② Catie Watson, "Congressional Salaries and Retirement Benefits," March 14, 2019, https://work.chron.com/us-house-representatives-salary-8425.html, accessed May 25, 2024.
③ Joseph Schlesinger, *Ambition and Politics: Political Careers in the United States*, Rand McNally, 1966:6–10.

众议院职业化程度显著提升,继而众议员退休人数占众议员总数的比重也开始呈现出下降趋势。20世纪90年代,退休人数占比下降至11.4%。20年代到60年代,该数据降至10%以内。到了70年代,由于议员薪酬改革和委员会晋升制度改革,才导致退休人数占比出现一定程度反弹。[1]此后至今,除了在90年代出现短暂反弹,退休人数占众议员总数的比重保持在10%以下。

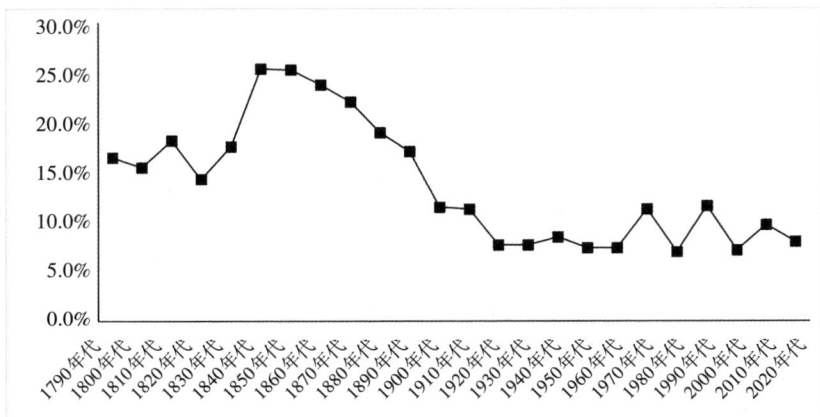

图2　美国国会众议员退休人数占众议员总数比例的变化趋势

(18世纪90年代至21世纪20年代)

(二)选举竞争弱化与议员连任

除了议会职业化制度根源,在职优势(incumbent advantage)导致的议会选举竞争弱化,也是影响议员流动性长期走低的制度根源。

在职优势指现任议员在议会选举中凭借其职务资源建立起相对于挑战者的选举优势。这种在职优势建立在美国独特的选举制度之上。美国建国后到19世纪后期,其议会选举的投票方式一直是政党推荐候选人。在这种"政党中心"选举制度下,现任议员在其党派选举落败后很难继续维系其议席。不过,19世纪90年代以后,国会引入

---

[1]　John Hibbing, "Voluntary Retirements from the House in the Twentieth Century," *The Journal of Politics*, 1982(4):1020-1034.

名为"澳大利亚投票"的无记名投票方式,使议员在选举中开始摆脱了党派败选影响,初步建立起以"候选人中心"在职优势。[1]在1896年选举改革后,由于单一政党对于选区票源进行了长期控制,使这些政党支持的议员得以反复连任,议员职务变得更加稳定,扩大了议员在职优势。[2]进入20世纪,这种在职优势继续得以强化。有研究发现,二战后,国会众议员在职优势指数从1946年的负0.03,逐渐攀升到1990年的8.47,1966年甚至达到了13.11。[3]

为了检验在职优势对议员连任的影响,政治学者从不同维度对其进行了测量。加里·金在一项开创性研究中将在职优势分为直接效应和间接效应两个方面。直接效应源于议员在议会中拥有的资源。他们既可以利用职务便利进行选区服务,也可以在政策制定中为选区输送"猪肉桶",以换取选民支持。间接效应指"吓跑效应",即现任议员建立的个人声望对潜在竞争者做出是否参选的决定具有"心理阻吓"作用。[4]其后,格尔曼和加里·金利用众议院议员选举数据对其在职优势进行了无偏估计,形成了"格尔曼—金指数"(Gelman-King index)。通过该指数,他们发现国会议员的在职优势在二战后迅速扩大。[5]考克斯和卡茨在加里·金的分类基础上,将在职优势进一步区分为直接效应、恐吓效应和质量效应。质量效应反映了当一个政党拥有经验丰富的候选人时,该党在议会选举中获得的选举优势。进而,他们依据这三个指标对二战后在职优势的增长趋

---

[1] Jerrold G. Rusk, "The Effect of the Australian Ballot Reform on Split Ticket Voting: 1876-1908," *American Political Science Review*, 1970(4):1220-1238.

[2] [美]罗杰·戴维森、沃尔特·奥勒斯泽克、弗朗西斯·李、埃里克·施克勒:《美国国会:代议政治与议员行为》,刁大明译,社会科学文献出版社,2016年,第40页。

[3] Gary Cox and Jonathan Katz, "Why Did the Incumbency Advantage in U.S. House Elections Grow?" *American Journal of Political Science*, 1996(2):478-497.

[4] Gary King, "Constituency Service and Incumbency Advantage," *British Journal of Political Science*, 1991(1):119-128.

[5] Andrew Gelman and Gary King, "Estimating Incumbency Advantage without Bias," *American Journal of Political Science*, 1990(4):142-164.

势重新进行了评估。①其评估结果虽然与加里·金的研究有所不同，但依然认为二战后国会议员的在职优势是趋于上升的。

尽管不同研究对如何测量在职优势有所分歧，但普遍认为现任议员在以下三个方面建立起了在职优势：

一是素质优势。现任议员至少赢得过一次议会选举，这意味着他们本身具有某些吸引选民的特殊品质。这些素质包括演讲能力、个人形象、知名度等。其中，品行（integrity）和能力（competence）被认为是现任议员获得连任的最为关键的素质。②此外，是否拥有广泛的关系网络也是某种素质优势。现任议员往往具有更为丰富的社会网络关系，譬如更加接近选民、利益集团和新闻媒体。这些素质一方面会影响选民是否投票支持，另一方面也会对潜在挑战者形成威慑，使他们在感知失败风险的情况下放弃参选。③

二是选区优势。现任议员可以通过职务为选区输送"猪肉桶"（pork barrel），从而换取选民的连任支持。"猪肉桶"指的是议员利用他们议会委员会的职位，将联邦或州的财政资金拨给自己的家乡。议员通过"猪肉桶"政治建立强大的选民支持基础，从而巩固他们在选区的支持率。④公民反对政府浪费组织（Citizens Against Government Waste，CAGW）的数据显示，美国国会在2023财年拨付了7396项"猪肉桶"性质的专项拨款，比上一年增加43.9%。这些项目共耗资261亿美元，比2022财年的189亿美元增加38.1%。⑤

除了"猪肉桶"政治，选区重划也是现任议员享有的选区优势之一。美国议会选区划分大致按照人口比例进行划分，议会享有划分

---

① Gary Cox and Jonathan Katz, "Why Did the Incumbency Advantage in U.S. House Elections Grow?" *American Journal of Political Science*, 1996(2):478–497.

② Jeffery Mondak, "Competence, Integrity, and the Electoral Success of Congressional Incumbents," *The Journal of Politics*, 1995(4):1043–1069.

③ Walter Stone et al., "Quality Counts: Extending the Strategic Politician Model of Incumbent Deterrence," *American Journal of Political Science*, 2004(3):479–495.

④ Gary King, "Constituency Service and Incumbency Advantage," *British Journal of Political Science*, 1991(1):119–128.

⑤ Citizens Against Government Waste, "2023 Congressional Pig Book," https://www.cagw.org/reporting/pig-book, accessed May 25, 2024.

选区的权力。美国各地区的人口结构会经常变动,因此需要每隔一段时间就需要重划选区。进而,议会中的政党可以通过不公正的选区重划来增加其候选人的胜选优势。例如,当政党控制某个州议会时,为了保留政党席位和增加连任机会,它会在负责制定选区划分规则时,一方面将该党支持者聚集在少数几个选区,形成所谓的"安全席位"(safe seats),增强本党现任议员的连任胜率;另一方面则将竞争对手分散在其他选区,使得其选票无法获得相对多数,从而形成竞争席位(competitive seats)或摇摆席位(swing seats)。

三是财务优势。美国议会选举是一项耗资巨大的政治活动。谁募集的竞选资金更多,谁就会在选举中占据优势。在20世纪90年代,现任议员花费的资金占该选区所有候选人的83%至93%,获得了64%至67%的选票。1992年到2000年,他们的竞选花费占总支出的84%以上,导致其904次获胜,只有1次失败。在2022年国会选举中,众议院获胜者平均花费278万美元,失败者平均花费80万美元。参议院获胜者平均花费2652万美元,失败者平均花费1352万美元。最终,众议员连任率达到93.5%,参议员连任率为100%。①

在职优势弱化了议会选举的竞争性,既使议员不寻求连任的行为显著下降,也使得议员连任失败比例大幅下降。从19世纪中期开始,不寻求连任的现任议员比重变得更少。在南北战争之前,有40%以上国会众议员不寻求连任。1887年之前,不寻求连任的比例平均降至25%以下。20世纪到21世纪,该比例降至11%。②另一方面,20世纪以来,尤其是20世纪下半叶以来,寻求连任的议员在议会选举中失利的比例也显著下降。图3显示,国会众议员连任失败比例从18世纪90年代的2.7%攀升到19世纪70年代的14.7%,在20世纪上半

① "Election Trends," https://www.opensecrets.org/elections-overview/election-trends, accessed May 25, 2024.

② Matthew Glassman and Amber Wilhelm, "Congressional Careers: Service Tenure and Patterns of Member Service, 1789-2015," January 3, 2015, https://ecommons.cornell.edu/bitstream/handle/1813/79350/CRS_Congressional_Careers.pdf?sequence=1&isAllowed=y, accessed May 25, 2024.

叶保持稳定后,20世纪下半叶迅速降至20世纪90年代3.3%。21世纪
以来,该比例在21世纪头10年稳定在4%上下,21世纪10年代虽反弹
至8.3%,但2020年以来又回落至5.4%。

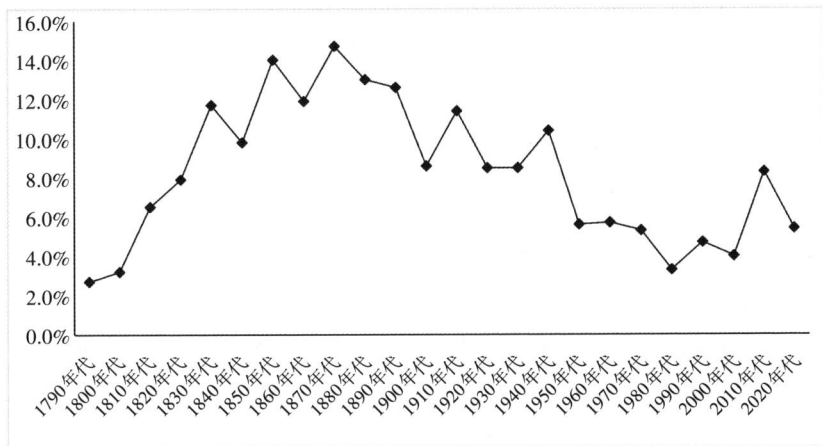

图3　国会众议员连任失利人数占众议员总数比例的变化趋势

（18世纪90年代至21世纪20年代）

　　与此同时,议员的连任成功率则显著提升。1964年到2022年,国
会众议员平均连任率达到了93%。在总计30个选举周期中,他们只
在1964、1966、1970、1974、1992、2010和2012共7个选举年的连任率
低于90%,但也都在85%以上,其余23个选举年的连任率则都在90%
以上。在1986、1988、1998等选举年,其连任率甚至接近100%。[①]这
说明,这个时期的众议员因其在职优势,很容易保住自己的席位。同
期,参议员的平均连任率虽低于众议员,且有时候会大幅度波动,例
如1980年"里根革命"(Reagan Revolution)时期的波动,但其连任率均
值也达到了83%。这说明参议员的在职优势虽不如众议员那样可靠,
但仍然具有压倒性优势。

---

① "Reelection Rates Over the Years," the Center for Responsive Politics, https://www.opense-
crets.org/elections-overview/reelection-rates, accessed May 25, 2024.

三、美国议员流动性长期走低的政治影响

　　随着议会从职业化水平较低的高流动性议会,转变为职业化水平较高的低流动性议会,美国议会极大地增强了它们的政策能力。在相当长时期内,高流动性严重削弱美国议会的政策能力:一是高流动性导致议员更多地采取短期政策,将目光聚焦于为选区提供"猪肉桶",使议会难以制定前后一致、富有远见的政策。有研究发现,政府财政政策深受议会成员更替的影响,过高的成员更替率将削弱了议会"钱袋子"功能。[①]二是高流动性也影响了议会效率。新任议员过多导致议员缺乏经验,依赖于技术官僚及院外游说组织的建议,削弱其自主性能力。随着其人员更替率的下降,资深议员成长为熟悉各种议题的专家,这为他们起草议案、动员联署、推动议案审议及通过,提供了坚实的专业技能。研究表明,在任时间更长的议员,会联署更多议案、发表更多院会发言、提交更多修正案,从而显著提升议会工作效率。[②]特别是在议案审议的关键环节中,资深议员凭借个人影响力,往往起到"临门一脚"的作用。[③]

　　在政策能力强化后,议会形成了对行政机构的优势地位。府会关系是美国政治的重要议题。在不同时代,权力天平或倒向国会或倒向总统。这种变化在一定程度上与议员更替有关。美国制宪者在设计美国政治体制时,反联邦党人认为,议会制度设计必须确保权力在不同代表中有效流转,方能使之具有广泛代表性。为此,议员必须短期任职、经常轮换。这样的设计虽与联邦党人建立成员相对稳定

---

① Mark Crain and Robert Tollison, "Time Inconsistency and Fiscal Policy: Empirical Analysis of U.S. States: 1969–1989," *Journal of Public Economics*, 1993(2):153–159.

② Gerard Miquel and James Snyder, "Legislative Effectiveness and Legislative Careers," *Legislative Studies Quarterly*, 2006(3):347–381.

③ Gary Cox and William Terry, "Legislative Productivity in the 93d–105th Congresses," *Legislative Studies Quarterly*, 2008(4):603–618.

的民意机构的观点相背离,①但对美国议会制度设计产生了实质影响。为实现"主权在民"观念,美国国会设立轮换制,导致有经验的议员大量流失。受此影响,在相当长的时期内,美国的分权制衡体系虽已建立,但过高的流动率、过短的任期导致国会自主性极为羸弱。随着议员更替率下降,职业化程度提升,它才获得了更大自主性。到了19世纪后期至20世纪初期,国会已成长为三种政治机构中地位最高的政权机关,以至于伍德罗·威尔逊(Woodrow Wilson)将这一时期的美国政体称为"国会政体"。②

尽管如此,低流动性也导致了议席固化问题,引发了议会代表性不足、民意支持弱化、政策创新乏力及公共利益受损等议会僵化问题。

第一,议会代表性困境。低流动性对美国议员的性别、种族、职业多样化造成了不利影响。流动性越低的议会,其妇女代表比例越低,议员任职前的职业多样性也越低。③1993—2012年,最职业化的州议会有着更多的职业政客和律师,最不职业化的州议会有着更多的企业主、公司经理和农民。与流动性最高的州议会相比,流动性最低的州议会有着更多的律师和更少的劳工。④在20世纪,工人占美国人口的50%到60%,但在这期间的每届国会中,其代表仅占国会议员的2%。相反,仅占全国人口的10%律师和商人,却占国会议员75%以上。不仅如此,国会议员的个人净资产中位数接近80万美元,是美国家庭净资产中位数的六倍多。自20世纪50年代以来,13所著名大学的校友在每届国会中,都占众议员的15%和参议员的25%,而这些

---

① [美]汉密尔顿、杰伊、麦迪逊:《联邦党人文集》,程逢如、在汉、舒逊译,商务印书馆,2011年,第365—367页。
② [美]伍德罗·威尔逊:《国会政体:美国政治研究》,黄泽萱译,译林出版社,2019年,前言,第7页。
③ Peverill Squire, "Legislative Professionalization and Membership Diversity in State Legisla-tures," *Legislative Studies Quarterly*, 1992(1):69–79.
④ Todd Makse, "Professional Backgrounds in State Legislatures: 1993–2012," *State Politics & Policy Quarterly*, 2019(3):312–333.

大学的毕业生人数却不到所有成年人的1%。①对此,评论家认为,美国国会缺乏成员更新,形成了其"傲慢自大(arrogance)、政治冷漠(apathy)和发育萎缩(atrophy)"等"3A"危机。②

　　第二,议会民意支持弱化。议会成员结构不代表人口结构的变化,这引发了民众质疑其是否能够"代表人民",进而危及民众对议会的支持率。盖洛普民调显示,21世纪至今,国会民意支持率显著下降,从2001年最高的56.2%降至2013年的14.2%历史低谷,降幅高达42%。尽管在2020年的民调中,国会的支持率有所回升,但在2022年初的一次民调中,国会支持率又降至了18%。③分析家认为,这与议会过度职业化不无关系。流动性低的高职业化州议会,其所在地区的人口规模和城市化程度也高,选民无法从无休无止、相互敌对、丑闻频出的负面竞选信息中获得有用信息。④由于议会被视为政府的"人民分支",公众对议会认可也被视为政府合法性的风向标。因此,如果民意支持率长期维持在低位,那么其合法性也将受到损害。由于议会民意支持率如此之低,有学者在书名中直截了当地称"国会乃人民之公敌",⑤还有学者对此现象发出灵魂拷问:"一群好人如何造就了一个坏集体?"⑥

　　第三,议会政策创新乏力。低流动性从两个方面制约了议会的政策创新:一是精英更替机制。对于议会而言,新成员的进入为其输

---

① Nicholas Carnes, "Does the Numerical Underrepresentation of the Working Class in Congress Matter?" *Legislative Studies Quarterly*, 2012(1):5–34.

② Keith Jackson, "Stability and Renewal: Incumbency and Parliamentary Composition," in Albert Somit et al., eds., *The Victorious Incumbent: A Threat to Democracy?* Dartmouth, 1994:270.

③ Megan Brenan, "Congressional Approval Sinks to 18% as Democrats Sour Further," January 21, 2022, https://news. gallup. com/poll/389096/congressional–approval–sinks–democrats–sour–further.aspx, accessed May 25, 2024.

④ Peverill Squire, "Professionalization and Public Opinion of State Legislatures," *Journal of Politics*, 1993(2):479–491.

⑤ John Hibbing and Elizabeth Theiss–Morse, *Congress as Public Enemy: Public Attitudes toward American Political Institutions*, Cambridge University Press, 1995.

⑥ Diana Mutz and Gregory Flemming, "How Good People Make Bad Collectives: A Social–Psychological Perspective on Public Attitudes Toward Congress," in Joseph Cooper, ed., *Congress and the Decline of Public Trust*, Routledge, 2018:79–99.

送新鲜血液、提供新的思想,进而引发政策变动。相反,低更替率将导致议会不受公众舆论的影响,使其丧失政策创新的动能。有研究发现,议员采取何种投票立场,与他们的投票历史密切相关。一旦议员立场确定了,只要不被取代,其投票立场就将保持延续。①因此,美国议会因循守旧地制定政策,难以及时回应公众关心的议题,这与其成员的低更替率不无关系。二是政党极化机制。流动性降低加剧了美国议会政党极化。在人员更替缓慢的情况下,两党议员更加囿于党派界限,墨守党阀立场,形成政党极化,②导致议会难以推动跨党政策议题,并陷入"立法僵局"。议会解决重大政策问题的能力弱化,引发了观察人士对于议会政策功能失调的担忧。③

第四,议会政治分肥危及公共利益。大卫·梅休(David Mayhew)指出,寻求连任是议员一切政治行为的根本动机。④他们一方面通过广告宣传、功劳指称和立场表达等方式来谋求连任,另一方面通过提出地方议案、加入委员会、到访选区、设置选区办公室、在预算分配中为选区争取更多份额等途径,⑤向特定选民、利益团体以及院外组织进行"选举邀功"。这种为地方选区、小众群体、行业部门等争取特殊利益的政治类型,因其利益受众狭小,经济成本全民共担,而被政治学者称之为"政治分肥"。⑥为了达成这类狭隘的政治目标,取悦特定选民或利益团体,议员不惜牺牲国家利益,将特殊立场置于国家利益之上,导致了"国会反对国会"的"芬诺悖论"(Fenno's Paradox)现象,即议员个人虽然因"政治分肥"的行为而在选区深受欢迎,但代表国

①　Herbert Asher and Herbert Weisberg, "Voting Change in Congress: Some Dynamic Perspectives on an Evolutionary Process," *American Journal of Political Science*, 1978(2):391-425.
②　周琪:《政治极化正在溶蚀美国的民主》,《美国研究》2022年第2期。
③　Sarah Binder, "The Dysfunctional Congress," *Annual Review of Political Science*, 2015(1):85-101.
④　David Mayhew, *Congress: The Electoral Connection*, Yale University Press, 2004:11.
⑤　Charles Jones, "Representation in Congress: The Case of The House Agriculture Committee," *American Political Science Review*, 1961(2):358-367.
⑥　Theodore Lowi, "American Business, Public Policy, Case-Studies, and Political Theory," *World politics*, 1964(4):677-715.

家整体利益的国会则成为公众厌弃、政治信任感极低的政治机构。[①]

四、美国议会任期改革对议员流动性的影响

　　为了缓解低流动性引发的议会僵化问题,从20世纪90年代开始,关于议会任期改革的政策呼吁开始席卷美国各级议会。在国会议员层面,1992年,参与总统竞选的第三党独立候选人罗斯·佩罗(Ross Perot)在政纲中明确提出对国会议员实行任期限制。一些政见人士认为,这项改革将"通过削弱在职优势、确保国会更替、确保独立的国会判断以及减少与选举相关的浪费性政府支出的激励措施"[②],来缓解美国许多最严重的政治问题。一些地方也将这项改革付诸政策实践。1990年到2000年,地方任期改革支持者以修改州宪法或法律的形式,进行了前后三轮的任期限制改革立法倡议。不过,由于在州议会是否有限制国会议员任期的宪法权力等问题上存在争议,这些州议会关于国会议员的任期限制改革,最终都归于失败。

　　尽管国会议员任期改革遇阻,关于议员的任期改革仍在其他方面继续推进。一方面,一些州议会试图通过限制州议员连任次数或设置最高任职年限,来试图提升州议会成员的流动性。自1992年以来,先后有21个州议会通过议会投票、全民公决、立法提案或州宪法变更等方式,实施了州议员任期限制法律。但自1997年以来,也先后有6个州的任期限制法律被宣布无效。至今,美国仍有16个州议会实行了任期限制。各州议会对议员任期限制的具体规定也并不尽相同。一些州,如佛罗里达、路易斯安那、缅因、俄亥俄、南达科他、科罗拉多、蒙大拿和怀俄明等州,其州议会实行最高四年或八年任期,任

①　Richard Fenno, "If, as Ralph Nader Says, Congress is the 'Broken Branch,' How Come We Love Our Congressmen So Much?" in Norman J. Ornstein, ed., *Congress in Change: Evolution and Reform*, Praeger, 1975:277–287.

②　Dan Greenberg, "Term Limits: The Only Way to Clean Up Congress", August 10, 1994, https://www.heritage.org/political-process/report/term-limits-the-only-way-clean-congress, accessed May 28, 2024.

期届满后需等待一个任期才能重新竞选。在另一些州,如加利福尼亚、密歇根、密苏里、内华达、北达科他、俄克拉荷马等州,其州议会无论是实行四年还是八年的最高任期,议员在任期届满后,都不能再继续任职。①

另一方面,自20世纪90年代中期开始,到最近的第118届国会,国会议员在参众两院提出诸多关于实施任期限制的议案。资料显示,在第104届国会提出三个相关议案后,关于任期限制的议案一度消失了。但是,自第111届国会起,这类议案又被国会议员提出。截至第118届国会,国会议员总计提出了21项关于国会议员任期改革的议案。不仅这类议案的数量近年来出现增长趋势,而且越来越多的国会议员参与了议案联署,表明其关注度和影响力也在逐渐增加。例如,在第116届国会中,由共和党人弗兰西斯·鲁尼(Francis Rooney)领衔的任期限制议案得到了56人联署支持,是自第104届国会以来,在这类议案中获得最多联署人数支持的议案。在第117届和第118届国会中,由共和党人拉尔夫·诺曼(Ralph Norman)领衔的两份任期议案,则分别获得了83人和105人的联署支持,各自再次创下了这类议案有史以来的联署人数支持记录。②总体而言,这项改革对美国议员流动性产生了以下影响:

第一,提升了议会成员流动性。在任期改革前的20世纪80年代,州议会成员流动性在整体上持续下降。在任期改革后的20世纪90年代,州议会成员的流动性出现回升。以加利福尼亚州为例,1972—1992年,该州众议院和参议院的平均更替率分别为20%和12%。实施任期限制以来,其平均更替率分别上升至36%和17%。③这种流动性的回升与任期限制导致的开放议席增加有一定关联。开

---

① "Term Limits in the United States", https://ballotpedia.org/Term_limits_in_the_United_States, accessed March 15, 2024.

② "USTL Term Limits Resolutions in Congress," https://www.termlimits.com/congress/, accessed March 28, 2024.

③ Mark Petracca and Darcy Jump, "From Coast to Coast: The Term-Limitation Express," *National Civic Review*, 1992(3):352–365.

放议席指的是没有现任议员参加选举的议席。其出现既与任期限制有关，也与现任议员的退休、去世等原因有关。2010—2022年，共有1924名州议员因任期限制而离开，占开放议席数的23%。[①]由于没有在职优势加持，这些由任期限制形成的开放议席，提升了州议会选举的竞争程度，改善州议会成员流动性不佳的状况。任期限制改革尽管发生在州议会层级，但它也可能对国会议员的流动性提升产生积极影响。这是因为，因任期限制而离开的州议员不用牺牲现有职务就可以竞选本州的国会议员，这在一定程度上会增加国会议员选举的竞争性。

第二，议会选举中涌现大量业余政客。业余政客指的是在参加议会选举前没有从政经验的候选人。美国议会成员流动性降低，导致职业议员长期占据议席，议会异化为权力角逐舞台。在此背景下，业余政客借助"右翼民粹主义"参与议会选举。由于民众对议会信任的弱化，业余人士的反建制言论对选民产生了极大吸引力。[②]任期改革则为他们提供了参选的政治机会结构。在实行任期改革后，州议会任期限制议席成为开放席位。这导致业余人士涌现于开放议席选举中，部分成员甚至取代了盘踞多年的职业政客。如观察家发现，在实行任期限制的加州议会，这项改革已经使它变成了业余爱好者俱乐部。[③]国会虽无任期限制规定，但似乎也受到州议会任期限制改革呼吁的影响。数据显示，20世纪80年代到21世纪10年代，只有约30%的新当选国会众议员没有选举经验。然而，在2016年、2018年和2020年国会众议院开放议席初选中，获胜的业余人士分别达到了

---

① "Open Seats in State Legislative Elections, 2022," June 29, 2023, https://ballotpedia.org/open seats in state legislative elections, accessed April 18, 2024.

② Eric Hansen and Sarah Treul, "Inexperienced or Anti-establishment? Voter Preferences for Outsider Congressional Candidates," *Research & Politics*, 2021(3):1-7.

③ Mark Salvaggio, "Term Limits Turned California Legislature into Amateur Night," March 5, 2012, https://www.bakersfield.com/opinion/term-limits-turned-california-legislature-into-amateur-night/article_63b5eeea-a2fe-5a1d-91a5-baa084d3d4ae.html, accessed March 18, 2024.

46%、48% 和 44%。①

第三,议员代议行为模式发生变化:一是任期限制改变了议员职业模式。在实行任期限制的州议会,由于无法连任,部分议员有更强烈的动机去追求州长等其他政治职务。与此同时,因任期届满后自动退休,部分议员选择在现任职务上干到退休,导致中途退休的议员比例也发生下降。②二是任期限制改变了议员代议角色。议员兼具"代理人"和"受托人"两种角色。这要求他们或深入选区,成为选民利益的传声筒,或将重心放在议会事务,成为公共政策制定者。在任期限制实行后,议员角色由原来更重视选区服务的"家乡模式",转变为更为关注政策制定的"华盛顿模式"。③这是因为,任期受限的议员因无连任压力,会将更多精力投入议会的法律制定、预算监督及个人发展等问题。三是任期限制削弱了选民对议员的选举问责。当即将离任的议员不再面临连任约束时,他们将根据自身偏好制定及实施不受选民欢迎的政策,从而导致了美国政治中周期性的"跛脚鸭"现象。④

第四,重新调整了立法与行政关系。任期改革某种程度上反映了美国关于权力制衡问题的重新思考。美国的立法与行政的权力关系并非一成不变,而是始终在动态均衡点上下波动。经过一个多世纪的演变,议员流动性逐渐降低,职业化程度显著增强,进而获得了与行政机构相抗衡的权力。任期改革实际上是对既有府会关系的反向调整。在任期改革后,首先,州长等行政机构增强了对州议会立法结果施加影响的权力,州议会多数党领袖和委员会主席的影响力则

---

① Geoffrey Skelley, "Why More Inexperienced Candidates Are Running and Winning," January 24, 2022, https://fivethirtyeight.com/features/why-more-inexperienced-candidates-are-running-and-winning/, accessed May 25, 2024.

② Jordan Butcher, "Be Careful What You Count: Updating Legislative Turnover in the 50 States," *American Politics Research*, 2022(4):503-510.

③ Richard Fenno, *Home Style: House Members in their Districts*, Little Brown, 1978:136-170.

④ Jeffery Jenkins and Timothy Nokken, "Partisanship, The Electoral Connection, and Lame-Duck Sessions of Congress, 1877-2006," *The Journal of Politics*, 2008(2):450-465.

受到削弱。[1]其次,政府开支也得到增加,扩大了政府总体规模。连任无望的议员因选举问责约束减弱,而采取更加激进和不负责任的预算政策,使得有任期限制的州有更高的支出水平。[2]最后,议员的专业程度受到弱化。由于有更多新人涌入,缺乏经验的议会在制定政策时,不得不大量采纳行政机构意见,导致权力天平再次倾向于行政机构。[3]故而,威尔逊时代的"国会政体"实际上已经被"总统政治"所取代。

任期改革尽管缓解了州议会成员流动性危机,但它未能从根本上消除议员流动性僵化危机。

第一,任期改革阻力重重。美国国内对这项改革有着严重分歧。首先是各州内部的分歧。反对者认为,任期限制将破坏资历制度,削弱州议会影响力。例如,在密歇根州,反对者声称任期限制将使本州议会失去对国会的影响力。[4]其次是两党之间的分歧。在1994年的选举中,共和党宣布通过立法设置国会的任期限制。在赢得多数席位后,它向众议院提交了一项宪法修正案,将参议院议员的任期限制为两个六年,众议院议员的任期限制在六个两年。然而,该议案因民主党的反对而未获通过。最后是司法机构的反对。1995年,美国最高法院在"美国任期限制诉桑顿案"(U.S. Term Limits, Inc. v. Thornton)中以5票赞成、4票反对的结果裁定,各州不能对本州国会议员施加任期限制。因此,尽管州议会的任期改革已然如火如荼,但国会的任期改革因宪法等限制,始终停留在社会各界的政策倡议阶段。

第二,任职改革产生的开放席位有限。截至2023年8月,美国共

---

① John Carey et al., "The Effects of Term Limits on State Legislatures: A New Survey of the 50 States," *Legislative Studies Quarterly*, 2006(1):105-134.

② Abbie Erler, "Legislative Term Limits and State Spending," *Public Choice*, 2007(3): 479-494.

③ Richard Powell, "Executive-Legislative Relationships," in Karl Kurtz et al., eds., *Institutional Change in American Politics: The Case of Term Limits*, University of Michigan Press, 2009:134-147.

④ Galvin, Thomas, "Limits Score a Perfect 14-for-14, but Court Challenges Loom," *Congressional Quarterly Weekly Report*, November 7, 1992:3593-3594.

有1973个州参议员席位和5413个州众议员席位。在1973个州参议员席位中,有609个有任期限制,占比为30.9%。在5413个州众议员席位中,有1462个席位有任期限制,占比为27.0%。因此,在总计7386个州议会席位中,有2071个有任期限制,占比为28.0%。[1]由上述数据可知,任期限制席位不到州议会席位的三分之一。此外,2010年到2022年,在州议会的42910个改选席位中,只有1840个任期限制议席,仅占改选议席的比例为4.3%。由于任期改革产生的开放议席比例极低,以至于它不足以解决美国议员整体流动性不足的问题。事实上,流动性强化只发生在实行任期限制的州议会。在没有任期限制的州议会,其成员流动性则继续下降。

第三,任期改革未能优化议会成员结构。在改革前,人们普遍期待改革将迫使白人议员离开议会,并增加女性议员比例。因此,女性、少数族裔等群体更支持任期改革。不过,这项改革是否真的能改变议员结构及增强其代表性,则未得到经验支持。一项追踪研究发现,无论是议员的人口特征,还是其意识形态特征,有无任期限制的州议会之间,并没有显著差异。[2]虽然女性参选人数有所增加,但由于现任议员有在职优势,她们很难发起有力的选举挑战。甚至有研究发现,议会选举中女性当选只是"寡妇"效应的结果,即已故男性议员的遗孀利用亡夫声望来竞争议席。[3]在这种情况下,美国第118届国会女性代表比例为27%,不仅低于国内51%的女性人口比例,也明显低于同期西欧国家议会中的女性议员比例。

---

[1] "State Legislatures with Term Limits," https://ballotpedia. org/State_legislatures_with_term_limits, accessed May 28, 2024.

[2] John Carey et al., "The Effects of Term Limits on State Legislatures: A New Survey of the 50 States," *Legislative Studies Quarterly*, 2006(1):105–134.

[3] Lisa Solowiejand and Thomas Brunell, "The Entrance of Women to the US Congress: The Widow Effect," *Political Research Quarterly*, 2003(3):283–292.

五、美国议员流动性的反弹诱因与未来前景

　　尽管议会任期改革未能根本解决议员流动性僵化问题,但近年来美国议员流动性确实出现了一定程度反弹。在2010和2018两个选举年,国会分别出现了106位和102位的新任议员,其人数及占比均明显高于其他选举年。众议院涌现的新任议员人数尤其突出,分别为91人和93人,达到了众议员人数20%以上。这两次选举也因此被称为"浪潮选举"。不过,这两次"浪潮选举"的选举结果却各有不同。2010年国会选举被称为"红潮",因为共和党在众议院赢得了63个净增加席位。而在2018年国会选举中,民主党赢得了众议院38个净增加席位,因而被称为"蓝潮"。虽然如前所述,一些研究者认为,任期改革为业余政客进入议会提供了政治机会机构,为议员流动性反弹提供了制度空间,但也有不少观察人士认为,议员流动性反弹与议会任期改革关系不大,个体因素和社会因素才是导致这种反弹的关键诱因。

(一)议员流动性反弹的个体诱因

　　第一,议员陷入职业瓶颈。议员职业瓶颈指议员无法在议会得到正常晋升。职业瓶颈理论认为,当议员触碰到了"职业天花板",他们就会从议会引退或另谋高就。例如,肖恩·特里奥特利用议会职务变动和任职时长的数据,构建了议员职业生涯停滞的指标,发现在议会任职时间较长,但又无法得到职务晋升的议员,更倾向于选择离开议会。①这种职业瓶颈预期深受美国政党政治变化影响。有研究认为,美国政党体制已从1945年到1976年的弱政党时代,转变为了1977年至今的强政党时代。在这个转变过程中,政党领导人重新控

---

① Sean Theriault, "Moving up or Moving out: Career Ceilings and Congressional Retirement," *Legislative Studies Quarterly*, 1998(3):419–433.

制了议会职务的晋升阶梯,以任职年限为晋升标准的资深制则受到削弱。这种变化使得议员意识到,在议会实现职务晋升变得愈发困难,从而导致部分晋升无望的议员选择离开。[①]

第二,议员工作效率不高。当新任议员发现,自己并不能很好地适应议会工作环境,成了工作效率低下的议员时,那么他们会认为自己在其他地方,可能得到更好的职业发展机会。在这种情况下,议员会选择退出议会而另谋高就。例如,克雷格·沃尔顿(Craig Volden)和艾伦·怀斯曼(Alan Wiseman)根据议员立法表现发现,在第一个任期内立法效率较高的新任议员,他们在职业生涯的前十年退休的比例,低于那些效率较低的新任议员。这个立法效能理论也解释了2010年的国会议员流动原因。在这一年的选举中,新任议员中立法效率较低的国会议员,其离职率要略高于立法效率较高的同行。

(二)议员流动性反弹的社会诱因

第一,政治极化加剧。政治极化指不同政治观点和立场之间的日益增强的分歧和对立。这种分歧通常体现在党派之间、意识形态之间,以及其支持选民之间的冲突与对抗。在这种政治极化的环境中,中间选民在选举中的选择余地变得较少,会觉得难以找到符合自己观点和利益的候选人。在这种不满与困惑的影响下,其投票行为会变得更加不确定,更倾向于在不同选举周期中投给不同政党的候选人,而不是固定地支持某一个政党或候选人。特别是,当选民对政治极化下主流政治产生不满情绪时,他们可能背离传统的选举支持阵营,导向反建制候选人阵营,[②]从而改变议会选举中原有席位分配,加速议员的更替流动。

第二,民意支持不足。当议员的民意认可度较低时,他们也会考虑到其选举脆弱性,而选择放弃竞选,或者直接退休,或者另谋高

① Andrew Hall and Kenneth Shepsle, "The Changing Value of Seniority in the U.S. House: Conditional Party Government Revised," *The Journal of Politics*, 2014(1):98–113.
② 节大磊:《美国的政治极化与美国民主》,《美国研究》2016年第2期。

就。[1]该观点得到盖洛普(Gallup)民调数据的确证。该调查显示,国会民意支持率在2010年选举期间一直很低,平均支持率仅为15%。这导致在该年内,众议员寻求连任的比例从2008年的94.3%,下降到当年的85.4%。并且,由于民意支持率较低,一些处于胜选边缘的现任议员也更容易败选。在2010年选举中,有51%的众议员更替是由连任失利导致。在2018年国会选举中,29位现任议员在众议院选举中落败,虽然人数不及2010年,但也占到众议员更替率的28%。[2]

第三,民粹主义兴起。"茶党"运动是在政治极化下出现的民粹主义运动。"茶党"主张减少联邦赤字、专项拨款、减免政府税收、遏制联邦政府规模以及增加国会透明度。这些政策主张给美国国会2010年中期选举带来巨大冲击。在2010年中期选举中,国会选举出现了100多个竞争性席位,"茶党"支持的国会议员成了其中的最大赢家。在众议院新当选的83名共和党众议员中,有60人属于"茶党"支持人士,100多个竞争性席位也被共和党瓜分了63席,使共和党四年来首次在众议院掌权。在参议院,部分"茶党"支持的候选人也赢得了选举,使共和党人在参议院获得了更多席位,缩小了他们在参议院与民主党多数席位的差距。[3]

美国议员流动性尽管出现了这类反弹,但这并未扭转议员流动性长期僵化的趋势。无论是"红潮"还是"蓝潮",这种新人辈出的"选举浪潮"未能延续,国会议员流动性在2016年和2020年的两次选举中再次陷入低迷。议员流动性反弹的不可持续与其诱因的不稳定性有着密切关系。在个体因素层面,虽然资深制确实在美国议会改革中受到削弱,但并未动摇该制度在美国议会制度中的主体地位,更无法扭转美国议会的职业化走势。在社会因素层面,政治极化、民意支

① Jennifer Wolak, "Strategic Retirements: The Influence of Public Preferences on Voluntary Departures from Congress," *Legislative Studies Quarterly*, 2007(2):285-308.

② Geoffrey Skelley, "There Was a Lot of Turnover in The House In The 2018 Cycle," November 13, 2018, https://fivethirtyeight.com/features/retirements-resignations-and-electoral-losses-the-104-house-members-who-wont-be-back-next-year/, accessed May 28, 2024.

③ 刘永涛:《茶党运动与重铸美国极端保守主义》,《教学与研究》2013年第9期。

持及民粹主义等因素也都是一些易于流变的不稳定因素。这些不稳定因素诱发的议员流动性反弹也必然无法持久。只要议会职业化的制度根源不发生重大变化，只要议会选举中的在职优势制度根源仍持续存在，美国议员流动性长期僵化的问题也将无法得到根本解决。

六、结论与思考

本文全面探讨了美国议员流动性变迁的根源、影响、改革及前景。总体上看，美国自建国以来，其议员流动性趋于下降，并在21世纪以来维系在一个极低的水平。议会职业化和议会选举竞争弱化等制度根源塑造了议员流动性的长期走低。低流动性虽然强化了议会政策能力，提升了其政治地位，但也导致其代表性缺失、民意支持弱化、政策创新乏力、政治分肥危及公共利益等问题。美国试图通过议会任期改革来提升成员流动性，缓解因议席固化引发的议会僵化，但这项改革因国内争议和制度掣肘，对改善议员流动性的作用极为有限。近年来，在个体因素和社会因素的作用下，美国议会出现了议员流动性反弹现象，但这种反弹仍然无法从根本上逆转议员流动性长期僵化的问题。对美国议员流动性变迁现象的分析，有助于我们思考以下三个问题：

第一，美国是"多元民主"政体还是"寡头"政体？"评价一个国家政治制度是不是民主的、有效的，主要看国家领导层能否依法有序更替，全体人民能否依法管理国家事务和社会事务、管理经济和文化事业。"[①]从这个角度看，美国议员的流动性僵化突显了美国民主的衰败危机。美国民主既被托克维尔誉为"人民统治"[②]，也被罗伯特·达尔

[①]　习近平：《习近平在庆祝全国人民代表大会成立六十周年大会上的讲话》，《人民日报》2014年9月6日。

[②]　[法]阿历克西·德·托克维尔：《论美国的民主》，董果良译，商务印书馆，1989年，第194页。

称为"多元民主"。①然而,这种所谓的"人民统治"或"多元民主"在本质上却内含一系列"反民主"制度基因。美国统治阶层不仅主导了美国各领域的政治决策,而且垄断了包括议席在内的各类政治职务。普通民众徒有形式上的选举权,却越来越难以在日趋弱化的选举竞争中获胜。在美国议员流动性陷入僵化,而政治精英对议会改革持消极保守乃至反对态度的情况下,这种民主模式正陷入积重难返的深渊,其引以为傲的"多元民主"也正沦为"文明寡头"(civil oligarchy)。②

第二,与美国议会相比,其他国家的议会成员流动性有何特点?美国议员流动性虽呈下降趋势,但这种变化又存在异质性。例如,国会议员流动性下降时间早于州议会,工业州议会成员流动性低于农业州议会,职业型议会成员流动性低于公民型议会。这种流动性的变化也并不总是处于下降轨道。在实行任期限制后,部分州议会的成员流动性出现回升。从比较视角看,其他国家议会的成员流动性会呈现出何种变化? 它们是会持续下降,还是会呈现出上下波动? 在其他制度背景下,又是什么原因导致了这种变化? 这种变化又将对这些国家的政治体制、政策制定、民意代表行为等方面产生何种影响? 以美国议会成员更替为比较对象来深入探讨这些问题,可为揭示议会成员更替的普遍规律及其影响提供理论启示。

第三,议会改革如何平衡"职业化"与"代表性"之间的关系? 议会既是政策制定的立法机关,也是民意代理的代议机关。作为代议机关,议会应保持高流动性,以增强机构的代表性。作为立法机关,议会需要保持低流动性,以便其成员通过长期任职获得技能和经验。在议会改革中,是通过降低人员更替率优先推进其职业化,还是通过提升成员流动性优先增强代表性? 对于这个问题,处于现代化不同

---

① ［美］罗伯特·达尔:《谁统治:一个美国城市的民主和权力》,范春辉、张宇译,江苏人民出版社,2011年,第95—96页。

② Jörg Hebenstreit, "From Democracy to Oligarchy? the Power of Property in the United States," in Michael Oswald ed., *Mobilization, Representation, and Responsiveness in the American Democracy*, Palgrave Macmillan, 2020:191–206.

阶段的议会,可能有着不同的政策优先选择。对于美国等先发国家的议会而言,由于过度推进职业化,其代议功能实际上在不断弱化。因此,议会需要通过任期改革来缓解席位固化及其导致的议会僵化危机。然而,对于处于职业化初期的议会来说,解决人员流动频繁引发的立法者经验不足等问题更为迫切。因此,通过降低成员流动率、延长成员任职期限,来提升议会职业化水平,更应该成为其改革的优先目标。

和平的奇迹

——南非民主转型中的领袖人格与政治沟通

刘林涵　何增科[*]

内容摘要　在第三波民主化浪潮中,南非民主转型的成功被誉为"和平的奇迹"。其中,南非国民党领袖德克勒克与南非国民大会领袖曼德拉的人格魅力和政治沟通策略对和平转型起到了重要推动作用。既有的关于政治精英对民主转型塑造作用的研究中,研究者较少关注领袖人格的重要影响。因此,本文以南非为典型个案,探讨了"领袖人格—政治沟通—民主转型"的作用机制,通过对曼德拉和德克勒克人格的测量与比较,结合具体历史情境分析领袖人格如何影响政治沟通行为,进而推动民主转型的和平着陆。本文从能动者视角出发,为民主转型的成因分析研究提供了一种补充性解释。

关键词　民主转型;领袖人格;政治沟通

一、引言

20世纪后期席卷全球的第三波民主化浪潮改变了世界历史的走向,塑造了我们所熟悉的当代社会。民主制度在如此短的时间内急

---

*　刘林涵,北京大学政府管理学院博士生,研究方向为比较政治、政治心理学。何增科,北京大学中国政治学研究中心教授、博士生导师,研究方向为腐败与反腐败、国家治理与大国兴衰等。

速成长,毫无疑问,是人类历史上最壮观的,也是最重要的政治变迁。①想要透视民主的未来,就必须理解民主的历史。回到历史的起点,20世纪后期风起云涌的民主转型运动拥有着诸多成熟的竞争性解释框架。从经济水平论、制度选择论、社会结构论、政治文化论到国际环境论,民主转型的结构性成因分析层出不穷。与之相伴的是,也有研究者从能动视角分析民主转型。然而,在政治转型的关键时刻,经济水平、社会结构和政治文化都是相对静态的,政治行动者的行动最具动态性的。关键行动者在历史的关键时刻所做出的选择往往具有以小化大、积少成多的"锁定效应"。②因此,在重新审视民主转型起点时,对关键行动者特别是政治领袖、政治精英的考察分析显得尤为必要。

在精英主义民主理论的相关研究中,研究者们对精英互动、精英策略等能动者行为层面的影响因素较为关注。但是鲜有研究进一步追问在这些影响人类历史进程的关键节点中,领袖行动背后的心理逻辑。党派利益的裹挟、咨询团队的影响等因素固然会左右领袖的决策。但作为能够预测政治行为的稳定、持续的内在心理动力系统,领袖政治人格显然也是研究者们不应该忽视的因素。因此,本文尝试构建"领袖人格—政治沟通—民主转型"的逻辑链条,在关注领袖人格特质与政治沟通的匹配效应基础之上,进一步分析这种匹配效应对民主转型进程和结果的影响。

本文拟选取南非谈判式民主转型模式③进行分析,因为南非的民主转型历程不仅在非洲国家中具有特殊性,甚至在整个世界范围内也可以被称为"和平的奇迹"④。与南欧、拉丁美洲及东欧国家的许多

---

① ［美］亨廷顿:《第三波:20世纪后期民主化浪潮》,刘军宁译,上海三联书店,1998年,第3页。
② 刘瑜:《两种民主模式与第三波民主化的稳固》,《开放时代》2016年第3期。
③ Jung Courtney, Ian Shapiro, "South Africa's Negotiated Transition: Democracy, Opposition, and the New Constitutional Order," *Political and Society*, 1995(23):269.
④ Patti Waldmeir, *Anatomy of a Miracle: The End of Apartheid and the Birth of the New South Africa*, Penguin, 1997:XIV.

执政党和当权者明确支持并主动倡导政治民主化模式不大相同,非洲国家的执政党和当权者大多抵制政治民主化,致使许多国家的民主化在开启阶段便一波三折。[①]而南非白人政府领袖德克勒克(Frederik Willem de Klerk)不仅主动开启和平谈判,还在选举失败后和平交接了政府权力。无独有偶,非国大领导人曼德拉(Nelson Roli-hlahla Mandela)在经历了近三十年的监禁岁月后,仍能以宽容和解的姿态推动和谈进程,是公认的最具人格魅力的政治领袖之一。两位颇具传奇色彩的领袖虽有诸多分歧,但仍能做到通力合作,以独特人格魅力和沟通策略促成了南非和平方式的民主转型,并因杰出贡献共同荣获1993年诺贝尔和平奖,这为从能动视角研究谈判式民主转型提供了绝佳案例。

二、理论背景

(一)精英塑造与民主转型

19世纪末以来,强调民主政治中精英塑造作用的精英主义民主理论就在不断更新与迭代。古典与现代精英理论的中心议题就是在稳定的民主社会中,精英也需要通过定期选举获得权力。[②]而在民主转型的相关研究中,学者们主要关注政治精英对民主转型的塑造作用,强调精英互动和精英策略的重要性。

罗斯托(Dokwart A. Rustow)提出了民主转型的动态模型,他强调处于决定阶段时,政治精英有计划地达成共识,对于民主程序的制度化起重要作用。[③]奥唐奈(Guillermo O. Donnell)等人则采用博弈论的研究方法,分析了权威集团内部的强硬派和改革派、反对阵营内部的

---

① 张宏明:《非洲政治民主化历程和实践反思:兼论非洲民主政治实践与西方民主化理论的反差》,《西亚非洲》2020年第6期。

② 郎友兴:《精英与民主:西方精英主义民主理论述评》,《浙江学刊》2003年第6期。

③ Dokwart A. Rustow, "Transitions to Democracy: Toward A Dynamics Model," *Comparative Politics*, 1970(3):337.

温和派与激进派,这些政治力量在面临与不同派别结盟的博弈中会产生的结果。①亨廷顿(Samuel P. Huntington)则根据由谁领导民主化的进程将第三波民主化中的转型方式划分成变革、置换、移转、干预四种方式。他明确提出,政治精英的信念和互动是第三波民主化实现的重要条件:"在第三波中,创造民主的条件必须存在,但是只有政治领袖愿意冒民主的风险时,民主才可能出现。"②亨廷顿认为,政府与反对派、执政联盟中改革派和保守派、反对派阵营中的温和派和极端主义者之间的互动是民主化进程最关键的三对互动关系。林茨(Juan J. Linz)则在民主转型分析框架中提出了两个以行动者为中心的解释变量:一是先前非民主政体的领导基础,包括高级军官、中下级军官、文官精英、苏丹式精英;二是谁启动和控制转型,包括高级军官领导、政权当局领导、公民社会或中下级军官领导。③

　　这些经典研究讨论了民主转型中政治领袖、精英集团的行动策略、互动关系等对于转型全过程的重要影响。政治精英的行动视角与强调民主转型中内部结构性变革因素、外部国际环境的压力等视角交相辉映,共同构成了经典民主转型成因分析框架。但在能动视角下的民主转型研究仍有继续深化的空间,因为已有研究更多关注"结构中的行动者"(agent in structure),将政治精英行动视为结构约束下的被动结果,而较少关注"具有能动性的行动者"(active agent),探讨政治精英行动背后的深层心理动因。与结构主义者不同,关注领袖政治心理实际上就是将领导人视作积极的行动者,认为领袖可以感知和决定何时、是否以及如何行动,而不是将领袖视作一个被动的

---

① ［美］奥唐奈、［意］施密特:《威权统治的转型:关于不确定民主的试探性结论》,景威、柴绍锦译,新星出版社,2012年。
② ［美］亨廷顿:《第三波:20世纪后期民主化浪潮》,刘军宁译,上海三联书店,1998年,第121页。
③ ［美］林茨、斯泰潘:《民主转型与巩固的问题:南欧、南美和后共产主义欧洲》,孙龙等译,浙江人民出版社,2008年。

"容器"。①诚然,政治领袖的心理状态如何影响行动策略可谓是政治学中的"黑箱问题"。但随着行为主义革命的兴起和跨学科研究资源的丰富,比较政治研究可以通过借鉴政治心理学、国际关系心理学中的理论、概念和方法,尝试对经典研究进行深化讨论。

(二)领袖人格的研究范式

人格是个体在行为上的内部倾向,被用来解释个体在对不同刺激做出反应时的行为规律。②人格这一概念能够有效反映能动者的心理状态,预测能动者的行为模式。研究者们既关注领袖人格的结构和层次,也关注领袖人格何以解释和预测领袖决策和行动。但所有研究的开展首先都面临着如何对人格进行有效测量的问题。根据不同的测量手段,相关研究大致可以被分为精神分析、特质测量和认知分析三种路径。

传统的精神分析法是通过对人物传记、成长经历进行回溯分析的心理史学研究方法,主要关注领袖的"病史",以个案深描或构建类型学的方式解释或预测领袖的行为。例如乔治夫妇(Alexander L. George, Juliette L. George)以冲动型人格解释威尔逊总统在获取权力和运用权力时行为模式的不同;③詹姆斯·巴伯(James D. Barber)根据不同总统在履职过程中是主动还是被动、影响总统履行职责的情绪是积极的还是消极的两大维度,划分了主动—积极型、主动—消极型、被动—积极型、被动—消极型四种总统行为风格。④格林斯坦(Fred I. Greenstein)则对当代美国总统进行了精神分析,并总结了影响总统表现的六种素养品质。其中,他首先强调的就是总统作为公

---

① Stephen B. Dyson, "leader psychology and foreign policy," in Kaarbo, Juliet and Cameron G., eds., *The Oxford Handbook of Foreign Policy Analysis*, Oxford University Press, 2024: 359–376.

② 王丽萍:《政治心理学:一门学科,一种资源》,北京大学出版社,2022年,第56页。

③ [美]亚历山大·乔治、朱丽叶·乔治:《总统人格:伍德罗·威尔逊的精神分析》,张清敏译,中央编译出版社,2014年。

④ [美]詹姆斯·巴伯:《总统的性格》,赵广成译,中国人民大学出版社,2015年。

众沟通者(effectiveness as a public communicator),即沟通能力的重要性。①此外,量化的特质测量也是人格研究的主要方法,主要通过开发量表对被试进行施测,例如马基雅维利人格(Machiavellianism)、大五人格(big-five personality traits)、黑暗人格(dark-triad personality traits)等相关量表已被广泛讨论和使用。但在领袖人格与治理绩效的研究中,研究者基本没有可能对政治领袖进行近距离施测,因此不做赘述。

而与近距离施测相对应的是"远距离"观察的研究策略,即对政治领袖的公开演讲、采访或著述等素材进行内容分析或心理诊断的认知分析法。玛格丽特·赫尔曼基于同构心理语言学,将心理指标融合进政治文本中进行测量,创建了一个测量人格特质的技术手段即领导特质分析(Leadership Traits Analysis, LTA)方法。通过对领袖在采访中的即时性回答语料进行内容分析,形成了七种人格特质,在此基础上组合为领导人对环境中政治约束的态度、领导人对信息的开放程度、领导人寻求职位的动机三个维度的领导风格,构建了八种领导类型。②近年来,奥布里·伊梅尔曼也开发了一种领袖人格档案的测量手段(millon inventory of diagnostic criteria, MIDC),这种研究方法通过对表达行为、人际行为、认知风格、情绪气质、自我形象五个领域的测量,划分出了十二种人格类型和十种领导风格维度,能够对领导人合作或失调的政治行为作出预测。③但LTA方法是目前最为成熟的一种人格测量手段,被证明可以有效预测许多政治领导人的政治行为,因此本文也将采用这种分析方法。

---

① [美]格林斯坦:《人格与政治:实证、推论与概念化指南》,景晓强译,中央编译出版社,2022年。

② Margaret G. Hermann, "Assessing Leadership Style: A Traits Analysis," in Jerrold M. Post, ed., *The Psychological Assessment of Political Leaders: With Profiles of Saddam Hussein and Bill Clinton*, University of Michigan Press, 2003:178-215.

③ Aubrey Immelman , "Personality in political psychology," in I.B. Weiner (Series ed.), T. Millon and M.J. Lerner (Volume eds.), *Handbook of psychology. Vol 5. Personality and social psychology*, Wiley, 2003:599-625.

（三）政治沟通的理论面向

政治沟通（political communication）这一概念有三种中文翻译版本："政治沟通""政治交往"，以及在当代广泛使用的"政治传播"。[①]本文沿袭美国政治学会的定义，将政治沟通理解为无论是政府、机构、团体还是个人，在国内政治体系或国际政治体系中信息的创造、形成、传播、处理和影响。[②]作为一个跨学科的复合概念，政治沟通主要具有两种不同的理论面向：一种是将政治沟通视为传播学意义上传递有关政治的信息、思想和态度的活动，主要关注大众传媒在政治现代化中的功能，另一种则从控制论和信息论出发，将政治系统运作过程抽象为信息的控制和变换过程，也就是将政治沟通视为一种政治过程。[③]与经典理论面向不同的是，本文将从微观视角出发，将政治领袖视为最高政治权力的人格化载体，将政治沟通视为一种领导人为实现有效治理的行为方式，关注政治领袖沟通行为对民主转型结果的影响。

作为政治沟通理论的鼻祖，拉斯韦尔（Harold D. Lasswell）关注"谁得到什么，何时得到，如何得到"。将这一思路应用到政治沟通领域，就形成了著名的"5W沟通模式"。拉斯韦尔将政治沟通的全过程拆解为五个部分：控制分析（who）、内容分析（says what）、媒介分析（in which channel）、受众分析（to whom）、效果分析（with what effect）。在这一经典模型的基础上，研究者们做出了许多改进和优化，继续提出了强调政治沟通负功能的"线性模型"，强调互动反馈的"循环模型"，强调动态发展的"螺旋形模型"等多种模式。这些模式在一定程度上弥补了经典的"5W"模式过于单向线性、忽略关系互动、忽视环境因素

---

① 俞可平：《政治传播、政治沟通与民主治理》，《现代传播（中国传媒大学学报）》2015年第9期。

② 不同学科视角下政治沟通概念的讨论参见：Kathleen hall jamieson and Kate Kenski, "political communication:then,now and beyond," in Kenski K. and Jamieson K. H eds., *The oxford handbook of political communication*, Oxford University Press, 2007:3-9。

③ 谢岳：《当代中国政治沟通》，上海人民出版社，2006年，第6页。

影响等弊端,为研究者们分析政治沟通全过程提供了基本的框架。[1]

与单向的宣传不同,政治沟通的目的在于理解和说服他人。政治沟通的绩效就体现于在专业化、个性化的沟通环境中采取有说服力的策略、技巧和风格,以求最大限度地获得支持。[2]对于政治领袖而言,根据受众的不同,其政治沟通行为应当包括说服对手或反对党改变对方的政治态度、说服联盟内或党内反对派执行自己的政治决策、说服选民或民众以获取选票和支持等层面。为此,领袖可能会借助大众传媒等沟通媒介,采取演讲、辩论、广告,甚至是音乐艺术等多种形式,策略性使用修辞、形象塑造、符号象征等多种技巧,进行公众政治沟通;与此同时,领袖也在政府系统内部,通过常规化公开化的行政流程,说服持不同意见者共同执行决策,或通过非常规化的专家咨询、秘密会议、小集团讨论形式制定行政命令和外交政策。然而,或许是由于领袖在非公开场合的政治沟通行为和决策制定过程极难获取一手资料,因此当代政治沟通研究更多集中在大众政治沟通层面。但随着历史资料的解密和领袖自传传记等资料的出版,当代研究者逐渐具备了追溯影响人类历史关键时刻中领袖政治沟通行为的研究基础。

三、案例选择

南非共和国位于非洲大陆最南端,自17世纪中期以来经历了荷兰人、布尔人和英国人的不断殖民扩张。[3]作为一个殖民地国家,南非政治发展深受国际秩序塑造。复杂的殖民历史也造就了南非内部多种族的社会结构,其民主转型历程与国内种族主义斗争的发展历程密不可分。1908年,经过英国议会批准,南非出台了第一部以种族主义为基础的宪法,确立了白人对政治权力的垄断地位。1949年南

---

[1]　李俊、项继权:《政治沟通:价值、模式及其效度》,《求实》2008年第9期。

[2]　Lilleker, Darren G., *Political Communication and Cognition*, Palgrave Macmillan, 2014:20.

[3]　艾周昌等:《南非现代化研究》,华东师范大学出版社,2000年,第22页。

非国民党(South African National Party,SANP)政府开始全面推行种族隔离政策,在政治、经济、教育等各个方面制定种族歧视的政策和法律。与此同时,南非黑人群体反种族主义制度的斗争也在不断深化,1912年,维护南非土著民族利益的南非土著人国民大会(African National Congress,ANC)成立,这也是南非非洲人国民大会(Pan Africanist Congress of South Africa,PAC)的前身。

　　第二次世界大战后,非国大领导的非暴力抗争运动遭到当局的武力镇压。20世纪60年代开始,曼德拉领导下的非国大转向武装斗争。[①]自曼德拉入狱后,南非黑人解放运动进入低潮,直到1976年索韦托黑人学生起义进一步激化了种族矛盾。[②]80年代以来,南非白人政权内外交困,国内经济发展处于严重衰退状态,国际社会也谴责南非种族隔离政策,并在经济上对其实施全面制裁。[③]白人集团内部逐渐分化,改革派开始与非国大进行非正式接触,强硬派政府领导人博塔也曾秘密会见曼德拉。1989年,博塔因身体原因退出了南非政治舞台。他的继任者德克勒克是南非共和国最后一位白人总统。作为阿非利卡人(南非荷兰血统的白人后裔),他出生于政治世家。在担任国家总统期间,德克勒克大力推动了曼德拉的释放、南非国民党和非国大的和平谈判,在新宪法的制定、新政府的选举、政权的平稳交接等历史进程中发挥了重要作用。同样为南非和平民主转型做出贡献的曼德拉曾担任非国大青年联盟的全国主席,积极组织和参与黑人和平抗议活动。1961年非国大转向武装斗争策略,曼德拉推动成立了非国大军事组织"民族之矛"并担任司令,1962年被当局逮捕并被判处终身监禁。经过28年的监禁生涯,1990年2月,曼德拉被无条件释放。1994年,曼德拉成为新议会正式推选的新一任国家总统,并任命德克勒克为民族团结政府第二副总统,这标志着南非民主转型的和平着陆。

---

① 郑家馨:《南非史》,北京大学出版社,2010年,第318页。

② Ottaway Marina, *South Africa: The Struggle for a New Order*, Brookings Institution, 1993:43.

③ 沐涛:《南非对外关系研究》,华东师范大学出版社,2003年,第65页。

在南非民主转型的相关研究中,较多将曼德拉和非国大作为关注对象,对德克勒克的着墨相对较少。从精英主义民主转型理论的研究视角来看,两位领袖是南非国内种族主义斗争中最具张力的两股冲突力量的代表,其人格魅力和沟通过程会塑造民主转型的结果,值得研究者进行比较研究和分析。

四、领袖人格的测量与比较

(一)领导特质分析

LTA方法是玛格丽特·赫尔曼开创的测量领导人人格特质和领导风格的研究方法。通过评估全球范围内284位领导人的人格特质,形成了可供比较的大型数据库。赫尔曼认为领导人无论是制定内政还是外交政策,都会面临着两个问题:一是如何在授权下属的同时保持对政策走向的控制,二是如何在其他能动者施加影响的情况下保持塑造政策议程的能力。而这两个问题受到由七种领导特质所组织成的三个维度的制约,分别是:约束敏感度(responsiveness to constrains),指领导人如何应对环境中的政治约束,他们是尊重还是挑战这些约束;信息开放度(openness to information),指领导者对外界信息的开放程度如何;获取权力动机(motivation),指领导人获取权力的动机是为了解决问题还是为了维护关系。

而这三种维度由七种特质组合而成,分别是:掌控欲(belief can control events)、权力欲(need for power)、理解力(conceptual complexity)、自信心(self-confidence)、任务导向(task focus)、猜忌心(distrust of others)、自我群体偏向(ingroup bias)。研究者通过至少收集50条100词的领导人对于采访问题的即时回答,通过Profiler Plus软件进行

内容分析,即可得出分值。[①]具体测量方式和编码原理如表1所示:

表1　人格特质的测量方式

人格特质	测量方式
权力欲	统计采访中特定动词的占比情况
掌控欲	统计表达出领导人会主动采取行动的动词出现频率
自信心	主要测量采访中领导人用到第一人称代词的比例
理解力	统计特定副词在文本中出现比例
任务导向	统计特定词汇如计划、建议、合作等出现的比例
猜忌心	统计领导人提到其他国家时负面情绪用词出现比例
自我群体偏向	统计领导人提到自己国家时所用正面形容词的比例

(二)领导特质比较

LTA方法的测量原理就是通过对文本中特定词语进行词频分析,进而总结出以上七个特征的分值,然后与包含全球284位领导人得分的基准组进行比较,如果分值在基准组平均值的正负一个标准差之内,那么该领导人在该特征上就是温和的。在和基准组进行比较后,曼德拉和德克勒克在七项特质上的得分也可进行组内比较,得出两人在同种领导特质上的相对得分水平。

表2　领导特质分值比较(与284位国家元首比较;两人组内比较)

特质	曼德拉分值	德克勒克分值	基准组	曼德拉	德克勒克	组内比较
权力欲	0.23	0.2	0.26,0.05	=	<	>
掌控欲	0.35	0.34	0.35,0.05	=	<	>
自信心	0.33	0.29	0.36,0.1	=	=	>
理解力	0.55	0.64	0.59,0.06	=	=	<

① 测量方法可参考: Nick Levine and Michael D Young, "Leadership Trait Analysis and Threat Assessment with Profiler Plus," Proceedings of ILC 2014 on 8th International Lisp Conference, Montreal, QC, Canada—August, 2014, 14–17. Association for Computing Machinery.

续表

特质	曼德拉分值	德克勒克分值	基准组	曼德拉	德克勒克	组内比较
任务导向	0.55	0.63	0.63，0.07	<	=	<
猜忌心	0.26	0.22	0.13，0.06	>	>	>
自我群体偏向	0.14	0.05	0.15，0.05	=	<	>

　　根据表2可知，在权力欲上，曼德拉与平均水平持平，德克勒克的得分低于全球领导人的平均水平。这证明德克勒克希望控制、影响他人或团队的程度低于曼德拉，更能够将集体利益放在个人利益之前，激发出团队精神，按照集体利益行事；而曼德拉在掌控欲特质上同样是温和水平，德克勒克得分同样略低于曼德拉，也低于基准组，说明德克勒克更愿意授权给下属，而不是自己主动发起行动、制定政策。

　　在自信心方面，曼德拉和德克勒克都和平均水平持平，曼德拉得分高于德克勒克，这说明他们既有受到外界信息影响，重视周围人的建议和想法，依靠外界信息来决定如何行动的一面；也会有不受外界信息感染，基于自我价值进行过滤、解读和行动的一面。在理解力方面，曼德拉和德克勒克同样与平均水平持平，德克勒克得分高于曼德拉，说明二人均能够认识到事物背后的多种因素，意识到环境的模棱两可，灵活和包容地对待不同的人和理念，在做决定前更倾向于收集大量信息，咨询周围人的意见。但也会有先入为主，按照既定认知框架解读外部信息的一面。

　　在任务导向上，曼德拉略低于全球领导人平均水平，德克勒克分值与平均水平持平。这说明德克勒克的从政动机介于关系导向和任务导向之间，能够平衡团队关系的维护和具体问题的解决，而曼德拉任务导向程度较低，主要是出于关系导向寻求公职，将维持团体的忠诚和士气视作工作的核心；在猜忌心上，曼德拉和德克勒克的得分都比全球领导人均值要高，德克勒克的得分比曼德拉更低，证明两位领导人对他人的不信任程度都比较高,更容易对其他国家或团体的动机感到怀疑、焦虑和警惕;在自我群体偏向上,德克勒克的得分远低于全球领导人的平均得分,曼德拉得分与全球领导人平均水平持平。这说明德克勒克对自己所在的团体和种族没有明显的偏好,更不倾向于将外部世界理解为非黑即白的关系,更不容易将政治看作一种零和博弈,而曼德拉相对而言更容易将政治视为零和博弈,通过渲染外部威胁来动员自身所在团体。

(三)领导风格异同

根据这七种领导特质的不同组合,赫尔曼提炼出了衡量领导风格的三个维度,并在此基础上提出了八种领导风格类型:

表3 曼德拉和德克勒克领导风格比较

领导风格	曼德拉	德克勒克
应对环境约束	尊重约束或挑战约束	尊重约束
处理外部信息	开放	开放
问题导向或关系导向	关系导向	问题导向或关系导向

在领导人会挑战还是去适应环境中的约束方面,赫尔曼根据对权力渴望程度的高低和相信可以掌控情况的程度高低划分了四种类型。德克勒克的权力欲和控制欲都低于平均值,属于遵从环境约束的领导风格,在约束边界之内尝试实现目标,重视妥协和构建共识。曼德拉的权力欲与控制欲与平均值基本持平,因此他既有遵从环境约束的一面,也有挑战环境约束,公开直接使用权力的一面。

在领导人如何处理外部信息方面,赫尔曼同样根据理解力、自信心两种人格特质的高低构成了四种类型的领导风格,这两种人格特质的结合实际上能够衡量出领导人如何看待自我和他人的关系,进而体现出领导人在决策情境中处理外部信息的方式。曼德拉和德克勒克的自信心得分均明显低于理解力,因此均属于对外部信息持开放态度的领导风格。二者对他人的利益、需要和理念更为敏感，表现出开放、愿意倾听和愿意帮助的姿态。对外部信息开放的领导人一般会建立集体决策架构，方便所有人相互交换意见，最大限度利用各种信息，采取一事一议的方式解决问题。

赫尔曼使用任务导向来反映领导人的从政动机，通过自我群体偏向和猜忌心两个特质共同反映领导人如何看待外部世界。其中，曼德拉获得公共职位的动机属于关系导向，核心职能是保持选民的忠诚度和高昂的士气，而德克勒克得分与平均水平持平，说明其担任公职的动机是解决问题还是维护关系视情况而定。在如何看待外部世界上，德克勒克的猜忌心高于平均值，自我群体偏向程度低于平均值，属于意识到外部世界充满冲突限制的情况下，自身应对方式比较有灵活性的领导风格；而相比之下，曼德拉猜忌心也高于平均水平，自我群体偏向与平均水平持平，因此属于在两种领导风格中切换的状态，有时具有灵活性，但有时又采取进攻性和专断性行为消除潜在威胁，通过推广意识形态或零和博弈的方式扩展影响力。

德克勒克和曼德拉对于外部信息都持开放态度，曼德拉有尊重约束的一面，也有挑战约束的一面，获取权力的动机主要是关系导向。德克勒克属于遵守约束的类型，获取权力的动机既有关系导向也有问题导向。在八种领导风格中进行对照定位后发现：德克勒克介于反应型（reactive）和适应型（accommodative）之间，曼德拉介于魅力型（charismatic）和适应型（accommodative）之间。其中适应型也被翻译为随和型，集中反映了两位领导人实现政治沟通、达成转型共识的人格基础。

五、政治沟通的历史过程追踪

在对领袖人格进行比较分析的基础上，本研究将采取过程追踪的研究方法，探究南非民主转型过程中两位领导人的人格特质是如何影响其政治沟通行动，进而形塑民主转型结果的。过程追踪法是通过单一案例来评估因果过程的方法,一般用于研究和解释各种初始条件转化为结果的决策过程。①过程追踪法最初就是在研究个人决策的认知过程中发展起来的。在本文中,为了明确"领袖人格—政治沟通—民主转型"机制在南非的作用方式,需要还原民主转型的历史情景,充分考虑现实情境对于领袖决策过程的制约,并在以上限制性条件下进一步具体分析领袖人格在不同历史阶段是如何影响政治沟通策略的选择,以及不同政治沟通策略是如何影响政治转型的结果的。

南非民主转型的历史可以大致分为:开启和平谈判、推进和平制宪和政权平稳交接三个阶段。②一是开启和平谈判阶段,1990年2月2日,德克勒克在南非新一届议会做了题为"南非政治进程正常化谈判的时机已经到来"的演讲,并在1990年初解禁非国大,释放曼德拉。这一阶段德克勒克与曼德拉之间处于试探性沟通阶段,为接下来的和谈奠定了良好基础。二是推进和平制宪阶段,曼德拉被释放后,以曼德拉为首的非国大、以德克勒克为首的国民党政府,以及其他政党和政治集团举行了多次公开会谈与秘密会谈。1991年12月20日,第一次民主南非大会召开,包括政府当局、非国大在内的19个组织就制宪问题展开谈判。1992年5月12日,第二次南非民主大会召开,双方就未来制宪机构通过议案的投票比例无法达成共识。从1992年12月到1993年2月,非国大与政府当局又经历数轮高级密谈,终于达成共识,分享权力。三是政权平稳交接阶段,1993年12月22日,南非议会正式通过了临时宪法,1994年4月27日,南非举行了第一次不分种族的大选。5月6日,独立选举委员会宣布最终选举结果,非国大赢得了62.5%的选票,国民党赢得了20.93%的选票。1994年5月10日,曼德拉宣誓就任南非第一任黑人总统,德克勒克就任第二副总统。

沿袭林茨对于民主转型完成标志的定义,本文以宪法颁布与第

---

① 曲博:《因果机制与过程追踪法》,《世界经济与政治》2010年第4期。
② 阶段划分参见周宽:《德克勒克与南非政治转型研究》,华东师范大学,2010年,第27—35页。

一届民选政府的确立作为民主转型成功的标志,将1989年9月至1994年5月界定为南非和平转型的起止时间节点。在这段历史时期内,根据政治沟通受众的不同,本文将德克勒克和曼德拉的政治沟通行为划分为三个层面:与反对党的沟通、与各自党内保守派或联盟内反对派的沟通、与普通民众的沟通。

(一)反对党层面

曼德拉在与反对党的政治沟通中展现出极强的个人魅力,能够根据情境和对象的不同策略性地使用社交技巧,灵活选择何时遵从环境约束,何时挑战环境约束。他对外部信息保持开放态度,能够吸收不同的观点和信息,包容地看待反对党诉求。

从被监禁的岁月开始,曼德拉就认识到监狱也是政治舞台。因此他在狱中不断学习阿非利卡人的历史和语言,并且有意识地对白人看守制施加影响。对于巴登霍斯特上校这类比较严苛的管理者,曼德拉选择迎难而上,勇敢抗争,通过向外界求援赢得舆论支持的手段,争取到了法官探视的机会。在法庭上,曼德拉也充分发挥了律师能言善辩和临危不惧的专业优势,成功使巴登霍斯特上校被调离,挑战和改变了现有秩序。而对于比较温和的白人看守,曼德拉则采取了相反的沟通策略,从对方的兴趣入手投其所好。例如高级狱警范西特特少校喜欢橄榄球,且不擅长英文,因此曼德拉自身虽然对橄榄球这项白人运动并没有太多兴趣,但会为了和少校拉近关系而突击学习橄榄球知识,并在一个月一次的监狱视察中主动采用南非荷兰语与少校攀谈橄榄球,很快就获得了范西特特少校的尊重。

而在与白人政府官员的正式会面中,曼德拉的沟通策略也为南非民主转型以对话取代对抗做出了贡献:早在1985年,博塔政府代表就已经与尚在狱中的曼德拉多次进行秘密接触,政府司法部长科比·库切对于与曼德拉第一次尝试性接触会面印象深刻,他回忆过探望刚刚做完手术曼德拉"举止自然……这个人天生就是领袖。他特别谦恭,彬彬有礼"①。在1989年7月5日,曼德拉在开普敦总统官邸与博塔进行了第一次秘密会面,曼德拉全程使用南非荷兰语与博塔交谈,并且有意于将话题引申至黑人追求解放的斗争与荷兰裔白人为摆脱英国殖民的布尔战争的类比中去。这使得一向以强硬著称的博塔态度软化下来,甚至当场答应了曼德拉要求释放政治犯好友的要求。库切认为:"两人首次接触后,基本上都放宽了心。"②时任国家情报局局长尼尔·巴纳德对此评价道:"曼德拉懂得如何巧妙利用自己的能力,同时又不至于羞辱敌人。"③1989年12月13日,德克勒克和曼德拉进行了首次私人会谈,纵使两人的私人关系不睦,但德克勒克也高度评价了曼德拉给自己留下的第一印象:"威严有礼且充满自信","如有需要,他就能释放非同寻常的热情和魅力。"④曼德拉在与南非国民党试探性接触的过程中,他基本上对所有会谈效果都具有一定的预想和掌控,成功破除了国民党对非国大政治犯的刻板印象。

而德克勒克属于更遵从环境约束的领导人,他在处理外部信息时的开放程度比曼德拉更高,也就是说,相较于突出自己的观点态度,他更注重身边人甚至是反对党的意见。因此,德克勒克在与反对党进行谈判的过程中能够设身处地地考虑到对方的心态和需求,对反对党的批评也会给出慎重且恰当的反应。

对于德克勒克和曼德拉第一次秘密会面的情境,曼德拉认为,不同于以往的国民党领袖,在谈话时德克勒克表现出认真倾听的态度,并没有因为自己是时任政府首脑而稍有倨傲,反而对于反对党首领的态度非常尊重,表现出愿意倾听与合作的姿态,给曼德拉留下了能够与之共事的良好印象。1990年5月,国民党和非国大第一次协商会

---

① [南非]曼德拉:《漫漫自由路:曼德拉自传》,谭振学译,广西师范大学出版社,2014年,第19页。

② [南非]曼德拉:《漫漫自由路:曼德拉自传》,谭振学译,广西师范大学出版社,2014年,第47页。

③ [英]约翰·卡林:《不可征服:纳尔逊·曼德拉治国传奇》,贾文渊、贾令仪译,法律出版社,2010年,第41页。

④ [南非]德克勒克:《德克勒克回忆录》,启蒙编译所译,上海社会科学院出版社,2015年,第198页。

议讨论关于种族隔离制度,曼德拉回忆德克勒克谈及南非种族隔离制度时的表态,"他说很抱歉,并希望通过协商进行弥补。这不仅仅是一种对隔离制度的解释,而且也表明他比其他国民党领袖更开明"[①]。

德克勒克在与反对党产生分歧时的克制和谨慎在第一次南非民主大会上体现得最为明显。在会议召开前一天晚上,他在与曼德拉的电话交流中征求了曼德拉的允许,在大会上最后一个发言。德克勒克在发言中有意批评了非国大采取了阻挠会议召开的拖延战术、保留了民族长矛军等秘密武装。对此,曼德拉越过了本该结束的会议流程,予以了回击,称德克勒克为非法的、名声败坏的、少数人当政的政府的首脑,曼德拉在回忆录中也坦诚他当时意识到了自己的表达有些过火。当然,德克勒克也对这种公开的评价非常愤怒,更一度想要当场反驳曼德拉的攻击,但他最终选择了克制,并在自传中详细描写了自己的心理斗争:"我意识到,假如我屈服于自己的政治本能,对曼德拉以牙还牙,那将令我和我的团队苦心经营的改革倡议功亏一篑。国家利益要求我超越自我。"[②]对反对党派领袖冒犯行为的忍耐突出反映出德克勒克重视集体利益,尊重环境约束的一面。

(二)联盟内反对派层面

在民主转型协商过程中,选择和谈的双方都会面临党内或联盟内部反对派的压力。曼德拉获取权力的动机是关系导向的,并且会灵活选择挑战约束或尊重约束,因此在面对反对派的压力时,曼德拉很多时候为了获得党内支持,维系斗争的士气和忠诚的情感链接,表现出重视反对派理念、满足反对派诉求的姿态。

1990年2月11日,由于非国大激进派人士坚持武装斗争原则,怀

---

① [南非]曼德拉:《漫漫自由路:曼德拉自传》,谭振学译,广西师范大学出版社,2014年,第606页。

② [南非]德克勒克:《德克勒克回忆录》,启蒙编译所译,上海社会科学院出版社,2015年,第276页。

疑曼德拉与国民党私下达成利益交换,为了打消党内疑虑,曼德拉在被释放当天的记者招待会上公开辟谣,声称"非洲人国民大会让我起什么作用,我就起什么作用"①,并指出自己支持武装斗争和提倡和谈之间并不存在矛盾。这种肯定武装斗争的表态无疑让国民党政府非常紧张,也和曼德拉被释放前与政府接触中的表态有所出入,但是在出狱的历史性时刻,曼德拉优先考虑了党内和联盟内凝聚士气的需要,在公开场合表态时遵循关系导向而非问题导向的行动逻辑。

1990年8月,曼德拉意识到非国大应该主动停止武装斗争,但他担心自己提出这一想法会带来负面影响,因此授意非国大内部激进分子乔·斯洛沃在全国执行委员会上提出这个想法。曼德拉在会上对这一提议进行了留有余地的辩护,提出暂时停止武装斗争是可取的,因为暂时停止意味着也可以随时恢复武装斗争。这一党内沟通的成果推进了非国大与政府在8月6日签订了比勒陀利亚备忘录,备忘录约定了非国大暂停武装斗争,而政府大赦计划将在1991年5月前完成。由此可见,曼德拉在遵循关系导向的同时,也能够准确把握主要政治目标,并且会采取维护党内团结的迂回策略来实现。

而德克勒克获取权力的动机介于问题导向和关系导向之间,和曼德拉相比更偏向于问题导向。在国民党民调率远低于非国大的情况下,他没有完全依赖于凝聚联盟内士气、顺应保守派诉求来巩固地位,反而更想通过推动南非和平转型来获取竞选中的政治资本。德克勒克在做很多重大决策时会对党内保守派进行严格保密,先在内阁等核心政治决策机构中达成共识,然后以出其不意的方式公之于众来获得民众支持。而且越是在核心决策中,德克勒克就表现出越明显的问题导向,他深信采取和平方式进行民主转型是对各方最好的选择,因此有时不惜以牺牲党内反对派支持为代价实现目标。

当然,德克勒克也有精心维护党内保守派关系,以获取支持达成

---

① ［南非］曼德拉:《漫漫自由路:曼德拉自传》,谭振学译,广西师范大学出版社,2014年,第594页。

改革目标的一面：在他就职后不久，柏林墙倒塌，东欧共产主义的崩溃削弱了非国大和南非共产党的国际联系，他意识到此时开展和谈可能是对国民党最有利的历史时机。为了制定全面的和谈战略，1989年12月3日至5日，德克勒克在南非内阁中发起了制定全面和谈策略的"休闲会议"，全体内阁成员在瓦兰士瓦狩猎保护区的露营地游玩和讨论，会议在轻松的氛围下召开，取得了显著成效，"全体内阁成员（甚至是最保守的内阁成员），已经做好了飞跃的准备"①。最终，内阁成员一致达成了掌握主动权、占据道德制高点保证对整个变革过程掌控的改革策略。

（三）大众政治沟通层面

德克勒克的思维复杂性程度较高，在看待自我与他人关系上，能够用更包容的态度对待不同的声音。同时他更尊重环境的约束，在重要关头会优先考虑集体利益而不是个人得失。德克勒克将公开场合的发言或会谈视作同大众进行政治沟通的重要平台，注重使用公众能够理解和接受的方式传递信息。他曾在自传中明确指出，在担任总统前就从博塔失败的政治沟通经历中吸取了深刻教训。他认为1985年8月15日博塔总理在国民党纳塔尔省发表的关于南非新宪政指导方针的演讲本可以传达出国民党要消灭种族隔离制度的政治信号，但是疑似由于改革方案提前被泄露引发了许多揣测和期待，博塔拒绝了内阁成员的提议并重新撰写了演讲稿，完全没有有效传递出政府的放权态度，反而强硬地宣布取缔非国大。德克勒克认为这是南非历史上最惨痛的一次沟通灾难："博塔总统的好斗态度损坏了他的信誉和政府真心诚意谈判的承诺——这些都应该以更加温和的态度应对。"②

---

① ［南非］德克勒克：《德克勒克回忆录》，启蒙编译所译，上海社会科学院出版社，2015年，第202页。

② ［南非］德克勒克：《德克勒克回忆录》，启蒙编译所译，上海社会科学院出版社，2015年，第198页。

　　这件事也让德克勒克意识到开展良性有效政治沟通的重要性。因此在释放曼德拉这项决策上,德克勒克在媒体宣传上进行了精心设计。在1990年2月2日开普敦的演讲上,德克勒克为了使南非政府将要开启和谈、进行全面改革这一消息的公布起到出其不意、抢占道德高地的效果,他首先做到了对演讲内容严格保密,令政府内部的反对派措手不及,让支持改革的国内民众和国外势力感到惊喜;其次,虽然政府已经决定在一周后释放曼德拉,但是德克勒克没有在演讲中提前公布这一消息,使得媒体宣传聚焦于国民党改革的基本政策。

　　曼德拉获得公共职位的动机属于关系导向,对外部信息保持开放态度,也愿意挑战现有的约束。他在和民众政治沟通的过程中亲和力极强,能够充分激发出选民的忠诚和热爱。他的下属曾评价道:"曼德拉在私下里并不总是那么谦卑,但在公众场合他待人接物的方式非常独特,让人别有感受。"①例如在曼德拉被释放后,第一时间举行了记者招待会,并在当天下午就接受了荷兰裔白人社群报纸《映象报》的专访,时任政论版主任罗索夫认为曼德拉是通过接受白人媒体采访的形式,试图消除白人群体的恐惧心理。虽然他明白曼德拉是在利用媒体向白人选民释放政治信号,但依然发自内心佩服曼德拉对如何有效打动荷兰裔白人非常了解。曼德拉在接受采访时直言不讳道:"我了解你们和你们的人民,我知道荷兰裔白人为这个国家作出过很多贡献,我也明白你们心中的恐惧,我们不妨就此充分交流一番,大家来做朋友吧。"②

　　1993年4月10日,南非共产党领袖克里斯·哈尼被刺杀身亡后,南非民主转型过程中最接近内战的时刻降临。对于曼德拉而言,此时宣战用暴力夺取政权是个比较简单的选择,艰难的是发出克制的号召。为了避免一触即发的种族战争,曼德拉在电视直播讲话中刻

---

①　[美]查伦·史密斯:《曼德拉传》,高天增、贾涵均译,中国人民大学出版社,2017年,第9页。

②　[英]约翰·卡林:《不可征服:纳尔逊·曼德拉治国传奇》,贾文渊、贾令仪译,法律出版社,2010年,第68—71页。

意强调了一个正面事实：是一位荷兰裔白人妇女冒着生命危险为抓捕凶手作出了贡献。曼德拉在演讲中直接呼吁："我以自己拥有的全部权威向我们全体人民呼吁，保持平静，将我们对克里斯·哈尼的纪念化作严守秩序的力量，变成为和平而尊重纪律的力量。"①对此，图图大主教高度评价了曼德拉此次电视演讲对稳定南非政治局势的重要作用，他认为如果没有曼德拉的这份演讲，南非很有可能会因此陷入内战之中。

六、谈判式民主转型何以实现？

作为通过"谈判革命"②实现民主转型的代表性国家，南非在转型过程中两位领袖政治人格与政治沟通的匹配效应，是推动转型成功的重要能动因素。本文通过对曼德拉和德克勒克的人格测量与政治沟通行为分析，得出以下结论：首先，在南非民主转型进程中，对外部信息持开放态度的领导人包容性更高，更有可能跳出党派利益、社会分化等外部条件的限制，认真听取反对派和反对党的建议和诉求，采用协商的方式推进转型。其次，领袖如何应对环境约束对于转型的影响受结构性因素制约。南非这一典型个案揭示了在国际及国内社会呼吁变革的情况下，尊重环境约束的政府领导人更有可能主动发起改革，开启和平谈判。而如果政府当局给出了转型的可信承诺，那么同样尊重环境约束的反对党领导人也更有可能坐上谈判桌，此时最有希望实现和平转型。一旦双方失去互信，倾向于挑战环境约束的反对派领导人则可能会采取发动革命的激烈形式完成社会和政治上的改造。最后，如果领导人获取权力动机更偏向于关系导向，一般会更多听取和协调党派和联盟内部的意见，此时党派利益既有可能

---

① ［英］约翰·卡林：《不可征服：纳尔逊·曼德拉治国传奇》，贾文渊、贾令仪译，法律出版社，2010年，第96页。
② Adam Heribert, Kogila Moodley, *The Negotiated Revolution: Society and Politics in Post-Apartheid South Africa*, Johannesburg Ball, 1993.

是和平转型的助力,也有可能成为和平转型的阻力,这一人格基础对民主转型的具体影响机制取决于党内派系力量对比。

此外,根据本文的研究结论,还可以大胆地提出一些推论,留待进一步的验证。例如,曼德拉和德克勒克都有适应型(随和型)领导风格的一面,这是否意味着在民主转型过程中,适应型领袖更有可能支持采取和平渐进的方式进行民主转型;当政府与反对党领袖都为适应型领导时,是否更有可能达成协商转型的共识。当然,从领袖人格视角讨论谈判式民主转型何以实现的问题时,需要注意人格作为心理层面解释变量的特殊性:其一,人格是一个复合概念,人格特质对行动的影响往往不是单一的,特质与特质之间组合形成的某种行为风格会对实际行动有更直接的预测作用。研究者应当尽量避免以孤立的人格特质来解释领袖行为,更不能简单将人格等同于行为;其二,领袖人格所组成的领导风格对于政治行为的预测作用有其限度,现实中领袖在政治决策中的能动性会受到多种结构性、情境性因素的制约。因此,在研究过程中,讨论人格对于行为的影响必须结合实际情况进行具体分析,明确研究结论成立的限制条件,避免作出"人格决定论"的武断结论。

"地位焦虑"与冲突代理

——以卢旺达 2021 年对刚果(金)叛乱组织 M23 的冲突代理为例*

闫　健　周易晖**

内容摘要　2021 年底,卢旺达政府对于刚果(金)图西族叛乱组织 M23 的冲突代理加剧了刚果(金)东部的武装冲突,并使得非洲大湖地区的安全局势进一步复杂化。冲突代理理论的已有机制解释——无论是"跨国威胁""资源机会""跨国情感联系",还是"相互干预"——均难以解释卢旺达政府此次对 M23 叛乱组织的冲突代理行为。基于冲突代理理论与国际关系学界关于地位问题的理论探讨,本文提出了冲突代理现象的一种新的解释机制,即"地位焦虑"。"地位焦虑"指的是,在面对他国赶上和超过其影响力和威望时,一国对于维持其在地位共同体中地位的忧虑,而冲突代理则是国家应对"地位焦虑"的一种策略。本文通过案例分析表明,在 2019 年刚果(金)齐塞克迪总统上台后,该国与周边国家双边安全合作的不平衡性提升了乌干达在刚果(金)东部的影响力,在卢旺达与乌干达关系紧张的大背景下,这引发了卢旺达的"地位焦虑"。卢旺达政府应对"地位焦

---

*　本文系国家社科基金项目"非洲马克思主义政权比较研究"(项目编号:22BZZ003)和国家社会科学基金重大项目"非洲马克思主义研究及代表人著作译介"(项目编号:22&ZD019)的阶段性研究成果。

**　闫健,政治学博士,北京外国语大学国际关系学院副教授,主要研究方向为非洲比较政治。周易晖,北京外国语大学国际关系学院国际关系专业硕士研究生,主要研究方向为非洲比较政治。

虑"的策略便是通过刚果(金)M23叛乱组织进行冲突代理。

关键词　冲突代理;地位焦虑;刚果战争;M23;卢旺达—乌干达关系

一、引言

冷战结束后,大湖地区成为非洲大陆安全局势最为严峻的区域。从1993年布隆迪政治危机引发的族群仇杀,到1994年卢旺达的种族大屠杀,再到世纪之交的两次刚果战争(1996—1997、1998—2003),大湖地区几乎成为非洲大陆武装冲突和人道主义危机的代名词。根据勒马尔尚的估计,约有550万人在1994—2004年间大湖地区的武装冲突中丧生。[①]同时,武装冲突导致的人道主义危机也成为区域国家和国际社会不得不面临的严峻挑战。时至今日,联合国仍旧在刚果(金)部署着约1.6万名军事人员组成的"稳定部队",这也是联合国历史上持续时间最长、耗资最大的维和行动。

无论是历史上还是在现实中,刚果(金)东部都是大湖地区安全问题的核心交汇点。[②]这一状况与刚果(金)东部作为非洲中部人口流动汇集点的历史与现实密切交织在一起。一方面,在独立后,刚果(金)东部反复成为邻国难民的落脚点。1959—1961年卢旺达胡图革命,以及1972年和1993年布隆迪的种族仇杀,导致数以万计的胡图族和图西族难民涌入刚果(金)东部。1994年发生的卢旺达大屠杀,更是导致100万~150万卢旺达胡图族难民逃到刚果(金)东部。[③]另一方面,刚果(金)东部还成为邻国武装分子的落脚点。难民既是暴

---

①　Rene Lemarchand, *The Dynamics of Violence in Central Africa*, University of Pennsylvania Press, 2009.

②　本文中的"刚果(金)东部"包括伊图利、北基武和南基武三省,它们分别位于刚果(金)与乌干达、卢旺达和布隆迪的边界线以西。

③　Philip Roessler and Harry Verhoeven, *Why Comrades Go to War: Liberation Politics and the Outbreak of Africa's Deadliest Conflict*, Oxford University Press, 2016.

力的受害者,也有可能成为暴力的参与者,因而存在着从难民到武装分子的身份转换。[1]此外,为了躲避母国政府军的镇压,邻国的武装组织纷纷逃到刚果(金)东部,并以后者为基地发起针对母国的渗透和袭击,成为"没有边界的叛乱者"。[2]难民和邻国武装分子的涌入,不仅加剧了刚果(金)东部地区的族群矛盾和武装冲突,而且还引发刚果(金)与邻国之间的紧张关系。

2021年11月以来,由于刚果(金)叛乱组织M23的重新崛起,该国东部出现了新一轮的武装冲突加剧状况。2021年11月7日,M23袭击了刚果(金)政府军在鲁丘鲁(Rutshuru)的据点,并于2022年6月占领了刚果(金)东北部边界城市布纳加纳(Bunagana)。M23的重新崛起极大恶化了大湖地区的安全局势。截至2023年2月下旬,M23叛乱已导致100多万平民流离失所。[3]

为何在被击败且沉寂了八年之久后,M23能够再次成为刚果(金)东部重大的安全挑战?联合国刚果(金)专家组基于翔实的证据得出结论认为,M23在2021年11月以来的重新崛起得到了卢旺达政府的支持:卢旺达政府不仅向M23提供武器、弹药和后勤支持,而且还直接派兵进入刚果(金)东部,与M23并肩作战。[4]那么,为何卢旺达政府要支持M23发动新一轮的叛乱?

冲突代理理论的已有机制解释——无论是"跨国威胁""资源机会""跨国情感联系"还是"相互干预"——均难以解释卢旺达政府此次对M23的冲突代理行为:第一,2021年底,卢旺达并不面临来自刚果(金)的安全威胁。盘踞在刚果(金)东部多年的"解放卢旺达民主

---

① Stephen J. Stedman and Fred Tanner, *Refugee Manipulation: War, Politics, and the Abuse of Human Suffering*, Brookings Institution Press, 2003.
② Idean Salehyan, *Rebels Without Borders: Transnational Insurgencies in World Politics*, Cornell University Press, 2009.
③ United Nations Security Council, "Final Report of the Group of Experts on the Democratic Republic of the Congo," https://documents-dds-ny.un.org/doc/UNDOC/GEN/N23/123/80/PDF/N2312380.pdf?OpenElement, accessed June 8, 2023.
④ United Nations Security Council, "Final Report of the Group of Experts on the Democratic Republic of the Congo," https://documents-dds-ny.un.org/doc/UNDOC/GEN/N23/123/80/PDF/N2312380.pdf?OpenElement, accessed June 8, 2023.

力量"(FDLR)等卢旺达叛乱组织,在刚果(金)军队和联合国维和部队的打击下,已经难以构成对卢旺达的安全威胁;①第二,2021年,卢旺达在刚果(金)的经济利益也并不面临威胁。事实上,无论是卡比拉总统时期还是齐塞克迪总统上台后,刚果(金)政府一直小心包容卢旺达在刚果(金)东部的经济利益,并将此作为两国关系的基石;第三,刚果(金)图西人与卢旺达图西人尽管存在族源联系,但在M23重新发动叛乱时,刚果(金)的图西人并不面临迫在眉睫的生存威胁;第四,在2021年底卢旺达政府支持M23反叛之前,并不存在刚果(金)政府对于卢旺达叛乱组织的支持,不存在"相互干预"问题。那么,如何解释卢旺达政府2021年底对于M23的冲突代理行为?

本文提出了"地位焦虑"这一新机制来解释卢旺达政府2021年对于M23的冲突代理行为。本文通过案例研究表明,卢旺达政府之所以支持M23发动新一轮的反叛,主要是由于乌干达在刚果(金)东部地区提升所引发的"地位焦虑"。与以往冲突代理研究聚焦于两国间敌对关系以及干预国与被干预国武装组织之间关系不同,本文将区域国家间的地位竞争带入冲突代理研究中来,拓展了冲突代理研究的理论关注范围。

二、冲突代理理论及其机制解释

冲突代理(conflict delegation)是国家间的一种冲突策略,即一国通过为他国的反叛组织提供物资、庇护地、军事训练,以及联合军事行动的方式来应对与他国的对抗性关系。②冲突代理有程度之分:冲突代理国既可选择完全代理,即完全依赖他国的反叛组织与其母国作战;也可选择部分代理,即在将部分军事任务委托给他国反叛组织

---

① "解放卢旺达民主力量"最近一次大规模袭击卢旺达发生在2001年。Jason K. Stearns, *The War That Doesn't Say Its Name: The Unending Conflict in the Congo*, Princeton University Press, 2021:81.

② Niklas Karlen, "Forum: Conflict Delegation in Civil Wars," *International Studies Review*, 2021, 23(4):2048–2078.

的同时,与后者并肩作战,直接介入与他国的武装冲突。

冲突代理不同于"干预"。"干预"是外部行为体在冲突爆发之后的介入行为,因而,它假定冲突有着重要的内部根源,而外部行为体与冲突的爆发之间并无直接联系。相比之下,冲突代理则强调外部行为体在挑起他国国内冲突方面的主动作用——而要挑起他国的国内冲突,冲突代理国需要对他国的叛乱组织施加更强的控制,而外部"干预者"一般无法控制他国的叛乱组织。[1]此外,在外部干预状况下,干预国既可以支持他国的叛乱组织,也可支持他国的政府。而在冲突代理模式下,冲突代理国只能将与他国冲突的"重任"(全部或部分地)授予他国的叛乱组织。

冲突代理同样不同于代理人战争。与冲突代理类似,代理人战争也涉及一国通过为他国的武装组织提供支持以应对其与他国的敌对关系。[2]但是,在代理人战争模式下,一国既可以支持他国的叛乱组织,也可以支持他国的政府,而冲突代理模式下的外国只能支持他国的叛乱组织。同时,在代理人战争模式下,外国并不直接参与他国的内部冲突,而在冲突代理模式下,冲突代理国有可能直接介入他国的内部冲突,与其所支持的他国叛乱组织并肩作战。[3]

在冲突代理的已有文献中,学者们主要关注两个问题:第一,一国进行冲突代理的原因。例如,萨里汗总结了容易出现冲突代理的九种情形,包括战争的成本和预期的伤亡很高、直接军事干预面临的国际和国内的"听众"成本太高、外国与他国叛乱组织存在族群联系、叛乱组织在国内缺乏获取资源的渠道等。[4]毛茨和桑阿卡认为,当一国对于与他国关系的现状不满并且相对处于弱势时,则它就倾向支

[1] Idean Salehyan, "The Delegation of War to Rebel Organizations," *Journal of Conflict Resolution*, 2010, 54(3):493−515.
[2] Vladimir Rauta, "A Structural−relational Analysis of Party Dynamics in Proxy Wars," *International Relations*, 2018, 32(4):1−19.
[3] Idean Salehyan, "The Delegation of War to Rebel Organizations," *Journal of Conflict Resolution*, 2010, 54(3):493−515.
[4] Idean Salehyan, "The Delegation of War to Rebel Organizations," *Journal of Conflict Resolution*, 2010, 54(3):493−515.

持他国的叛乱组织,并以此来削弱竞争对手。[1]在另一本著作中,桑阿卡指出,如果一国与他国存在敌对关系并且与他国的叛乱组织存在理念上的联系时,则一国更有可能支持他国的叛乱组织[2]。第二,冲突代理将会导致何种后果。对于国家间关系而言,研究者们普遍认为,冲突代理行为将加剧冲突代理国与对手的敌对关系,甚至引发国家间的冲突。[3]对于一国内部的冲突而言,冲突代理倾向于延长内战的时间,使得国内冲突的解决更加复杂。[4]在某些案例中,甚至在外部的冲突代理行为终结后,一国内部的冲突仍在继续。[5]

概而言之,研究者们主要通过以下四种机制来解释一国对他国叛乱组织的冲突代理行为:

第一种机制是国家间战略竞争。一些研究者发现,国家间的战略竞争关系为一国支持竞争对手的叛乱组织提供了强有力的动机,反过来,冲突代理也成为一国应对与他国战略竞争的重要工具。[6]桑阿卡认为,一国与叛乱组织之间的合作内生于其与叛乱组织母国之间的关系,外部支持国家与叛军母国之间的互动的性质很大程度上解释了为何外国选择支持某一个叛乱组织,以及为何叛乱组织选择

---

[1]　Zeev Maoz and Belgin San-Akca, "Rivalry and State Support of Non-State Armed Groups (NAGs), 1946-2001," *International Studies Quarterly*, 2012, 56(4):720-734.

[2]　Belgin San-Akca, *States in Disguise: Causes of State Support for Rebel Groups*, Oxford University Press, 2016.

[3]　Idean Salehyan, *Rebels Without Borders: Transnational Insurgencies in World Politics*, Cornell University Press, 2009; Zeev Maoz and Belgin San-Akca, "Rivalry and State Support of Non-State Armed Groups (NAGs), 1946-2001," *International Studies Quarterly*, 2012, 56(4):720-734.

[4]　Idean Salehyan, *Rebels Without Borders: Transnational Insurgencies in World Politics*, Cornell University Press, 2009; Zeev Maoz and Belgin San-Akca, "Rivalry and State Support of Non-State Armed Groups (NAGs), 1946-2001," *International Studies Quarterly*, 2012, 56(4):720-734.

[5]　Allard Duursma and Henning Tamm, "Mutual Interventions in Africa: Research Note," *International Studies Quarterly*, 2021, 65(4):1077-1086.

[6]　Navin A. Bapat, "The Internationalization of Terrorist Campaigns," *Conflict Management and Peace Science*, 2007, 24(2):265-280; Xiaoyan Qiu, "State Support for Rebels and Interstate Bargaining," *American Journal of Political Science*, 2022, 66(4):993-1007.

从一些国家获得资源。①毛茨和桑阿卡甚至认为,冲突代理是一种对国家间直接对抗的"替代策略",而国家间战略竞争的烈度和持续时间直接影响一国进行冲突代理的概率。②

第二种机制是资源机会。如果一国统治者的关键支持群体在邻国有重大的经济利益,那么,当这些经济利益遭到邻国政府威胁时,统治者就有很强的动机支持邻国的叛乱组织。③资源机会机制的重要性就在于,它有助于统治者维持统治地位——从邻国获取自然资源财富,为自己的支持群体提供牟利机会,这是统治者维持执政地位的重要手段。而这种以获利机会换取忠诚的政治逻辑在一些非洲国家中十分突出。④

第三种机制是跨国理念联系。跨国理念联系指的是一国执政精英与邻国叛乱组织之间存在着一致性的意识形态观念或是族群联系。研究者们发现,一国更有可能支持与自己理念一致的他国叛乱组织。⑤如果统治者的执政同盟与邻国的特定群体存在族群或意识形态上的联系,那么,统治者可能会为了确保其执政同盟的忠诚而选择支持邻国的武装组织,以降低国内政变风险,维持自己的政治生存。⑥

第四种机制是相互干预。相互干预指的是两个国家同时通过支

---

① Belgin San-Akca, *States in Disguise: Causes of State Support for Rebel Groups*, Oxford University Press, 2016:142.

② Zeev Maoz and Belgin San-Akca, "Rivalry and State Support of Non-State Armed Groups (NAGs), 1946-2001," *International Studies Quarterly*, 2012, 56(4):720-734.

③ Henning Tamm, "The Origins of Transnational Alliances: Rulers, Rebels, and Political Survival in the Congo Wars," *International Security*, 2016, 41(1):147-181; Michael G. Findley and Josiah F. Marineau, "Lootable Resources and Third-Party Intervention into Civil Wars," *Conflict Management and Peace Science*, 2015, 32(5):465-486.

④ Nicolas Van de Walle, *African Economies and the Politics of Permanent Crisis, 1979-1999*, Cambridge University Press, 2001.

⑤ Stephen M. Saideman, "Discrimination in International Relations: Analyzing External Support for Ethnic Groups," *Journal of Peace Research*, 2002, 39(1):27-50.

⑥ Henning Tamm, "The Origins of Transnational Alliances: Rulers, Rebels, and Political Survival in the Congo Wars," *International Security*, 2016, 42(1):147-181.

持对方国家的叛乱组织,以应对其国内的冲突。[①]在相互干预模式下,一国支持邻国叛乱组织的直接动机是为了报复邻国对本国叛乱组织的支持。由于同时存在两组冲突代理关系,相互干预倾向于延长一国国内的武装冲突,因为干预—反干预的恶性循环容易形成自我支撑的动力。[②]

解释卢旺达政府2021年底对M23的冲突代理,已有解释机制的不足,包括以下四点:

第一,2021年底,刚果(金)与卢旺达之间并不存在战略竞争关系。在(小)卡比拉总统时期,刚果(金)政府一直努力保持与卢旺达政府的关系,尤其是在打击刚果(金)东部的卢旺达叛乱组织方面尽心尽力。多年以来,在刚果金军队、卢旺达军队和联合国驻刚果(金)特派团的联合打击下,以刚果(金)东部为基地的卢旺达反叛组织"解放卢旺达民主力量"和联攻派民兵的实力被大幅削弱。如果没有刚果(金)政府的积极配合,这几乎是不可能完成的工作。在2019年上台后,齐塞克迪总统继续了小卡比拉时期对卢旺达的温和政策。他不仅在2019年授权卢旺达军队进入刚果(金)东部进行军事行动,还在2021年与卢旺达政府签订了双边投资、税收和联合开发金矿的协议。[③]两国关系只是在卢旺达政府2021年底支持M23叛乱之后才被逆转。换言之,刚果(金)与卢旺达的竞争性关系是卢旺达政府2021年底支持M23叛乱的结果,而非其原因。

第二,资源机会也无法解释卢旺达政府2021年底对M23的冲突代理行为。在M23于2021年底重新崛起之前,刚果(金)政府并没有推行任何限制或是排斥卢旺达在刚果(金)经济存在的政策,卢旺达

---

① Lionel Cliffe, "Regional Dimensions of Conflict in the Horn of Africa," *Third World Quarterly*, 1999, 20(1):89-111.

② Lionel Cliffe, "Regional Dimensions of Conflict in the Horn of Africa," *Third World Quarterly*, 1999, 20(1):89-111.

③ Filip Reyntjens, "Here They Come Again: The Troubled Relations Between Rwanda and the Congo," ispionline. it/en/publication/here-they-come-again-troubled-relations-between-rwanda-and-congo-35415, accessed June 8, 2023.

在刚果(金)的经济利益并不面临威胁。如前所述,在2021年6月,齐塞克迪还与卢旺达总统卡加梅签署了双边投资、税收合作和联合开发东部地区金矿的协议,鼓励卢旺达在刚果(金)东部的经济存在。

第三,跨国理念联系机制或许能够解释卢旺达政府2021年底对M23的冲突代理行为。毕竟,2017年以来南基武省发生了大规模的针对刚果图西族人的暴力掠夺事件,而刚果图西族人与卢旺达图西族人之间存在族群联系。但是,这些暴力掠夺事件都是社群层面的冲突,与刚果(金)东部其他族群之间的社群冲突并无太多差别。更为重要的是,相当一部分刚果图西族人并不认为卢旺达政府是其利益的保护者,拒绝继续扮演卢旺达政府向刚果(金)施压的工具。[1]讽刺的是,在南基武省,卢旺达政府支持的若干布隆迪叛乱组织还参与了对当地刚果图西族人的暴力掠夺事件。[2]

第四,卢旺达政府2021年底对M23的冲突代理行为同样无法通过"相互干预"机制得到解释。刚果(金)政府早在2002年就正式终结了对"解放卢旺达民主力量"的支持。此后,刚果(金)中央政府先后在2005年、2008年和2019年对"解放卢旺达民主力量"展开军事打击。根据联合国刚果问题专家组2023年6月的报告,刚果武装部队邀请"解放卢旺达民主力量"共同打击M23,并提供了后勤、军事装备和资金方面的支持。[3]但是,刚果武装部队对"解放卢旺达民主力量"的支持是对卢旺达支持M23的反应,它发生在卢旺达政府支持M23之后,而非之前。[4]

---

[1]　例如,1997年第一次刚果战争结束时,卢旺达军队要求刚果图西人返回卢旺达,但遭到后者拒绝。刚果图西人武装与卢旺达军队随后发生了军事冲突。Jason K. Stearns, *The War That Doesn't Say Its Name: The Unending Conflict in the Congo*, Princeton University Press, 2021:88.

[2]　Delphin R. Ntanyoma, "Congo-Kinshasa: The Banyamulenge – How a Minority Ethnic Group in the DRC Became the Target of Rebels – and Its Own Government," https://allafrica.com/stories/202303140165.html, accessed June 8, 2023.

[3]　United Nations Security Council, "Final Report of the Group of Experts on the Democratic Republic of the Congo," https://documents-dds-ny. un. org/doc/UNDOC/GEN/N23/123/80/PDF/N2312380.pdf?OpenElement, accessed February 2, 2024.

[4]　Filip Reyntjens ed., *Political Chronicles of The African Great Lakes Region 2022*, University of Antwerp Press, 2023:89-90.

三、"地位焦虑":解释冲突代理行为的新机制

在国际关系中,"地位"是指"相关政治行为者对特定国家在某些重要属性上——如财富、强制力、外交影响力——所处的位置所抱持的信念"。[①]在国际关系中,对于地位的研究汗牛充栋,其中大部分都是讨论地位与战争之间的关系。对于荣誉和地位的追求一直以来都被认为是发动战争的重要动机。如霍洛维茨指出的,寻求地位及霸道行为或许与单纯的侵略一样在影响着国际冲突的发生概率。[②]对于地位的争夺尤其与大国之间的权力转移联系在一起。吉尔平将"威望"理解为对于国家地位的认可。在他看来,对"威望"的感性认识落后于国家实际实力的状况将导致霸权战争,而霸权战争的主要作用就是确定国际威望的不同层次,并由此确定由哪些国家实际上统治这个国际体系。[③]

国际关系研究者们对于"地位"的研究受到了社会认同理论的启发。社会认同理论的一个基本命题是,个体倾向于通过作为特定社会群体成员的方式来界定自己。[④]由于人们从对自己所在群体的认同中获得自尊,因此,个体十分关心自己所在群体的地位。这就引发了社会认同理论的经典之问:当个体对自己所在群体的地位不满意的时候,应该怎么办? 社会认同理论给出了三种解决办法:第一种办法是"流动",即个体可以选择从地位较低的群体离开,加入一个地位更高的群体;第二种办法是"社会竞争",即个体与群体内其他成员一道提升群体在一些重要方面的竞争力——而这些重要方面被公认为

---

① 蒲晓宇:《霸权的印象管理》,《世界政治与经济》2014年第9期。

② Michael Horowitz et al., "Leader Age, Regime Type, and Violent International Relations," *Journal of Conflict Resolution*, 2005, 49(5):661–685.

③ 罗伯特·吉尔平:《世界政治中的战争与变革》,武军等译,中国人民大学出版社,1994年。

④ Steven Ward, "Lost in Translation: Social Identity Theory and the Study of Status in World Politics," *International Studies Quarterly*, 2017, 61(4):821–834.

是决定群体地位的关键；第三种办法是"开辟追逐地位的新战场"，即个体与群体内其他成员不再接受已有的关于群体地位的决定因素，转而强调群体本身享有优势的那些方面——尽管这些方面以前并不被认为是决定群体地位的关键。

社会认同理论所提出的上述三种应对"地位不满"的方式中，最令国际关系研究者着迷的是"社会竞争"，因而，国际关系领域聚焦于地位与战争之间的关系也就不令人奇怪了。在权力转移理论中，国家的实力与其国际地位的不匹配被认为是引发战争的根源。[1]类似地，地位不一致理论（status inconsistency theory）则将国家间的冲突源自地位不一致，即一国实际应当得到的地位与国际社会赋予它的地位之间的差距。[2]国际关系研究者们还提出了一系列与地位相关的专有名词，来凸显地位竞争与国家间战争之间的联系，比如地位关切和地位不满[3]、地位固化[4]、地位焦虑[5]、地位赤字[6]等。

国际关系学界对于地位的研究已经有了相当的积累。近年来，研究者们在地位共同体的确定、地位预期的来源、国家地位的测量以及地位关切的微观心理学基础方面取得了相当的进展。[7]然而，已有研究仍旧存在一些亟待进一步深化的空间：第一，现有研究存在较为突出的"大国中心主义"倾向，一定程度上忽视了小国的地位关切。

① 罗伯特·吉尔平：《世界政治中的战争与变革》，武军等译，中国人民大学出版社，1994年。

② Johan Galtung, "A Structural Theory of Aggression," *Journal of Peace Research*, 1964, 1(2): 95–119.

③ Jonathan Renshon, "Status Deficits and War," *International Organization*, 2016, 70(3): 513–550.

④ Steven Michael Ward, "Lost in Translation: Social Identity Theory and the Study of Status in World Politics," *International Studies Quarterly*, 2017, 61(4):821–834.

⑤ Tudor A. Onea, "Between Dominance and Decline: Status Anxiety and Great Power Rivalry," *Review of International Studies*, 2014, 40(1):125–152.

⑥ Jonathan Renshon, "Status Deficits and War," *International Organization*, 2016, 70(3): 513–550.

⑦ Allan Dafoe, Jonathan Renshon, and Paul Huth, "Reputation and Status as Motives for War," *Annual Review of Political Science*, 2014, 17:371–393; Jonathan Renshon, "Status Deficits and War," *International Organization*, 2016, 70(3):513–550.

然而,如雷森所言:"所有的地位都是地方性的。"①第二,现有研究倾向低估地位竞争中的理性色彩。受到心理学中"挫败感引发侵略行为"论断的启发,国际关系研究者倾向于认为一国寻求地位的努力是"情绪化"和"非理性"的表现。但是,这种做法将个体层面的感情反应延伸到了国家层面,混淆了分析层级,可能低估了冲突背后的理性计算。第三,现有研究忽视了冲突代理作为提升国家地位的政策工具的可能性。已有研究大都强调,国家缓解其地位关切的最佳办法就是发动战争。雷森认为,一个能改变他国对本国地位信念的事件必须满足三个条件:它必须是高度公开的、急剧发生的,以及能够传递出清晰信息的事件,只有直接且公开的军事冲突才能满足这三个条件。②然而,雷森忽视了国家通过冲突代理行为提升自身地位的可能性。尤其是,在特定的地位共同体中,一国支持邻国叛乱组织的历史记忆,使得冲突代理能够成为改变他国对本国地位信念的关键事件。换言之,即便冲突代理行为本身并非高度公开的事件,但它仍旧能够向地位共同体中其他成员传递出关于一国地位的清晰信息。

　　本文认为"地位焦虑"是引发冲突代理行为的一种机制。从崛起国寻求地位的动机出发,王梓元认为,地位焦虑源于"崛起国领导人或国内观众发现其地位诉求与他国回应之间存在的落差"③。与之相反,从国家维护已有地位的动机出发,奥内亚提出了"地位焦虑理论",即产生地位焦虑的高地位国家倾向于抵制竞争对手赶上和超过它们的努力;面临地位焦虑,高地位国家要比其竞争对手更愿意接受风险,以保护自己的地位;由竞争对手经济军事实力和威望提升所引发的地位焦虑感越强烈,则高地位国家主动引发与竞争对手军事冲突的可能性就越大。④本文采纳了奥内亚的"地位维护"视角,将"地

① Jonathan Renshon, "Status Deficits and War," *International Organization*, 2016, 70(3):523.

② Jonathan Renshon, "Status Deficits and War," *International Organization*, 2016, 70(3): 513–550.

③ 王梓元:《地位政治与中国崛起的地位伸张》,《外交评论》2021年第1期。

④ Tudor A. Onea, "Between Dominance and Decline: Status Anxiety and Great Power Rivalry," *Review of International Studies*, 2014, 40(1):125–152.

位焦虑"界定为"在面对他国赶上和超过其影响力和威望时,一国对于维持自身在地位共同体中地位的忧虑"。同时,本文对奥内亚"地位焦虑理论"进行了两方面的拓展:第一,本文将小国纳入"地位焦虑理论"的分析视野之下。奥内亚对于"地位焦虑"的关注点始终是国际体系中的大国。相比之下,本文指出,在面临竞争对手的赶超压力时,特定地位共同体中的小国同样会产生地位焦虑。第二,本文认为,冲突代理是高地位国家应对地位焦虑的应对策略之一。受权力转移理论的影响,奥内亚声称,高地位国家的地位焦虑最终只能通过国家间的军事冲突得以解决。①本文则认为,冲突代理也可成为相关国家应对地位焦虑的策略选项。

四、"地位焦虑"与卢旺达政府2021年底
对M23的冲突代理

(一)作为大湖地区国家地位竞争舞台的刚果(金)东部

刚果(金)东部地区在历史上就是东非与西非之间重要的人员和贸易通道。尤其是在殖民时期,比利时殖民当局为了缓解卢旺达的人口压力,曾鼓励大量卢旺达人移居到刚果(金)东部,在改变当地族群结构的同时,也为后殖民时期刚果(金)东部的族群冲突埋下了隐患。

在去殖民化运动后,刚果(金)东部地区在安全方面的重要性进一步凸显。自卢旺达胡图革命以来,先后已有四批难民从卢旺达和布隆迪逃到刚果(金)东部。一方面,这些难民的到来加剧了与当地族群的资源竞争和冲突,使得刚果(金)中央政府长期以来难以在东部地区维持社会和平;另一方面,这些难民还以刚果(金)东部为基

---

① Tudor A. Onea, "Between Dominance and Decline: Status Anxiety and Great Power Rivalry," *Review of International Studies*, 2014, 40(1):125–152.

地,发动针对其母国的跨境袭击,进而引发卢旺达、乌干达、布隆迪等国政府军的报复,加剧了整个大湖地区安全局势的复杂化。尤其是1994年卢旺达大屠杀后,100万~150万卢旺达胡图族难民逃到刚果(金)东部,并成为引发第一次刚果战争的导火索。

　　刚果(金)东部地区的战略重要性还体现在其丰富的自然资源财富上。刚果(金)东部地区蕴藏着丰富的钻石、铜、钴、钶钽铁矿等资源,在中央政府长期无力提供基本安全的状况下,这些自然资源就成为当地武装组织和外部干预者觊觎的对象,进而形成一种"战争经济"模式,即战争和暴力成为资本积累和牟利的工具。①战争经济和外部参与的自然资源掠夺的出现,使得刚果(金)东部的安全问题更加难以解决。在刚果(金)东部,几乎每一个叛乱组织都参与对自然资源的掠夺,几乎每一个叛乱组织背后都有着外部势力的支持。

　　刚果(金)东部在安全和自然资源方面的重要性,使得它成为周边国家进行地位竞争的主战场。在刚果(金)东部保持影响力有利于周边国家维持自身安全,并参与对刚果(金)自然资源的掠夺。由于刚果(金)东部的战略地位,周边国家均要求刚果(金)政府优先考虑自己在东部地区的安全和经济利益,这就使得它们之间的地位竞争具有了零和性质——常常是,刚果(金)对于一个邻国的让步会被其他邻国视为对自己[在刚果(金)东部的]地位的威胁。由于布隆迪本身实力不足,而安哥拉、坦桑尼亚、肯尼亚等国在刚果(金)东部的安全和经济利益有限,在刚果(金)东部历史上的地位竞争主要集中于卢旺达和乌干达之间。

(二)寻求地位:卢旺达对刚果(金)东部的军事干预

　　在蒙博托时期,卢旺达在与刚果(金)的关系中处于从属地位。在1973年推翻卡伊班达政权后,哈比亚利马纳总统推行追随刚果

---

① 斯特恩斯认为,在刚果(金)东部,战争已经成为一种社会状况,即战争制造了自己的支持者、文化和利益。Jason K. Stearns, *The War That Doesn't Say Its Name: The Unending Conflict in the Congo*, Princeton University Press, 2021:12.

(金)和法国的外交政策。在蒙博托政权垮台之前,卢旺达政府一直是蒙博托政权最为重要的追随者;反过来,蒙博托也多次拯救哈比亚利马纳于危难之间。在卢旺达爱国军1994占领首都基加利后,蒙博托继续为逃到刚果(金)东部的前卢旺达政府军提供支持,帮助他们反攻卢旺达。①

　　面对前卢旺达政府军和胡图族难民在刚果(金)东部带来的安全威胁,卢旺达爱国阵线领导层意识到,要消除这些安全威胁,卢旺达必须在刚果(金)东部享有主导地位,以确保没有敌对势力可以防止其进攻卢旺达。自1996年以来,卢旺达政府先后支持了解放刚果—扎伊尔民主力量联盟(AFDL)、刚果民主联盟(RCD)、全国保卫人民大会(CNDP)和M23等刚果(金)反叛组织,推翻了两个刚果(金)政权,并通过其代理人获得了在刚果(金)东部的持续影响力。在第一次刚果战争期间(1996—1997),卢旺达不仅在反蒙博托的地区国家同盟中发挥着"不成比例的作用",而且直接派兵参与了推翻蒙博托政权的军事行动。

　　第二次刚果战争(1998—2003)的直接动因是(老)卡比拉总统对于卢旺达在刚果(金)政治军事影响力的不满。2003年7月,刚果(金)与卢旺达签订了《比勒陀利亚协定》,这标志着第二次刚果战争的正式结束并为刚果(金)临时过渡政府的成立奠定了基础。作为卢旺达撤军的前提条件,由卢旺达所支持的刚果民主同盟领导人最终成为过渡期内的四位副总统之一。此后,卢旺达继续通过支持刚果(金)图西族武装组织来向刚果(金)政府施压,以维护其在东部地区的主导地位。作为对卢旺达在东部地区地位的默认,刚果(金)中央政府最终不得不将卢旺达支持的刚果图西人叛乱组织整合到刚果(金)的政治和军队体系之中。需要指出的是,M23在2012年的叛乱最终得以平息,除了联合国安理会授权成立的"国际干预旅"的军事打击,英

---

①　Philip Roessler and Harry Verhoeven, *Why Comrades Go to War: Liberation Politics and the Outbreak of Africa's Deadliest Conflict*, Oxford University Press, 2016.

美两国警告卢旺达撤销对M23的支持也是重要因素。[1]

为了应对东部地区的安全挑战,(小)卡比拉总统(2006—2018)尤其注重与卢旺达政府的合作,尽力迎合后者的经济利益与安全诉求,认可卢旺达在刚果(金)东部的地位。2008年底,刚果(金)与卢旺达政府达成一系列协议,两国恢复因第二个刚果战争而中断的外交关系。2009—2010年,刚果(金)政府军连续打击"解放卢旺达民主力量"等卢旺达叛乱组织,得到了卢旺达政府的高度赞赏。[2]此外,(小)卡比拉总统还先后三次吸纳了卢旺达支持刚果图西人叛乱组织。作为对卢旺达在刚果(金)东部特殊地位的默认,(小)卡比拉政府在2009年还与卢旺达方面探讨了将北基武省一分为二的方案。[3]

(三)卢旺达与乌干达在刚果(金)东部的地位竞争

自第一次刚果战争之后,对于卢旺达在刚果(金)东部地位的最大挑战便来自乌干达。卢旺达与乌干达在刚果(金)东部的地位竞争需要置于两国在独立后的复杂关系史中审视。卢乌的复杂关系可以追溯到1959年卢旺达的"胡图革命",当时大约七万卢旺达图西人逃到乌干达。[4]在乌干达,这些图西族难民长期遭到乌干达官方和民间的歧视。1981年,穆塞韦尼发动了反对乌干达总统奥博特的战争,大量的图西族难民加入穆塞韦尼的"全国抵抗军"(National Resistance Army),帮助后者夺取了乌干达政权。"全国抵抗军"的士兵中有四分

---

[1] Olivier Darren, "How M23 was rolled back," https://www.africandefence.net/analysis-how-m23-was-rolled-back, accessed May 25, 2023.

[2] United Nations Security Council, "Interim Report of the Group of Experts on the Democratic Republic of the Congo," https://www.securitycouncilreport.org/atf/cf/%7B65BFCF9B-6D27-4E9C-8CD3-CF6E4FF96FF9%7D/DRC%20S2010%20252.pdf, accessed June 8, 2023.

[3] United Nations Security Council, "Interim Report of the Group of Experts on the Democratic Republic of the Congo," https://documents-dds-ny. un. org/doc/UNDOC/GEN/N09/341/61/PDF/N0934161.pdf?OpenElement, accessed June 10, 2023.

[4] Rene Lemarchand, *The Dynamics of Violence in Central Africa*, University of Pennsylvania Press, 2009.

之一是图西族难民,其中约有六万人在战争中阵亡。①

在乌干达的图西族难民希望通过支持穆塞韦尼夺权来改善自身在乌干达的境遇。但是这些希望逐渐落空了:他们不仅无望获得乌干达公民权,反而在乌干达政治经济和社会生活中被进一步边缘化。图西族难民在穆塞韦尼政权下处境艰难,这使得"重回卢旺达"成为他们的唯一希望。穆塞韦尼出于解决在乌卢旺达难民问题的考虑,也支持图西难民重返卢旺达。在乌干达政府的支持下,"卢旺达爱国军"从1990年开始反攻卢旺达,最终在1994年卢旺达大屠杀爆发后推翻了卢旺达的胡图族政权。

尽管乌干达政府为"卢旺达爱国阵线"夺取政权提供了帮助,但是图西族难民在乌干达的不公正遭遇还是为卢旺达新政权与乌干达政府的关系投下阴影。在随后发生的第一次刚果战争中,尽管卢乌两国都是反蒙博托同盟的核心成员,但是它们之间并未有相互沟通和协调机制,整个战争实际上由卢旺达政府单方面主导。②卢乌两国的公开武装冲突发生在第二次刚果战争期间。1999和2000年,为了争夺刚果(金)东部的主导地位(尤其是自然资源的开采权),卢旺达和乌干达军队先后三次爆发冲突,双方均伤亡惨重。③这一时期,为了争夺在刚果(金)东部的地位,卢乌两国还通过支持刚果(金)不同的武装组织进行代理人战争。2001年3月,卢旺达政府公开宣布乌干达为"敌国",两国开始在边界地区调遣部队。最终,在英国政府的斡旋下,卢乌两国才从战争边缘政策上后退。2003年初,因为在刚果(金)伊图里省的势力范围之争,卢乌两国又一次走到战争边缘。随后,在国际社会推动刚果(金)和平进程的大背景下,卢乌两国不得不从刚果(金)撤军。

---

① Rene Lemarchand, *The Dynamics of Violence in Central Africa*, University of Pennsylvania Press, 2009.

② Philip Roessler and Harry Verhoeven, *Why Comrades Go to War: Liberation Politics and the Outbreak of Africa's Deadliest Conflict*, Oxford University Press, 2016.

③ Rene Lemarchand, *The Dynamics of Violence in Central Africa*, University of Pennsylvania Press, 2009.

卢乌两国的敌对关系在2017年再度激化。2017年2月,卢旺达政府指责乌干达支持潜伏在刚果(金)东部的卢旺达反政府武装"卢旺达全国大会"(Rwanda National Congress);10月,乌干达政府逮捕了九名涉嫌配合卢旺达情报部门在乌活动的乌干达人,其中包括若干名高级警官;11月,乌干达情报部门逮捕了"卢旺达爱国阵线"一名高级官员,罪名是"进行间谍和其他危害国家安全的活动"[1]。两国的敌对关系引发了两国领导人的口水仗。在2019年3月的一次采访中,卡加梅总统公开指责乌干达"在1998年之后就一直试图破坏卢旺达"。穆塞韦尼随后发出警告,声称"那些想在我们国家制造不稳定的人……将死无葬身之地"[2]。一周之后,卢旺达关闭了与乌干达的边界,两国开始在边界地区部署部队。2019年8月21日,在安哥拉总统洛伦索和刚果(金)总统齐塞凯迪的斡旋下,穆塞韦尼与卡加梅签署了《谅解备忘录》,双方同意停止针对对方的煽动行为、不为对方的反政府组织提供支持、尊重彼此国民并开放边界和贸易。但是,随后召开的落实两国元首《谅解备忘录》的会议无果而终,边界依旧关闭,双方继续相互指责。[3]根据"非洲研究通讯"的报告,一直到2021年10月,卢乌关系都处于一种"紧张状态"。[4]

(四)卢旺达对于M23的支持:"地位焦虑"引发的冲突代理

在(小)卡比拉总统时期,刚果(金)政府一直试图通过加强与邻国和联合国驻刚果(金)特派团的双边安全合作,以应对其东部的安

[1]　Crisis Group, "Averting Proxy Wars in the Eastern DR Congo and Great Lakes," https://www.crisisgroup.org/africa/central-africa/democratic-republic-congo /b150-averting-proxy-wars -eastern-dr-congo-and-great-lakes, accessed June 4, 2023.

[2]　Paul Nantulya, "Escalating Tensions between Uganda and Rwanda Raise Fear of War," https://africacenter.org / spotlight/escalating -tensions-between-uganda-and-rwanda-raise-fear- of-war, accessed July 5, 2023.

[3]　Africa Research Bulletin, "DR Congo-Rwanda: Rebel Handover," https://onlinelibrary.wiley. com/doi/abs/10.1111/j.1467-825X.2020.09207.x, accessed June 20, 2023.

[4]　Africa Research Bulletin, "Rwanda-Uganda: Relations Still Strained," https://onlinelibrary. wiley.com/doi/10.1111/j.1467-825X.2021.10168.x, accessed June 4, 2023.

全问题。例如,在2007—2011年间,刚果(金)政府就与邻国或联合国驻刚果(金)特派团开展了多次安全合作或行动。然而,双边安全合作并未能根本改善刚果(金)东部的安全状况。根据"基伍安全追踪组织"的数据,在(小)卡比拉总统执政最后一年(2018),刚果(金)东部三省共发生617次冲突,导致914人死亡,冲突次数和致死人数都远高于2017年。①为了改善东部地区严峻的安全状况,齐塞克迪总统上台后试图推动区域多边安全合作,以消解邻国间敌对关系对刚果(金)东部安全局势的外溢效应。一方面,齐塞克迪努力推动大湖地区国家之间的军事合作。2019年6月,齐塞克迪召集刚果(金)、卢旺达、乌干达和坦桑尼亚情报部门负责人在金沙萨开会,讨论联合打击刚果(金)东部武装组织的问题。10月,刚果(金)军方提出了一个联合军事行动方案。根据该方案,卢旺达、乌干达和布隆迪军队将在刚果(金)政府军的指挥下,进入刚果(金)东部打击各自国家的叛乱组织。②另一方面,齐塞克迪试图通过多边外交方式缓和卢乌两国的敌对关系。为此,他与安哥拉总统洛伦索一道推动建立了"卢安达四方峰会机制"。2019年7月,在齐塞克迪和洛伦索的努力下,卡加梅和穆塞韦尼在卢安达会晤。在会后签署的《谅解备忘录》中两国承诺,不进行针对对方及其他邻国的颠覆活动。③

在齐塞克迪的计划中,区域多边安全合作的关键在于改善卢乌关系。然而,在现实中,卢乌关系的改善困难重重。2019年12月,卢乌两国官员没能达成落实卢安达《谅解备忘录》的协议,双方以敌对收场。在这种情况下,刚果(金)军方提出的联合军事行动方案最终无果而终。根据危机组织的报告,该方案胎死腹中的主要原因是,双

---

① Kivu Security Tracker, https://kivusecurity.org, accessed July 14, 2023.

② Crisis Group, "Averting Proxy Wars in the Eastern DR Congo and Great Lakes," https://www.crisisgroup.org/africa/central-africa/democratic-republic-congo/b150-averting-proxy-wars-eastern-dr-congo-and-great-lakes, accessed July 14, 2023.

③ Crisis Group, "Averting Proxy Wars in the Eastern DR Congo and Great Lakes," https://www.crisisgroup.org/africa/central-africa/democratic-republic-congo/b150-averting-proxy-wars-eastern-dr-congo-and-great-lakes, accessed July 14, 2023.

方均担心对方借机扩大在刚果(金)东部的势力范围。①在多边安全合作失去现实条件的情况下,齐塞克迪不得不回归双边安全合作模式,决定分别与邻国签订军事合作协定。2021 年 3 至 7 月,刚果(金)政府分别与卢旺达、乌干达和布隆迪政府签订了双边军事协定。然而,在这三份双边军事协定中,只有刚果(金)与卢旺达的军事协定并未得到落实。②2021 年 6 月 17 日,齐塞克迪与穆塞韦尼出席了连接乌干达与刚果(金)东部的三条跨境公路的项目启动仪式。这三条公路将为刚果(金)东部提供绕开卢旺达加图那口岸的新贸易路线,其中一条公路会修到刚果(金)与卢旺达边界城市戈马,这引发了卢旺达政府的强烈不满。③为了安抚卢旺达,2021 年 6 月 27 日,齐塞克迪与卡加梅在戈马签订了一系列经济合作协定。④

在卢乌关系 2017 年来全面紧张的背景下,齐塞克迪允许乌干达派军进入刚果(金)东部的决定最终成为引发卢旺达政府地位焦虑的导火索。2021 年 11 月 16 日,乌干达叛军"民主同盟军"在首都坎帕拉制造爆炸案,导致数十人伤亡。在刚果(金)政府的准许下,乌干达军队于 2021 年 11 月 30 日进入刚果(金)东部打击"民主同盟军"。根据危机组织的报告,乌干达早在 2021 年 8 月就得到了刚果(金)方面的准许,可以派兵进入刚果(金)东部。⑤

① Crisis Group, "Easing the Turmoil in the Eastern DR Congo and Great Lakes," https://www. crisisgroup.org /africa/great-lakes/democratic-republic-congo-uganda-burundi-rwanda/easing-turmoil-eastern-dr-congo, accessed July 20, 2023.
② 根据危机小组的报告,刚果(金)政府之所以没能落实与卢旺达的军事协定,主要是由于乌干达和布隆迪政府的反对。Crisis Group, "Averting Proxy Wars in the Eastern DR Congo and Great Lakes," https://www. crisisgroup. org/africa/central-africa/democratic-republic-congo/b150-averting-proxy-wars-eastern-dr-congo-and-great-lakes, accessed July 14, 2023.
③ "Rwanda and the DRC at Risk of War as New M23 Rebellion Emerges: An Explainer," https://africacenter. org/spotlight/rwanda-drc-risk-of-war-new-m23-rebellion-emerges-explainer, accessed July 22, 2023.
④ "DRC – Rwanda: Economic Cooperation Established," https://www.africanews.com/2021/06/27/drc-rwanda-economic-cooperation-established, accessed July 22, 2023.
⑤ Crisis Group, "Easing the Turmoil in the Eastern DR Congo and Great Lakes," https://www. crisisgroup.org /africa/great-lakes/democratic-republic-congo-uganda-burundi-rwanda/easing-turmoil-eastern-dr-congo, accessed July 20, 2023.

　　面对乌干达在刚果(金)东部的军事存在,支持M23发动反叛就成为卢旺达政府手中为数不多的应对选项。2022年2月8日,卡加梅在卢旺达议会发表了言辞激烈的演讲,威胁"在不经刚果(金)政府允许的情况下",派军进入刚果(金)东部打击叛乱组织,矛头直指乌干达(以及布隆迪)在刚果(金)东部的军事存在。[1]对于卢旺达政府而言,与乌干达政府发生直接的军事冲突代价高昂且充满极大不确定性。同时,支持乌干达的武装叛乱组织还会引发乌干达政府的反制,形成"相互干预"局面。相比之下,通过支持M23叛乱来干扰乌干达与刚果(金)的军事和经济合作,代价就要小很多。首先,卢旺达政府与M23存在着族群联系,这有利于降低双方合作的交易成本。已有研究表明,一国与他国叛乱组织之间的理念一致性越高,则它支持后者的可能性就越高。[2]在此之前,卢旺达政府已经连续支持过四个刚果图西人的武装组织,其中就包括M23(2012—2013)。其次,卢旺达政府能够承受刚果(金)政府可能的反制措施。一国支持他国的叛乱组织,会恶化与后者的双边关系,可能会遭受后者的报复。[3]由于刚果(金)中央政府的羸弱,它反制卢旺达政府的能力十分有限。自2021年底卢旺达政府支持M23卷土重来之后,刚果(金)政府重新开始支持卢旺达反政府武装"解放卢旺达民主力量"。[4]但是,在遭受了多年的军事打击后,"解放卢旺达民主力量"已被极大削弱。对于卢旺达政府而言,刚果(金)政府对"解放卢旺达民主力量"的支持是一个相对更可承受的结果。

　　通过冲突代理,卢旺达政府向周边国家传递出其在刚果(金)东

①　Crisis Group, "Easing the Turmoil in the Eastern DR Congo and Great Lakes," https://www. crisisgroup.org/africa/great-lakes/democratic-republic-congo-uganda-burundi-rwanda/easing-turmoil-eastern-dr-congo, accessed July 20, 2023.

②　Belgin San-Akca, *States in Disguise: Causes of State Support for Rebel Groups*, Oxford University Press, 2016:40.

③　Idean Salehyan, *Rebels Without Borders: Transnational Insurgencies in World Politics*, Cornell University Press, 2009.

④　United Nations Security Council, "Final Report of the Group of Experts on the Democratic Republic of the Congo," https://documents-dds-ny.un.org/doc/UNDOC/GEN/N23/123/80/PDF/N2312380.pdf?OpenElement, accessed June 8, 2023.

部地位的信息,并在一定程度上扭转了其在刚果(金)东部地位下降的局面。首先,M23重新崛起后,卢旺达再次成为地区外交的焦点。2022年4月和11月,肯尼亚和安哥拉政府分别召集大湖地区各国元首开会,商讨应对刚果(金)东部局势的对策。但是,卡加梅并未参加这两次会议。在2022年7月6日的卢安达峰会上,洛伦索、齐塞克迪和卡加梅同意督促M23从其占领的地区撤出,但卢旺达政府并没有后续行动。其次,通过对M23的冲突代理行为,卢旺达改变了他国(尤其是乌干达)对于卢旺达在刚果(金)东部地位的认知,这促成了卢乌关系的实质性改善。卢乌关系改善的前提是乌干达的妥协。2022年1月22日,乌干达总统穆塞韦尼派出自己的儿子访问卢旺达,主动修复与卢旺达的关系,两国关系随后开始解冻。1月31日,在乌干达政府明确承诺不再为卢旺达反政府组织提供庇护之后,卢旺达政府终于开放了与乌干达的边界。4月24日,卡加梅四年内第一次访问乌干达,并与穆塞韦尼举行了会谈。[1]然而,卢乌关系的改善并没有带来刚果(金)东部安全局势的相应缓和。根据联合国刚果问题专家组2023年6月的报告:"伊图里省、北基伍省和南基伍省的安全形势和人道局势继续严重恶化。"[2]这表明,由"地位焦虑"引发的冲突代理一旦开启,冲突的终结就不以冲突代理方的意志为转移。

五、结论

冲突代理理论的已有机制解释——无论是"跨国威胁""资源机会""跨国情感联系"还是"相互干预"——均难以解释卢旺达政府2021年底对M23的冲突代理行为。本文提出了冲突代理现象的一种新的解释机制,即"地位焦虑"。本文表明,在2019年刚果(金)齐塞克

---

[1] Africa Research Bulletin, "DR Congo-Rwanda," https://onlinelibrary.wiley.com/doi/full/10.1111/j.1467-825X.2022.10523.x, accessed June 4, 2023.

[2] United Nations Security Council, "Final Report of the Group of Experts on the Democratic Republic of the Congo," https://documents-dds-ny.un.org/doc/UNDOC/GEN/N23/123/80/PDF/N2312380.pdf?OpenElement., accessed June 8, 2023.

迪总统上台后,刚果(金)与周边国家双边安全合作的不平衡性提升了乌干达在刚果(金)东部的影响力,引发了卢旺达的"地位焦虑"。卢旺达政府应对"地位焦虑"的策略便是通过刚果(金)M23进行冲突代理。

卢旺达在刚果(金)东部的"地位焦虑"与前殖民时期大湖地区复杂的族群关系史联系在一起。19世纪末,卢旺达尼基亚王国曾占领了基武湖以西和以北的广大地区(位于现刚果金东部),这一历史便成为后独立时期"大卢旺达"叙事的基础。根据"大卢旺达"叙事,前殖民时期的卢旺达是中部非洲的一个庞大王国,其领土包括现在的卢旺达、刚果(金)东部、乌干达南部和坦桑尼亚西北部地区;卢旺达之所以成为今天一个领土狭小的国家,全是拜欧洲殖民者所赐。在1994年卢旺达爱国阵线政权上台后,"大卢旺达"叙事成了卢旺达公民教育的基本内容,卢旺达历史上在大湖地区(尤其是刚果金东部)的特殊地位成为官方历史叙事的重要组成部分。在外交层面,卢旺达总理和外交部部长分别于1996年和2012年公开提出对刚果本基武省的领土主张,其历史依据就是尼基亚王国在19世纪末期的领土扩张。[①]卢旺达爱国阵线政权上台后,叛逃到刚果(金)东部的卢旺达胡图族武装成为卢旺达政府面临的最大安全威胁,历史与现实之间强烈的地位巨大反差成为卢旺达政府在刚果(金)东部寻求地位的强大推动力。[②]在后殖民时期非洲国家边界固化的历史背景下,干预刚果(金)政治进程以确保自身在刚果(金)东部的主导地位便成为卢旺达政府缓解"大卢旺达"叙事与国家边界现状间张力的逻辑选择。

在爱国阵线政权上台后,卢旺达政治的嬗变客观上也刺激了卢

---

① Jason K. Stearns, *The War That Doesn't Say Its Name: The Unending Conflict in the Congo*, Princeton University Press, 2021:87. 关于对"大卢旺达"叙事的批判,详见 David Newbury, "Irredentist Rwanda: Ethnic and Territorial Frontiers in Central Africa," *Africa Today*, 1997, 44(2):211-221。

② 王梓元指出,历史想象塑造的身份优越感与现实中的挫败感之间的反差,能够带来强烈的地位诉求动力。见王梓元:《地位政治与中国崛起的地位伸张》,《外交评论》2021年第1期。

旺达在刚果(金)东部的地位诉求。自1994年上台后,卢旺达爱国阵线政权采取了一条"以安全为核心的"国家构建路径(securocratic state-building),即政权"将安全置于自由之上,将稳定置于和平之上"①,这充分体现在卢旺达政府对于种族屠杀历史叙事的垄断、压制国内政治空间,以及对周边国家和西方大国"咄咄逼人"的外交姿态。这一国家构建路径的一个副产品就是安全和军事部门在卢旺达内政外交决策中的核心地位。如斯特恩斯所言:"在是否干预刚果(金)的决策过程中,讨论只发生在军队和情报部门高级官员之间。"②通过维护在刚果(金)东部的主导地位,卢旺达政府一方面可以消解安全和军事部门的潜在不满,同时还可以强化民众关于卢旺达被(敌对势力)包围的想象,进而提升对政权的支持。进而言之,爱国阵线政权对于卢旺达国家地位的重视与其提升国内政治合法性的努力联系在一起。在现实中,卢旺达政府不仅对邻国"咄咄逼人"(除了在刚果金东部进行冲突代理,卢旺达还同时保持着与乌干达、布隆迪和坦桑尼亚的军事紧张关系),而且还利用西方国家对于未能制止种族屠杀的愧疚感(genocide credit),强硬处理与西方国家的分歧和矛盾。这些彰显卢旺达国家地位的强硬姿态反过来提升了爱国阵线政权的政治合法性。例如,2021年法国主动修复了与卢旺达长达25年的冷淡关系,而两国关系正常化的前提是法国政府承认自己对卢旺达大屠杀负有历史责任。通过这一公开表态,法国政府默认了卢旺达政府关于种族屠杀的官方叙事,提升了卢旺达政府在国内的政治合法性。从这个意义上讲,卢旺达政府维护其在刚果(金)东部地位的努力不过是其国内合法化策略的另一表现。

　　本文致力于在冲突代理研究与国际关系中的地位研究之间架起沟通的桥梁。通过将"地位焦虑"引入对冲突代理行为的机制讨论

① Omar Shahabudin McDoom, "Securocratic State-Building: The Rationales, Rebuttals, and Risks Behind The Extraordinary Rise of Rwanda After the Genocide," *African Affairs*, 2022, 121(485):535-567.

② Jason K. Stearns, *The War That Doesn't Say Its Name: The Unending Conflict in the Congo*, Princeton University Press, 2021:78.

中,本文拓宽了冲突代理理论的关注视野,为冲突代理理论的进一步深化提供了更大可能性。对于国际关系学界的国家地位研究传统而言,本文的理论贡献主要有三个方面:第一,与以往国际关系学者聚焦于"大国"的地位诉求不同,本文将"小国"的地位诉求纳入分析视野中来,表明"所有的地位都是地方性的";第二,与已有研究倾向于认为一国寻求地位的努力是"情绪化"和"非理性"的表现不同,本文指出,寻求地位的行为更多是一国决策者的战略决策,其目的是改变他国对其地位的认知;第三,大多数研究者认为,能够改变他国对一国地位认知的事件只能是直接而公开的军事冲突,与此不同,本文认为,在特定的地位共同体中,一国支持邻国叛乱组织的历史记忆意味着,冲突代理也能够成为改变他国对本国地位认知的关键事件。

　　毋庸讳言,本文的研究只是初步的。本文仅是一个以"理论构建"为目标的单案例研究(theory-building case study)。至于本文研究发现的普遍适用性,仍旧需要更为系统的实证研究的检验。另一个值得继续探讨的问题是对卢旺达针对刚果(金)叛乱组织的冲突代理行为的比较研究。自第一次刚果战争以来,卢旺达政府已经有五次针对刚果(金)叛乱组织的冲突代理行为。对于这些冲突代理案例的比较研究,不仅有利于探究卢旺达政府冲突代理行为背后的深层逻辑,而且将深化我们对大湖地区复杂安全局势的理解。

苏联援助与第三世界国家的土地改革[*]

曾庆捷^{**}

内容摘要　土地改革是第三世界国家现代化进程中的一项重大任务,对于消除贫困、提升农业生产率和促进政治平等有着显著的意义。既往研究在解释第三世界国家土改时,主要关注国内因素和西方国家的影响。本文聚焦冷战时期苏联的对外援助对第三世界国家的土改所起的作用。苏联基于自身的意识形态和历史经验,十分重视第三世界国家的土改问题。本文认为,苏联援助可以通过规范传播、改变他国政治力量对比、提供改革所需的物质资源三个渠道促进第三世界的土地改革。对相关数据的分析发现,苏联援助提高了第三世界国家颁布土改法令的概率;援助主要推动了激进的土改,而对温和的土改没有显著的影响;援助不但促成了土改法令的颁布,而且推动了土改最终得以落实。本文的发现为理解冷战时期美苏争霸如何左右第三世界国家的发展道路提供了较为微观的证据,并在一定程度上纠正了援助文献中的"西方中心主义"观点,指出非西方国家的援助也可能被价值观所驱使,推动受援国开启实质性的社会改革。

关键词　土地改革;对外援助;第三世界;冷战;苏联

---

*　本文为上海市浦江人才计划"全面从严治党视角下干部选拔任用机制创新与制度建设逻辑研究"(17PJC018)的阶段性研究成果。加州大学尔湾分校政治学系博士研究生魏昕用为本研究提供了重要的协助,特此感谢。

**　曾庆捷,政治学博士,复旦大学国际关系与公共事务学院副教授,主要研究方向为发展中国家政治、政体形式比较、国际环境与政体安全。

一、引言

　　土地改革（以下简称"土改"）是广大第三世界国家现代化进程中的一项重大而艰巨的任务。二战结束后，取得政治独立的第三世界国家普遍面临农村土地分配极为不均的情况。例如在独立初期的印度，农业人口不到10%的地主、富农占有全国土地的85%；巴基斯坦大土地持有者不及人口的1%，却占有全国土地的2/3。在非洲，殖民者和封建地主、部落酋长几乎占有全部土地。拉丁美洲的土地则集中于大种植园主、大庄园主和外国公司的手中。①农村中的多数人口依靠租种地主土地或在农场打工为生。各类大地主对土地所有权的控制是无地和少地农民长期贫困的根源，同时也严重抑制了农民提升农业生产力的积极性。②旧的土地制度将人们划分成不同阶级，地主阶级以等级观念、种族优越性和父权主义等意识形态为他们的统治提供合法性。

　　因此，第三世界国家推行土改，对于消除农村贫困、减小贫富差距和提升农业生产率都有着极其重要的意义。③土改还是实现政治现代化的关键步骤，它能够废除人身依附关系，创造一个更加同质化的现代化社会结构；改革使无地、少地的农民获得土地，成为政权坚定的支持者，从而减少了农村中的不稳定因素；④土改的执行过程使得国家权力渗透到乡村社会，削弱了阻碍国家能力的乡村精英阶层。⑤由于土改侵犯了土地所有者的核心利益，后者会采取一系列手

---

① 方康云、陈道：《多数发展中国家农业发展的道路》，《世界农业》1984年第6期。
② 杨满社：《发展中国家的土地改革》，《世界农业》1993年第9期。
③ Michael Albertus, *Autocracy and Redistribution: The Politics of Land Reform*, Cambridge University Press, 2015:4.
④ 刘金东：《发展中国家执政党在土地问题上的教训及对我国的启示》，《红旗文稿》2005年第18期。
⑤ 李里峰：《土地改革与华北乡村权力变迁》，江苏人民出版社，2018年。

段阻挠、反制或淡化土改的实施。[①]土地精英掌握了大量的社会资源，并且往往和执政者有着千丝万缕的联系。由于大地主的数量较少，他们比土改的潜在受益者——无地和少地农民——更容易克服集体行动的难题，运用游说、收买和钻法律空子等手段维护自己的利益。[②]

在是否实施土改的问题上，第三世界国家的做法存在较大的差异性。根据巴塔查亚（Prasad Bhattacharya）等学者收集的土改数据，在冷战时期，第三世界国家共进行了150次各类形式的土改，分布在85个国家。其中一些国家反复推动土改，如印度在1950至1972年间共进行了七波的土改，利比亚也在战后进行了四次土改。与之形成对比的是，同一时期有21个第三世界国家从未进行过任何形式的土改，这些国家包括沙特阿拉伯、乌拉圭、阿根廷、海地、冈比亚、塞拉利昂等。在颁布了土改法令的国家中，土改的目的和执行结果也大不相同。有些国家的土改如暴风骤雨，对旧的土地制度进行了激烈的变革，有些国家的土改则如和风细雨，仅对现状进行了部分改良，并未真正触动土地精英的既得利益。那么，如何解释各国在土改问题上的不同表现呢？哪些因素影响了一国领导人是否进行土改、进行何种性质土改的决定呢？

既往研究在解释第三世界国家的土改时，主要提出了以下五个理论：第一，民主促进再分配说。这种理论将土改看作一种财富再分配的政策，并认为由多数人掌权的民主体制更有可能推动土改。[③]不过，民主与再分配之间的联系并未得到实证研究的有力支撑。相反，有不少证据表明民主体制下的统治精英可以采用各种制度手段防止

① Michael Albertus, *Autocracy and Redistribution: The Politics of Land Reform*, Cambridge University Press, 2015:6.

② Michael L. Lipton, *Land Reform in Developing Countries: Property Rights and Property Wrongs*, Routledge, 2009:11.

③ Daron Acemoglu and James A. Robinson, *Economic Origins of Dictatorship and Democracy*, Cambridge University Press, 2006.

大规模的财富再分配。①第二,精英分裂说。由于掌握大量土地的精
英必然抗拒土地再分配,所以只有当政治精英和土地精英之间出现
裂痕时,统治者才有动机实行土改。历史上,通过政变上台的军人、
通过武装斗争上台的革命者,以及对别国进行军事占领的强权都曾
经推动过土改,他们和国内的土地精英联系较弱,因此可以放开手脚
地大举改革。②第三,政体转型说。新的政权上台后,亟需争取新的
社会集团的支持,实施土改被看作是争取这种支持的一种手段。革
命的胜利尤其容易导致大规模的土改,革命战争往往削弱了地主阶
层的力量,增强了底层农民的动员能力,革命者正可以挟革命之余威
推行激进的改革。③第四,意识形态说。这种理论认为,领导人的政
策在很大程度上取决于其所信仰的意识形态,强调公平和正义的左
翼意识形态驱使领导人采取土改的措施。④第五,国家能力说。这种
观点认为,绝大多数第三世界国家都有土改的意愿,土改的执行需要
人员、财力和基础设施的保障,国家还必须有足够的强制力克服土地
精英的抵制,因此国家能力决定了土地制度能否被根本性地变革。⑤

　　上述理论从不同角度解释了土改的发生,但它们都只关注国内
动态对土改决定的影响,外部力量的介入在其中未得到足够的重视。
然而对于二战之后的第三世界国家而言,美国和苏联的全球性战略

① Michael Albertus and Victor Menaldo, *Authoritarianism and the Elite Origins of Democracy*, Cambridge University Press, 2017.

② Michael Albertus, *Autocracy and Redistribution: The Politics of Land Reform*, Cambridge University Press, 2015.

③ Prasad S. Bhattacharya, Devashish Mitra, and Mehmet A. Ulubaşoğlu, "The Political Economy of Land Reform Enactments: New Cross-National Evidence (1900–2010)," *Journal of Development Economics*, 2019(139):50–68. Hans P. Binswanger, Klaus Deininger, and Gershon Feder, "Power, Distortions, Revolt and Reform in Agricultural Land Relations," in Michael Lipton and Martin Ravallion eds., *Handbook of Development Economics, Volume 3B*, Elsevier, 1995:2683.

④ Pranab Bardhan and Dilip Mookherjee, "Determinants of Redistributive Politics: An Empirical Analysis of Land Reforms in West Bengal, India," *American Economic Review*, 2010 (100):1572–1600; David Bradley, Evelyne Huber, Stephanie Moller, François Nielsen, and John D. Stephens, "Distribution and Redistribution in Postindustrial Democracies," *World Politics*, 2003(55):193–228.

⑤ 黄振乾:《非洲土地改革的政治学》,复旦大学,博士学位论文,2020年。

竞争深刻地影响了它们的国内政策。美苏双方都高度重视对第三世界国家的争夺,希望将自身的发展模式推广到更多的国家,从而巩固本国在国际政治中的影响力。[1]正如巴林顿·摩尔在《民主与专制的社会起源》一书前言中所指出的:"小国在经济和政治上依赖大国和强国的事实意味着它们政治的决定性原因在自身的边界之外。"[2]当然,既往研究也注意到了国际因素与国内改革间的互动,这类文献主要关注的是美国援助对第三世界国家土改的推动作用。战后,美国认为第三世界国家的农村贫困问题为共产主义提供了滋生的土壤,只有解决了土地问题,这些国家才能走上稳定的、亲西方的发展道路。在美国的大力资助下,东亚的日本、韩国等都在二战后进行了较为彻底的土改。[3]1959年古巴革命发生后,美国为了防止革命向其他拉美国家扩散,宣布了所谓的"进步联盟"计划,试图以对外援助激励拉美国家实行土改。[4]不过,美国对第三世界国家土改的支持有着明显的局限性。在许多第三世界国家,支持土改的都是左翼的社会力量,美国惧怕激进的改革会导致亲苏联的势力上台,因此最后选择支持保守的右翼政府。在这些国家,美国的援助不是推动而是压制了社会变革。[5]在拉美地区,美国明确表示援助的前提是受援国的土改必须尊重私有产权,美援不能被用来资助没收地主土地的改革。

　　颇令人意外的是,至今鲜有研究系统地考察苏联对第三世界国家土改的影响。冷战期间,苏联向亚非拉的新兴国家提供了大量的经济和军事援助,其目的之一就是向受援国传播苏联的现代化理念和发展模式。基于自身的意识形态和革命历史,苏联认为第三世界

[1]　Peter L. Hahn and Mary Ann Heiss, eds., *Empire and Revolution: The United States and the Third World since 1945*, Ohio State University Press, 2001.

[2]　Barrington Moore, *Social Origins of Dictatorship and Democracy: Lord and Peasant in the Making of the Modern World*, Penguin University Books, 1966:x.

[3]　Ethan B. Kapstein, *Seeds of Stability: Land Reform and US Foreign Policy*, Cambridge University Press, 2017.

[4]　John D. Montgomery, ed., *International Dimensions Of Land Reform*, Routledge, 1984.

[5]　Leon Wisniewski, "American and Soviet Foreign Aid: A Comparison of Objectives, Policies, and Structures," *Towson University Journal of International Affairs*, 1972(7):63.

国家必须进行全方位的社会经济改革,才能摆脱殖民主义和国际资本主义的影响,走上独立自主的社会主义发展道路,而彻底的土改是其中不可或缺的一环。那么,苏联的援助是否对第三世界国家的土改产生了影响呢? 换言之,如果一个国家获得了更多的来自苏联的援助,这是否会增加其领导人颁布和贯彻土改的概率呢?

从理论上说,苏联的援助可能通过三种因果机制对受援国的土改产生影响:一是规范的传播。与对外援助相伴随的是密切的人员往来和文化交流,苏联可以借此发挥其"软实力",让受援国领导人认同苏联的发展模式,从而增加其采纳土改的意愿。二是改变受援国国内政治力量的对比。苏联援助的到来可能为国内的左翼势力提供更加宽松的活动环境,后者可以更加积极地推动土改的进程。三是提升受援国的国家能力,确保推进土改所需的物质资源。尤其对于那些本来依赖西方援助或国内传统精英支持的领导人而言,苏联援助可能提供替代性的物质支持,降低土改可能带来的负面冲击。当然,对于具体的受援国而言,哪一个机制发挥主要作用取决于该国实际的情况。总体上看,苏联援助应当对第三世界国家的土改产生了推动作用。

本文试图对苏联援助如何影响受援国土改进程这一问题进行实证研究,其主要数据来源有二:一是苏联公开出版物中报告的历年向各个第三世界国家交付的经济援助总额;二是巴塔查亚等学者整理的20世纪各国土改的数据库,其中包括了主要土改法令的颁布年份、改革目的和执行情况。通过对1955—1990年间数据的分析,本文发现,苏联援助数量与第三世界国家颁布土改法令的概率有显著的正相关性;苏联援助主要推动了激进的土改,而对温和的土改没有显著的影响。苏联援助不但促成了土改法令的颁布,而且推动了土改最终得以落实。实证分析在控制了领导人意识形态、西方国家援助、国家能力等竞争性解释后,依然得出了稳健的结果。

本文的理论贡献主要来自两方面:首先,第三世界国家土改的历程凸显了美苏争霸对于后发国家现代化路径选择的影响。冷战不仅是两大强国在地缘政治上的对抗,更是意识形态和发展模式的竞争。美苏两国都认为自己掌握了帮助第三世界国家摆脱落后、实现现代化的普适性方案。正如一位冷战史学者所总结的,"美苏干预在很大程度上塑造了第三世界国家中政治、社会和文化变革所发生的国际和国内框架",第三世界国家领导人"在拟定他们自己的政治议程时,有意识地回应了冷战时两个主要争霸国所提供的发展模式"。①现有研究虽然从宏观上注意到了大国现代化模式对小国的影响,并通过一些国别案例介绍了影响的机制,②但鲜有学者围绕具体的改革议题,评估大国干预如何促成或阻碍第三世界国家的决策。本文通过聚焦土改问题,为理解冷战背景与国内决策的互动提供了较为微观的证据。

　　其次,本文有助于我们理解外部援助对国内政策过程的多重效应。现有研究绝大多数考察的都是西方国家援助所产生的效果,包括促进民主化③、实现经济增长④、提升国家能力⑤、激励实施自由化的改革⑥等。相比之下,探讨非西方大国的援助对他国内政影响的研究数量要少得多,仅有的一些也只限于分析非西方国家援助与所谓"威

①　Westad, Odd Arne, *The Global Cold War: Third World Interventions and the Making of Our Times*, Cambridge University Press, 2005:3.

②　Alessandro Iandolo, "The Rise and Fall of the 'Soviet Model of Development' in West Africa, 1957–64," *Cold War History*, 2012(12):683–704; Ethan B. Kapstein, *Seeds of Stability: Land Reform and US Foreign Policy*, Cambridge University Press, 2017.

③　Nam Kyu Kim, "Foreign Direct Investment and Democratic Survival: A Sectoral Approach," *Democratization*, 2022(29):232–252; Daehee Bak and Chungshik Moon, "Foreign Direct Investment and Authoritarian Stability," *Comparative Political Studies*, 2016(49):1998–2037.

④　Peter David Boone, *Politics and the Effectiveness of Foreign Aid*, London, 1995; Easterly, William, "Can Foreign Aid Buy Growth?" *Journal of Economic Perspectives*, 2003(17):23–48.

⑤　Arthur A. Goldsmith, "Foreign Aid and Statehood in Africa," *International Organization*, 2001(55):123–148.

⑥　Gordon Crawford, "Foreign Aid and Political Conditionality: Issues of Effectiveness and Consistency," *Democratization*, 1997(4):69–108; Jac C. Heckelman and Stephen Knack, "Foreign Aid and Market-Liberalizing Reform," *Economica*, 2008(75):524–548.

权稳定性"之间的关系。[1]在这些学者看来,非西方国家的对外援助都是功利性的,其目的是维持自身的政权安全或攫取经济和地缘政治利益,因此不可能深刻地形塑他国的发展方向。[2]本文在一定程度上纠偏了援助文献中的这种"西方中心主义"观点,指出非西方国家的援助也可能被理念和信仰所驱使,并推动受援国开启实质性的社会改革。

二、苏联援助与土改的因果联系

冷战期间,苏联为第三世界国家提供了大规模的经济和军事援助。苏联官方将经济援助称为"经济合作",其主要形式是提供低息贷款,用来购买苏联的机器和设备,或支付苏联援建项目的相关费用。[3]根据美国国务院的统计,1954—1981年间,苏联向非共产主义的第三世界国家提供了98亿美元的经济援助和494亿美元的军事援助。1990年,苏联官员称当年的对外经济援助占到了国内生产总值的1.4%、政府预算支出的6.2%。[4]

苏联向第三世界国家提供援助的最主要动机是争取两极争霸格局中的战略优势。苏联的理论家认为,第三世界国家在取得民族独立之后,依然高度依赖前殖民宗主国。如果这些国家选择资本主义道路,加入国际资本主义体系,就会沦为"新殖民主义"的控制对象,不可能真正实现政治独立和经济发展。通过与第三世界国家建立紧

[1] Adam E. Casey, "The Durability of Client Regimes: Foreign Sponsorship and Military Loyalty, 1946–2010," *World Politics*, 2020(72): 411–447; Christopher Heurlin, "Authoritarian Aid and Regime Durability: Soviet Aid to the Developing World and Donor–Recipient Institutional Complementarity and Capacity," *International Studies Quarterly*, 2020(64):968–979.

[2] Christian Von Soest, "Democracy Prevention: The International Collaboration of Authoritarian Regimes," *European Journal of Political Research*, 2015(54): 623–638; Lucan Way, "Weaknesses of Autocracy Promotion," *Journal of Democracy*, 2016(27):64–75.

[3] Christopher Heurlin, "Authoritarian Aid and Regime Durability: Soviet Aid to the Developing World and Donor–Recipient Institutional Complementarity and Capacity," *International Studies Quarterly*, 2020(64):970.

[4] Quintin V. S. Bach, *Soviet Aid to the Third World: The Facts and Figures*, Book Guild, 2003:9.

密的经济联系,苏联可以帮助这些国家走"非资本主义"的发展道路,实行进口替代战略,推行各项社会改革,以求自力更生。苏联应当向第三世界国家的领导人展示自身在经济、社会和政治等领域的成就,从而引导他们向科学社会主义的模式靠近。苏联认为,帮助第三世界国家摆脱西方阵营的控制,符合双方的共同利益。这既帮助受援国实现了真正意义的独立,也削弱了美国在第三世界的影响,提升了苏联在全球的战略优势。[1]

要分析苏联援助与受援国土改进程的关系,首先要明确苏联在土改这一问题上的基本立场。总体上看,苏联支持第三世界国家实施较为彻底的土改,这一立场是根植于其自身的革命经验和意识形态。早在俄国十月革命前,布尔什维克党人就提出了"面包、和平、土地"的口号,赢得了俄国农民的广泛支持。1918年,苏维埃政权没收了地主庄园和部分富农的土地,将其分配给从事个体劳动的农民。[2]分地运动让新政权获得了农民的支持,其在农村中的阵地得到了巩固。在打败了外国反革命势力的武装干涉后,苏俄开始实行新经济政策,以实物税代替战时的余粮征集制,减少对农民经营的行政干预。经过几年的休养生息,苏联领导人自1929年开始推行农业集体化改革,并在1936年基本完成改革。由此可见,农村生产关系的剧烈变革是俄国革命的重要组成部分,它为苏联的社会主义改造和快速工业化做出了关键的贡献。从这样的历史经验出发,苏联主张,后发国家要实现现代化,向社会主义模式过渡,首先就要扫除封建的社会结构和反动的地主阶级。当然,苏联的政策偏好要转化为受援国的土改决定,仍然需要经过一个具体的过程。本文认为,苏联的援助可

[1] Gu Guan-fu, "Soviet Aid to the Third World, an Analysis of Its Strategy," *Soviet Studies*, 1983(35): 84; Ermias Abebe, "The Vanguard Party Imperial Instrument of Soviet Third World Policy," Ph.D. Diss., University of Maryland, 1994:64; David E. Albright, "Soviet Economic Development and the Third World," *Soviet Studies*, 1991(43): 27–59; Harold Weaver, "Soviet Training and Research Programs for Africa," Ph.D. Diss., University of Massachusetts Amherst, 1985.

[2] 闻一:《十月革命与农民、农业问题》,《世界历史》1987年第5期。

能通过三个因果机制增加第三世界国家实施土改的概率。

(一)规范传播

规范传播,指的是某种价值理念从一个人群向另一个人群的转移。跨国援助可以增加双边的人员往来和文化交流,因此是规范传播的重要途径。[1]对苏联而言,对外援助提供了极佳的影响他国精英观念的渠道,它使得受援国现在或未来的领导人更有可能认可激进土改的必要性。具体而言,援助可能提供规范传播的平台有以下三种:一是高层领导人的互访。经济合作协定的签署,意味着苏联与受援国领导人有了更多互访的机会,苏联正可以借此机会传播关于社会改革的理念。比如,1960年苏联和刚独立不久的加纳签署了经济合作协议,加纳政府随后对苏联现代化模式兴趣陡增。同年,多个加纳代表团访问了苏联,参观了中亚和高加索地区的国家农场。苏联方面尽力向来访者展示本国农业的伟大成就,并以"处女地运动"为例,说明落后地区如何被改造为使用现代农业技术的农场。加纳代表团的所见所闻给他们留下了极其深刻的印象。[2]

二是对第三世界国家人才的教育培训,包括接受留学生到苏联进行长期学习和短期的参观考察项目。1960—1961学年,共有777名来自非洲的留学生在苏联学习,数量比上学年增加了120%。这些学生主要来自接受苏联援助的国家,包括埃及、加纳、苏丹、几内亚、索马里等。[3]1956—1964年间,在苏联高校学习的外国学生从12565人增加到了23000人。苏联教育机构尤其重视应用科学,其中与农业相关的包括农业机械化和农场职业教育等。[4]除了留学项目,苏联还为

---

[1] Chuanhong Peter J. Hugill and D. Bruce Dickson, eds., *The Transfer and Transformation of Ideas and Material Culture*, Texas A&M University Press, 1988:263.

[2] Alessandro Iandolo, "The Rise and Fall of the 'Soviet Model of Development' in West Africa, 1957–1964," *Cold War History*, 2012(12):694.

[3] Seymour M. Rosen, "Soviet Training Programs for Africa," *U.S. Department of Health, Education, and Welfare*, 1963(9):1–2.

[4] Harold Weaver, "Soviet Training and Research Programs for Africa," Ph.D. Diss., University of Massachusetts Amherst, 1985:106–109.

外国访客安排了短期的导览项目,带领他们参观苏联的样板城市,宣传本国在各领域取得的成就。光是1960年,就至少有200名来自非洲的访客参加了这些导览项目。苏联在受援国内部也成立了各类培训机构。例如,1963—1966年间,苏联在马里首都巴马科兴建了高等行政学院,每年招生250人,为马里政府培养了大批公务员人才。[1]苏联希望通过这些教育培训活动,传播社会主义意识形态,让第三世界国家的人才对苏联模式产生好感。

三是派遣苏联专家指导受援国的各项建设。比如印度尼西亚在1956年和1960年与苏联签订了两项经济合作协议,其中就含有派驻苏联专家的协定。在苏联专家建议的改革内容中,包括"清除经济中的殖民结构"和"乡村中农业体系的改革"。[2]又如,阿富汗1978年发生的"四月革命"产生了一个亲苏政权,随后苏联应阿富汗方面的要求,派出一批农业问题专家到达喀布尔。从当年6月至11月,苏联农业顾问团和阿富汗的相关部门共同讨论并起草了三部关于土地和水改革的法律,最终由人民民主党的政治局通过颁布。[3]

(二)改变国内政治力量对比

第三世界国家是否推动土改,不仅取决于精英的政策偏好,还受制于国内政治力量的对比。根据选择人理论(selectorate theory),任何一个执政者都必须维持一些关键盟友的支持,才能确保政治的稳定。[4]这个"致胜联盟"内部成员的组成一旦发生变化,执政者赖以获取他们支持的政策手段也可能随之改变。在冷战期间,美苏两国都试图运用贸易和援助等手段,增加本方的支持者在其他国家致胜联

[1] Vladimir Bartenev, "L'URSS et l'Afrique noire sous Khrouchtchev : la mise à jour des mythes de la coopération," *Outre-Mers. Revue d'histoire*, 2007(94):63–82.

[2] Ragna Boden, "Cold War Economics: Soviet Aid to Indonesia," *Journal of Cold War Studies*, 2008(10):125.

[3] Слинкин, М. Ф., "Земельная реформа 1979 года в Афганистане и причины ее провала," Культура народов Причерноморья, 2001(24).

[4] Bruce Bueno de Mesquita, ed., *The Logic of Political Survival*, MIT Press, 2003.

盟内部的影响力。①苏联援助可能为第三世界国家内的亲苏左翼势力创造一个较为宽松的政治环境,令后者得以发展壮大。由于左翼势力一般是激进土改的倡导者,一旦他们在致胜联盟内部的重要性上升,该国执政者的土地政策就更有可能受到左翼思潮的影响。

在许多第三世界国家,左翼激进势力的主要代表就是本地的共产党组织。这些共产党的激进主张经常使他们遭到执政者的镇压,但如果一国从苏联处获得了援助,那么执政者可能迫于苏联的压力,容许共产党有更多的活动空间。比如在20世纪60年代的伊拉克,尽管执政的阿拉伯复兴社会党与苏联在诸多问题上存在分歧,但莫斯科基于地缘政治考虑,仍然向这个中东国家投入了大量资源。20世纪60年代末,伊拉克从苏联获得的经济援助在所有第三世界国家中排名第五,它派往苏联学习的留学生数量在阿拉伯国家中排名第一。②作为交换条件之一,苏联开始要求伊拉克政府停止对伊拉克共产党的迫害,并建立一个包含共产党人的联合阵线。1969年,伊拉克政府果然任命了一名秘密共产党员进入内阁。在1972年两国签署《友好合作条约》之后,经济联系进一步加深,一个容纳了共产党人的全国阵线在次年成立,共产党组织也得以合法化。③作为伊拉克国内组织最为严密的政党,伊共在本国政策的激进化方面起到了关键的作用,其关于农业改革的一些建议于1969—1970年间被政府所采纳。④试想如果没有苏联方面的压力,伊共不大可能对1970年的土改发挥这样的影响力。

另一个相关的例子是苏加诺执政时期的印度尼西亚。20世纪60年代初,印尼共产党已经发展成了有300万党员、约2000万支持者的

---

① Seva Gunitsky, "From Shocks to Waves: Hegemonic Transitions and Democratization in the Twentieth Century," *International Organization*, 2014(68):571.

② Galia Golan, *Soviet Policies in the Middle East: From World War Two to Gorbachev*, Cambridge University Press,1990:165.

③ Galia Golan, *Soviet Policies in the Middle East: From World War Two to Gorbachev*, Cambridge University Press, 1990:166.

④ Galia Golan, *Soviet Policies in the Middle East: From World War Two to Gorbachev*, Cambridge University Press, 1990:169.

庞大组织。①由于印共的强大动员能力,左翼领导人苏加诺主动伸出橄榄枝,与印共结成了政治联盟。②然而,以军方为代表的印尼统治阶层却对印共怀有很深的疑虑和恐惧,时刻都在谋划对共产党人进行清洗。从50年代末开始,苏联援助开始大批量抵达印尼,后者成了苏联在东南亚最大的援助对象。③在一段时期内,苏联援助使得印共获得了一个更为宽松的活动环境,印尼国内的反共势力至少在表面上保持了中立的态度。随着大批苏联军事顾问和武器的到达,印尼军方希望借助苏联的力量实现军事现代化,暂时也不会考虑镇压共产党。④在这样相对宽松的环境下,印共党员积极参与到了土改中,他们宣传阶级斗争的思想,动员农民没收地主的土地,影响地方土改委员会的决策,使得土改朝着激进化的方向发展。⑤

应当指出,苏联对别国的左翼亲苏势力的支持是一把双刃剑。第三世界国家的领导人虽然会考虑到苏联援助而暂时放松对左翼势力的打压,一旦他们认为本国共产党构成的威胁超出了苏联援助的益处,那么很有可能继续镇压左翼势力。实际上,印尼和伊拉克后来都发生了这种情况。

(三)提供土改所需的物质援助

对于广大第三世界国家,资金和技术的缺乏是经济发展的主要障碍,只有从外部世界获取援助才能加快现代化进程。在前殖民地获得独立之初,大多数新兴国家都对前宗主国和资本主义世界体系有很强的依赖性。一些激进的民族主义领导人希望进行彻底的内外

---

① Guy J. Pauker, "The Rise and Fall of the Communist Party of Indonesia," *Rand Corporation Memorandum RM-5753-PR*, February 1969:v.

② Donald Hindley, "President Sukarno and the Communists: The Politics of Domestication," *American Political Science Review*, 1962(56):915.

③ Ragna Boden, "Cold War Economics: Soviet Aid to Indonesia," *Journal of Cold War Studies*, 2008(10):116.

④ Guy J. Pauker, "The Rise and Fall of the Communist Party of Indonesia," *Rand Corporation Memorandum RM-5753-PR*, February 1969:615.

⑤ E.Utrechet, "Land Refore in Indonesia," *Bulletin of Indonesian Economic Studies*, 1969(5): 80-84.

改革，摆脱"新殖民主义"的控制，尽快实现真正的民族独立，而这样的政策必然触犯到西方国家的既得利益。假如没有替代性的援助来源，新兴国家很可能不敢冒与西方国家交恶的风险，因为这意味着外援的断绝。苏联的援助为这些国家提供了替代选项，使得他们敢于实施包括土改在内的激进措施。

例如，1952年通过政变上台的埃及领导人纳赛尔起初得到了美国的支持。然而，由于在苏伊士运河等问题上与西方立场相悖，加之纳赛尔的长期目标是削弱西方国家在中东的影响，他认识到无法依靠美援实现自己的目标，遂转向苏联寻求援助。苏联援助"不仅大大助长了公共部门的膨胀，而且使得纳赛尔总统更容易贯彻他削弱西方影响的国内政策"[1]。苏联资本很快替代了西方的私营部门投资，也使得纳赛尔可以更快地切断本国经济与西方跨国资本的联系。与苏联的接近明显影响了埃及随后的土改举措：从1952年后的20年时间里，埃及几乎全部的农业人口都被组织到了农业合作社之中。[2]

土改虽然是一项政治决定，但它的执行需要大量的物质资源作保障。苏联通过各种技术支持和项目援建，为第三世界国家的农业改革提供了物质基础。在非洲，苏联设立了众多教育机构和技术学校，培训当地人参与运作各类援建项目。这些项目许多都与农业发展有关，如化肥厂、糖厂、发电站、灌溉项目、国有农场等。在几内亚和埃塞俄比亚，苏联以援助贷款的形式建立了理工学院，培训工农业项目所需的技术人才。[3]在叙利亚实行土改之前，国家的灌溉系统很不发达，且大多是由大地主所控制的。1952年以后，苏联帮助叙利亚修建了水电站和灌溉系统，大幅提升了政府在制定土地政策上的自

---

① Karel Holbik and Edward Drachman, "Egypt as Recipient of Soviet Aid, 1955–1970," *Journal of Institutional Economics*, 1971(127):145.

② Kyle Anderson, "Land Reform: The Invented Tradition of Social Revolution in Egypt," Ph.D. Diss., University of Michigan, 2009:82.

③ Seymour M. Rosen, "Soviet Training Programs for Africa," *U.S. Department of Health, Education, and Welfare*, 1963(9):10–12.

主性。[①]虽然西方国家也可能对第三世界国家的土改提供技术和资金援助,但这些援助的前提一般是尊重地主的私有产权、提供土地征收的补偿、保护跨国资本的利益等。可以认为,苏联的援助为新兴国家领导人的国内改革提供了更加宽广的政策选项。

综合以上分析,我们可以提炼出以下三个有待实证检验的研究假设:首先,对于第三世界国家,苏联援助数量的增加应当与颁布土改法令的概率正相关(假设一)。其次,由于苏联的发展理念倡导的是涉及剥夺地主财产和土地国有化等内容的激进土改模式,苏联援助应当主要影响的是激进的土改法令,而对于分配闲置土地、明晰土地产权等温和的土改措施不会有显著影响(假设二)。最后,土改法令的颁布不代表改革措施真正得到了推行。如果苏联援助确实增加了受援国领导人实施土改的意愿和能力,那么它不仅会增加颁布土改命令的概率,也会增加土改命令最终被贯彻执行的概率(假设三)。

三、数据与方法

本文的主要因变量是第三世界国家的土改,其数据来源是巴塔查亚等学者建立的土改数据库。[②]该数据库记录了1900—2010年间165个国家所颁布过的土改法令,并对每次土改的目标和执行情况进行了编码。土改的目标被分为12种,包括设定土地的最高持有额、没收土地、强制再分配、闲置土地分配、归还集体土地、土地私有化、改善地权稳定性、集体化、土地整合、土地国有化、土地确权及其他。本文将设定最高持有额、没收土地、强制再分配、集体化和国有化定义为激进的土改,因为它们都涉及对私人土地所有权的剥夺,意味着国家权力与封建贵族、跨国公司或部落酋长的直接对抗,对于第三世界

① Al-Qazzaz, Ayad, "Army Officers and Land Reforms in Egypt, Iraq and Syria," *Sociological Bulletin*, 1971(20):159–177.

② Prasad S. Bhattacharya, Devashish Mitra, and Mehmet A. Ulubaşoğlu, "The Political Economy of Land Reform Enactments: New Cross-National Evidence (1900–2010)," *Journal of Development Economics*, 2019(139):50–68.

国家的现代化有重要的意义。激进土改以外的改革法令都被定义为温和土改。根据该数据库的编码,改革法令颁布之后,具体的执行情况有三种可能:没有执行、部分执行、完全执行。

　　本文的主要自变量是一国所接受的苏联援助的数量,这一部分的数据来自巴赫的著作《苏联对第三世界的援助:事实与数字》。该书根据苏联官方出版物《苏联国际贸易统计年鉴》,整理出了1955—1990年间相关国家每年在"经济合作协议"下实际获得的苏联援助金额(单位为百万美元),包括物资和设备、技术支持、专家费用、当地人员培训费用等。[1]巴赫依照国际上对援助的一般定义,将协议中"馈赠"(grant)比例低于25%的部分排除在了援助金额之外。略有遗憾的是,除了古巴和智利之外的拉美国家未被《年鉴》统计在内,巴赫认为这可能是由于这些国家不在编撰《年鉴》的部门管辖范围之内。该数据源涵盖的国家主要来自亚洲和非洲,共计39个受援国。本文参考此前研究的做法,在生成苏联援助变量时计算了受援国人均获得援助的金额。为了防止异常值(outlier)的影响,同时减小变量的偏度(skewness),对百分比数值取了以10为底数的对数。[2]

　　实证分析控制了一系列可能同时影响主要自变量和因变量的因素。首先是一系列宏观经济的因素,包括人均国内生产总值(取对数),人口规模(取对数),经济增长率。此外,根据既有研究可知,来自西方国家的援助也可能影响土改的实施,因此控制了官方开发援助(ODA)占国内生产总值的比重(取对数)。[3]其次是一些政治性的变量。如文献回顾中提到的,有研究认为民主程度是解释土改的重

---

[1]　Quintin V. S. Bach, *Soviet Aid to the Third World: The Facts and Figures*, Book Guild, 2003:14.

[2]　Christopher Heurlin, "Authoritarian Aid and Regime Durability: Soviet Aid to the Developing World and Donor-Recipient Institutional Complementarity and Capacity," *International Studies Quarterly*, 2020(64):974. 按照该文中的做法,如果某国某年获得的援助金额为0,则将其获得援助金额设定为1美元(即0.000001百万美元),以避免对0无法取对数的情况。

[3]　数据取自OECD的官方网站:https://stats.oecd.org/, 最后访问日期:2023年12月18日。

要因素,因此控制了代表民主程度的政体指数。[1]国家能力也被认为是推动土改的保障,因此控制了汉森等学者制作的国家能力指数。[2]考虑到政体转型时期新的执政者更有可能采取土改措施,本文生成了一个二分变量来代表转型期,如果在某观察值的前四年之中发生过政权的更迭,则该变量取值为1。[3]另一个关键的控制变量是领导人的意识形态。在决定苏联援助数量的因素中,除了地缘政治的考量,所在国领导人的意识形态也是不容忽视的。有左翼思想的领导人更有可能寻求苏联的帮助,同时也更有意愿实行土改。因此,本文采用了一个定序变量来测量第三世界国家领导人的意识形态,右翼领导人取值为0,中间派领导人取值为1,左翼领导人取值为2,信仰共产主义的领导人取值为3。[4]可以预期,意识形态越左倾的领导人,越有可能颁布土改法令。最后,还以一个二分变量控制了此前是否有过颁布土改法令的经历。如果此前实施过土改,可能降低再次土改的必要性。

表1报告了本文主要变量的描述性统计。

表1 主要变量的描述性统计

变量	观察值数	均值	标准差	最小值	最大值
土改(所有类型)	4442	0.037	0.188	0	1
激进土改	4442	0.02	0.139	0	1
温和土改	4442	0.015	0.121	0	1
土改(艾伯塔斯数据库)	4841	0.085	0.278	0	1

[1] Monty G. Marshall and Keith Jaggers, *POLITY IV. PROJECT: Political Regime Characteristics and Transitions 1800–2009*, George Mason University, 2010.

[2] Jonathan K. Hanson and Rachel Sigman, "Leviathan's Latent Dimensions: Measuring State Capacity for Comparative Political Research," *The Journal of Politics*, 2021(83):1495–1510.

[3] 政体转型的数据来自 Geddes, Barbara, Wright, Joseph, and Frantz, Erica, "Autocratic Breakdown and Regime Transitions: New Data," *Perspective on Politics*, 2014(12):313–331。包括民主政体被威权政体取代、威权政体被另一个威权政体取代、威权政体被民主政体取代这三种情况。

[4] 数据来自 Herre, Bastian, "Identifying Ideologues: A Global Dataset on Political Leaders, 1945–2020," *British Journal of Political Science*, 2023(53):740–748。

变量	观察值数	均值	标准差	最小值	最大值
苏联援助(此前三年总和/人口,对数)	4442	−11.215	5.557	−13.816	5.333
苏联援助(此前三年总和/GDP,对数)	3721	−12.948	2.221	−13.816	−2.426
经济增长率	4693	1.923	7.5	−63.944	125.959
人均GDP(对数)	4773	7.712	1.123	5.234	11.854
总人口(对数)	4723	8.981	1.675	4.824	14.096
西方国家援助(对数)	3750	−0.287	4.298	−11.513	5.225
政体指数	4768	−2.438	6.425	−10	10
国家能力指数	4376	−0.158	0.74	−2.31	2.159
政体转型期	4843	0.121	0.326	0	1
左翼意识形态	4445	1.1	1.059	0	3

本文构建的是一个以国家—年份为观察值的面板数据,样本包括了亚洲和非洲的所有国家,以及拉美的古巴和智利两国,覆盖年份为1955—1990年。实证分析估计的基础模型如下:

$$Y_{i,t} = \alpha + \beta_1 AidStock_{i,t} + \beta_2 X_{i,t} + \lambda_i + \mu_t + \epsilon_{i,t}$$

其中,$Y_{i,t}$代表的是国家 i 在年份 t 是否颁布了土改法令,如是则为1,否则为0。$AidStock_{i,t}$代表的是苏联援助的数量。考虑到某一年是否实施土改更有可能取决于此前若干年所得援助的总和,而不是当年的援助数量,因此在基本模型中此处取之前三年援助的总量。$X_{i,t}$代表一系列控制变量。λ_i和μ_t分别代表所控制的国家和年份固定效应,$\epsilon_{i,t}$代表与某个观察值相关的残差项。

基础模型遵照此前巴塔查亚等学者的研究方法,使用最小二乘法(OLS)来估计各项系数。考虑到因变量为二分变量,稳健性检验中将采取probit模型。由于数据库中有一些国家或年份从未进行过土改,使用probit模型并控制国家、年份固定效应将导致这些国家或年份的观察值全部被弃之不用,造成信息的大量损失,使用最小二乘法则可以保存这部分信息。

表2 苏联援助对所有类型土改的影响

项目	(1)	(2)	(3)
苏联援助(此前三年 总和,对数)	0.0007 (1.00)	0.0029*** (4.01)	0.0027*** (3.58)
过往土改经历	−0.0047 (−0.27)	−0.0382** (−2.05)	−0.0387* (−1.91)
经济增长率		−0.0000 (−0.03)	0.0001 (0.24)
人均GDP(对数)		0.0013 (0.14)	−0.0074 (−0.62)
总人口(对数)		−0.0026 (−0.10)	−0.0078 (−0.31)
西方国家援助(对数)		0.0043** (2.16)	0.0041** (2.12)
政体指数			0.0001 (0.11)
国家能力指数			0.0242 (1.46)
政体转型期			0.0029 (0.25)
左翼意识形态			0.0131** (2.50)
观察值数量	4084	3283	3080

注:表中各模型使用OLS估值法。各模型使用国家层面的聚类稳健标准误。各模型均控制了国家固定效应和年份固定效应。t值在括号中。* p<0.10, ** p<0.05, *** p<0.01

四、实证结果

表2展示的是苏联援助对不分类型的土改决定的影响。模型一仅控制了过往土改的经历及双向固定效应,模型二增加了宏观经济的控制变量,模型三进一步加入了政治控制变量。从表中可知,在不加入经济和政治变量时,苏联援助的影响并不显著,但在逐次加入这些变量后,此前三年的苏联援助总和与土改法令的颁布呈现显著的正相关。这说明,在不考虑具体土改类型的情况下,苏联援助对第三

世界国家实施土改有着正向影响,假设一得到了支持。结合表1的描述性统计可知,当苏联援助增加一个标准差(5.6),受援国在一年中颁布土改法令的概率将增加1.5个百分点(0.0027×5.6)。考虑到本文研究范围内的国家在某一年颁布土改法令的平均概率约为3.7%,苏联援助的正向效应是相当可观的。

在控制变量中,过往的土改经历与因变量显著负相关,说明已经发生过的土改降低了未来土改的必要性。西方国家的官方开发援助与土改决定显著正相关,这与既往文献的观点相符,即西方发达国家的援助也会推动第三世界土地制度的改革。发达国家的援助每增加一个标准差,颁布土改法令的平均概率约增加1.8个百分点(0.0041×4.298)。最后,国家领导人的意识形态越是左倾,土改发生的概率也越大,这与我们的预期也是相符的。领导人意识形态的左倾程度每增加一个单位,颁布土改法令的概率约增加1.3个百分点。

不过,表2的结果并不能说明外部的援助究竟作用于何种类型的土改。苏联的援助可能仅推动了温和形式的土改,或仅推动了激进形式的土改,或是对二者都有推动作用。为了辨明这一问题,表3的模型(1)—(3)展示了苏联援助对激进土改的影响,而模型(4)—(6)展示了对温和土改的影响。结果显示,苏联的影响主要作用于激进土改,而对温和土改的作用系数更小,且在统计学上都不显著。这与假设二的预测是相符的,苏联的意识形态和革命历史决定了其主要推动的是较为彻底的、触犯土地精英利益的土改。相反,我们看到西方援助对激进土改是没有正面影响的,只有模型(5)显示了西方援助对温和土改有一定的促进作用。这可能是由于以美国为首的西方国家主要鼓励的是尊重私人产权、依托市场规律的土改,而对于没收土地和国有化这一类激进改革是心怀疑虑的。另外,表2显示政体转型时期,新的执政者更有可能宣布进行激进的土改,而宣布实施温和土改的概率要低于普通时期。这说明在新旧政权交替的动荡时期,维持政权的致胜联盟也可能发生剧烈变化,政治精英和土地精英的利益最容易出现分裂,因此激进土改的可能性增加。类似地,分析发现意识形态越左倾的领导人,越有可能颁布激进的土改法令,但意识形态对于温和土改没有显著的影响。这说明第三世界国家领导人一旦皈依了社会主义等左翼思潮,就倾向于追求激进而非温和的土地制度变革。

截至目前,我们解释的都是土改法令的颁布,然而"徒法不足以自行",法令颁布之后是否能得到贯彻执行,还取决于国家是否有足够的政治决心和能力。依照此前的理论分析,苏联援助既然能够提升土改的意愿和能力,那么它应该能够促成土改的执行。为了检验假设三,我们创建了一个定序变量,如果没有发生土改,则取值为0;如果土改发生了但最终没有执行,则取值为1;如果土改得到了部分执行,则取值为2;如果土改被完全执行了,则取值为3。鉴于结果是定性变量,分析将采用有序逻辑斯蒂(ordered logistic)模型。如表4所示,在控制了政治和经济变量后,苏联援助的系数为正并在统计意义上显著,这说明苏联援助的增加显著地提升了土改执行情况从一个状态向更高状态跃升的可能性。此外,西方国家的援助和领导人的左翼意识形态也会增加土改得到落实的概率。

表3　苏联援助对激进和温和土改的影响

项目	(1)	(2)	(3)	(4)	(5)	(6)
	激进土改			温和土改		
苏联援助（此前三年总和,对数）	0.0011*（1.91）	0.0020***（3.49）	0.0018***（3.02）	0.0001（0.14）	0.0008（1.54）	0.0009（1.66）
过往土改经历	-0.0876***（-7.93）	-0.0972***（-5.96）	-0.0971***（-5.23）	-0.0032（-0.15）	-0.0131（-0.54）	-0.0136（-0.53）
经济增长率		0.0001（0.18）	0.0002（0.54）		-0.0001（-0.26）	-0.0001（-0.28）
人均GDP（对数）		-0.0019（-0.26）	-0.0073（-0.87）		0.0035（0.64）	0.0026（0.34）
总人口（对数）		0.0117（0.52）	0.0121（0.52）		-0.0002（-0.01）	-0.0005（-0.04）

续表

项目	(1)	(2)	(3)	(4)	(5)	(6)
	激进土改			温和土改		
西方国家援助(对数)		0.0020 (1.29)	0.0022 (1.40)		0.0018* (1.95)	0.0016 (1.59)
政体指数			−0.0006 (−1.02)			0.0004 (0.67)
国家能力指数			0.0145 (1.09)			0.0023 (0.27)
政体转型期			0.0192** (2.01)			−0.0156** (−2.42)
左翼意识形态			0.0100** (2.44)			0.0032 (0.89)
观察值数量	4442	3594	3362	4442	3594	3362

注:激进土改类型包括设定最高土地持有额、没收土地、强制再分配、集体化和国有化。其余土改类型均定义为温和土改。表中各模型使用OLS估值法。各模型使用国家层面的聚类稳健标准误差。各模型均控制了国家固定效应和年份固定效应。t 值在括号中。* p< 0.10, ** p<0.05, *** p<0.01

表4　苏联援助对土改执行情况的影响

项目	(1)	(2)	(3)
苏联援助(此前三年总和,对数)	0.0206 (0.96)	0.0956*** (3.09)	0.0962*** (2.77)
过往土改经历	0.1200 (0.28)	−0.7137 (−1.39)	−0.9206* (−1.74)
经济增长率		−0.0115 (−0.67)	−0.0087 (−0.45)
人均GDP(对数)		0.5168 (1.05)	0.3902 (0.66)
总人口(对数)		−0.3661 (−0.20)	−0.5619 (−0.30)
西方国家援助(对数)		0.4685** (2.10)	0.5089** (2.14)
政体指数			0.0231 (0.63)
国家能力指数			0.4687 (0.84)

续表

项目	(1)	(2)	(3)
政体转型期			0.0900 (0.23)
左翼意识形态			0.6000*** (2.76)
观察值数量	4442	3594	3362

注:表中各模型使用有序逻辑斯蒂回归法。各模型使用国家层面的聚类稳健标准误。各模型均控制了国家固定效应和年份固定效应。t 值在括号中。* p<0.10, ** p<0.05, *** p <0.01

为了确保实证结果的可靠性,我们做了如下的稳健性检验:一是使用 probit 回归模型而非最小二乘法检验假设一和假设二。二是分别使用最后一年的人均援助金额、此前两年的人均援助总和、此前四年的人均援助总和作为自变量。三是使用苏联援助占国内生产总值的比例,并取对数作为自变量。四是使用艾伯塔斯的土改数据库重新检验假设。该数据库记录了所有涉及土地再分配的土改年份,并将其分为重大改革和次要改革。所谓重大改革,指的是在一个连续的时间段内,至少占全国可耕地10%的私人所有土地被没收并再分配,并且其中至少有一年被没收土地占到了可耕地的1%。只有当失去土地的地主所得赔偿低于市场价时,土地权的转让才算"再分配"。如果在一个时间段内发生了没收土地和再分配,但所涉及的土地面积不满足上述标准,则这些年份被算作是"次要改革"。[1]艾伯塔斯土改数据库与巴塔查亚等学者的数据库的一大区别是,后者只将颁布土改法令的年份赋值为1,而前者将所有土改还在进行的年份都赋值为1。基于艾伯塔斯数据库的分析同样表明,在得到苏联援助较多的年份,更有可能进行土地的没收和再分配改革。

---

[1] Michael Albertus, *Autocracy and Redistribution: The Politics of Land Reform*, Cambridge University Press, 2015.

五、结语

本文通过收集冷战时期苏联对第三世界国家的经济援助数据及这些国家的土改数据，分析了苏联援助对土改的决定和最终执行的推动作用。这种正向的推动作用可能是通过规范传播、改变国内政治力量对比、提供土改所需的物质基础三个因果机制实现的。因篇幅和数据所限，本文未能直接检验这些因果机制，未来的研究可以在这一方面取得进展，比如通过分析第三世界国家领导人的演讲、检验苏联的援助是否让这些领导人采用了苏联式的叙事方式，或是考察苏联的援助是否增加了当地共产党人在政府中的任职人数，等等。另外，作为一项观察性研究，本文也无法从根本上克服援助内生性的问题。苏联援助的数量显然受到所在国的意识形态、与西方国家关系、地缘政治等一系列因素的影响，而这些因素同时可能制约土改的发生。未来的研究可以通过更精巧的研究设立来克服这一难题。

冷战时期，苏联为意图摆脱西方新殖民主义控制、实现民族独立的第三世界国家提供了一个替代性发展模式。苏联认为，落后的第三世界国家可以走"非资本主义"的发展道路。即便没有无产阶级政党的领导，这些国家的民族主义者也可以推动各种激进的社会变革，如土改、限制外国资本、普及文化教育等，从而逐步地向社会主义过渡。通过加强与苏联的联系，这些"革命的民主主义者"最终会向马列主义者转变。[1]由于苏联没有殖民亚非拉国家的历史，而且自身就曾经是一个落后的农业国，她的发展模式对许多第三世界国家的领导人有着特殊的吸引力。[2]可以假想，如果没有苏联对第三世界国家的深度介入，很多国家的现代化很可能会呈现另一种面貌。当然，随

---

[1]　Sylvia Woodby Edgington, "The State of Socialist Orientation : A Soviet Model for Political Development," *The Soviet and Post-Soviet Review*, 1981(8):231.

[2]　Harold Weaver, "Soviet Training and Research Programs for Africa," Ph.D. Diss., University of Massachusetts Amherst, 1985:172.

着冷战的结束,苏联援助的一些影响已经不复存在了,但它的另一些遗产可能至今仍在发挥作用。这一话题还有待更深入的研究。放眼当下,不同现代化道路的选择可能又会摆在第三世界国家的面前。中国式现代化正在为世界贡献更多的中国方案、中国智慧,中国不断增加的对外投资和援助将对其他国家的改革和发展产生什么样的作用,值得未来研究给予充分的关注。

精英结构与东南亚现代国家建构

——对东南亚三国的比较分析

闫　亮　顾培希*

内容摘要　本文以新加坡、马来西亚和泰国的现代国家建构历程作为研究对象,分析其精英结构变化对现代国家建构的影响,由此动态地考察精英结构与现代国家建构之间的关联和内在逻辑。在对精英结构进行理论分析的基础上,以"政治体系吸纳能力"和"体制内精英集团凝聚力"两大维度为标准进行精英结构理想类型划分,分别为团结整合型、斗争分裂型、妥协均势型和专制分散型。本文的解释机制是,精英结构的变化对现代国家建构成效产生了深刻影响,一旦精英的结构面临重组,政治变迁也就随之而来,从而形成了不同的现代国家建构后果。通过对三国进行比较分析,明确了国家建构初始条件、政治组织制度化水平、精英吸纳与更替机制,以及领导人素质会对精英结构类型的变化产生深远影响。同时明确了精英结构的变化会带来政治统治模式的变化,进而影响到现代国家建构的成效,但是并不意味着精英结构有优劣之分,关键还在于各个国家根据自己的实际国情,形成适合自身发展并能够长期维系的精英结构,最终走出一条具有自己特色的现代国家建构之路。

---

* 闫亮,南京大学政府管理学院博士研究生,主要研究方向为比较政治。顾培希,法学硕士,江苏航空职业技术学院思政部教师,主要研究方向为政治学理论。

关键词　精英结构;现代国家建构;精英整合;精英斗争

一、问题的提出

相较于早发现代化国家,东南亚各国曾长期遭受殖民统治,现代国家建构进程开始较晚且不是一个原发、内生的过程,其现代国家建构之路有本国特色。传统国家理论大多将国家视为一个固定统一的建构结果而存在,或者将国家视为一个内部一致的行动者结构,但是无论从理论分析或者从经验考量都不应该将国家简单描述为一个统一性的结果和单一的行动者结构。①国家可以看作是一整套制度的集合体,它的组织形式和功能在精英的互动中被不断重构。从国家建设的组织者的视角分析,至少存在三种代表性的现代国家建构模式:第一种是英美为代表的社会力量主导模式,第二种是以苏联为代表的政党组织主导模式,第三种是以德日为代表的国家(官僚组织)主导型模式。②大部分后发国家的现代国家建构是由掌握国家政权的政治精英们主导的,传统国家建构理论将精英之间的团结视为理所应当的常识。但是经验资料显示精英之间并非始终是团结一致的,精英之间的关系是错综复杂的,精英之间结构关系的变化会对国家的构建和发展产生影响。

拉克曼提出精英斗争理论,对国家形成进行了新的分析,"任何国家的形成都不是加强统治者权力的单一过程,而是诸多精英进入国家,企图在和其他精英和农民的斗争中取得优势从而产生的计划外副产品",因此国家是精英斗争的产物。③"不管是国别之间的政治差异,还是历时的制度变迁,都可以用精英关系的变动来解释",一旦精英结构出现调整,制度上的变动也就随之而来,精英关系的结构差

---

① 郭晓东:《重构国家:后社会主义国家建构类型研究》,《天津社会科学》2007年第5期。
② 杨光斌:《早发达国家的政治发展次序问题》,《学海》2010年第2期。
③ [美]理查德·拉克曼:《国家与权力》,郦菁译,上海世纪出版集团,2013年,第37—48页。

异才是导致现代国家形成的不同路径的最本质的关键因素。[①]现代
国家建构是一种动态的非线性过程,在研究中深入国家内部,以精英
和精英集团之间的互动关系为抓手,通过"国家形成来研究国家"为
动态地探索国家建构提供了可行路径。[②]所以本文以"精英结构"这
个关键因素为纽带,运用比较历史分析的方法,选取新加坡、马来西
亚和泰国三个东南亚国家进行比较分析,由此动态地考察精英结构
与东南亚现代国家建构之间的关联和内在逻辑。

二、现有的解释及其局限

通过整理国内外东南亚国家建构的相关文献,可以发现目前的
研究集中在战争、民族建构和政治行动者维度。

"战争制造国家",长期高烈度战争及外部环境威胁,迫使精英们
不得不建立起一套服务于战争的高效行政体制和征税机制来汲取资
源支撑战争,在这个过程中,文官政府逐步强大并构建起现代官僚制
组织,推动了西欧早期民族国家建构。相较于西欧,东南亚国家反殖
武装斗争及建国后面临的战争威胁是否促进国家建构值得商榷。[③]
而且欧洲现代国家建构主体是文官政府,持续不断的战争使得文官
集团发展壮大,最终控制了暴力机器,文官扮演起国家建设者的角
色。而东南亚的特殊性在于当战争停止时,军队已经成长为整个国
家中组织最严密、效率最高、掌握资源最多的力量,孱弱的文官政府
无法控制军队,最终军队取代文官政府成为现代国家的建设者,例如
缅甸和泰国。[④]所以战争的确可以"制造国家",但只是在一定条件下

---

① 郦菁:《精英斗争与国家理论——对于理查德·莱克曼〈国家与权力〉述评》,《复旦政治
学评论》2014年第2辑。
② 武有祥:《透过国家形成研究国家》,王健等译,《北大政治学评论》2022年第2辑。
③ Patricio Abinales, "State Building, Communist Insurgency and Cacique Politics in the Phil-
ippines," in P. Rich and R. Stubbs, eds., *The Counter-Insurgent State: Guerrilla Warfare
and State Building in the Twentieth Century*, Palgrave Macmillan, 1997:27-49.
④ 查雯:《迟到的东南亚》,中国社会科学出版社,2022年,第62—77页。

才能"制造国家"。

西欧国家是在形成稳固民族认同的基础上构建起现代民族国家的。但是东南亚国家因为特殊的社会历史情况,不得不抓住有利时机先实现国家独立,至于民族认同的建构则被推迟,现代国家建立以后普遍面临认同缺失问题。[1]认同缺失会影响到现代国家的民族整合,进而造成民族分离运动。东南亚各国面临的民族建构问题非常复杂,政治行动者的作用在这个过程中凸显出来,政治精英在民族问题上不同的策略选择和能力的差异会带来不同的国家建构后果。基于政治精英视角对东南亚国家建构进行研究的国外代表学者有丹·斯莱特[2]、武有祥[3]等。他们从精英间关系、精英和社会关系等视角切入,认为精英在东南亚国家建构中扮演了关键角色,注重研究在国家建构的关键时刻精英的作用。国内研究多集中在政治领导人的维度,突出政治领导人个人因素对于现代国家建构的影响,部分学者从女性政治领袖、政治权力集团等视角进行研究。

总体来看,现有研究存在两方面不足:一是现有研究多集中在战争等维度,但是东南亚现代国家建构不是欧美国家历史的简单复刻,而是有自己的特色。现有研究不能很好地解释东南亚现代国家建构情况,受战争影响等解释过度强调了客观条件的制约性,以至于对重要的政治行动者缺少关注。政治行动者因素难以揭示政治活动参与者做出某一影响现代国家建构的选择性行为时背后的原因所在,而且政治行动者因素的解释主要聚焦于体制内精英,并且预设了体制内精英在现代国家建构中的主动性和主导性地位,非体制内精英主要作为被动参与者的身份被纳入。[4]随着现代化建设的推进,精英类型逐

---

[1]　宋辰熙:《东南亚地区在民族国家建构过程中的困境与调适》,《天津市社会主义学院学报》2015年第2期。

[2]　Dan Slater, *Ordering Power: Contentious Politics and Authoritarian Leviathans in Southeast Asia*, Cambridge University Press, 2010.

[3]　Tuong Vu, *Paths to Development in Asia: South Korea, Vietnam, China, and Indonesia*, Cambridge University Press, 2010.

[4]　陈立夫:《打造利维坦——比较视野下的东南亚国家建政策略与组织模式研究》,《比较政治学研究》2023年第2辑。

步多元化,社会精英日益崛起,传统聚焦于体制内精英的研究不足以展现出现代国家建构的复杂性。二是国内对于东南亚精英与国家建构的研究多为单一国家研究,缺少社会科学意义上的综合性比较研究。

三、东南亚现代国家建构的分析框架:精英结构理论

(一)精英结构的内涵

本文将"精英"定义为,在新加坡、马来西亚和泰国三国现代国家建构进程中具有突出能力,掌握政治军事经济等资源的分配权,积极参加政治活动,能对国家发展产生影响群体的总称,精英有掌握政治权力的体制内精英和体制外代表社会大众的社会精英之分。早期精英研究都将精英群体视为团结的、能够进行集体行动的一个整体,但是新的研究不断挑战这一预设。精英群体并不是高度凝聚的统一整体,精英之间的关系是十分微妙复杂的,精英的内部构成和结构特征在不同历史时期是不同的。精英们常常会因为利益、理念等分歧而各行其是,精英群体要实现团结一致的集体行动是很困难的。这就导致了精英研究的转折,即从"谁是精英"到"精英结构"的转变。精英结构,是指一个国家内不同类型的精英或精英群体之间基于不同逻辑形成的制度化的关系集合或互动模式,简而言之,就是精英或精英群体之间的相互关系,本质上应该视为一种由精英构成的结构体系。同时,精英结构自身也构成了一套体系,是精英处理其自身行为的行为准则。

现代国家建构包含国家建设过程中所有政治变迁,包括创建国家、建构民族、培育国民三个过程,最终指向是构建一个现代化的民主国家。[①]严重缺乏现代性因素积累的后发国家必须通过现代国家建构,建立起稳定有效的政治秩序,获取政治权力的正当性认同,为

---

① 李强:《后全能主义体制下现代国家的构建》,《战略与管理》2001年第6期。

发展现代经济建立现代社会创造前提条件,进而实现更好的发展。综合已有研究精英结构在政治稳定、政体类型、政治转型等维度对国家建构产生影响。①

(二)精英结构的基础与类型

1.理解精英结构的基础

大部分后发国家的现代国家建构是由掌握国家政权的具有现代化取向的体制内精英主导的。精英集团并不是高度凝聚的统一整体,相反精英之间的关系是十分复杂的,他们常常会因利益、理念等分歧而各行其是,精英集团要实现团结一致的集体行动是很困难的。所以,体制内精英集团主导下的现代国家建构,其成败的关键取决于与精英自身有关的两大基本条件:一是体制外精英对政治体制(体制内精英)的支持情况,它与政治体系吸纳能力有关;二是体制内精英集团内部情况,它与精英集团内部凝聚力有关。

第一,政治体系吸纳能力。政治吸纳是长期稳定的通过制度安排所进行的吸纳,掌握政权的体制内精英通过一系列自上而下的制度化安排(如执政党吸纳、立法机关吸纳),将部分社会精英吸收进入到体制内部分享政治权力,从而减少体制外反对力量,提高现有政治体制的合法性。②将社会精英吸纳到体制之中,这部分精英所代表的社会力量也会成为现有体制的忠诚拥护者,让现有体制能够集中社会力量来推进现代国家建设。随着人类文明的发展进步,几乎所有政治实体在形式上都具备政治吸纳功能。③所以,关注点不在于政治体制是否进行政治吸纳,而是关注其有效性。基于政治吸纳的有效性,判断统治政治体制是属于包容性体制,还是排斥性体制。

第二,体制内精英集团的凝聚力。将社会精英吸纳进入体制内

---

① 刘建军、梁海森:《精英结构及其对国家治理的影响》,《中共浙江省委党校学报》2014年第5期。
② 唐睿:《制度性吸纳与东亚威权主义政府执政地位的保持——对韩国、新加坡和菲律宾的比较分析》,《东南亚研究》2019年第3期。
③ 简军波:《大变局之下的世界秩序:范式之变?》,《世界经济与政治论坛》2024年第1期。

并不意味新旧精英实现有效的精英整合,成为"志同道合"的政治伙伴。反而可能为原有体制外反对派提供了合法进入体制的机会,借助体制内资源反对派更容易壮大自身的实力。这样政治吸纳非但没有起到消弭威胁、提升政权稳定性和代表性的目的,反而将"敌对力量"吸纳进入体制内,最终"祸起萧墙"影响国家政权稳定,阻碍现代国家建设。如果体制内精英集团不能实现有效的精英整合,不能在某些重要议题上达成共识,特别是领导人不能维系内部精英的向心力和自身权威,反而会导致精英间分裂加剧,危及政权存续。在某些情况下,精英集团内部出现问题对政权的危害甚至会远远超过体制外社会精英对政权的影响。①因此,必须处理好精英集团内部关系,团结协作增加其集体行动的一致性和有效性,这样才能更好地领导现代国家建构。所以这就对体制内精英集团的"精英凝聚力"提出了考验。

2.精英结构的类型学及其划分逻辑

对体制内精英集团而言,体制外社会精英的支持和体制内精英的团结是保持政权稳定和基本国家能力的必要条件。为了保持政权稳定,提升政权合法性和扩大执政基础,就必须采取措施缓和、化解上述两方面因素产生的威胁。不同国家或者同一国家不同历史时期在政治体系吸纳能力和体制内精英集团凝聚力是存在差异的。所以在"精英结构"分析框架的基础上,可进一步提出东南亚现代国家建构过程中精英结构关系的类型学。根据各国在"政治体系吸纳能力"和"统治精英集团内部凝聚力"两大维度上的差异,参见表1在理论上可以划分出四种精英结构理想类型。

表1　精英结构的四种理想类型

对比项		政治体系吸纳能力	
		高(包容性体制)	低(排斥性体制)
体制内精英集团凝聚力	强(团结化)	类型一 团结整合型	类型二 专制分散型
	弱(派系化)	类型三 妥协均势型	类型四 斗争分裂型

---

① M. Svolik, *The Politics of Authoritarian Rule*, Cambridge University Press, 2012:3-6.

第一种类型为团结整合型。体制内外精英相互团结合作,体制内精英不断将社会精英吸纳到体制当中,分享权力并完成自身的更新。各方达到权力上的相对均衡和利益上的双赢,最终形成了包容性体制和集权化的统合,精英们能够集中力量推动改革,提升国家实力,推动现代国家建设。这种精英结构较为稳定,有助于形成强大的、制度化程度较高的政治组织,精英领袖对精英具有较高掌控力,精英们往往能够团结一致进行集体行动。

第二种是专制分散型,统治精英集团掌控国家机器具有强大的专制性权力,实行威权统治或独裁统治。在该类型下政治体制是一种排斥性体制,社会精英被排斥在政治体制外,对国家产生疏离和政治冷漠,整个国家体制较为僵化,丧失活力。虽然在一定时期内能够维系政治稳定,让国家能够集中力量进行现代化建设,但是统治成本非常高,威权统治是不能长期维系的。

第三种是妥协均势型,基于实力和政治利益考量,各精英集团达成了政治妥协,构建起政治联盟,迅速掌握政权建立起联合政府,同时各精英集团形成权力均势状态,互相制衡,避免一家独大。这种精英结构是不稳定的,政治联盟是暂时的妥协性产物,是精英利益固化的表现。精英集团内部凝聚力较弱,存在严重的分歧和派系之争。如果不能弥合分歧、扩大统治基础打破僵化的精英利益格局实现有效改革并提高精英集团的制度化水平,就会阻碍国家发展。

第四种是斗争分裂型,各精英集团间以及精英集团内部关系恶劣,频发的派系斗争使得彼此不能达成有效协作和共识。纵使社会精英被吸纳进入体制当中,也无法进行有效的精英整合,反而会加剧组织内耗。该结构下政治斗争剧烈,政局动荡,国家无法集中力量进行现代化建设,最终国家实力下降,影响现代国家建构。

针对四种精英结构理想类型,有三个问题需要强调:其一是政治体系吸纳能力和体制内精英集团凝聚力两个判别标准是相对意义上的,并非非此即彼的关系,而是多与少之间的关系。现实政治活动是非常复杂的,并非仅仅只有这四种理想类型,而是可能存在无数的组合。其二是精英结构类型并不是一成不变的,现代国家建构的不同时期可能会存在不同的精英类型,进而对现代国家建构产生影响。而且任何国家的精英结构都是混合型的,关键在于哪种精英结构占据主导,精英结构类型可以长期维系,也可能在短期内发生剧烈变化。其三是四种理想类型是对精英结构形态的描述,不涉及价值判断。

(三)解释机制

本文运用精英结构理论,基于东南亚现代国家建构实践构建起了精英结构的四种理想类型,分别为团结整合型、斗争分裂型、妥协均势型和专制分散型。同时选择新加坡、马来西亚和泰国三个案例进行比较分析。本文的解释机制是,精英结构的变化会对现代国家建构的成效产生了深刻影响,一旦精英的结构面临重组,政治变迁也就随之而来,从而形成不同的现代国家建构后果。

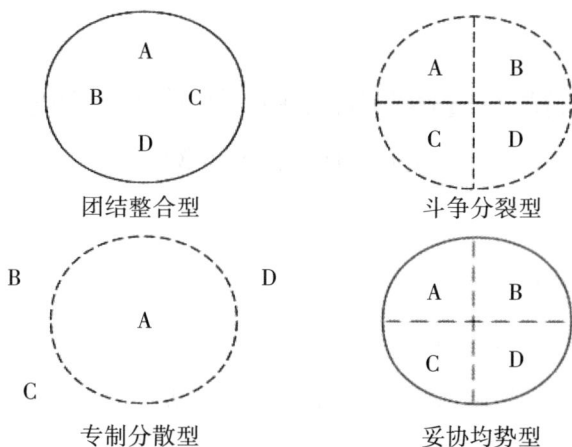

注:字母代表不同的精英,椭圆表示国家,实线表示稳定,虚线表示不稳定。

图1 精英结构类型与现代国家建构的关系

在现代国家建构过程中体制内精英完成相对集权化的内部整合和制度建设,并且能将社会精英吸纳进体制当中进行有效精英整合,形成团结整合型精英结构,集中力量进行现代化建设,最终提升国家能力,形成现代国家建构的正循环(见图1)。相反,如果精英集团间及精英集团内部始终存在不可调和的矛盾,难以达成合作谅解,长期的精英恶斗势必会形成斗争分裂型精英结构,最终持续性的政治动荡和政治分裂必然导致现代国家建构的失败。团结整合型和斗争分裂型精英结构类型之间存在两种中间状态,即妥协均势型和专制分散型。在现代国家的建构过程中,各派精英若是实现妥协合作,掌握政权建立起妥协型政府,同时各个精英集团形成权力均势状态,互相制衡,这就形成妥协均势型精英结构。但是需要提高体制内精英集团凝聚力,解决派系分化和精英利益固化等问题。在独裁政体或威权政体中,比较容易出现一种精英集团独占政权的局面,这就形成了专制分散型精英结构。在这种精英结构下,统治精英集团能够依靠专制性权力排除干扰、集中力量进行现代国家建设,但是威权统治毕竟是不稳定的,政治体制会演变成为排斥性体制,精英集团会因为得不到社会力量的支持而逐步走向封闭保守而抗拒革新,阻碍现代国家建构。

四、精英结构与新加坡、马来西亚和泰国的现代国家建构

(一)新加坡

建国前的新加坡是斗争分裂型精英结构,这直接反映在人民行动党内派系构成上,党内派系斗争贯穿了人民行动党早期发展史。无休止的精英斗争影响到了新加坡反殖独立事业,"新马合并"计划的出台最终引爆了党内矛盾,人民行动党分裂,李光耀乘机重组了人民行动党,斗争分裂型精英结构发生了改变。重组后的人民行动党虽然实力受到削弱,但是党内精英团结程度、组织动员力反而得到了极大提升。其后通过"冷藏行动",左派势力遭到沉重打击,人民行动党初步实现了对新加坡的政治统合,团结整合型精英结构初现端倪。新马合并后,新加坡政治精英进入马来西亚政坛,但是他们的到来却

严重冲击马来(西)亚已经形成的妥协均势型精英结构。具有极高政治动员能力和凝聚力的李光耀集团的政治追求会动摇马来西亚已经形成的精英利益分配格局,而组织薄弱、内部统合力低下的马来西亚执政联盟精英们意识到了这个问题。两种不同精英结构在马来西亚联邦成立后就显现出不融合性,双方精英冲突日益加剧,最终马来西亚选择将新加坡"逐出"马来西亚。

被迫独立建国后的新加坡精英们面对国小民弱、内外交困的残酷现实,以及人民行动党内派别斗争和新马合并失败带来的经验教训,让精英们团结一致支持国家的集权化和威权化,依靠强大的政党组织,建立一个精英主义下的具备强大国家能力的行政主导型国家,所以新加坡形成并长期维系了团结整合型精英结构。在这种精英结构下,新加坡长期保持政治稳定,为现代国家建设提供了良好的政治和社会环境,人民行动党得以排除干扰集中力量进行现代国家建设。团结整合型精英结构面临的一大挑战是精英的更替。如果不能处理好精英更替问题,精英们必然会围绕权力继承问题发生严重的恶斗,引发政局动荡,葬送现代国家建构的成果。经过不断探索实践,新加坡已经形成一套制度化的并经过三次实践检验的精英更替体系,该体系为团结整合型精英结构长期存在提供了有力保障。

(二)马来西亚

独立前的马来西亚是个异质化社会,各族群间存在严重的隔阂和疏离。为了确保马来人特权和地位,马来人精英联合起来组成了代表马来人利益的族群政党巫统。[1]华人社会面对战后"紧急状态"下严峻的生存环境,组成了代表华人利益的政党马华公会。这些政党并不是严格意义上的现代政党,制度化水平和组织化程度不高,党内斗争激烈,难以通过党内制度化的程序控制内部斗争。马来亚联

---

[1] Norhashimah Mohd. Yasin, *lslamization/Malaynisation: A Study on The Role of lslamic Law In The Economic Development of Malaysia 1969–1993*, Ph.D.Thesis, University of Warwick, 1994:116.

合邦成立后,巫统和马华公会在地方选举中组建政治联盟,后来印度人精英加入进而形成了巫华印政治联盟,由此形成了妥协均势型精英结构。[①]妥协均势型精英结构下,各族群精英们通过执政联盟有效地协调精英之间的矛盾和族群利益分歧,精英们达成共识和妥协,保持了政治稳定并维护了族群精英利益,进而有力推动了独立建国进程。独立后的马来西亚精英集团自身的组织力和凝聚程度不能满足现代国家建构和自身持续发展的需要,这个问题在新马合并冲突中深有体现。妥协均势型精英结构是对于现有利益的分配和维系机制,精英们非常保守厌恶变革,很难基于国家现代化发展的需要去推进改革,调节内部矛盾。如果不能采取有效措施维系各派精英团结,形成有效的精英吸纳和精英更替体系,这种精英结构就不易长久维系。"5.13"事件后,马来人精英通过建立威权体制的方式实现了集权和政治稳定,推动了现代国家建设,形成了专制分散型精英结构。

专制分散型精英结构性下马来西亚政治体制非常封闭僵化,各族群精英成为马来人精英的附庸。巫统领导人只能通过强权威慑和利益分配来维系内部脆弱的平衡团结,保证内部冲突不失控,国家也成为马来精英们攫取利益的工具。进入新世纪专制分散型精英结构在内外冲突下走向解体,马来西亚开始了民主化进程,其精英结构逐步转化为斗争分裂型精英结构。转型后的马来西亚,政府四年内三次更迭,总理职位四易其人,政局动荡,各派精英不断恶斗,给国家发展带来严重影响。2022年大选后,政坛元老安华出任总理,马来西亚政局暂时稳定下来。

(三)泰国

1932年立宪革命后,泰国走上了现代国家建构之路。军人集团依仗武力优势建立起以披汶为首的军事独裁统治,泰国形成了专制

---

① 常士闇:《党际政治沟通——马来西亚跨族群政党联盟的建立与运行机制研究(1957-1998年)》,《比较政治学研究》2023年第2辑。

分散型精英结构。在披汶的独裁统治下,泰国完成了基本的族际整合和国家认同建设,建立起了现代行政体系。独裁统治不能长久维系,被军人集团压制的各派精英不会甘于被排除在政治体系之外。二战后的内外动荡中,泰国形成了斗争分裂型精英结构,不久后整合了军人集团力量的沙立接替披汶建立新的军人统治。基于现实考虑,沙立选择和王室进行合作,双方互相支持,军人集团在王室的支持下巩固统治、增加合法性。而王室被允许重新回到政治生活中,进而发展为泰国的主导性力量。泰国在"军队—王室"联盟下形成了妥协均势型精英结构,建成"泰式民主"体系。沙立去世后,继承人不能维系"泰式民主"体系,妥协均势型精英结构转变为斗争分裂型精英结构。各派精英经过长期惨烈斗争后,在泰王普密蓬的干预下达成妥协,军人集团放弃权力垄断,开始与各派精英进行协商合作。20世纪80年代的泰国政治格局,被称为"国王领导下的民主",各派精英实现妥协,国王享有崇高地位,"王室—军队—政党"三股力量相互妥协合作进行统治,妥协均势型精英结构重新出现。[①]依靠妥协均势型精英结构,泰国维持了政治和社会稳定,各派精英协商合作共同分享政权,促进了经济社会快速发展。

进入20世纪90年代在各派精英压制下军人集团在政治领域"隐身",到了新世纪,代表新兴资本集团和乡村利益的他信集团"一党独大"独霸泰国政坛,严重冲击原有的妥协均势型精英结构。他信集团和王室、军人集团、曼谷中产阶级之间矛盾愈加剧烈,最终形成了他信集团和反他信集团的对峙,泰国再度形成了斗争分裂型精英结构。两派精英对峙引发的红黄之争让泰国陷入了长时间社会动荡,政府不断更迭,陷入"为反对而反对"的乱局,许多重要问题久拖不决,对泰国现代国家建构造成了严重的冲击。在混乱中,军人集团再度获得了政治上的主导权。

---

① 周方冶:《王权·威权·金权:泰国政治现代化进程》,社会科学文献出版社,2011年,第93—183页。

五、精英结构与新马泰三国现代国家建构的比较

表2显示,在脆弱国家指数等国际上反映现代国家建构水平的评价体系中,新加坡往往名列前茅,显示出优异的现代国家建构水准。马来西亚处在中等偏上位置,显示出现代国家建构取得了一定成绩,但是存在许多不足,现代国家建构的任务较为繁重。泰国处在中等靠后位置,可见其现代国家建构任重而道远。

表2　新马泰三国国际评价指数评级统计表

国家	清廉指数（CPI）				人类发展指数（HDI）				脆弱国家指数（FSI）			
	年份	指数	排名	参评对象总数	年份	指数	排名	参评对象总数	年份	指数	排名	参评对象总数
新加坡	2022	83	5	180	2019	0.938	8	189	2021	26.6	165	179
	2013	86	5	175	2018	0.932	9	189	2010	34.8	160	177
	2003	9.4	5	133	2013	0.901	9	187	2006	30.8	133	146
马来西亚	2022	47	61	180	2019	0.810	62	189	2021	56.9	123	179
	2013	50	53	175	2018	0.802	57	189	2010	69.2	110	177
	2003	5.2	37	133	2013	0.773	62	187	2006	66.1	98	146
泰国	2022	36	101	180	2019	0.777	79	189	2021	70.9	87	179
	2013	35	102	175	2018	0.755	83	189	2010	78.8	81	177
	2003	3.3	70	133	2013	0.722	89	187	2006	74.9	79	146

资料来源:笔者根据公开数据整理制作。

新马泰三国差不多同时开始了现代国家建构,为什么数十年后却交出三份截然不同的现代国家建构答卷?通过分析三国现代国家建构历程,笔者认为在现代国家建构历程中三国精英们所形成的不同精英结构类型及其变化带来了不一样的现代国家建构后果。而现

代国家建构初始条件、政治组织的制度化水平、精英吸纳与更替机制及领导人素质会对一个国家精英结构类型的变化产生深远影响。

首先,现代国家建构初始条件。三国现代国家建构初始条件是存在差异的。新加坡严峻的内外环境及自身经验教训,让精英们团结一致支持建立一个具备强大国家能力的集权国家体制。所以新加坡在经历短期的斗争分裂型精英结构后,快速形成并长期维系了团结整合型精英结构。与新加坡相反,泰国在专制君主制时期积攒了一定的国家建构遗产,内外环境较为平和。所以精英们不会真正联合起来支持构建一个集权化的强势国家,精英群体内部之间以及各派系精英之间很难达成联合或者协商一致。马来西亚没有新加坡那样的严峻的内外部环境,促使本国精英们迫切需要团结一致支持国家建设;也没有如同泰国一样,存在专制王朝时期国家建构的积累,精英们可以以一种分散型的状态进入国家政权,推动现代国家建设。马来西亚是个典型的异质化社会,族群精英们更重视维护自身利益,反殖独立并不是迫切需要,他们并没有团结合作组成跨族群政党,而是基于现实需要,各族群政党组成精英联盟,在建国初期形成了妥协均势型精英结构。

其次,是否出现制度化程度较高的现代政党组织。主导东南亚国家的体制内精英集团在现代国家建构过程中会面临两大挑战,即体制外社会精英的挑战和体制内精英的整合。为了应对这两大挑战,他们就必须通过制度化、组织化程度较高的强大的现代政党组织来提高精英凝聚力,实现精英整合,维系精英结构的稳定。巫统党内建设存在严重的问题,党纪涣散,政客将巫统当成谋求私人政治利益的工具;同时,党的领导层权威不振,对党员缺少有效的控制力,党内斗争激烈,党内精英冲突难以通过制度化的程序加以化解。最终使得马来西亚陷入斗争分裂型精英结构中,政局动荡,严重影响到现代国家建构。

再次,是否形成有效的精英吸纳和精英更替模式。随着现代国家建设的推进,精英类型逐步多元化,这就需要统治集团能够密切关注社会变化,及时将社会精英吸纳进入到体制当中,进行精英整合,来扩大执政基础增加合法性,为组织发展储蓄人才。①泰国之所以长期处在斗争分裂型精英结构下,原因在于以军人集团为代表的体制内精英坚持独占统治权益,不肯向体制外精英开放政权、让渡部分利益,进而导致体制外精英不断采用各种方式对体制内精英发动挑战。和精英吸纳同等重要的是体制内精英集团务必处理好精英更替问题,只有形成一套制度化的、符合现实需求的精英更替体系,才能减少精英集团内部矛盾,推动精英自我更替。马来西亚精英结构类型不断发生变化,很重要的原因就是没有处理好接班人问题,政治精英们围绕政治权力交接问题纷争不断,严重损害了国家利益。

最后,政治领袖的个人素质。一个国家的现代化,首先应该是精英群体的现代化,现代国家建构必须有一大批接受过现代教育,具有现代化取向的精英来主持。古今中外,一个国家的衰弱和堕落就是从精英的堕落和衰弱开始的,"德不配位,必有祸殃",现代精英需要不断提高自身素质修养。东南亚现代国家建构是由体制内精英集团主导的,所以精英集团领导人与现代国家建构成败具有极大关联。优秀的领导人,能够根据国情和精英集团自身情况选择合适的现代国家建构道路。

六、余论

各国自有国情所在,也有适合自己的精英结构,团结整合型精英结构不一定优于专制分散型和妥协均势型精英结构,甚至斗争分裂型精英结构在一定情景下也有可取之处,关键是能够形成一种可以长期维系的精英结构。例如,团结整合型精英结构成就了新加坡,不一定能够成就马来西亚。我们不能低估新加坡和马来西亚建国精英

---

① 吕永刚:《现代化陷阱的阻滞效应与化解之道:中国经验的世界历史意义》,《世界经济与政治论坛》2023年第2期。

们的智慧。马来西亚族群分裂的现实国情并不允许政治精英去追求建立一个赋予每个马来西亚人平等公民权的政治体。对于拉赫曼、陈祯禄等建国领袖而言，妥协均势型精英结构是针对当时政治和社会环境的最好选择。如果将各族群精英进行高度整合形成团结整合型的精英结构，马来西亚也许会成为一个强盛国家，但代价可能是残酷的族群冲突。对于新加坡和马来西亚来说，两个国家都选择了最符合自己的国情的现代国家建构之路。而泰国之所以一直走不出斗争分裂型精英结构，归根结底，是没有找到适合自己的、具有泰国特色的现代国家建构之路。

国家救济与非制度化参与

——基于拉美国家的跨国分析

张　　婧　孟天广[①]

内容摘要　大规模的非制度化参与是拉丁美洲政治生态的显著特征,深刻影响着拉丁美洲的政治格局。以往研究从政治心理、理性选择、制度结构等维度探讨了非制度化参与的成因,但对制度供给主体的能动性分析相对不足。作为政府再分配的重要环节,国家救济塑造着民众的参与偏好乃至政治行为。本文采用分层线性模型,利用18个拉丁美洲国家的代表性调查数据,探究了重大公共危机中国家救济对非制度化参与的影响效果。研究发现,在个体层面,获得救济后显著地削弱其非制度化参与的意愿,但该效果因个体救济经历的不同而存在差异。在国家层面,本文区分了救济分配的过程公正与结果公正,发现结果公正发挥着重要的负向调节作用。简言之,本文的发现为我们理解拉丁美洲政治和公共危机治理提供了新的理论认识和实证证据。

关键词　国家救济;非制度化参与;救济分配;拉丁美洲

---

① 张婧,清华大学国际与地区研究院博士研究生,主要研究方向为拉美比较政治。孟天广,清华大学政治学系长聘教授,主要研究方向为信息政治学、数字政府治理、计算社会科学等。

一、导言

2020年以来,拉丁美洲爆发了新一轮的政治抗议浪潮。秘鲁、哥伦比亚、巴西等国民众频繁通过游行示威、罢工、封锁高速公路等方式表达对政府的不满。这一系列的抗议活动加剧了社会分裂,进而引发了公共服务停摆、经济环境恶化和政治动荡等问题,凸显了21世纪拉丁美洲在现代化进程中所面临的严峻考验。

在理论层面,传统研究认为国家救济是减少非制度化参与的重要手段。但为何在此轮危机中,大量救济政策的出台未能抑制抗议活动的爆发? 为回答这一问题,本文以拉丁美洲晴雨表数据库(Latinobarómetro)和民主多样性数据库(Varieties of Democracy,V-Dem)为基础,对整个地区进行实证分析,调和了先前研究分析中看似矛盾的结论。本文探讨了危机情境下公众政治行为的政策根源,为理解非制度化参与提供了新的理论视角,同时也深化了学界对政策反馈理论的认识。

在实践层面,伴随着近些年拉美福利国家的兴起与发展,国家救济政策的制定成为“全球南方”国家共同关注的重要议题。本文对公共危机背景下救济政策的政治效应的分析具有跨国家、跨区域的实践价值,有助于推进拉美国家的福利改革。

本文首先在回顾相关文献的基础上,梳理了既有研究的不足之处及理论问题,进而提出了本文的核心理论框架及相关研究假设,并基于拉美18个国家的抽样调查数据开展系统性实证分析,最后讨论本文发现的理论与实践意义。

二、文献回顾

(一)非制度化参与的概念界定

早期政治参与研究认为,政治参与具备正式化、制度化和理性化的特征。因此,早期研究主要关注投票、竞选和政党参与等制度化行为,将抗议视为在政治运行失能情况下激发出的极具破坏性且非理性的社会行动。[①]20世纪60年代后,由于抗议活动在西方国家频繁发生,学界开始重新思考此类运动的本质和意义。利普斯基发现,当弱势群体无法凭借传统渠道或自身政治资源来向政府施加影响时,抗议行为成了他们进行政治议价的理性决策方案。[②]

由此,亨廷顿等人将政治参与划分为制度化参与和非制度化参与两种类别。[③]前者指公民通过既定制度渠道参与政治活动的行为,包括投票、出席听证会、加入政党等;后者则被视为在未经法律允许的情况下,公民以非常规方式表达利益诉求的做法,如请愿、罢工、示威游行,以及任何其他抗议性的行动。[④]本文基于上述分类,将非制度化参与界定为个体(或组织)不通过现有法律(或制度)规定的渠道(或方式)试图影响政府政策的行为。其中,政治抗议被视为非制度化参与的主要形式。

---

① David S. Meyer, "Protest and Political Opportunities," *Annual Review of Sociology*, 2004, 30 (1):125–145.

② Michael Lipsky, "Protest as a Political Resource," *American Political Science Review*, 1968, 62(4):1144–1158.

③ Samuel P. Huntington, Joan M. Nelson, *No Easy Choice: Political Participation in Developing Countries*, Harvard University Press, 1976:4–7.

④ Christian Volk, "On a Radical Democratic Theory of Political Protest: Potentials and Shortcomings," *Critical Review of International Social and Political Philosophy*, 2021, 24(4):437–459;宁晶、孟天广:《成为政治人:政治参与研究的发展与未来走向》,《国外理论动态》2019年第11期。

(二)非制度化参与的形成机制

目前学界已围绕非制度化参与形成了若干解释性理论。情感观念解释认为个体进入集体后就会丧失理性,形成愤怒、冲动、野蛮的"暴民"心智。①这种心智是非制度化政治参与的情感归因。此后的框架分析理论则认为,人们对事物的理解和分析通常是基于他们脑海中已有的既定框架。②在一定程度上,框架决定了人们的感知方式、关注重点,以及对意义和价值的解读方式。当抗议活动的宣传话语及目标定位与当时社会的主导框架发生耦合时,就能迅速调动起民众的参与情绪、扩大参与者范围。譬如20世纪70年代以来,美国民众受到民权运动框架影响,掀起了一波又一波的新左派运动、女权运动、黑人解放运动等。而文本决定论与社会认同理论同样作为情感观念维度的研究,分析了先验存在的文化价值与身份认同等如何在短时间内激发公众的愤怒情绪,激励人们不顾危险地投身于抗议性活动。③

理性选择解释始于奥尔森的理性经济人假说。奥尔森主张将经济学视角引入到政治行为分析。④此后,帖木儿·库兰的伪装偏好模型、洛曼的级联效应应运而生。这些理论运用博弈论与经济学建模方法对政治参与者的行为模式进行了更为详尽的分析,证实了群体数量的多寡是决定旁观者是否形成抗议参与决策的关键因素。⑤资

---

① Gustave Le Bon, *The Crowd: A Study of the Popular Mind*, Courier Corporation, 2002.

② David A. Snow et al., "Frame Alignment Processes, Micromobilization, and Movement Participation," *American sociological review*, 1986:464–481.

③ Stephen Ellingson, "Understanding the Dialectic of Discourse and Collective Action: Public Debate and Rioting in Antebellum Cincinnati," *American Journal of Sociology*, 1995, 101(1): 100–144;应星:《草根动员与农民群体利益的表达机制——四个个案的比较研究》,《社会学研究》2007年第2期。

④ Mancur Olson, *The Logic of Collective Action: Public Goods and the Theory of Groups*, Harvard University Press, 1971.

⑤ Timur Kuran, "Now out of Never: The Element of Surprise in the East European Revolution of 1989," *World Politics*, 1991, 44(1):7–48; Susanne Lohmann, "The Dynamics of Informational Cascades: The Monday Demonstrations in Leipzig, East Germany, 1989–91," *World Politics*, 1994, 47(1):42–101.

源动员理论同样关注到非制度化参与的利益计算,尤其是利益如何在组织层面发挥作用。麦卡锡和左尔德认为,一个组织可利用的人力、时间与金钱资源越多,它能动员起来的参与规模及能施加的影响也就越大。[1]根据资源动员理论,美国当代抗争运动频发的原因主要有两个:一是大学生比例快速增长,而接受过高等教育的人群通常拥有大量可自由支配的时间;二是日益增加的个人、公司和教会捐款也为非制度化参与提供了更多经济资源支持。

制度结构解释则强调,制度结构的变化才是影响非制度化参与的根本因素。托克维尔在《旧制度与大革命》中提及,法国大革命爆发的主要原因是贵族阶层的削弱和路易十四中央集权的强化。[2]康豪瑟则将社会结构分为政治精英、中层组织和民众三个部分。[3]中层组织作为社会的缓冲地带,既能保护民众免受政治精英的操控,又能防止政治精英的决策直接受大众压力左右,因此将抗议爆发主要归因于中层组织的弱化。过去二十年来,政治机会结构分析逐渐成为解释非制度化参与的主流理论,该视角将制度结构细分为五个方面,即政体的开放程度、政治组合的稳定或不稳定程度、联盟和支持群体的有无、精英内部分裂或者精英对抗争的容忍程度、政府的决策能力。[4]这五个方面的任何细微变化都可能改变权力格局,诱发一系列抗议性运动。

(三)文献述评

尽管现有研究已从多个理论角度考察了非制度化参与成因,但仍然存在如下理论和方法不足。首先,诸多非制度化政治参与研究

---

[1]　John D. McCarthy, Mayer N. Zald, "The Trend of Social Movements in America: Profession-alization and Resource Mobilization," *CRSO Working Paper*, 1977:1-30.

[2]　[法]托克维尔:《旧制度与大革命》,冯棠译,商务印书馆,1992年,第81—84页。

[3]　William Kornhauser, *The Politics of Mass Society*, The Free Press, 1959:74-75.

[4]　Sidney Tarrow, "States and Opportunities: The Political Structuring of Social Movements," in Doug McAdam et al., eds., *Comparative Perspectives on Social Movements*, Cambridge University Press, 1996:41-61.

聚焦于社会心理学和社会行为学领域。此类文献基于参与者微观视角，关注个体或组织的自身特质和条件如何影响其政治行为，而对制度供给主体的能动性的分析不够。非制度化政治参与是微观与宏观、民众与政府之间政治互动的产物。在给定参与者特征的条件下，政府能够通过改变制度或政策来调节公众的参与偏好乃至政治行为。在这个意义上，国家救济作为福利政策的具体形式之一，不仅能直接改善民众的生活水平，而且重塑着社会利益的再分配格局。尽管近年来学界逐渐关注到了福利制度对公民政治行为的影响作用，但这类文献主要集中在制度化参与维度，对非制度化参与的研究仍有待深入。其次，现有研究以单一国家分析为主，缺乏对多个国家的系统性比较，尤其是对国家间共性和异质性的实证分析非常有限。拉丁美洲拥有数量众多的新兴民主国家，同时也是世界上最早实行福利救济的地区之一。在2020年突发公共危机的冲击下，拉丁美洲各国的国家救济政策既有差异，又存在共性。

因此，本文基于拉丁美洲18个主要国家的国家层面和个体层面数据开展实证分析，揭示国家救济影响非制度化参与的共性规律和异质性特征。总之，本研究不仅有利于增进国内学界对拉丁美洲政治的系统了解，还有助于在理论上考察福利制度与非制度化参与的复杂关系，进而促进福利制度的完善。

三、理论构建：国家救济与非制度化参与

（一）个体层面的微观基础

目前学界尚未就国家救济与非制度化参与之间的关系达成共识。一部分学者认为，救济的实施会激发非制度化参与的意愿。对中产阶级与富人阶级而言，他们是救济项目支出的主要纳税者，但并非项目的核心受益者。救济项目增加了财政压力，加重了中上阶级

的纳税负担,进而触发了他们的不满情绪。①南非的研究证实,众多
纳税者敌视执政党的救济政策,将其视为"向贫困选民的献媚行为",
拒绝为此"买单"。②国家救济也难以平息受助者的抗议热情。研究
发现尽管现金转移支付或实物援助等项目成功降低了国家的贫困人
口比率,但这类项目给受助群体造成了福利污名效应。受助者在获
得救济的同时往往会被贴上"能力低下""懒惰"等负面标签,受到社
会的排斥。③此外,慷慨的国家救济可能会导致受助者产生过度依赖
的情绪。他们期望国家提供持续的援助,而不再积极寻求自身的改
善和发展。受助者不但不会对现有福利感到满足,甚至会尝试采取
更激进的抗议手段来谋取额外利益。以巴西现金转移计划为例,莫
顿发现,由于当地救济政策的补贴幅度与覆盖范围随时可能发生变
化,高度依赖该项目的巴西民众担忧自身既得利益受到缩减,因而决
定通过持续的抗议示威来表达和维护他们的权利。④

然而,也有学者认为国家救济是减少非制度化参与的重要手段。
在比较不同政体下民众对福利政策的态度时,比恩与帕帕扎基斯发
现,没有任何一个国家的民众会明确反对向失业者、病患、老年人群
体提供福利救济。⑤该发现有力驳斥了"纳税人不满"的研究猜想。
更值得关注的是,自20世纪60年代以来,政治与经济精英在拉丁美
洲的救济制度建设中发挥了关键的主导作用。上层精英阶级以吸纳

① Isaac William Martin, Nadav Gabay, "Fiscal Protest in Thirteen Welfare States," *Socio-Economic Review*, 2013, 11(1):107-130.

② Jeremy Seekings, "The Carnegie Commission and the Backlash against Welfare State-building in South Africa, 1931-1937," *Journal of Southern African Studies*, 2008, 34(3): 515-537.

③ Robert Moffitt, "An Economic Model of Welfare Stigma," *The American Economic Review*, 1983, 73(5):1023-1035; Simón Pedro Izcara Palacios, "Welfare Benefits and Social Exclusion in Southern Spain," *South European Society and Politics*, 2007, 12(2):165-218; Jeremy Seekings, "The Carnegie Commission and the backlash against welfare state-building in South Africa, 1931-1937," *Journal of Southern African Studies*, 2008, 34(3):515-537.

④ Gregory Duff Morton, "Protest Before the Protests: The Unheard Politics of a Welfare Panic in Brazil," *Anthropological Quarterly*, 2014, 87(3):925-933.

⑤ Clive Bean, Elim Papadakis, "A Comparison of Mass Attitudes Towards the Welfare State in Different Institutional Regimes, 1985-1990," *International Journal of Public Opinion Research*, 1998, 10(3):211-236.

城市工人和其他中下阶级为目标,逐步完善就业、医疗、养老等领域的社会保障体系,并主动对生活质量低下的群体进行政策倾斜。[1]而对受助者而言,获得国家救济是削弱他们横向相对剥夺感的重要方式。朗西曼认为,当个体意识到他人拥有比自己多的资源、权力或社会地位时,就在比较中产生横向的相对剥夺感。[2]相对剥夺感越强烈,个人参与抗议、叛乱的可能性就越大,造成的破坏性也就越强。因此,当越来越多的群体成为国家救济的受益者,当他们意识到自己与其他群体享受到了同等的关注时,他们就越有可能产生满足感与获得感,从而减少了非制度化参与的诉求。

由此可见,国家救济政策在颁布之初就已获得了富人阶级的许可;在实施阶段,它又通过资源调整与财富再分配来帮助受助者摆脱经济困境、减轻他们的横向剥夺感。国家救济作为政府介入社会的重要手段,有效降低了各个阶层的生存危机,缓和了阶级分化、贫富不均等一系列社会矛盾。随着越来越多的救济资金下放给基层组织与普通民众,国家力量得以更广泛地渗透到社会组织之中,并垄断了集体行动所需的资源和网络。[3]基于上述分析,本文提出假设:

假设1:国家救济能够减少公民的非制度化参与。

泰斯等人在研究国家救济时发现,不同救济政策间的影响效果不是简单的"加和",它们之间可能存在更为复杂的互动机制。[4]他们认为,民众会因为先前享受到的福利待遇的差异,而对当前相同政策产生不同的看法。皮尔森也同样认为,先前的政策会左右未来的政

---

[1]　Rossella Ciccia, César Guzmán-Concha, "Protest and Social Policies for Outsiders: The Expansion of Social Pensions in Latin America," *Journal of Social Policy*, 2023, 52(2):294–315; Fernando Filgueira, *Welfare and Democracy in Latin America: The Development, Crises and Aftermath of Universal, Dual and Exclusionary Social States*, UNRISD, 2005:4.

[2]　Walter Garrison Runciman, *Relative Deprivation and Social Justice: A Study of Attitudes to Social Inequality in Twentieth-Century England*, Routledge & K. Paul, 1966.

[3]　Jessica J. Price, "Keystone Organizations versus Clientelism: Understanding Protest Frequency in Indigenous Southern Mexico," *Comparative Politics*, 2019, 51(3):407–427.

[4]　Maria Theiss, Anna Kurowska, "Being Denied and Granted Social Welfare and the Propensity to Protest," *Acta Politica*, 2019, 54(3):458–478.

治活动。[1]一项关于经济崩溃的研究强调,诱发抗议的不是经济崩溃本身,而是为缓解经济危机而实施的福利紧缩措施。[2]这是因为纵向比较也是相对剥夺感的一个重要来源。在社会发展的过程中,个体会将自己此刻的处境与过去进行对比。他们一旦感知到自己当前所拥有的利益、资源或社会地位大不如前,就会产生纵向相对剥夺感。有鉴于此,民众关注的不仅仅是救济的有无,还有救济的增减。

因此,有必要区分"从未获得救济""长期获得救济""失去救济",以及"首次获得救济"四类群体。以从未获得救济的群体为参照,在公共危机中,首次获得救济的群体更有可能因为得到国家的及时帮助而感到满足,对自身的经济社会地位产生更积极的感知;相反,在危机中失去救济的群体会不满于政府的应对举措,形成强烈的纵向相对剥夺感,因而更倾向于进行抗议性政治活动;而长期获得救济的群体因为没有察觉到福利的明显变化,会表现出与从未获得救济的群体类似的抗议意愿。由此,本文提出以下假设:

假设2a:失去救济的群体比从未获得救济的群体更有可能进行非制度化参与。

假设2b:从未获得救济的群体比首次获得救济的群体更有可能进行非制度化参与。

假设2c:长期获得救济的群体与从未获得救济的群体的非制度化参与情况无明显差异。

(二)国家层面的调节效应

个体是否进行非制度化参与不仅取决于他们对救济政策的主观判断,还与国家层面救济政策的客观实施情况密切相关。其中,国家救济作为再分配的重要环节,其公平性折射出了国家内部不同受众

---

[1] Pierson Paul, "When Effect Becomes Cause: Policy Feedback and Political Change," *World Politics*, 1993, 45(4):595-628.

[2] Nancy Bermeo, Larry M. Bartels, "Mass Politics in Tough Times," *Mass politics in tough times: Opinions, votes and protest in the Great Recession*, 2014:1-39.

在政治经济活动中权利与义务、付出与收益之间的平等程度,必然能够对民众的政治态度与政治行为产生直接影响。[1]这里的公平性既包含了政策制定的过程公正,又囊括了政策的结果公正。

过程公正又称机会公正、程序公正或规则公正,意味着所有社会成员都有平等的机会参与和影响到救济政策的制定过程,以确保制定过程的公正透明。过程公正强调每个参与者不受其个人经济条件、性别、种族等背景因素的影响,都有权对政策内容提出反馈建议。在这一阶段,任何官员滥用权力、进行权钱交易的行为都会影响公民对过程公正的感知。与之不同的是,结果公正更关注资源的最终分配是否公正,即每个公民在资源分配和成果获得方面是否得到了公平的对待。在结果公正的国家中,救济政策的受益者应当是全体国家公民或所有符合困难资质的群体,而不是小部分的利益集团。虽然过程公正与结果公正看似一个国家政策实施的一事两面,但在实际情况中二者却难以协调。公正的结果可能由不公正的程序促成,而公正的程序可能与不公正的结果高度关联。[2]

一些学者认为公民对过程公正的关注远高于结果公正。泰勒(Tyler)强调程序性问题对公民的政治行为有关键的影响。他还表示过程公正对政府信任的影响效果远大于政策的一致性、民众获得的实际福利等因素。[3]在美国,政策制定的高度程序化和公开化能够缓和民众——尤其是弱势群体——对贫富分化、收入不均等负面消息的看法,降低他们非制度化参与的意愿。[4]

---

[1] 孙敬水、吴娉娉:《初次分配公平满意度研究——基于起点公平、过程公平、结果公平的微观证据》,《浙江大学学报(人文社会科学版)》2019年第4期。

[2] Vernon L. Joy, L. Alan Witt, "Delay of Gratification as a Moderator of the Procedural Justice Distributive Justice Relationship," *Group & Organization Management*, 1992, 17(3): 297–308.

[3] Tom R. Tyler, Kenneth A. Rasinski, Nancy Spodick, "Influence of Voice on Satisfaction with Leaders: Exploring the Meaning of Process Control," *Journal of Personality and Social Psychology*, 1985, 48(1):72.

[4] Tom R. Tyler, Kathleen M. McGraw, "Ideology and the Interpretation of Personal Experience: Procedural Justice and Political Quiescence," *Journal of Social Issues*, 1986, 42(2): 115–128.

但这一观点在突发性公共危机的背景下受到了挑战。在危机关头,民众随时可能面临收入受损、失业、疾病等重大挑战。各国政府需根据实时数据和最新资讯来改变策略、灵活调度资源,以将资源分配给最急迫的地方。民众对结果公正的迫切需求可能会使他们愿意暂时牺牲政策的过程公正。另外,救济分配实际上是一个权力分配的过程。它反映出了国家决策者的选择偏好,即他们想要把哪些群体留下来。①如果一个国家的结果公正指数较低,就意味着政府在最终确定救济分配范围的事宜上拥有较大的自由裁量权,民众对是否获得救济的感知也会变得更为敏感。因而在结果不公正的政策环境下,获得救济能更显著地降低民众的相对剥夺感,制止他们进行抗议性活动。此时,过程公正反而可能拉低政府的办事效率,它所能起到的调节作用并不突出。因此,本文作出以下假设:

假设3a:过程公正在国家救济和非制度参与的联系中不发挥调节作用。

假设3b:结果公正在国家救济和非制度化参与的联系中发挥负向调节作用。

四、研究设计

(一)数据来源

本文中个体层面数据主要取自2020年拉丁美洲晴雨表数据库。②该数据库包含了约两万个个体观测值,记录了拉丁美洲地区民众对民主国家、经济建设和社会发展等议题的态度、观点及行为,是目前拉丁美洲民意调查方面最系统的数据库之一。同时,2020年的晴雨表数据库增设了与突发公共卫生事件、国家救济相关的调查问

---

① Matthew Holden Jr, *The Politics of Poor Relief: A Study in Ambiguities*, ERIC, 1973:4.

② Latinobarómetro, Latinobarómetro Database, 2020, https://www.latinobarometro.org, accessed July 26, 2023.

题,为本文的理论检验提供了重要数据支撑。

民主多样性数据库则是国家层面数据的重要来源。[1]该数据库作为世界上应用最广泛的综合数据库之一,基本涵盖了自1789年以来全球所有国家在民主建设、社会治理、公民权利保障等各个方面的指标,是政界与学界评价各国政治体制的重要依据。为保障数据结果的可靠性,该数据库中涉及的所有关键变量均由至少5位相关的国别专家参与评分。

最终,本文通过数据筛选、数据清理、剔除缺失值等操作,获得了来自拉丁美洲地区18个主要国家的15981个个体观测值。[2]这些数据为后续分层线性模型(HLM)的构建提供了重要基础。

(二)变量界定及其测量

本文的因变量为个体的非制度化参与意愿。拉丁美洲晴雨表调查小组询问每个受访者"在多大程度上愿意参与示威、抗议活动"。受访者通过选择"1"(非常不愿意)到"10"(非常愿意)之间的任意整数来表达其意愿高低。

"危机救济"是核心自变量,问题来源于"您在此次突发公共卫生事件期间是否获得了国家的帮助"。若受访者回答"是"则赋值为"1","否"则赋值为"0"。"危机前救济"则来源于问卷中的"您在此次突发公共卫生事件之前是否获得过国家的帮助"。

"过程公正"与"结果公正"是本文界定的潜在调节变量。鉴于国家的过程公正水平主要考量公众是否有权参与到决策过程及代表各方利益的声音能否得到充分考虑,本文用民主多样性数据库中的"国家在作出重大政策变动前在多大程度进行了公众协商"来衡量过程公正水平;而结果公正水平对应的问题为"国家的社会支出和基础设

---

[1]　Michael Coppedge et al., "V-Dem Comparisons and Contrasts with Other Measurement Projects," *V-Dem Working Paper*, 2017:1-44.
[2]　该研究涉及的18个国家为阿根廷、玻利维亚、巴西、智利、哥伦比亚、哥斯达黎加、多米尼加、厄瓜多尔、萨尔瓦多、危地马拉、洪都拉斯、墨西哥、尼加拉瓜、巴拿马、巴拉圭、秘鲁、乌拉圭、委内瑞拉。

施的支出是面向特殊的利益群体,还是面向全体公众"。

　　此外,本文分别从人口学特征与政治参与情况两个方面选取出了与个体层面相关的控制变量。人口学特征变量包括年龄、性别、教育年限与工资水平。政治参与情况以有无抗议经历、有无政党偏好、政治感兴趣度、政治信任程度和社交媒体的使用情况来进行测度。

　　国家层面的控制变量包括国家人口、经济发展水平、平均寿命、公民社会发展水平、政治权利平等指数。变量描述性统计如表1所示:

表1　变量描述性统计

项目	变量名称	Min.	Mean(Prop.)	Max.	SD
因变量	非制度参与	1	6.30	10	3.372
自变量	危机救济	0	0.38	1	0.486
	危机前救济	0	0.13	1	0.334
调节变量	过程公正	0.26	2.81	4.21	1.057
	结果公正	0.11	2.12	3.45	0.927
个体层面控制变量	政党偏好	0	0.40	1	0.489
	抗议经历	0	0.16	1	0.003
	政治兴趣	0	1.03	3	1.001
	社交媒体使用	0	0.82	1	0.383
	工资水平	0	1.45	3	0.898
	政治信任	−1.25	0.01	2.96	0.995
	教育	0	9.78	16	4.116
	年龄	16	40.22	100	16.119
	性别	0	0.51	1	0.004
国家层面控制变量	国家人口	15.08	16.71	19.17	1.15
	经济发展水平	11.91	249.37	1363.77	384.50
	平均寿命	69.80	74.97	79.10	2.62
	公民社会发展水平	0.65	0.66	0.68	0.01
	政治权利平等指数	0.27	0.45	0.63	0.10

资料来源:笔者自制。

(三)分析方法及模型设计

根据本文的理论假设,文章选取分层线性模型进行验证分析。[1]传统的单层线性模型在分析数据时假定所有的观测值相互独立。然而在社会科学领域,数据往往以一个层级嵌套于另一层级的复合形式出现。因此,沿用传统模型经常会造成两种错误:一是将所有高层级特征的变量分解到低层级,试图从低层级解释高层级的结果。这种做法导致研究变量中存在过多的同质性成分,违背了最小二乘法中线性、正态、方差齐性、独立分布等基本假定。二是将彼此相关的低层级变量合并到高层级,从高层级解释低层级的现象。该处理方式丢失了同组数据中大量的有用信息,造成了严重的数据损失。

分层线性模型作为一种跨层次统计模型,能够有效地分离出群内变异与群间变异,使参数估计更加精确。[2]近年来,该方法在跨国研究中得到了广泛应用。其基本思路是首先以第一层级的变量为基础,构建回归方程;然后将该方程中的截距或斜率作为因变量,引入到第二层数据中,再构建起新的方程。通过这一处理,分层线性模型可以很好地揭示出不同层级变量对因变量的作用效果。

以本文为例,常规的单层线性模型或固定效应回归模型假定以相同的截距和斜率来分析所有个体的政治行为意愿。但非制度化参与在不同个体间呈现出高度的空间关联性,即在某些国家存在着系统性偏高或偏低的可能性。所以,本文采用分层的随机截距模型,允许每个拉美国家都有其各自的随机截距。其中,在方程(1)中,非制度化参与$_{ij}$表示第 j 个国家第 i 个公民的非制度化参与情况,危机救济$_{ij}$表示该公民在突发公共卫生事件中有无获得国家救济,X_{ij}代表个体层面一系列的控制变量,r_{ij}是个体层面的随机误差项。方程(2)中,结果公正$_j$表示第 j 国的结果公正指数,Z_j表示第 j 国在国家层

---

① Stephen W. Raudenbush, Anthony S. Bryk, *Hierarchical Linear Models: Applications and Data Analysis Methods*, sage, 2002.

② 杨菊华:《多层模型在社会科学领域的应用》,《中国人口科学》2006年第3期。

面的控制变量,$\mu 0_j$则为国家层面的随机误差项。

个体层面模型:

$$\text{非制度化参与}_{ij} = \beta_{0j} + \beta_{1j}\cdot\text{危机救济}_{ij} + \beta_{2j}\cdot X_{ij} + r_{ij} \qquad (1)$$

国家层面模型:

$$\beta_{0j} = \gamma_{00} + \gamma_{01}\cdot\text{结果公正}_j + \gamma_{02}\cdot Z_j + \mu_{0j} \qquad (2)$$

为了研究结果公正是否对非制度化参与起到调节作用,本文又进一步采用了分层的随机截距—斜率模型。该模型假定不同国家的结果公正水平会影响到危机救济的斜率。其个体层面模型与方程(1)相同,国家层面模型见方程(3)与方程(4)。γ_{11}表示结果公正与危机救济之间的交互项系数,μ_{1j}表示国家层面上结果公正对危机救济的斜率扰动项。

国家层面模型:

$$\beta_{0j} = \gamma_{00} + \gamma_{01}\cdot\text{结果公正}_j + \gamma_{02}\cdot Z_j + \mu_{0j} \qquad (3)$$

$$\beta_{1j} = \gamma_{10} + \gamma_{11}\cdot\text{结果公正}_j + \mu_{1j} \qquad (4)$$

五、分析结果

(一)突发公共卫生事件期间拉丁美洲的国家救济政策

仅在2020年3月至5月,为缓解突发公共卫生事件对民众带来的冲击,拉丁美洲各国政府出台了300余项的非缴费型社会保护措施与面向弱势群体的特殊支持政策。2020年6月至8月,各国平均每月新增20项政策措施;2020年9月至2021年3月期间,平均每月新出台的政策数量则维持在10项左右。其中,约40%的救济措施涉及现金转移,即政府向低收入家庭、非正规工人等群体提供直接的现金支持;另有25%与物资供应相关,如提供食物、药品,以及远程办公所需的计算机设备。[①]此外,救济还包含了供应保障基本服务(如推迟缴纳水、能源、电话和互联网等服务账单)、控制基本食品篮子价格、提供金融便利服务(如推迟信贷支付和豁免欠款)、进行失业援助等。拉丁美洲和加勒比经济委员会评估表示,截至2021年10月,拉丁美洲地区的救济政策覆盖了1.115亿个家庭,约4.22亿人。如果没有这一系列救济政策,该地区的贫困人口比率将高出约2.9个百分点。[②]

根据拉丁美洲晴雨表的调查(参见图1),在危地马拉,表示危机期间获得了国家救济的人口比例是危机前的7倍多。在巴拿马、玻利维亚、洪都拉斯、巴拉圭等国,危机期间国家救济覆盖的群众范围比危机前扩大了5至6倍。

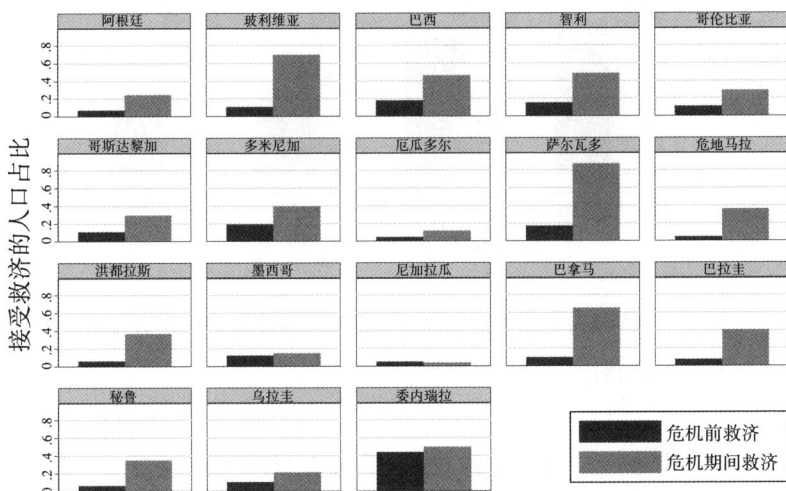

图1　拉丁美洲各国在危机前与危机期间获得国家救济的人口占比

资料来源:笔者自制。

图2显示,低收入群体是此轮国家救济的主要受益者。超过四成的经济困难群体在突发公共卫生事件中获得了国家救济,而此前这

---

① Bernardo Atuesta, Tamara Van Hemelryck, *Emergency Social Protection against the Impacts of the Pandemic in Latin America and the Caribbean: Evidence and Lessons Learned for Universal, Comprehensive, Sustainable and Resilient Social Protection Systems*, ECLAC, 2023:13.

② CEPAL, *Social Panorama of Latin America 2021*, ECLAC, 2022:67.

一数值仅在10%到20%之间。收入水平相对较高的人群也同样被纳入国家救济范畴,他们在突发公共卫生事件中获得救济的比例超过了30%。这再次佐证了2020年拉丁美洲各国加大了社会保障与救济的力度,以确保民众——尤其是经济上的弱势群体——度过此次危机。

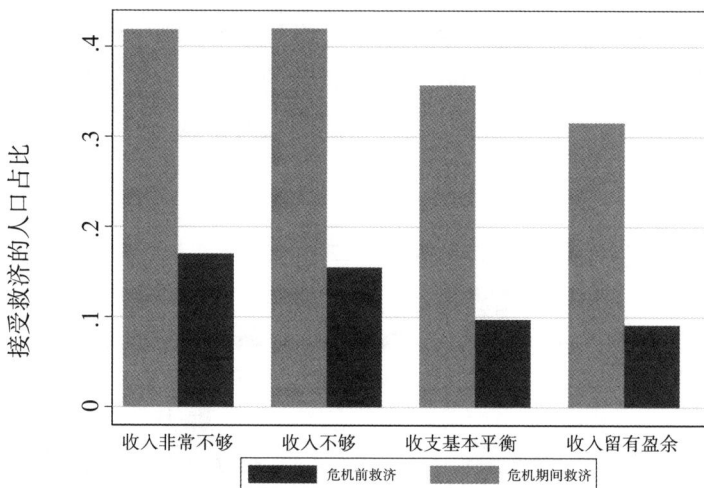

图2　不同收入群体在危机前与危机期间接受救济的人口占比

资料来源:笔者自制。

(一)过程公正、结果公正与非制度化参与

图3展示了拉丁美洲18个主要国家的过程公正与结果公正水平,证实了一个国家的结果公正水平与过程公正水平并不会完全正相关。具体而言,乌拉圭、哥斯达黎加、阿根廷、智利、厄瓜多尔、秘鲁、墨西哥7国的过程公正与结果公正水平均高于拉丁美洲地区的平均值。这主要得益于这些国家多年来的民主制度建设。巴西、哥伦比亚、萨尔瓦多3国属于结果驱动型,其结果公正程度高于过程公正。结果驱动型国家的社会政策大多不会偏袒特定群体,而是基于公平的原则,根据民众需求度来合理分配资源。相反,巴拉圭、巴拿马和

多米尼加共和国则归属过程驱动型国家。它们强调政策的出台必须是透明公开的,以避免腐败、寻租行为。而委内瑞拉、尼加拉瓜在这两方面的表现则相对较弱,低于拉丁美洲的平均水平。

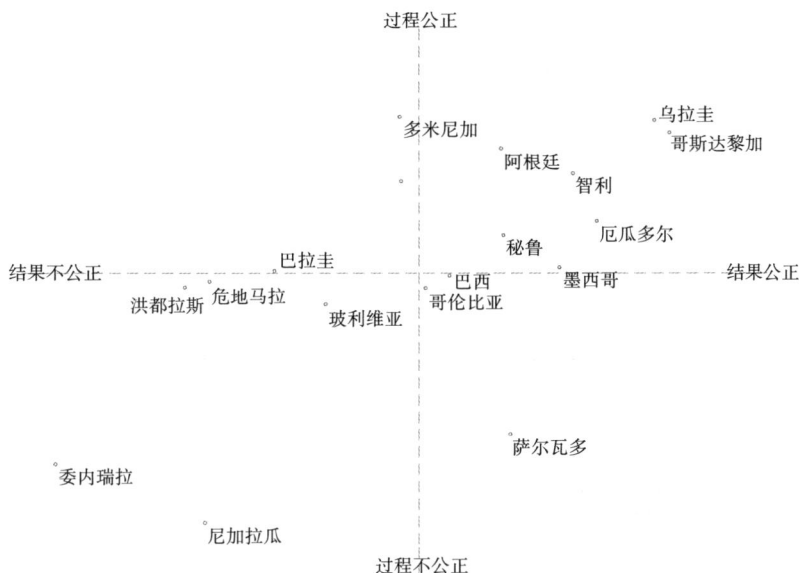

图3　过程公正与结果公正的相关图

资料来源:笔者自制。

　　图4描绘了过程公正水平、结果公正水平与国家的平均非制度化参与情况之间的关系。在突发公共卫生事件期间,哥伦比亚、巴西、玻利维亚、多米尼加与洪都拉斯属于抗议性活动高发的国家。相比之下,墨西哥、厄瓜多尔两国的政治局势较为稳定。在左图中,国家平均的非制度化参与情况与其过程公正水平之间的拟合线斜率相对平稳,渐趋于零,表示这两个变量之间的联系较为微弱。然而在右图中,平均非制度化参与情况与结果公正对应的斜率明显小于零。这意味着结果越公正的国家对应的非制度化参与程度可能就越低。

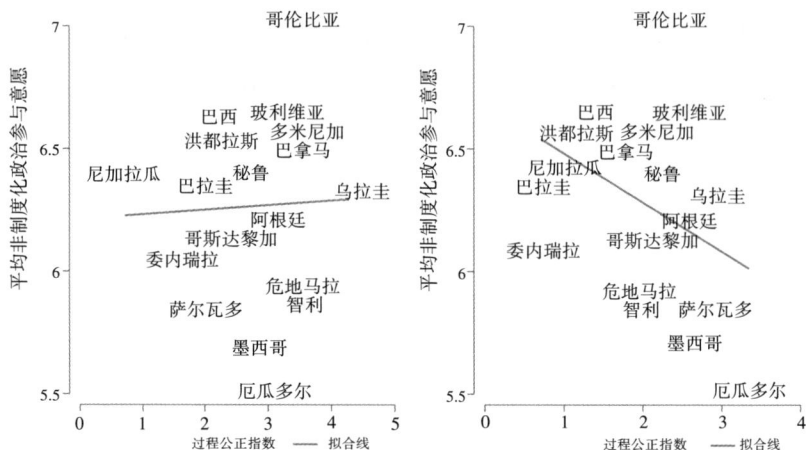

图4:过程公正、结果公正与平均非制度化政治参与意愿的关系图

资料来源:笔者自制。

(二)非制度化参与的成因

表2呈现了关于非制度化参与的多个回归模型。模型1在控制个体层面相关影响因素的基础上,检验危机期间获得救济对公民非制度化参与的影响。结果发现,个体获得国家救济时,其非制度化参与意愿会相应减弱,支持了研究假设1。此外,本文同样发现公民先前的救济经历会对当前的非制度化政治参与意愿产生显著影响($\beta = 0.169, p < 0.05$)。

为进一步验证假设2的有效性,模型2区分了四种群体:突发公共卫生事件前后均未获得过救济的群体(模型中以"从未获得救济组"来表示)、仅在危机前获得过救济的群体(以"失去救济组"表示)、仅在危机期间获得了救济的群体(以"首次获得救济组"表示),以及危机前后均获得了救济的群体(以"长期获得救济组"表示)。以从未获得救济组为照,模型2的回归结果显示,疫情期间首次获得救济能够明显降低民众的非制度化参与意愿,假设2b成立。而从未获得救济和长期获得救济的群体的非制度化参与意愿基本接近,证实了假设2c。由此可见，尽管政府的救济政策具有普惠性，但不同受众的主观感受存在差异。首次获得救济的民众在与以往经历的对比中，更能够感受到自身权益得到了保障。这极大削弱了他们的纵向相对剥夺感，降低了他们进行非制度化政治活动的意愿。

　　然而，值得关注的是模型2中"失去救济组"对应的系数为正数，但并不显著。这一发现暗示减少救济甚至取消救济并不会立即增加民众的非制度化参与意愿，即假设2a不成立。对于这一现象，科恩认为，基于强烈的集体认同感而形成的组织网络是抗议爆发的重要条件。[①]先前国家的救济政策恰恰提高了这一群体的政治归属感，并瓦解了他们与其他弱势群体间形成的政治联盟。所以他们尽管在突发公共卫生事件中因未得到救济而感到不满，但是由于已经减少了与旧有抗议组织的联系，因此难以在短期内重获非制度化参与的结构性条件。

　　接下来，本文引入了模型3，即零模型，以分析在模型中有无必要添加国家层面的变量。模型3的结果显示，ICC值为0.034，属于低度相关。但该嵌套模型的似然比检验高度显著（$Chi2 = 470.31, p < 0.01$），说明使用分层线性模型的效果优于单层线性模型。

表2　分层线性模型结果

项目	非制度化参与意愿					
	模型1	模型2	模型3	模型4	模型5	模型6
常数项	5.620***	5.625***	6.267***	−21.589*	−23.251**	−23.075**
	(29.30)	(29.31)	(41.99)	(−1.84)	(−2.55)	(−2.50)
个体层面						
危机救济	−0.181***			−0.406**	−0.421***	
	(−3.07)			(−2.25)	(−3.05)	

① Jean L. Cohen, "Strategy or Identity: New Theoretical Paradigms and Contemporary Social Movements," *Social Research*, 1985, 52(4):663–716.

续表

项目	非制度化参与意愿					
	模型1	模型2	模型3	模型4	模型5	模型6
危机前救济	0.169**			0.170**	0.165**	
	(2.04)			(2.07)	(2.00)	
政党偏好	0.366***	0.367***		0.369***	0.367***	0.368***
	(6.42)	(6.43)		(6.44)	(6.42)	(6.43)
抗议经历	1.542***	1.542***		1.539***	1.537***	1.538***
	(23.98)	(23.98)		(21.80)	(21.78)	(21.78)
政治信任	−0.058*	−0.057*		−0.057**	−0.055*	−0.058**
	(−1.95)	(−1.94)		(−2.01)	(−1.95)	(−2.03)
政治兴趣	0.550***	0.550***		0.552***	0.553***	0.551***
	(19.64)	(19.64)		(19.67)	(19.72)	(19.66)
社会媒体使用	0.139*	0.139*		0.133*	0.137*	0.137*
	(1.67)	(1.67)		(1.71)	(1.76)	(1.75)
工资水平	−0.153***	−0.153***		−0.149***	−0.147***	−0.150***
	(−4.92)	(−4.94)		(−4.94)	(−4.87)	(−4.99)
教育	0.028***	0.028***		0.028***	0.028***	0.027***
	(3.61)	(3.61)		(3.68)	(3.72)	(3.61)
年龄	−0.009***	−0.009***		−0.009***	−0.009***	−0.009***
	(−4.88)	(−4.88)		(−5.04)	(−4.97)	(−5.12)
性别	−0.417***	−0.416***		−0.418***	−0.419***	−0.417***
	(−8.21)	(−8.20)		(−8.24)	(−8.25)	(−8.22)
长期获得救济组		0.012				0.004
		(0.13)				(0.04)
首次获得救济组		−0.198***				−0.185***
		(−3.16)				(−2.96)
失去救济组		0.075				0.076
		(0.50)				(0.51)
国家层面						
公民社会发展水平				34.434**	34.743***	34.520***
				(2.27)	(3.02)	(2.97)
政治权利平等指数				−4.673***	−4.906***	−4.849***
				(−4.09)	(−4.90)	(−4.80)

项目	非制度化参与意愿					
	模型1	模型2	模型3	模型4	模型5	模型6
平均寿命				0.027	0.063*	0.064*
				(0.78)	(1.76)	(1.79)
国家人口				0.321*	0.270*	0.256
				(1.86)	(1.75)	(1.64)
经济发展水平				−0.002***	−0.001**	−0.001**
				(−2.74)	(−2.44)	(−2.33)
过程公正				−0.101		
				(−0.93)		
危机救济*过程公正				0.080		
				(1.37)		
结果公正					−0.296***	−0.256**
					(−2.62)	(−2.28)
危机救济*结果公正					0.121**	
					(1.99)	
N	15,981	15,981	15,981	15,981	15,981	15,981
var(_cons)			0.388	0.122	0.096	0.098
var(Residual)			10.996	10.040	10.038	10.040
R-squared	0.118	0.118				
Chi2			470.31***	147.62***	113.44***	115.64***

注:***、**、*分别表示估计结果在 1%、5%、10% 的水平上显著。
资料来源:笔者自制。

    模型4与模型5使用了随机截距—斜率模型来分别潜在的调节效应。不过,在对交互项模型进行解释之前,海恩穆勒等人提出有必要先验证交互项模型是否满足共同支持假定(common support)与线性交互作用假定(linear interaction effect assumption)。[1]共同支持假定要求,对于给定的调节变量x_0,在x_0的邻域必须有足够多的观测值,且观测值需要受到不同处理强度的影响,否则x_0邻域的推断就会依赖于已估计出函数的插值(interpolation)或外推(extrapolation)。而线性交互作用假定则要求交互项效应是线性的。这意味着,调节变量对解释变量边际效应的影响在整个定义域内需要保持不变。[2]

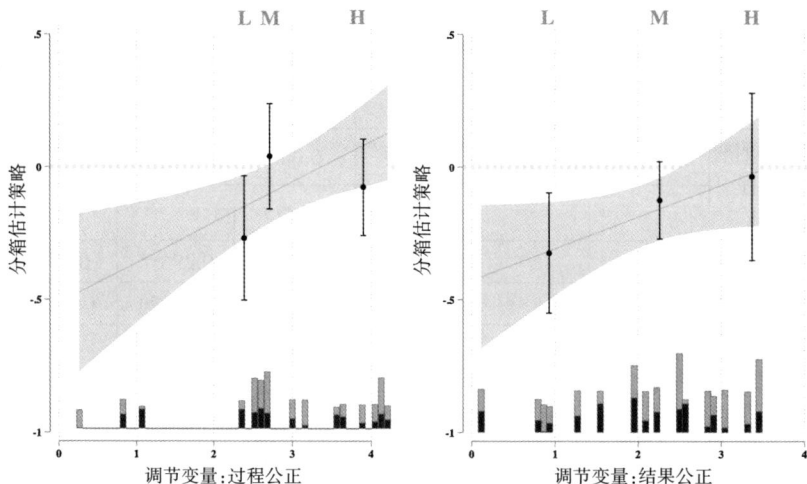

图5 调节变量的线性趋势假定检验图

资料来源:笔者自制。

为此,本文使用分箱估计策略分别检验了"过程公正"与"结果公正"是否符合交互项模型的前提假定。首先,根据图5中"危机救济"的分布情况,处理组与对照组较为均匀地分布在两个调节变量的不

① Hainmueller, Jens, Jonathan Mummolo, and Yiqing Xu, "How much should we trust estimates from multiplicative interaction models? Simple tools to improve empirical practice," *Political Analysis*, 2019, 27:163–192.

② Brambor, Thomas, William Roberts Clark, and Matt Golder, "Understanding interaction models: Improving empirical analyses," *Political analysis*, 2008, 14(1):63–82; 郭凤林、刘颜俊:《医保供给与政治信任:供给水平与期望增长的速度竞赛》,《社会发展研究》2020年第2期。

同水平上,符合共同支持假定的要求。

　　在线性交互作用假定方面,本文首先对"过程公正"连续变量进行分组,得到低(L)、中(M)、高(H)三个边际效应估计系数(见图5左侧)。然而,三组分箱估计量严重偏离了原模型的拟合线,表示该模型存在非线性影响。可见,突发公共卫生事件期间,过程公平在国家救济和非制度化参与的联系中不发挥线性调节作用,假设3a成立。而图5右侧显示,"结果公正"的三组分箱估计值基本上落在了传统交互模型直线上(Wald的p值为0.464),证明含"结果公正"的交互项模型通过了线性假定检验。

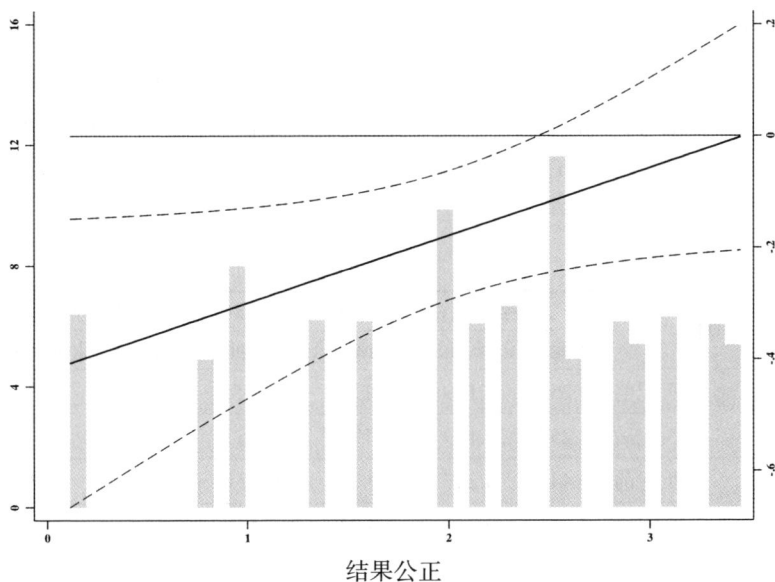

结果公正

图6　边际效应及其置信区间分布图

资料来源:笔者自制。

　　通过上述两个检验后,本文绘制了结果公正对危机救济的边际效应曲线及其置信区间分布图(见图6)。横轴为国家过程公正指数,右y轴表示危机救济的边际影响系数。根据该图,结果公正会削弱救济政策对非制度化参与的作用效果(假设3b成立)。甚至当结果公正指数较高时,危机救济就会失去它的影响力。模型5同样呈现出了类似的结果,其"危机救济"和"结果公正"对应的系数显著为负,但交互项系数显著为正。

最后,模型6则使用了随机截距模型,对四种公民类型进行了区分。其结果与模型2基本接近,再次证实假设2b、假设2c成立,但假设2a并不成立。

(三)稳健性检验

在因果机制的分析中,如果样本选择不是随机的,那么无论样本容量有多大,根据这些样本数据估计出的参数都可能无法准确反映总体的性质。[1]而在本文的研究中,个体是否获得危机救济同样存在非随机性。因此,为了克服选择偏差对研究结果的干扰,本文采用熵均衡法(Entropy Balancing),将实验组和对照组进行精确匹配,从而最大限度地消除样本中的内生偏误。[2]

表3　熵均衡匹配表

项目		实验组(危机救济=1)			对照组(危机救济=0)		
		mean	variance	skewness	mean	variance	skewness
危机前救济	匹配前	0.253	0.189	1.14	0.05	0.047	4.135
	匹配后	0.253	0.189	1.14	0.253	0.189	1.14
政党偏好	匹配前	0.441	0.247	0.238	0.371	0.233	0.535
	匹配后	0.441	0.247	0.238	0.441	0.246	0.238
抗议经历	匹配前	0.159	0.134	1.869	0.169	0.14	1.769
	匹配后	0.159	0.134	1.869	0.159	0.134	1.868
工资水平	匹配前	1.371	0.786	−0.028	1.503	0.812	−0.178
	匹配后	1.371	0.786	−0.028	1.371	0.786	−0.028

---

[1]　James J. Heckman, "Sample Selection Bias as a Specification Error," *Econometrica*, 1979, 47(1):153−161.

[2]　Jens Hainmueller, "Entropy Balancing for Causal Effects: A Multivariate Reweighting Method to Produce Balanced Samples in Observational Studies," *Political Analysis*, 2012, 20(1):25−46.

项目		实验组（危机救济=1）			对照组（危机救济=0）		
		mean	variance	skewness	mean	variance	skewness
教育	匹配前	9.4	16.43	−0.613	10.01	17.12	−0.776
	匹配后	9.4	16.43	−0.613	9.4	16.43	−0.613
年龄	匹配前	39.78	246.6	0.56	40.5	267.8	0.488
	匹配后	39.78	246.6	0.56	39.78	246.6	0.56
性别	匹配前	0.546	0.248	−0.186	0.481	0.25	0.077
	匹配后	0.546	0.248	−0.186	0.546	0.248	−0.186

注：本文同样对个体国籍进行了匹配，匹配后实验组与对照组在国籍上不存在差异。
资料来源：笔者自制。

　　根据表3，在进行匹配之前，个体是否获得救济受到多种因素的综合影响，包括个体的性别、年龄、受教育水平、工资水平等。然而在熵均衡匹配之后，实验组与对照组在这些协变量上的均值、方差与偏度基本一致。本文借此排除了各种可观测特征的系统性差异对结果的影响，有效克服了可能存在的内生性问题。匹配后，相较于未获得危机救济的群体，获得危机救济的民众的非制度化参与平均下降了0.180个单位（见表4）。

表4　熵均衡匹配的平均处理效应（ATT）

项目	匹配前	匹配后
Coef.	−0.080	−0.180**
S.E.	0.055	0.085
T-stat	−1.47	−2.12

注：***、**、*分别表示估计结果在1%、5%、10%的水平上显著。
资料来源：笔者自制。

　　最后，本文将匹配加权后的数据应用到回归模型中，再次验证获得危机救济削弱了民众的非制度化参与（见表5）。同时，只有首次获得救济的群体的非制度化参与水平会显著低于从未获得救济的群体。这些发现证实了分层线性模型获得的结果具有稳健性。

表5 稳健性检验

项目	非制度化政治参与意愿	
	模型7	模型8
危机救济		−0.185**
		(−2.37)
危机前救济		0.160
		(1.27)
长期获得救济组	−0.029	
	(−0.28)	
首次获得救济组	−0.182**	
	(−2.46)	
失去救济组	0.166	
	(0.77)	
政党偏好	0.515***	0.515***
	(6.03)	(6.02)
抗议经历	1.484***	1.484***
	(16.96)	(16.98)
政治信任	−0.041	−0.041
	(−0.91)	(−0.91)
政治兴趣	0.546***	0.546***
	(12.98)	(12.92)
社会媒体使用	−0.040	−0.040
	(−0.34)	(−0.34)
工资水平	−0.113**	−0.113**
	(−2.52)	(−2.52)
教育	0.033***	0.033***
	(3.12)	(3.11)
年龄	−0.009***	−0.009***
	(−3.32)	(−3.32)
性别	−0.405***	−0.405***
	(−5.18)	(−5.18)
国家固定效应	YES	YES
常数项	5.637***	5.638***
	(20.46)	(20.41)

项目	非制度化政治参与意愿	
	模型7	模型8
N	15,981	15,981
R-squared	0.122	0.122

注：***、**、*分别表示估计结果在1%、5%、10%的水平上显著。
资料来源：笔者自制。

六、总结与讨论

频繁的非制度化参与是拉美政治的常态现象。基于拉丁美洲18个国家的代表性调查数据，本文考察了2020年突发公共卫生危机情景下国家救济对非制度化参与的影响效果及其作用机制。研究发现，国家救济能够显著地降低非制度化参与意愿，且该效应在首次获得救济的群体中最为突出。此外，国家救济的结果公正水平对该效应发挥着负向的调节作用。为了确保研究发现的可靠性，本文还使用了熵均衡法对主要结论进行了稳健性检验。

具体而言，本研究在下列三个方面对现有研究有所拓展。首先，本文证实了个体的非制度化参与既受到微观层面的横向、纵向相对剥夺感的持久影响，还与国家层面福利政策的实施情况高度关联。尽管拉丁美洲各国具有相近的历史背景，但自其独立后，逐渐走上了差异化的发展道路。如果我们仍然将不同的拉美国家视为一体、忽略了国家内部的制度或政策差异，我们将无法把握拉美政治生态的多样性与独特性。

其次，本文区分了过程公正与结果公正两个作用机制，发现结果公正在突发公共卫生事件中扮演着更为关键的作用。国家福利政策结果的不公正会激发民众非制度化参与的意愿，加剧民众对政策的敏感度，强化国家救济与非制度化参与的联系。

最后，本文基于拉丁美洲18个国家的研究发现也具有一定的可推广性，有助于为后发国家福利政策的制定提供理论依据。本文验证了突发公共危机中国家救济的必要性。国家救济能够有效改善人民的生活处境，削弱其横向相对剥夺感与纵向相对剥夺感，从而降低非制度化参与意愿。然而，国家救济政策的长期效应值得反思，公众的政治行为并非单一政策干预的结果，还受政策历史记忆的强烈影响。国家救济在回应社会诉求的同时，也会提高人们的期待阈值，甚至会有透支类似政策的潜在效应。因此，如何有效地平衡国家救济的范围与力度，如何实现分配的公正与高效，如何在回应社会诉求的同时赢得政治获得感，都是后发国家福利政策实践的重要议题。

当然，本研究仍存在若干局限性，有待未来研究进一步拓展与完善。一方面，由于相关资料的缺乏，本文未能对国家救济的具体类型进行区分，后续研究可以深入分析救济方式的差异是否会影响其对非制度化参与的作用效果。另一方面，本文对国家救济影响非制度化参与的作用机制探讨有限，期待未来研究能够实证地检验具体的因果机制。

个体宗教经验与政治兴趣
——一项跨国研究*

赵德泽**

内容摘要 人们的宗教经验会提升他们的政治兴趣吗？已有研究形成了两种相反的主张，肯定论者将宗教信仰视为激发政治兴趣的"催化剂"，而否定论者则将其视为抑制政治兴趣的"镇静剂"。遗憾的是，还没有跨国研究对这一问题进行考察。鉴于此，本文基于世界价值观调查的跨国时间序列数据，利用多层线性模型对二者的关系进行了考察。统计结果表明，个体宗教经验中的不同要素对政治兴趣产生了异质性的影响，其中宗教意识会降低人们的政治兴趣，而宗教行为则提升了人们对政治的兴趣。未来的研究应该从宗教测量、机制分析和考察不同宗教派别与政治兴趣的关系等方面做出努力。

关键词 个体宗教经验；宗教意识；宗教行为；宗教归属；政治兴趣

一、问题的提出

近些年来，宗教信仰在欧美等一些国家和地区呈现出持续的衰

---

* 本研究得到国家社会科学基金青年项目"西南边疆民族地区农村基层党组织引导宗教健康发展研究"（23CDJ015）的资助。

** 赵德泽，中山大学粤港澳发展研究院博士研究生，研究方向为比较政治。

退现象,世俗化进程愈发明显。仅以长期被视为世俗化例外的美国来看,"无宗教归属"者的人口比例也从2009年的17%上升到2021年的29%。[1]但是,宗教并没有像世俗化理论家和社会科学家所预期的那样撤出公共领域,反而越来越多地参与社会和政治。[2]从20世纪60年代美国的"平权运动"到近年来的"阿拉伯之春"、印度的"护牛运动"和土耳其的"穆斯林民族主义",这些事件似乎都表明了宗教与政治之间存在着难以割裂的联系。尤其是宗教在一些社会运动中发挥过举足轻重的作用,被视为很多社会和政治议题能获得成功的关键。于是,宗教因素作为一种重要的精神力量,不仅赋予人们参与政治的勇气和毅力,也引导他们积极关注和参与政治活动。

然而,宗教因素有时也与远离政治联系在一起。在美国,相较于其他宗教群体,福音派新教徒和黑人新教徒更为关注心灵关怀和个人救赎而不是集体事务,因此他们更有可能回避政治事务。[3]一些宗教激进主义新教徒也因担心那些与他们信仰不同的人会剥夺他们的基本权利,不愿意与"罪人"接触而撤回到自己的社群。[4]而那些相信"上帝会照料一切"的信徒也几乎没有理由关注和参与公共活动。[5]同样,即便是在政治倾向和特征更为明显的伊斯兰教,[6]一些支派——如苏菲派(Sufi Muslims)——也与较低程度的政治动员联系在一起。[7]在中东和北非的一些国家,虽然很多阿拉伯青年变得越来越宗教化,但他们通常只是将宗教与灵性联系起来,而不将其视为意识

---

① 黄海波、黑颖:《互联网宗教的"复兴神话"及其祛魅》,《世界宗教文化》2022年第4期。
② Kenneth D. Wald, Adam L. Silverman, and Kevin S. Fridy, "Making Sense of Religion in Political Life," *Annu. Rev. Polit. Sci*, 2005, 8(1):121–143.
③ Greenberg Anna, "The Church and The Revitalization of Politics and Community," *Political Science Quarterly*, 2000, 115(3):377–394.
④ Uslaner Eric, "Producing and Consuming Trust," *Political science quarterly*, 2000, 115(4): 569–590.
⑤ Driskell Robyn, Elizabeth Embry, and Larry Lyon, "Faith and Politics: The Influence of Religious Beliefs on Political Participation," *Social Science Quarterly*, 2008, 89(2):294–314.
⑥ 梁丽萍:《宗教的政治参与及其影响——以伊斯兰教为例》,《西亚非洲》2007年第1期。
⑦ Sadowski Yahya, "Political Islam: Asking the Wrong Questions?" *Annu. Rev. Polit. Sci.*, 2006, 9(1):215–240.

形态或政治取向的表达，并且表现出越来越远离政治的取向。①这就表明，鼓励关注和参与政治事务似乎并不是宗教经验的固有特征。

由此可见，尽管宗教因素在一些社会政治事件中的显著性给人一种宗教激发政治兴趣的印象，但也有一些宗教和宗教群体试图远离政治，表现出较低程度的政治倾向。那么，宗教经验对民众的政治倾向发挥着何种影响？宗教信仰与民众的政治兴趣之间是否存在特定的联系？

事实上，宗教经验对人们政治倾向的影响已经引起了广泛的学术关注，相关的文献也早已汗牛充栋，但是这些研究的结论充满争议，远未达成共识。一些研究指出，宗教经验在人们形成政治兴趣的过程中发挥着"催化剂"的作用；而另一些研究则将宗教经验视为人们在政治生活中的"镇静剂"，认为宗教信仰抑制了他们的政治倾向，是他们远离政治的重要原因。从已有文献来看，这些研究在结论上的分歧主要来源于如下两个方面的因素：一是在案例选择上，多数研究仅仅聚焦于特定国家（地区）或宗教，大规模的跨国比较分析则较为缺乏；二是在分析层次上，一些研究是在国家或地区层级上展开的，而另一些则是在个体层面展开的，较少有研究将两者贯通起来。遗憾的是，目前还没有对宗教信仰在不同宗教背景的国家中如何影响个人的政治兴趣进行跨国比较分析的研究。有鉴于此，为了厘清个体的宗教经验与政治兴趣之间的关系和弥合现有研究的缺憾，本文将借助世界价值观调查（WVS）的数据，利用多层次研究设计（Multilevel Research Design），在控制国家层次背景因素的情况下，来检验个体宗教经验与政治兴趣之间的关系。

---

① 《缺乏信念 中东和北非青年的困境》，半岛电视台，https://chinese.aljazeera.net/sport/2019/8/31/lack-faith-youth-in-middleeast-and-north-africa-in-trouble，最后访问时间：2024年5月30日。

二、文献综述与研究假设

宗教与政治之间的关系历来是政治科学领域的重要研究议题。早在20世纪初,马克斯·韦伯和涂尔干就开始关注宗教的社会政治效应,他们分别在其开创性的作品《新教伦理与资本主义精神》(1904—1905)和《宗教生活的基本形式》(1912)中提供了宗教的意识维度和行为维度两条研究路径。[①]此后,沿着这两大传统,这一研究领域在美国和其他一些西方国家不断繁荣起来,并逐渐扩散到非西方世界,已经形成了一个重要的学术领域。就宗教经验对个体政治兴趣的影响而言,学术界也已经形成了相对丰富的文献积累,但是相关的研究在结论上并未达成一致,反而形成了两种竞争观点。在肯定论者看来,宗教信仰是人们政治生活中的"催化剂",而否定论者则提出相反的意见,认为宗教作为一种"镇静剂"会抑制人们的政治兴趣。

(一)"催化剂"理论:宗教经验激发政治兴趣

在美国,宗教场所往往被视为公民技能和公民规范的"孵化器"。[②]托克维尔很早就将宗教视为美国人维护民主共和制度的政治设施,认为"民主的和共和的基督"和天主教的到来都"大大有助于在政治活动中确立共和和民主制度"。[③]此后,越来越多的研究者关注到宗教在美国公共生活中的作用,将宗教参与视为公民参与的门槛。在宗教信仰与政治兴趣的关系方面,大量的经验研究肯定了前者对后者的催化作用。而在美国之外,宗教信仰与政治兴趣之间的正向关系也得到了一定程度的验证。在解释这一关系时,现有研究主要提供了宗教价值模型和宗教网络模型两种路径。

---

① Driskell Robyn, Elizabeth Embry and Larry Lyon, "Faith and Politics: The Influence of Religious Beliefs on Political Participation," *Social Science Quarterly*, 2008, 89(2):294–314.

② Putnam Robert, *Bowling Alone: The Collapse and Revival of American Community*, Simon and Schuster, 2000.

③ [法]托克维尔:《论美国的民主》,董果良译,商务印书馆,2017年,第367—368页。

　　宗教价值模型。在宗教价值模型看来,宗教作为一种统一人们生活的价值体系,能够为人们的社会行为提供方向和价值基础。首先,宗教会激发人们的政治义务感,使那些更加具有宗教倾向的人拥有更多的政治意识。这是因为,宗教的原则会引导宗教人士不仅要对上帝负有责任和义务,还要对他们所在的社会保持敏感和有义务防止政府的任何偏离。[1]其次,由于大多数宗教的信仰体系包含着正义、真诚和关心有需要的人等观念,宗教人士可能对社会和政治上的不公正、腐败和管理不善更加敏感,使他们对政治有更高的关注度。[2]同样,宗教价值体系中的利他主义也可能会传达鼓励或期望公民参与的价值观和规范。再次,宗教可能通过培育其成员的政治效能感来提升他们的政治兴趣。宗教人士可能会认为,在"精神指导"下,他们同样可以从事包括政治在内的世俗性追求。[3]最后,与宗教信仰有关的道德政治议题或族群意识也会为人们的政治兴趣提供道德和社会基础。一方面,宗教性的需求、要求和不满为宗教政治化提供了基础,使宗教信徒更加具有社会相关性和更为积极地考虑政治行动。[4]另一方面,在一些政治或社会议题的影响下,宗教群体的焦虑和疏远感等情感或情绪也会触发他们的政治兴趣。[5]

　　宗教网络模型。宗教网络模型认为,宗教机构可以充当"公民参与网络",促进其成员对集体利益的兴趣。首先,根据"溢出效应"理论,公众在社会领域中的参与会使他们获得参与政治生活的技能和信心。在此意义上,参与教会内部的决策会让个人感到更有能力和

①　Aghazadeh Jafar and Reza Mahmoudoghli, "Religion and Political Engagement," *Cogent Social Sciences*, 2017, 3(1).

②　Arikan Gizem and Pazit Ben-Nun Bloom, "Religion and Political Protest: A Cross-Country Analysis," *Comparative political studies*, 2019, 52(2):246-276.

③　Harris Fredrick, "Something Within: Religion as a Mobilizer of African-American Political Activism," *The Journal of Politics*, 1994, 56(1):42-68.

④　Omelicheva Mariya and Ranya Ahmed, "Religion and Politics: Examining the Impact of Faith on Political Participation," *Religion, State & Society*, 2018, 46(1):4-25.

⑤　Ayers John and Richard Hofstetter, "American Muslim Political Participation following 9/11: Religious Belief, Political Resources, Social Structures, and Political Awareness," *Politics and Religion*, 2008, 1(1):3-26.

具备更高的信息水平,并因此变得更加具有政治相关性。[①]其次,宗教作为一个动员网络也能将信徒的宗教兴趣转化为政治兴趣。一方面,礼拜场所可以作为表达和阐述政治关切的工具,从而激发与会者的政治热情。[②]另一方面,神职人员或宗教领袖也能通过传达一些政治信息来动员宗教成员,他们对信徒的直接呼吁和鼓励,也会增强成员的政治意识。[③]最后,宗教社会关系网络为信徒提升政治兴趣提供了有利的政治信息接触和政治招募机会。在宗教所构建的社会关系网络中,经常参与宗教活动的民众不仅会接触到更多的政治信息和政治招募机会,而且在拒绝接受社会网络的要求时也面临更大的成本压力。[④]尤其是那些经常参与宗教活动的人会给人留下可靠和忠诚的印象,使他们更有可能获得参与的邀请。

(二)"镇静剂"理论:宗教信仰抑制政治兴趣

然而,也有一些研究提出相反的意见,认为宗教作为一种政治安抚和宿命论的工具,会导致人们在政治上的冷漠。马克思主义就将宗教视为统治阶级的工具,认为宗教将世俗的关注转向彼岸世界的追求,以此为社会中处于从属地位的受压迫群体提供安抚。[⑤]正如马克思所批判的,"宗教是人民的鸦片"。[⑥]在随后的研究中,宗教信仰对政治兴趣的抑制作用也得到很多经验研究的证实。从现有研究来看,主要存在宗教结构和时间成本两条解释路径。

① Peterson Steven, "Church Participation and Political Participation: The Spillover Effect," *American Politics Quarterly*, 1992, 20(1):123-139.
② Brown Khari and Ronald Brown, "Faith and Works: Church-Based Social Capital Resources and African American Political Activism," *Social Forces*, 2003, 82(2):617-641.
③ Omelicheva Mariya and Ranya Ahmed, "Religion and Politics: Examining the Impact of Faith on Political Participation," *Religion, State & Society*, 2018, 46(1):4-25.
④ Schervish Paul and John Havens, "Social Participation and Charitable Giving: A Multivariate Analysis," *Voluntas: International Journal of Voluntary and Nonprofit Organizations*, 1997, 8(3):235-260.
⑤ Harris Fredrick, "Something Within: Religion as a Mobilizer of African-American Political Activism," *The Journal of Politics*, 1994, 56(1):42-68.
⑥ 《〈黑格尔法哲学批判〉导言》,《马克思恩格斯选集(第1卷)》,人民出版社,2012年,第2页。

一是宗教结构。这一路径强调宗教的等级结构,认为宗教中的权威领袖和非民主传统会鼓励其成员的政治沉默主义(political quietism)。帕特南就指出,由于意大利天主教的垂直等级结构使其成为公民共同体的替代而不是其组成部分,意大利天主教传统上并不鼓励公众参与公共事务,并最终导致宗教情感与公共参与互不兼容。[①]维巴等人也认为,由于天主教的等级结构难以发挥志愿组织的公民技能"孵化器"作用,天主教信仰导致拉丁裔美国人在政治中的低参与度。[②]一些基于美国黑人教会的研究也指出,黑人教会促进非洲裔美国人参与政治的观点就是一个"神话",相反,黑人宗教本质上是一种压迫的工具,使非洲裔美国人在精神和制度上明显被置于从属的环境中,[③]在非洲裔美国人的民权斗争中发挥了"鸦片"而不是"兴奋剂"的作用。[④]

二是时间经济理论(economy of time)。布雷迪等人将时间视为政治参与的关键解释变量,发现当民众因缺乏时间资源而无暇顾及政治生活时,他们就会缺少参与政治生活的主动性,并因此成为政治上的冷漠者。[⑤]就宗教生活而言,当个人更多卷入宗教传统时,他们参与包括政治在内的其他公共活动的时间就会减少,[⑥]最终对信徒的政治兴趣产生负面影响。这一理论也得到一些经验证据的支持,如福音派新教成员在为他们的教会服务时,就牺牲掉了为更广泛的社区服务的时间。[⑦]非洲裔美国人与教会的联系虽然强化了他们的群体

① [美]罗伯特·帕特南:《使民主运转起来:现代意大利的公民传统》,王列、赖海榕译,中国人民大学出版社,2017年,第113页。

② Verba Sidney, Kay Lehman Schlozman, and Henry E. Brady, *Voice and Equality: Civic Voluntarism in American Politics*, Harvard University Press, 1995.

③ Reed Adolph, *The Jesse Jackson Phenomenon: The Crisis of Purpose in Afro-American Politics*, Yale University Press, 1986:59.

④ Marx Gary, *Protest and Prejudice*, Harper & Row, 1967.

⑤ Brady Henry, Sidney Verba, and Kay Lehman Schlozman, "Beyond SES: A Resource Model of Political Participation," *American political science review*, 1995, 89(2):271-294.

⑥ Iannaccone Laurence, "The Consequences of Religious Market Structure: Adam Smith and the Economics of Religion," *Rationality and society*, 1991, 3(2):156-177.

⑦ Campbell David, "Acts of Faith: Churches and Political Engagement," *Political behavior*, 2004, 26(2):155-180.

关系和族群认同,但也减少了他们与其他社群的联系,导致非洲裔美国人不太可能参与其他群体的公民和政治组织。①

(三)文献总结

文献梳理表明,宗教与公众政治兴趣之间的关系引发了大量的学术讨论,但已有研究在案例选择和分析层次上的差异使它们在结论上充满分歧,并且至今仍没有得到解决。这是因为,现有研究并没有对个体宗教经验与政治兴趣的关系进行跨国比较分析。这就意味着,为了厘清宗教经验与政治兴趣的关系,有必要将不同宗教信仰的个人,与政治、经济和宗教构成不同的其他国家(地区)的个人进行比较。为了弥补这一理论空缺,本文将利用世界价值观调查的跨国调查数据,通过多层线性模型来探讨宗教经验对不同宗教背景下的个人政治兴趣会产生何种影响。

(四)研究假设

宗教作为人类社会非常复杂和多样化的文化现象,对其进行概念界定不仅非常困难,也经常容易引发争议。本文并不尝试构建宗教的具体定义,而是将精力集中在宗教经验对个体政治兴趣的影响上。从宗教经验的测量来看,早期的研究往往将其视为单一维度的概念,并具化为宗教出席(religious attendance),但是由于个人宗教经验中的不同要素可能会对他们的行为和态度产生异质性的影响,这一做法越来越遭到诟病。②为了摆脱这种困境,新近的研究越来越重视宗教测量的完整性和准确性,力图在经验研究中呈现出人们宗教经验的多个面向。当前,研究者们主要将宗教经验界定为由宗教行为(religious behavior)、宗教意识(religious belief)和宗教归属(religious

① Sidanius Jim et al., "The Interface between Ethnic and National Attachment: Ethnic Pluralism or Ethnic Dominance?" *The Public Opinion Quarterly*, 1997, 61(1):102–133.
② Holdcroft Barbara, "What is Religiosity," *Catholic Education: A Journal of inquiry and practice*, 2006, 10(1):89–103.

belonging)构成的多维度概念。[1]具体而言,宗教行为关注人们在宗教团体、礼拜场所和宗教社会网络中的参与情况。[2]宗教意识涉及一系列人们如何理解神、神圣物及人神关系的价值观和信念,比如对上帝、天堂、地狱及死后生活等的看法。[3]宗教归属则是指人们对特定宗教派别或宗教传统的认同。为了更全面理解宗教经验中的不同面向对人们政治兴趣的影响,本文从行为、意识和归属三个维度来探讨个体宗教经验与政治兴趣的关系。

从个体宗教经验的行为方面来看,宗教参与可以被视为公众政治兴趣的重要来源。一方面,类似于参与世俗性志愿协会,宗教团体中的参与不仅可以为公众提供在关注和参与政治时所需要的资源和技能,也会增强他们的公共意识,使积极参与者对政治更感兴趣。[4]另一方面,宗教组织和宗教领袖能够发挥重要的动员作用,使参与者对政治更加关注。具体而言,定期和频繁的宗教活动为宗教领袖向参与者传递政治信息提供了平台。同时,宗教场所作为一种社会关系网络,为参与者建立社交关系和交换政治信息提供了机会。[5]这就意味着,当个体更多地参与宗教活动时,他们更有可能接触到政治信息和政治积极分子。政治信息的接触和来自他人的政治招募则有助

[1] Wald Kenneth and Clyde Wilcox, "Getting Religion: Has Political Science Rediscovered the Faith Factor?" *American Political Science Review*, 2006, 100(4):523–529; Bloom Pazit Ben-Nun, Gizem Arikan, and Marie Courtemanche, "Religious Social Identity, Religious Belief, and Anti–Immigration Sentiment," *American Political Science Review*, 2015, 109(2): 203–221.

[2] Smidt Corwin E., Lyman A. Kellstedt, and James L. Guth, "The Role of Religion in American Politics: Explanatory Theories and Associated Analytical and Measurement Issues," in Smidt et al., eds., *Oxford Handbook on Religion and American Politics*, Oxford University Press, 2009:3–42.

[3] Layman Geoffrey C., "Religion and Political Behavior in the United States: The Impact of Beliefs, Affiliations, and Commitment From 1980 to 1994," *Public Opinion Quarterly*, 1997, 62 (2):288–316.

[4] Nicolette D. Manglos and Alexander A. Weinreb, "Religion and Interest in Politics in Sub-Saharan Africa," *Social Forces*, 2013, 92(1):195–219.

[5] John Wilson and Thomas Janoski, "The Contribution of Religion to Volunteer Work," *Sociology of Religion*, 1995, 56(2):137–152.

于参与者政治意识的形成。①简而言之,个体的宗教行为有助于从物质和心理资源两个方面提升他们的政治兴趣。

基于上述分析,本文提出如下假设:

H1:个体的宗教行为与政治兴趣正相关,宗教参与水平越高的公众对政治越感兴趣。

不同于宗教行为,作为个体宗教经验中个人化方面的宗教意识则可能会抑制公众的政治兴趣。一方面,当信徒更加关注宗教生活中的灵性或者来世维度时,他们会更强调虔敬生活和崇拜的重要性,而较少关注社会政治议题,对政治表现出更低的兴趣。②另一方面,极端的教义承诺或对圣经教义绝对真实性的信仰,也可能会对公民参与产生负面影响。③一是极端的教义承诺往往与宿命论联系在一起,这种封闭的认知取向不仅会降低他们的效能感,而且使他们倾向于避开他们不认可的政治性或世俗性信息来源,最终弱化他们的政治意识。④二是极端的教义承诺也会对信徒的社会资本产生负面效应,即不利于连接性社会资本(bridging social capital)的生成,使他们更倾向于宗教内部的参与而不是公共参与。⑤此外,由于宗教意识与维系社会秩序的价值观密切相关,个体的宗教意识通常具有合理化现状和抑制政治兴趣的倾向。⑥

基于以上分析,本文提出如下假设:

① Arikan Gizem and Pazit Ben-Nun Bloom, "Religion and Political Protest: A Cross-Country Analysis," *Comparative political studies*, 2019, 52(2):246-276.
② Cavendish James et al., "Social Network Theory and Predictors of Religiosity for Black and White Catholics: Evidence of a 'Black Sacred Cosmos'?" *Journal for the Scientific Study of Religion*, 1998, 37(3):397-410.
③ Uslaner Eric, "Producing and Consuming Trust," *Political science quarterly*, 2000, 115(4):569-590.
④ Scheufele Dietram, Matthew C. Nisbet, and Dominique Brossard, "Pathways to Political Participation? Religion, Communication Contexts, and Mass Media," *International Journal of Public Opinion Research*, 2003, 15(3):300-324.
⑤ Greenberg Anna, "The Church and the Revitalization of Politics and Community," *Political Science Quarterly*, 2000, 115(3):377-394.
⑥ Vassilis Saroglou, Delpierre Vanessa, and Dernelle Rebecc, "Values and Religiosity: A Meta-Analysis of Studies Using Schwartz's Model," *Personality and Individual Differences*, 2004, 37(4):721-734.

H2:个体的宗教意识与政治兴趣负相关,宗教意识越强的公众对政治越不感兴趣。

除了上述两个主要的研究假设,本文也考察不同宗教归属对政治兴趣的影响。由于不同的宗教派别在宗教结构和神学信仰等方面存在明显的差异,我们可以合理预期不同的宗教归属会对公众的政治兴趣产生异质性的影响。

三、研究设计

(一)数据来源

本文使用的数据主要来源于世界价值观调查的时间序列数据集。本文选择世界价值观调查作为研究数据的原因如下:一是这套数据包含了本文研究所需要的大多数变量,能够有效满足本文的研究需要。二是时间序列数据具有截面数据难以替代的优势,有助于考察特定国家或社会的价值观是否随着时间的推移而变化。三是世界价值观调查采用严格的程序对每个国家或地区全域范围内的成年人口进行抽样,其代表性能够满足推论的要求。四是世界价值观调查覆盖了非常广泛的国家或地区,为跨国比较研究提供有力的数据支撑。除了使用世界价值观调查的个体数据,我们还整理了国家层面的社会发展程度、政治结构和宗教治理等相关数据。需要说明的是,受控制变量数据的限制,本文最终使用的数据时间跨度为2007年至2020年,涵盖73个国家或地区。

(二)变量设置

一是因变量。本文的因变量是政治兴趣。政治兴趣作为一种心理导向,反映了人们对于日常生活之外的事务的关心和关注程度。[1]
世界价值观调查询问被访者"你对政治感兴趣吗",被访者需要在4点
量表上指出他们对政治感兴趣的程度。我们根据被访者的回答将
"一点也不感兴趣"赋值为1,将"非常感兴趣"赋值为4,以此表示对政
治越感兴趣的被访者得分越高。

　　二是自变量。本文的自变量是个体的宗教经验,包含宗教意识、
宗教行为与宗教归属三个维度。基于已有研究,我们利用两个题项
来测量宗教意识。一个是被调查者"是否认为自己是一个宗教人
士"。在编码时我们将回答"无神论者"赋值为1,回答"不是"赋值为
2,回答"是"的赋值为3。另一个是询问上帝(神)在被调查者生活中
的重要性(1=一点也不重要,10=非常重要)。[2]在具体的处理上,我们
将两个指标相加得到一个宗教意识指数。无疑,我们构建的宗教意
识指数不一定能够反映出个体宗教意识的全部内容,但是现有研究
已经为这种测量的有效性提供了足够的证据。例如有研究在对这种
由两个题项相加构建的指数与由包括"对上帝(神)、死后生活和天堂
的看法"、"上帝(神)在生活中的重要性"和"从宗教中获得安慰和力
量"等更多题项构建的宗教意识指数进行比较时发现,两者存在强相
关关系,表明由两个题项相加的测量具有较好的效度。[3]

　　为了测量宗教行为,我们将"宗教组织参与度"和"参加宗教仪式
的频率"两项指标相加得到一个宗教行为指数。在构建这一指数时,
我们将非宗教组织成员赋值为0,宗教组织不活跃成员赋值为1,宗教
组织活跃成员赋值为2。"参加宗教仪式的频率"在世界价值观时间序

---

[1]　Verba Sidney and Norman H. Nie, *Participation in America: Political Democracy and Social Equality*, University of Chicago Press, 1972:83.

[2]　Ben-Nun Bloom Pazit and Gizem Arikan, "A Two-Edged Sword: The Differential Effect of Religious Belief and Religious Social Context on Attitudes towards Democracy," *Political behavior*, 2012, 34(2):249-276.

[3]　Arikan Gizem and Pazit Ben-Nun Bloom, "Religion and Political Protest: A Cross-Country Analysis," *Comparative political studies*, 2019, 52(2):246-276; Voicu Mălina, "Effect of Nationalism on Religiosity in 30 European Countries," *European Sociological Review*, 2012, 28 (3):333-343.

列数据集中被整合为一个7分变量,我们根据参加的频率从1到7进行赋值,1表示从未参加,7表示每周多次参加。在测量个体的宗教归属时,时间序列数据依据"主要群体"将受访者的回答划分为"不属于任何教派""罗马天主教""新教""东正教""犹太教""伊斯兰教""印度教""佛教""其他基督教派""其他教派"10个类别。在回归分析中,我们将"不属于任何教派"作为基准类别,将这些教派类别设置为9个虚拟变量。

三是控制变量。在个体层面,我们参照已有研究将年龄、性别、教育、婚姻状况、生活满意度和自我效能感等设置为控制变量。在国家层面,我们采用三个指标来控制被访者所面临的社会和制度背景。[①]第一个是社会经济发展程度,通过世界银行的"世界发展指数"(按购买力平价衡量的人均GDP)衡量。第二个是政治结构。在测量政治结构时,我们使用两个指标,一个是"政体第四代指数"(Polity Ⅳ),另一个是"世界自由指数"。在具体运用上,我们在基准模型中使用"世界自由指数",在稳健性检验中使用"政体指数"。[②]尽管这些指数存在着过于关注民主的正式方面和依赖观察与主观判断的专家打分法等缺陷,但是它们也提供了对象国国内政治的丰富信息,有助于推动知识建构。[③]第三,信众的政治兴趣也可能受到宗教政策和法规的影响,我们也需要控制各个国家或地区的"宗教治理状况"。本文利用皮尤数据集中的政府规制指数(Government Restrictions Index)来测量各个国家或地区的"宗教治理状况"。政府规制指数是衡量政府"宗教偏袒""宗教管理"和"宗教歧视"的综合性指标,反映着"官方法律、政策或行政行为对宗教实践、职业或选拔的规制"[④],因此能够

---

① Omelicheva Mariya and Ranya Ahmed, "Religion and Politics: Examining the Impact of Faith on Political Participation," *Religion, State & Society*, 2018, 46(1):4-25.

② 李辉:《世俗主义与腐败——基于跨国数据的一项定量分析》,《经济社会体制比较》2013年第4期。

③ 张萌萌、杨雪冬:《测量抑或规训:对政治评估指数的评估》,《社会科学》2022年第11期。

④ Arikan Gizem and Pazit Ben-Nun Bloom, "Religion and Political Protest: A Cross-Country Analysis," *Comparative political studies*, 2019, 52(2):246-276.

有效测量各个国家或地区的"宗教治理状况"。

　　需要说明的是,为方便后续数据分析,本文在统计检验前将所有变量统一按照正向赋值进行处理。各变量的描述性统计见表1。

表1　变量描述性统计

变量名	样本量	均值	标准差	最小值	最大值
政治兴趣	151215	2.373	0.969	1	4
宗教意识	151215	10.41	3.379	2	13
宗教行为	151215	5.14	3.066	1	10
宗教派别	151215	2.992	2.429	0	9
性别	151215	1.52	0.5	1	2
年龄	151215	41.77	16.32	16	103
教育	151215	1.984	0.741	1	3
收入	151215	4.792	2.106	1	10
婚姻状态	151215	1.436	0.496	1	2
生活满意度	151215	6.89	2.266	1	10
自我效能感	151215	7.09	2.262	1	10
宗教治理	73	4.015	2.484	0.2	9.3
社会发展	73	21459	18922	991.9	94910
政治结构	73	59.48	27.38	4	100

(三)研究方法与模型建构

　　本文所使用的数据不仅包括个体层次的数据,也包括国家或地区层次的数据,属于典型的双层嵌套数据。在本文中,个体层面的自变量构成第一层次,国家或地区层面的自变量构成第二层。此时,如果忽略分层数据导致的方差齐性和独立分布不成立的问题,传统线性回归模型可能出现严重的偏误。而多层线性模型能够很好地解决跨级推断问题。多层线性模型不仅能够避免从一个层次得出的推论应用于另一个层次时,由于分析层次的合并而产生的生态谬误,也允许同时引入不同层次的解释变量,并在回归结果中反映出各层自变量作用的复杂结构。①考虑到本文的数据特征和研究目的,我们将使用多层线性模型来分析数据。本文的多层线性模型分别使用了国家(地区)层面的客观量化数据和个体层面的主观问卷数据,有助于克服完全基于同一问卷数据所产生的内生性问题和共同偏差问题。

我们首先需要建构一个空模型来检验样本数据是否适用于多层线性模型,即构建一个不包含任何解释变量的多层线性模型,以考察个体政治兴趣的差异在多大程度是国家或地区组间差异造成的。空模型为:

$$Y_{ij} = \beta_0 + \varepsilon_{ij} + \mu_{0j} \qquad (1)$$

公式中 Y_{ij} 表示来自第 j 国家或地区的第 i 个体值(即因变量政治兴趣), β_0 表示因变量的总均值, ε_{ij} 为个体层面(层次1)的误差项, μ_{0j} 为国家或地区层次(层次2)的误差项。

统计结果显示,水平2方差为0.076(P<0.001),对个体政治兴趣的影响具有统计学意义。经计算,ICC的值为8.1%,表明因变量中8.1%的方差在水平2,详见表2。根据经验法则,当VPC/ICC≥5%时,就意味着组间存在较大的异质性,有必要采用多层线性模型。

表2　空模型统计结果

截距项	个体层面方差	国家/地区层面方差	ICC
2.357***	0.865	0.076	0.081
(0.0324)			
N(个体)	151215		
N(国家/地区)	73		

*** p<0.01, ** p<0.05, * p<0.1

本文的多层线性模型设定如下:

层次1模型(个体层次模型): $Y_{ij} = \beta_{0j} + \beta_{1j}X_{1ij} + \beta_{2j} + X_{2ij} + \varepsilon_{ij}$ （2）

其中, Y_{ij} 为因变量政治兴趣, X_{1ij} 为自变量个体宗教经验, X_{2ij} 为控

---

① 唐雲、王英:《主客观视角下的制度绩效、政治效能感与政治信任》,《经济社会体制比较》2020年第5期。

制变量,ε_{ij} 为个体层面的随机效应。β_{1j} 是 X_{1ij} 的系数,表示 j 国家或地区内自变量对因变量的影响。β_{2j} 是 X_{2ij} 的系数,表示 j 国家或地区内控制变量对因变量的影响。

层次2模型(国家或地区层次模型):

$$\beta_{0j} = r_{00} + r_{01}T_{01} + \mu_{0j} \qquad (3)$$

$$\beta_{1j} = r_{10} + r_{11}T_{01} + \mu_{1j} \qquad (4)$$

其中,T_{01} 表示国家或地区因素,μ_{0j} 和 μ_{1j} 为国家或地区层次的随机效应。r_{00} 表示国家或地区因素对 β_{0j} 的截距影响,r_{10} 代表国家或地区因素对 β_{1j} 的截距影响。r_{01} 为(3)式中 T_{01} 的系数,代表国家或地区因素对 β_{0j} 的影响,r_{11} 为(4)式中 T_{01} 的系数,代表国家或地区因素对 β_{1j} 的影响。

四、统计结果分析

(一)个体的宗教经验与政治兴趣

为了检验个体宗教经验与政治兴趣的关系,本文采用逐步回归的方式进行统计分析。多层线性模型的统计结果表明,个体的宗教经验与政治兴趣不存在同质化的单一关系,相反,个体宗教经验中的不同要素会对人们的政治态度产生异质性的影响。一方面,个体的宗教意识与政治兴趣存在显著的负向关系,表明宗教性水平越高的个体对政治更不感兴趣。另一方面,个体的宗教行为与政治兴趣显著正相关,意味着越积极参与宗教活动的公众对政治越感兴趣。这些发现进一步支持了一些政治行为研究者的观点,他们发现宗教意识遏制了人们在政治生活中的参与,而宗教社会网络中的参与则促进了人们的政治参与。[1]造成这种差异的原因可能在于,不同于宗教行为的社会参与属性能够为信徒形成政治意识提供必要的物质、心理和认知资源,宗教意识的个人化属性使得宗教性水平越高的信徒更为关注个人的宗教生活而有意无意地回避公共生活。此外,从教派归属来看,只有自认归属于犹太教和佛教的个体与政治兴趣之间存在稳健的关系,他们相较于不属于任何教派的个体对政治更感兴趣。

其他控制变量也对个体的政治兴趣影响明显。从表3可知,个体因素中的性别、年龄、教育、婚姻状态、生活满意度和自我效能感对人们的政治兴趣存在着显著的正向影响,表明男性、年龄越大、受教育程度越高、收入越高、已婚、生活满意度越高以及自我效能感越高的公众对政治更感兴趣。在国家或地区层面,与吉尔等人的发现一致,宗教治理的系数为负,表明在宗教管理越严格的国家或地区,人们对政治更不感兴趣;[2]社会发展的对数与政治兴趣负相关,意味着国家或地区的经济发展水平越高,人们对政治感兴趣的可能性就越低;政治结构与政治兴趣负相关,表明当一个国家或地区的政治体制越接近西方模式时,这个国家或地区的公众对政治就越不感兴趣。

表3　影响个体政治兴趣的多层线性模型(随机截距模型)

项目		模型1	模型2	模型3	模型4	模型5	模型6
	宗教意识	-0.004*** (0.001)	-0.004*** (0.001)	-0.006*** (0.001)			
	宗教行为				0.023*** (0.001)	0.021*** (0.001)	0.020*** (0.001)

[1]　Arikan Gizem and Pazit Ben-Nun Bloom, "Religion and Political Protest: A Cross-Country Analysis," *Comparative political studies*, 2019, 52(2): 246-276; Omelicheva Mariya and Ranya Ahmed, "Religion and Politics: Examining the Impact of Faith on Political Participation," *Religion, State & Society*, 2018, 46(1):4-25.

[2]　Gill Anthony and Anthony James Gill, *The Political Origins of Religious Liberty*, Cambridge University Press, 2008.

续表

项目		模型 1	模型 2	模型 3	模型 4	模型 5	模型 6
个体变量	性别(男=1)		0.223*** (0.005)	0.222*** (0.005)		0.222*** (0.005)	0.222*** (0.005)
	年龄		0.005*** (0.000)	0.005*** (0.000)		0.005*** (0.000)	0.005*** (0.000)
	教育		0.155*** (0.004)	0.154*** (0.004)		0.156*** (0.004)	0.155*** (0.004)
	收入		0.024*** (0.001)	0.024*** (0.001)		0.024*** (0.001)	0.024*** (0.001)
	婚姻(1=已婚)		0.038*** (0.005)	0.038*** (0.005)		0.032*** (0.005)	0.032*** (0.005)
	生活满意度		0.005*** (0.001)	0.006*** (0.001)		0.004*** (0.001)	0.005*** (0.001)
	自我效能感		0.009*** (0.001)	0.010*** (0.001)		0.009*** (0.001)	0.009*** (0.001)
	罗马天主教		0.047*** (0.010)	0.047*** (0.010)		−0.027*** (0.009)	−0.029*** (0.009)
	新教		0.060*** (0.011)	0.060*** (0.011)		−0.029*** (0.011)	−0.032*** (0.011)
	东正教		0.065*** (0.015)	0.064*** (0.015)		−0.003 (0.015)	−0.007 (0.015)
	犹太教		0.234*** (0.046)	0.230*** (0.046)		0.190*** (0.046)	0.184*** (0.046)
	伊斯兰教		0.082*** (0.013)	0.083*** (0.013)		0.010 (0.013)	0.008 (0.013)
	印度教		0.007 (0.025)	0.007 (0.026)		−0.058** (0.025)	−0.061** (0.025)
	佛教		0.095*** (0.016)	0.090*** (0.016)		0.058*** (0.016)	0.051*** (0.016)
	其他基督教派		−0.007 (0.020)	−0.005 (0.020)		−0.098*** (0.020)	−0.098*** (0.019)
	其他教派		−0.014 (0.019)	−0.012 (0.019)		−0.097*** (0.019)	−0.098*** (0.019)
	宗教治理			−0.016*** (0.003)			−0.014*** (0.003)
	ln社会发展			−0.386*** (0.025)			−0.375*** (0.025)

续表

项目		模型1	模型2	模型3	模型4	模型5	模型6
国家/地区变量	政治结构			−0.005*** (0.001)			−0.005*** (0.001)
	截距	2.402*** (0.033)	1.488*** (0.036)	5.554*** (0.258)	2.242*** (0.033)	1.421*** (0.035)	5.351*** (0.258)
	随机效应参数 (国家/地区)	0.074 (0.012)	0.070 (0.012)	0.256 (0.055)	0.079 (0.013)	0.069 (0.012)	0.264 (0.056)
	Wald chi2( )	21.86	6321.58	6663.70	590.25	6759.95	7071.52
	Log likelihood	−203769.63	−200684.08	−200539.6	−203486.02	−200473.99	−200345.36
	个体样本量	151215	151215	151215	151215	151215	151215
	国家或地区样本量	73	73	73	73	73	73

*** $p<0.01$, ** $p<0.05$, * $p<0.1$

(二)稳健性检验

为保证统计结果的可靠性,本文通过替换模型和改变控制变量两种方式来对个体宗教经验与政治兴趣之间的关系进行稳健性检验。在前面的模型中,我们假定所有层次1自变量在所有国家或地区都有相同的效应,并且这些效应是固定的。但是实际情况通常并非如此,如收入水平的效应可能因国家而异。基于此,我们将随机截距模型置换为允许国家或地区间回归系数变化的随机系数(斜率)模型。模型拟合度检验表明,模型7与模型3的卡方分布差值为2922.18,模型8与模型6的卡方分布差值为3006.54,表明随机系数(斜率)模型显著优于随机截距模型。与此同时,我们采用替换变量的方式,利用"政体第四代指数"(Polity IV)的数据来测量国家或地区的政治结构。结果如表4所示,尽管系数出现了微小的变化,但宗教意识对政治兴趣的负向影响和宗教行为对政治兴趣的正向影响依然维持着99%以上的显著性水平,表明统计结果通过了稳健性检验。

表4 稳健性检验结果

项目		模型7	模型8	模型9	模型10
个体变量	宗教意识	−0.005*** (0.001)		−0.009*** (0.001)	
	宗教行为		0.022*** (0.001)		0.018*** (0.001)
	性别(男=1)	0.218*** (0.012)	0.216*** (0.013)	0.228*** (0.007)	0.227*** (0.007)
	年龄	0.005*** (0.001)	0.005*** (0.000)	0.005*** (0.000)	0.005*** (0.000)
	教育	0.166*** (0.015)	0.167*** (0.015)	0.193*** (0.005)	0.194*** (0.005)
	收入	0.022*** (0.002)	0.021*** (0.002)	0.023*** (0.002)	0.024*** (0.002)
	婚姻(1=已婚)	0.041*** (0.008)	0.027*** (0.010)	0.027*** (0.007)	0.022*** (0.007)
	生活满意度	0.005** (0.002)	0.005*** (0.002)	0.001 (0.002)	−0.001 (0.002)
	自我效能感	0.010*** (0.002)	0.009*** (0.002)	0.014*** (0.002)	0.014*** (0.002)
	罗马天主教	0.040*** (0.013)	−0.038*** (0.013)	0.047*** (0.013)	−0.027** (0.013)
	新教	0.049*** (0.015)	−0.035** (0.016)	0.089*** (0.016)	−0.002 (0.016)
	东正教	0.032 (0.024)	−0.036 (0.026)	0.063*** (0.020)	−0.011 (0.020)
	犹太教	0.170*** (0.064)	0.133** (0.064)	0.351*** (0.070)	0.312*** (0.070)
	伊斯兰教	−0.022 (0.035)	−0.107*** (0.036)	0.090*** (0.024)	0.011 (0.023)
	印度教	−0.072 (0.058)	−0.171*** (0.063)	−0.030 (0.041)	−0.097** (0.040)
	佛教	0.078** (0.040)	0.032 (0.043)	0.087*** (0.031)	0.037 (0.030)
	其他基督教派	−0.055 (0.041)	−0.154*** (0.047)	0.024 (0.029)	−0.073** (0.029)
	其他教派	−0.002 (0.033)	−0.085** (0.035)	−0.047* (0.028)	−0.140*** (0.027)

续表

项目		模型7	模型8	模型9	模型10
国家/区域变量	宗教治理	−0.018*** (0.003)	−0.013*** (0.003)	−0.028*** (0.008)	−0.021** (0.008)
	ln社会发展	−0.422*** (0.026)	−0.398*** (0.026)	−0.100*** (0.034)	−0.077** (0.034)
	政治结构	−0.006*** (0.001)	−0.005*** (0.001)	−0.019*** (0.002)	−0.018*** (0.002)
	截距	5.950*** (0.267)	5.577*** (0.269)	2.554*** (0.326)	2.206*** (0.326)
	随机效应参数(国家/地区)	0.248 (0.050)	0.274 (0.057)	0.074 (0.019)	0.076 (0.019)
	Wald chi2( )	1063.58	2214.15	3917.07	4045.70
	Log likelihood	−199078.51	−199302.93	−98504.884	−98443.9
	个体样本量	151215	151215	74517	74517
	国家或地区样本量	73	73	35	35

*** p<0.01, ** p<0.05, * p<0.1

五、结论与讨论

宗教似乎同时能够激发和抑制人们的政治兴趣。一方面,宗教在一些政治事件中的显著性给人留下了非常深刻的印象。另一方面,宗教似乎又使很多人遁世离俗和远离政治。本文的研究通过提供一个包括个体和国家或地区层面数据的分析框架,为有关个体宗教经验如何影响政治兴趣的争论做出贡献。与该领域已有研究缺少跨国比较分析不同的是,我们的研究结论基于73个国家或地区的跨国时间序列数据。这些国家或地区在政治结构、社会发展和宗教背景方面的高度多样化极大增强了本文研究结论的可推广性。文章的统计结果表明,个体的宗教经验与政治兴趣并不存在单一的关系,相反人们宗教经验中的不同因素会对其政治兴趣产生异质性的影响。首先,个体的宗教意识与政治兴趣负相关,表明宗教性水平更高的人往往对政治更不感兴趣。其次,个体的宗教行为与政治兴趣正相关,那些经常参与宗教活动的人会对政治产生更大的兴趣。最后,从教派归属来看,除了自我认同为犹太教徒和佛教徒的个体对政治更感兴趣,我们没有发现不同宗教派别在政治兴趣上的差异。

诚然,本文的研究揭示了个体的宗教经验对政治兴趣的多重影响,也为相关问题的讨论贡献了更具推广性的研究发现,但是还有更多的研究问题有待进一步探讨。首次,个体宗教经验的测量有待进一步的细化和深化,以更为完整地呈现诸如宗教虔诚度、先知与祭司认知,以及教义承诺等个体宗教经验对政治兴趣的复杂和多元影响。其次,本文的研究只是发现了个体宗教经验与政治兴趣之间的相关关系,未来的研究应该努力探索二者之间的因果机制。再次,除了犹太教和佛教以外,我们的研究没有发现不同宗教派别在政治兴趣上的差异,而这一发现可能掩盖了主要宗教派别内部在信仰、实践和宗教结构等方面的重要差异。事实上,将世界上各种各样的教派划分为9大类别可能是存在问题的,因为不同宗教派别的政治倾向可能会因时间和国家而异。这就意味着不同宗教派别的政治倾向值得我们进一步关注。最后,宗教作为一套嵌入在更广泛的文化和政治背景中的信仰与机构,它对公众政治兴趣的塑造会受到公众的宗教经验和世俗因素的共同影响。这就表明,要充分理解个体宗教经验与政治兴趣之间的关系,未来的研究一方面需要同时考虑个体、群体和社会背景等多个分析层次;另一方面也需要在关注宗教因素对政治兴趣的独立效应时,对影响政治兴趣的宗教因素与世俗性因素的交互作用保持敏感。

移民冲击与反对式民主

——当代美国国家认同危机的嬗变与机制[*]

郑　立^{**}

内容摘要　20世纪中叶以降，种族主义引发的争议和冲突成为美国社会秩序的严重顽疾。自诩为"移民国家"和自由灯塔的美式民主何以激化极端种族主义和排外主义呢？随着文化和价值观念上差异较大外来移民的大规模涌入，"聚众成族"的少数族裔寻求群体权利和亚文化认同，继而冲击以白人盎格鲁—撒克逊新教文化为基础的国家认同。美国独特的"反对式民主"片面强调对抗，"移民冲击"遂沦为党争的工具，选民与政党之间的交叠共识被打破，导致国家陷入深刻的认同危机。由于缺乏有效的政治整合机制，美国社会经历了漫长的由国家认同危机引发的社会和政治动荡。

关键词　移民冲击；反对式民主；国家认同危机；白人盎格鲁—撒克逊新教文化

种族主义是美国社会的顽疾。21世纪以来，针对非洲裔美国人、

---

*　　本文系国家社会科学基金一般项目"我国外迁制造业的政治风险新态势及对策研究"（项目批准号：24BGJ018）的阶段性成果。

**　郑立，政治学博士，云南大学政府管理学院副教授，国际政治教研室主任，主要研究方向为比较政治、国际政治经济学。感谢第十三届比较政治学论坛的专家学者对本文初稿提出的宝贵建议。感谢《比较政治学研究》编辑部老师与外审专家的修改意见，作者文责自负。

亚裔美国人、拉美移民及难民的种族歧视和暴力执法达到新的高度。
2020年5月肇始的"黑命亦命"（Black Lives Matter）运动迅速蔓延美
国全境，引发了一连串的警民暴力冲突事件。同年，全美针对亚裔的
种族歧视案件飙升至万件。时任总统特朗普在移民政策上的极端保
守态度，引发了世界范围内的广泛批评。以欧洲白人盎格鲁—撒克
逊新教徒为主流人口立国、强国的美利坚合众国，及其所采取的"熔
炉"同化政策，为何对于来自拉美、中东和亚洲的新移民丧失了吸引
力？美式民主如何激化了像"白人至上主义"等极端种族主义和排外
主义？一言以蔽之，自诩为"自由灯塔"的美国在塑造国家认同问题
上正面临严峻挑战。

作为现代民族国家构建的衍生物，国家认同是现代社会最核心
的认同。国家认同是在国家制度和人民的相互塑造中建立起来的。
当代美国社会崇尚自由、多元，代议制民主强调形式平等，有助于保
护少数族群的权益。然而，语言、宗教、文化习俗和共同体历史记忆
的高度同质性却体现出民族国家的一元性。随着在文化和价值观念
上差异性较大的外来移民的大规模涌入，"聚众成族"的少数族裔寻
求群体权利和亚文化认同，"多族化"继而冲击以主流族群文化为基
础的国家认同。既有研究认为，简单多数选举与两党制增强了中间
选民的重要性，强化了共识，压缩了像族群政治、认同政治等极端政
治与政策空间，然而这个理论却无力解释当代美国社会愈演愈烈的
种族主义矛盾和认同危机。

一、白人盎格鲁—撒克逊新教主义：
当代美国国家认同的底色

民族国家建设催生公民的国家认同，国家认同体现了公民的归
属感。国家认同是区分自我和他者，明确自己核心价值、利益关切，
即它是关乎"我们是谁"的根本问题。美国是一个由外来移民缔造的
现代民族国家，在两百多年的历史中，美国形成了一套独特的国家认

同体系。美国的国家认同建立在新英格兰地区英裔定居者的文化习俗和历史经验之上,是一种以白人盎格鲁—撒克逊新教文化和政治信念来包容和同化其他亚文化的价值认同体系。[①]从18世纪中后期英裔定居者来到北美大陆到独立战争胜利,美利坚民族逐渐确立。1861—1865年内战之后,民族认同超过其他认同,美利坚国民认同形成。截至20世纪中期,美国的移民主要是来自欧洲,以白人基督教徒移民为主。20世纪60年代以降,拉美、中东和亚洲的移民大幅增加。尽管"聚众成族"亚文化的集体身份认同开始觉醒,美利坚国民认同的底色依然是盎格鲁—撒克逊新教主义。[②]

美国民族认同的形成大致经历四个阶段。首先是在殖民地时期,居住在"新英格兰"的英裔定居者认为殖民地是母国英国的产业,"新英格兰"属于英国,他们的民族认同自然是英国。当时很多知识分子认为,由于宗教因素,新教徒不得已离开祖国寻找避难所。但是自然环境的变迁没有改变他们的思想。[③]这个时期美利坚认同就是新英格兰认同,就是认同母国英格兰。

其次是18世纪以后,随着"新英格兰"地区经济与社会的全面发展,美国人逐渐认识到自己的物质生活和精神面貌比欧洲人优越。美国人的地方自治和家庭生活比欧洲更加自由和平等,而且美国社会的贫富差距更小。[④]北美定居者形成了自己的集体生活和公共文化民情。当英国一再侵犯他们的权利时,"新英格兰"人民认为母国

---

① 王立新:《美国国家认同的形成及其对美国外交的影响》,《历史研究》2003年第4期。资中筠:《20世纪的美国》(修订版),商务印书馆,2018年,第8、22页。[美]小阿瑟·M.施莱辛格:《美国的分裂:对多元文化社会的思考》,王聪悦译,上海译文出版社,2022年,第94页。

② 当代西方多元文化最终皈依仍是自由主义与个人主义。关于自由多元文化主义思想和实践的具体讨论请参见[加]威尔·金立卡:《当代政治哲学》,刘莘译,上海三联书店,2004年,第八章;常士闿:《异中求和:当代西方多元文化主义政治思想研究》,人民出版社,2009年。关于多元文化主义与美国国家特性的讨论请参见周少青:《美国国家特性的三重面相及当代困境》,《美国研究》2022年第1期。

③ 关于英裔美国人从英格兰前往美洲的原因分析,参见[美]丹尼尔·J·布尔斯廷:《美国人:殖民地历程》,时殷弘等译,上海译文出版社,2009年,第7—22页。

④ 参见[法]托克维尔:《论美国的民主》(上卷),董果良译,商务印书馆,2018年,第40页,"在这个社会里,既没有大领主,又没有属民;而且可说,既没有穷人,又没有富人"。

的行为违背不列颠宪法的原则和精神,是对民主和自由的践踏。殖民地居民认为英国把"新英格兰"人民当作本民族的低等成员,以"无代表不纳税"为口号反抗"印花税法",最终在1776年废除"印花税法"。①《独立宣言》中明确宣称美国民众具有神圣不可剥夺的权利,这些权利不是英国宪法保障的,而是"自然法和上帝律法"所保障的。②1783年北美英属殖民地取得独立战争胜利,标志着美利坚民族认同的雏形形成。

从邦联发展到统一联邦国家是美利坚民族认同发展的第三阶段。独立以后,北美盛行的个人主义与地方自治是美利坚走向统一主权民族国家的障碍。1787年在乔治·华盛顿支持下举行的全国代表大会修改了《联邦条例》,但是各州能否顺利通过和推行这个新宪法,仍然存在很大争议。"要么接受新宪法,要么分裂联邦。"③联邦党人认为统一的联邦政府是保障个人自由不可缺少的,"美国的繁荣取决于自己的联合"④。北美的十三个州是"一个团结的人民——这个人民是同一祖先的后裔,语言相同,宗教信仰相同,隶属于政府的同样原则,风俗习惯非常相似:他们用自己共同的计划、军队和努力,在一次长期的流血战争中并肩作战,光荣地建立了全体的自由和独立"⑤。联邦党人强调,联邦制度相对于松散的以州权为核心的邦联

---

① 安德森认为帝国对于殖民地在经济上的剥削导致了殖民地上层阶级的离心主义,导致殖民地共同体形成。印刷术的出现让殖民地大众民族主义(地方主义)成为可能。参见[美]本尼迪克特·安德森:《想象的共同体—民族主义的起源与散布》(增订版),吴叡人译,上海人民出版社,2016年,第58页。

② 王希:《原则与妥协:美国宪法的精神与实践》(增订版),北京大学出版社,2014年,第47页。

③ [美]汉密尔顿、杰伊、麦迪逊:《联邦党人文集》,程逢如译,商务印书馆,1980年,第6页。

④ [美]汉密尔顿、杰伊、麦迪逊:《联邦党人文集》,程逢如译,商务印书馆,1980年,第10页。

⑤ [美]汉密尔顿、杰伊、麦迪逊:《联邦党人文集》,程逢如译,商务印书馆,1980年,第8页。

制度诸多优势。①最后妥协产生的美国宪法既保障各州的权利,又确立了联邦政府作为美利坚合众国的基本政治框架。一方面,美国宪法没有提到"nation",只是合众国,即"United States"。参议院和三权的复合制衡保障了州权。另一方面,联邦体制标志着美国成为统一的主权国家。②按照汉密尔顿的观点,联邦政府成立的主要目的包括共同国防,维护国家内部稳定与防御外敌入侵,管理国际和州际贸易,以及外交政策。③新宪法体现了美国政治主权的一体化,同时以英裔白人盎格鲁—撒克逊新教主义为核心的国家认同正式确立。

第四个阶段是美国通过内战统一南北。内战的直接目的是废除奴隶制,但是最高目标却是拯救联邦。北方在取得内战胜利后,确定了民族忠诚锚定的政治边界。内战之后的美利坚成为一个民族的联合而不是州的联合,它是基于白人盎格鲁—撒克逊新教文化基础上的公民联合体。"到20世纪中期,美国是一个多民族、多人种的社会,拥有将多种亚文化包含于其中的盎格鲁—新教主流文化以及根植于这一主流文化的共同政治信念。"④历经两百多年的发展,美国国家认同的底色就是白人盎格鲁—撒克逊新教文化。概而言之,美国国家认同包括四个要素:一是英裔美国人为主流族群;二是北美大陆各州组成的疆域,统一的联邦制国家;三是文化上以英语作为官方语言,新教基督教为主流宗教;四是意识形态强调平等主义与个人主义。

---

① 联邦制度相对于邦联制度的优点包括,选拔更优秀的人才来治理国家和保障国家的安全;联邦处于更多利益的考量,可以更加审慎的避免战争的危险;更有效的参与商业和贸易竞争;更加有利于控制内部叛乱,等。具体讨论参见[美]汉密尔顿、杰伊、麦迪逊:《联邦党人文集》,程逢如译,商务印书馆,1980年。
② 联邦主权建立对于民族经济的发展具有重要的作用,具体到贸易、商业和税收等核心政策都具有了"全国性经济"的特征,具体讨论见何顺果:《美国边疆史:西部开发模式研究》,北京大学出版社,2000年,第192页。
③ [美]汉密尔顿、杰伊、麦迪逊:《联邦党人文集》,程逢如译,商务印书馆,1980年,第131页。
④ [美]塞缪尔·亨廷顿:《谁是美国人? 美国国民特性面临的挑战》,程克雄译,新华出版社,2010年,第161页。

二、从一致到分疏:移民人口结构变迁挑战 美国国家认同

经历了南北战争之后的美国,国家认同的种族特征逐渐淡化。然而,美国是建立在"社会文化"①(societal culture)之上的民族国家。以共享的语言、宗教信仰、习俗和政治价值观念为基础的国家认同更加凸显。②20世纪中叶之前美国以欧洲移民为主体,白人盎格鲁—撒克逊新教主义的国家认同一体化过程较为顺利。二战以后,随着拉美和亚洲等非欧洲移民的大量到来,美国铸就的共同文化和共同价值观受到冲击。在以主流文化为国家认同基础的多民族现代民族国家中,诸种族社群与主流群体在文化与价值观上的相似程度决定了国民共享的共同文化、共同价值观念的广泛性与深厚程度,最终影响国家认同的根基稳固性。③

根据卡托研究所(Cato Institute)的研究,1783—2019年,超过8600万人口通过合法手段移民美国。④依据移民政策和移民群体的变迁,美国社会大致经历了三次主要的移民浪潮。

(一)白人盎格鲁—撒克逊新教主义奠定主流(1607—1776年)

首批来美定居的是英国新教徒。1630—1640年间,大约2万清教

---

① [加]威尔·金立卡:《当代政治哲学》,刘莘译,上海三联书店,2004年,第619页。
② 亨廷顿早年作品强调美国宪法是美国政治认同的基础([美]萨缪尔·亨廷顿:《美国政治:激荡于理想与现实之间》,先萌奇、景伟明译,新华出版社,2017年,第40页)。后期则回归到"盎格鲁—撒克逊主义"([美]塞缪尔·亨廷顿:《谁是美国人? 美国国民特性面临的挑战》,程克雄译,新华出版社,2010年,第161页)。
③ 周平:《民族国家认同构建的逻辑》,《政治学研究》,2017年第2期;包刚升:《西方国家移民的政治效应一项基于演绎方法的分析》,《探索与争鸣》2022年第3期。亨廷顿也强调移民原籍的社会文化与美国相近有助于移民融合([美]塞缪尔·亨廷顿:《谁是美国人? 美国国民特性面临的挑战》,程克雄译,新华出版社,2010年,第136页)。
④ Andrew M. Baxter and Alex Nowrasteh, "A Brief History of U.S. Immigration Policy from the Colonial Period to the Present Day," *Cato Policy Analysis*, August 3, 2021, Number 919.

徒来到马萨诸塞州。大部分第一代移民是出于躲避宗教迫害和寻找工作机会的目的。从英国到北美的轮船价格不菲,超过一半的移民是通过契约佣工(indentured servants)身份来到北美大陆。此外,还有成千上万英国囚犯通过同样的身份来到美国大陆。①1717年的驱逐法案(Transportation Act)赋予英国法院权限将判罪的公民驱逐,加速此进程。美国独立革命之前,大约有5万人被驱逐到北美殖民地。②除了英裔移民,还有超过20万被贩卖到美洲的西非奴隶。

　　16—18世纪晚期,欧洲盛行重商主义。英国政府严格区分殖民地居住者和本土公民的政治与经济地位。1740年英国议会通过《种植园法案》(The Plantation Act),然后统一《入籍方案》(Naturalization Act)。这个方案要求殖民地居住者超过7年的居住时间,通过宗教测试(基督教徒),发誓效忠英王且拥有财产。③独立革命之前,北美居住人口突破220万。人口中占据绝大多数的是近35万英裔欧洲移民和他们的后裔。美国社会几乎是由17到18世纪的英裔北美定居者创建的。他们主要聚居在美国东北部新英格兰地区,也包括大西洋中部各州。第一批移民创建了美国的"核心地区"和主流文化。④社会文化主要包括"基督教信仰,新教价值观和道德观念,英语,英国式的法律、司法和限制政府的传统,以及欧洲文学、艺术、哲学和音乐"⑤。自此,白人盎格鲁—撒克逊新教主义奠定美国国家认同。

---

① https://www.history.com/topics/immigration/u-s-immigration-before-1965, accessed December 20,2022.

② Aristide R. Zolberg, *A Nation by Design: Immigration Policy in the Fashioning of America*, Harvard University Press, 2008:36-43. Abbot Emerson Smith, Colonists in Bondage: *White Servitude and Convict Labor in America, 1607-1776*, University of North Carolina Press, 1965:111-117.

③ Barbara Miller Solomon, *Ancestors and Immigrants: A Changing New England Tradition*, Harvard University Press, 1956:71-118.

④ 这里的"核心地区"与南部和西部的"边疆地区"相对而言。新英格兰地区主要从事资本主义制造业和自由贸易,与以种植园为代表的南部和农业生产为主的西部相区别。这种差异主要是从资本主义工商业发展的程度上划分的。参见何顺果:《美国历史十五讲》(第二版),北京大学出版社,2015年,第86页。

⑤ [美]塞缪尔·亨廷顿:《谁是美国人? 美国国民特性面临的挑战》,程克雄译,新华出版社,2010年,第32页。

（二）欧洲白人移民的"美国化"（1776—1950年）

1776年，随着《独立宣言》的发表，美利坚合众国宣布脱离英国，开启现代民族国家构建之路。社会经济的恢复发展需要大量外来劳动力。第二波移民潮就发生在1815到1865年之间。这次移民主要来自西欧和北欧，可称为"欧洲移民浪潮"（European Immigration Wave）。

19世纪30年代起，躲避大饥荒来到美国的爱尔兰移民超过450万。爱尔兰人成为美国城市第一批"少数"族群。他们主要居住在新英格兰地区，生存条件差，从事体力工作，社会经济地位较低。[1]盎格鲁—撒克逊人担心爱尔兰人会改变他们在北美大陆的经济地位、新教的影响力和美国的政治格局。[2]但是爱尔兰人并不主张保持自身的种族特性，他们极力适应美国的生活。他们熟练掌握英语（爱尔兰土语在英国殖民爱尔兰期间已经消亡），也谙熟盎格鲁—撒克逊的文化与制度。语言和宗教信仰上的接近帮助爱尔兰人迅速融入美国主流社会。爱尔兰人杰出的政治组织能力与奋斗精神使得他们在美国城市政治层面取得非凡成就。从族群关系来看，爱尔兰人选择与英裔美国人靠近，与美国黑人的关系糟糕。1960年，爱尔兰裔天主教徒民主党领袖约翰·肯尼迪当选美国总统，标志着爱尔兰人完成了"美国白人化"过程。

同期还有大量的中欧、东欧和南欧的移民来到美国。大约有500万德国移民来到美国中西部城市购买农场，400万意大利移民和大约200万的欧洲犹太难民来到美国。[3]此外，还有数量不等的北欧（主要是瑞典）和加拿大人口移民到美国。与爱尔兰人类似，相近的语言和文化传统使得其他欧洲群体的同化与融合过程比较顺利。1790年出

---

① ［美］托马斯·索威尔:《美国种族简史》,沈宗美译,中信出版集团,2011年,第27页。

② Noel Ignatiev, *How the Irish Became White*, Routledge, 1995:105.

③ 研究认为这个时期的意大利裔移民主动选择成为白人,这种选择是策略性的,主要是为了在美国社会中获得白人族群享有的社会优越性。Jennifer Guglielmo and Salvatore Salerno, *Are Italians White? How Race is Made in America*, Routledge, 2003:95.

台的《规划法案》(the Naturalization Act)强调,入籍美国的核心条件包
括种族特征(欧洲白人)、基督教信仰和具有一定数量的收入。法案
里面还明文对宗教信仰和道德习俗的特殊要求作出规定。①美国国
会1882年通过了《排华法》(the Chinese Exclusion Act),且该法案的效
力持续到1943年。在一份法院的议案里面,大法官斯蒂芬·菲尔德
(Stephen Field)认为,包括中国移民在内的东方移民损害了美国文明
和公共道德。②1924年议会通过的《移民法》(The Immigration Act of
1924),又称《国籍法》(the National Origins Act)首次确立了移民限额
制度(quota system),配额的82%分配给了来自西欧和北欧国家的移
民。这个时期美国的移民政策鼓励欧洲移民,对于亚洲和其他地区
极具排斥性,打上了明显的"欧洲白人中心主义"烙印。③根据美国移
民局的历史移民数据显示,在二战之前欧洲白人是美国移民的主
力军。

　　由于语言和文化上的相似,白人盎格鲁—撒克逊新教主义较为
顺畅地同化了来自欧洲其他国家的白人移民。作为美国国家认同文
化基础的白人盎格鲁—撒克逊新教主义逐渐剥离了英国新教徒的种
族和历史特征,美国国家认同通过"美国白人化"扩大了主流文化群
体的规模。同时,"美国白人化"进一步强化了白人盎格鲁—撒克逊
新教主义作为一种文化与政治价值观体系的重要性。歧视和排挤在
文化和价值观上差异较大的非洲裔美国人、拉美和亚洲移民融入美
国主流社会,充分彰显了美国国家认同的文化核心与边界。宁骚指
出:"美国的民族政策基本上是在这个国家的政治、经济、文化和社会
生活中居于支配地位的盎格鲁—撒克逊族系的移民的统治阶级对其

---

① 原文是"A religious and moral subtext: good moral character"。Andrew M. Baxter and Alex
　Nowrasteh, "A Brief History of U.S. Immigration Policy from the Colonial Period to the Pres-
　ent Day," *Cato Policy Analysis*, August 3, 2021, Number 919.
② 原文是"the presence of Chinese laborers had a baneful effect upon the material interests of
　the state, and upon public morals; that their immigration was in numbers approaching the
　character of an Oriental invasion, and was a menace to our civilization"。出自法案 Chae
　Chan Ping v. United States, 130 U.S. 581 (1889).
③ 高鉴国:《二十年代美国移民限额制度的形成与影响》,《美国研究》1991年第2期。

他族体的政策,这种政策从总体上来看是以最终把其他族体纳入'主流社会'即对他们实行同化为目的的。"①

(三)"移民冲击"与美国认同危机

二战后,美国在国际社会中的地位发生了巨大而深刻的变化。从避免结盟的美利坚合众国一跃成为全球霸主,美国内政外交政策的指导思想逐渐从保守主义走向了自由主义。

美国国会于1965年废除了具有种族歧视特质的《移民限额制度》,转而支持《亲属投奔移民制度》(The Immigration and Nationality Act of 1965)。这项移民政策从根本上改变了美国移民群体的族群结构。1950年以后拉美和亚洲的移民开始激增,在移民人口数量上完全超越欧洲裔移民。尤其是来自墨西哥的移民数量出现井喷的现象。仅2000年一年,通过移民政策合法进入美国的墨西哥人口接近800万。总体来看,拉美国家和亚洲人口大国,比如印度、中国、菲律宾和越南完全取代欧洲成为移民美国的主要族群。拉美和亚洲是20世纪60年代以来移民美国人口最多的地区。

二战之后美国的难民政策也发生了翻天覆地的变化。到1952年底,根据《流离失所者法》的授权,美国接纳了大约40万人。20世纪70年代以后通过难民救助法案来到美国的移民主要是来自战乱频发和出现人道危机的东南亚、中东和非洲的国家。为了解决劳工短缺的问题,美国从1942年开始执行"布雷塞洛项目"(the Bracero Program)。每年从墨西哥招募一定数量的成年劳工,合同到期后,也有相当一部分墨西哥工人选择继续留在美国,成为第一批墨西哥裔的非法移民。该项目1964年停止以后,美国特有的"出生即获得公民身份"政策,吸引大量墨西哥人口铤而走险,通过非法渠道来到美国。自20世纪70年代开始,墨西哥移民一跃成为美国移民人口中的最大

---

① 宁骚:《民族与国家:民族关系与民族政策的国际比较》,北京大学出版社,1995年,第481页。

群体。根据美国国土安全部的数据,2010 年遣返的非法移民总共约 51.70 万人,其中因为犯罪被遣返的人数有 18 万,墨西哥独占 15 万。①

结合包刚升提出的移民政治冲击演绎公式和美国三次移民浪潮的数据,可以直观地发现:伴随着美国移民人口结构的变迁,美国在 20 世纪后半叶逐渐走向"主体民族少数化国家"(majority-minority nation)。②表 1 清晰地展示了在移民文化上逐渐增强的异质率、较低的同化率和高出生率共同推高了移民的政治冲击力。

表1　20世纪60年代以来年美国移民的政治冲击

移民率 (IR)	移民异质率 (DI)	同化率 (AR)	少数族裔与多数族裔 出生率比率 (BRmin/BRmax)	移民的政治冲击 (PI)
⬆	⬆	⬇	⬆	⬆

根据世界人口评论网站提供的信息,非西班牙裔白人(Non-Hispanic white)2022 年占据美国人口总数的 60.4%③。但是随着欧洲白人基督徒总人口占比开始下降及文化上差异性较大群体的大量融入,以白人盎格鲁—撒克逊新教主义作为主流文化的美国国家认同开始受到冲击和挑战。④移民人口的结构变迁对于美国国家认同的

---

① 具体数据详见 2010 yearbook of Immigration Statistics。
② "主体民族少数化国家"这一概念来自[美]雅各布·哈克、保罗·皮尔森:《推特治国:美国的财阀统治与极端不平等》,法意译,世界知识出版社,2020年,第10页。
③ *http://worldpopulationreview.com/us-city-rankings/white-cities-in-america*.
④ 根据美国人口学家的估计,美国人口结构将在 2045 年发生变化。届时,美国的白人将变成美国的少数族裔,参见 *https://foreignpolicy.com/2022/03/22/us-white-majority-minority-nation-demographic-change*。其他学者认为这个时间段大约在 2050 年,参见欧树军:《美国的国家认同危机》,《读书》2020年第9期。

第一个重大冲击是亚非拉新移民,尤其是拉美裔移民抗拒融入美国主流的文化。其中,墨西哥移民尤为突出,其特点是具有特定的历史关系、人数众多、居住地主要集中在美国的西南部,具有强烈的集体文化意识。西班牙语是美国第二语言。与之前的其他移民群体不同,他们归化率非常低(23%)[①],对"母国"保持着强烈的认同。"墨西哥人,连同其他说西班牙语的人,正在制造美国社会政治结构的分叉,几乎接近于民族分裂。"[②]

移民人口的结构变迁对于美国国家认同的第二个重大冲击体现在美国主流人口对于少数族裔和移民的仇恨与敌视。既往的种族主义更多关注与经济利益相关的就业和竞争。20世纪后期甚嚣尘上的"白人种族主义"则与美国右翼基督教文化复兴主义和认同政治相挂钩。[③]2008年美国总统奥巴马的上台反而激化了族群政治和白人种族主义。特朗普当选之后,"白人至上主义"再次抬头,支持特朗普的"白人至上主义"组织公开辱骂移民和少数族群,致使以少数族裔为攻击目标的犯罪急剧增加。[④]

移民冲击导致的美国认同危机还体现在美国公民在国家重大方针政策上的巨大分歧和极化。从移民政策、福利制度、医疗保险改革、最低工资、枪支毒品管制到女性生育权利等政策的博弈来看,背后都体现和渗透着移民冲击与族裔政治的烙印。

最后是分离主义运动的抬头。在特朗普2016年取得总统大选胜利之后,加利福尼亚州有超过三分之一的居民认为有必要从美国独

---

① ［美］塞缪尔·亨廷顿:《谁是美国人? 美国国民特性面临的挑战》,程克雄译,新华出版社,2010年,第175页。

② Morris Janowitz, *The Reconstruction of Patriotism of: Education for Civic Consciousness*, University of Chicago Press, 1993:128. 不可否认的是,存在一定规模的墨西哥人,尤其是出生和成长在美国的拉美裔美国人认同美国文化。但是经济考虑的认同与文化和政治的认同是不同的。而本文主要探讨第一代墨西哥移民的政治认同。

③ 参见包刚升:《西方政治的新现实—族群宗教多元主义与西方自由民主政体的挑战》,《政治学研究》2018年第3期;周少青,《美国国家特性的三重面相及当代困境》,《美国研究》2022年第1期;［美］弗朗西斯·福山:《身份证治:对尊严与认同的渴望》,刘芳译,中译出版社,2021年,第107—108页。

④ 李家成:《种族暴力肆虐的"美国噩梦"》,《光明日报》,2021年3月28日。

立出来。得克萨斯州和弗吉尼亚州的"白人保守主义者"则强烈反对多元文化主义和民主党政治理念,希望迅速脱离美国。①

三、反对式民主:美国国家认同危机的政治机制

(一)反对式民主的意涵

简·曼斯布里奇(Jean Mansbridge)认为,当代美国民主政体的基本结构和运行方式更接近于反对式民主(adversary democracy),与强调共识和对话的共识民主模式(unitary democracy)存在明显差异。反对式民主以个人主义为理论基石,它预设公民之间的利益冲突,认为很难找到一个共识的原则来解决和协调这些差异,唯一可行的办法是在形式上平等对待公民的利益,再将它们加权(weighting)起来,最后通过多数原则即投票来表达民主。②从制度安排上来看,代议制结合多数人统治和一人一票的秘密投票方式被用来保护公民之间互相冲突的利益和价值偏好。

学界通常认为,美国的单一选区简单多数选举制度与两党制的制度安排导致"赢者通吃"(winner-takes-all)的政治结果。③"赢者通

---

①　"Calexit: The Secession of California", *Investopedia*, August 30, 2022. "These states are experiencing secession movements", *Fox News*, February 25, 2020.

②　Jane J. Mansbridge, *Beyond Adversary Democracy*, Basic Books, Inc., Publishers, 1980:4.

③　[美]L.桑迪·梅塞尔:《美国政党与选举》,陆赟译,译林出版社,2017年,第17页。关于单一选区多数选举制度与两党制关系的论述参见关于"迪韦尔热定律"的相关论述,原文参见 Maurice Duverger, *The Number of Parties from Political Parties, Essential Readings in Comparative Politics*, Patrick H. O'Neil and Ronald Rogowski, eds., W.W. Norton & Company, 2010:282-286。进一步的延伸和探讨请参见 Gary W. Cox, *Making Votes Count: Strategic Coordination in the World's Electoral Systems*, Cambridge University Press, 1997 和 Robert G. Moser and Ethan Scheiner, *Electoral Systems and Political Context: How the Effects of Rules Vary Across New and Established Democracies*, Cambridge University Press, 2012。研究发现美国"赢者通吃"的制度具有歧视和打压少数族群和弱势群体代表性的特点,具体请参见 Regina Bateson, "Strategic Discrimination," *Perspectives on Politics*, 2020, 18(4):1068-1087。

吃"即在单一选区简单多数选举制度下，一个政党将赢得特定选区的所有选票。根据理性选民理论，"每一选民都将他的票投给他相信将比任何别的政党提供给他更多利益的政党"①。而中间选民理论(the median voter theorem)假设，选民的价值偏好呈现单峰偏好(single-peak)排布，个人的偏好和效用排序以最佳选择为中心向两边呈现弱化和递减的趋势。从整体来看，中间选民的位置大约等同于多数选民最佳选择的平均数。为了赢得选举而制定政策的政党，就像是追求选票最大化的"企业家"，最佳的策略即以中间选民的偏好为抓手来制定其政党的施政纲领。

如图1所示，单一维度议题下大多数选民位置靠近中间，单峰附近凝聚社会大多数选民。竞选政策更加靠近峰值的政党因为代表社会多数而获得选举胜利。中间选民理论以形象的方式展示了反对式民主的理想状态。由于代表了多数选民的意志，与比例代表—多党体制相比较，单一选区简单多数—两党制被认为是一种更具向心力的民主政体模式。它强调共识，弱化族群政治、认同政治等极端政治的生存空间。②令人吊诡的是，为什么单一选区简单多数—两党政治在美国却和旷日持久、越陷越深的种族主义和分离主义相伴随？尤其是自20世纪60年代以来，反对式民主在面临族群冲击的影响下何以加剧政治极化而非弥合国家认同呢？③

---

① ［美］安东尼·唐斯：《民主的经济理论》，姚洋、邢予青、赖平耀译，上海世纪出版集团，2017年，第34页。
② 包刚升：《民主崩溃的政治学》，商务印书馆，2014年，第141—145页。比如，利普哈特认为一致化的、稳定的的向心型民主政(centripetal democracies)就是盎格鲁—美利坚民主，而碎片化的、不稳定的欧陆民主政体就是离心型民主政治(centrifugal democracies)。Arend Lijphart, "Consociational Democracy," *World Politics*, 1969, 21(2). 转引自包刚升：《民主崩溃的政治学》，商务印书馆，2014年，第141—142页。
③ 周琪：《政治极化正在溶蚀美国的民主》，《美国研究》2022年第2期。Nolan McCarty, Keith Poole, and Howard Rosenthal, *Polarized America: The Dance of Ideology and Unequal Riches*, The MIT Press, 2006. Alan I. Abramowitz, *The Great Alignment: Race, Party Transformation, and The Rise of Donald Trump*, Yale University Press, 2018.

中间选民

公民
偏好

政策

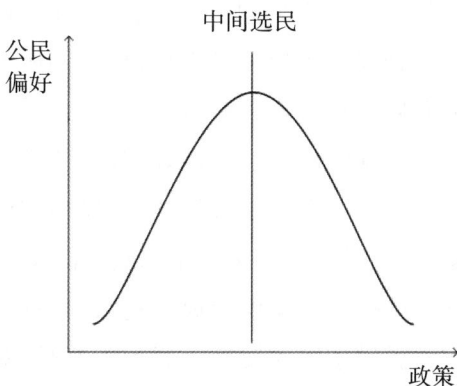

图1　选民偏好单峰图

　　首先,中间选民理论假设选民在所有议题的偏好上都是一致或
者类似的。然而,社会议题是多元的,选民的政策偏好更是多维度
的,不同群体对于不同政策具有不同的排序。唐斯认为,在确定性条
件下政府的最佳策略是采纳多数选民赞同的选择,政府(执政党)必
须在每一个问题上代表多数人的立场,否则反对党就会通过模仿执
政党的所有其他政策,然后在另外一个政策或议题上通过更加靠近
大多数选民而推翻执政党。①在这种情况下,发现和制造更加具有突
出社会影响力的议题就能够吸引更多选民的注意力。执政党与反对
党进行政治斗争的关键在于议题设置。其次,反对式民主无法消除
政治主体在政治过程中的不确定性。不确定性,是指在不确定情况
下,政治主体"对事件的过程缺乏确定的知识"②。政党与选民在政治

---

①　原文如下:"在这些高度简化的条件下,政府使其每一决定都服从于推测的公民投票的
　　结果,并总是选择多数投票人赞同的方案。它所以必须这样做,是因为它若采用任何
　　别的方案,反对党就会击败它。例如,如果政府在除了X的每一件事上都依照多数人
　　的愿望行事,反对党就可以提出这样一个政纲,它在除X外的一切方面都与执政党相
　　同,但在X这个问题上代表了多数人的意志。既然投票人在所有其他方面对两党的态
　　度是一样的,整个竞争就归结为问题X。在这一问题上代表了多数人立场的反对党便
　　可获得比执政党更多的选票。因此,为了避免失败,政府必须在每一个问题上代表多
　　数人的立场"。[美]安东尼·唐斯:《民主的经济理论》,姚洋、邢予青、赖平耀译,上海世
　　纪出版集团,2010年,第49—50页。
②　[美]安东尼·唐斯:《民主的经济理论》,姚洋、邢予青、赖平耀译,上海世纪出版集团,
　　2010年,第74页。

过程中都存在不确定性。大多数选民对于纷繁复杂的政府政策不熟悉，甚至难以理解。[1]选民在投票还是弃权，投他们所偏好的政党还是出于策略上的考虑另投其他政党都是不确定的。[2]由于无法准确搜集和预判选民和反对党(执政党)的偏好，政党的竞选策略和行为也面临极大的不确定性。综上所述，以中间选民为理论基础的反对式民主模式在纷繁复杂的不确定性下并不总能够代表多数人意志。

现实世界的政治过程与政策议题烦冗复杂，根据意识形态来投票为大众选民与政党提供了一条捷径。意识形态是"对良好社会和建立这种社会的主要方法的语言描述"[3]，它将一揽子、多维度的政策分类，投票人和政党则不必对每项政策逐一比较。以意识形态为导向，政党与选民之间就链接起来。故而，反对式民主的多数人意志在现实政治中常常体现为选民与政党意识形态的收敛居中。意识形态的主要内容由社会基本分歧(social cleavage)所构成和决定。社会基本分歧集中体现了大众和不同社会团体最基本的社会关切。它主要包括阶级(经济地位)、宗教文化、族群(主流群体和边缘群体)和地区(城市和乡村)四种类型。[4]

(二)"反对式民主"诱发美国国家认同危机

西方民主国家的国家认同取决于政治意识形态光谱上的选民分布。当社会基本分歧呈现出交叠共识(cross-cutting)的状态，选民和

---

[1] Thomas R. Palfrey and Keith Poole, "The Relationship between Information, Ideology, and Voting Behavior," *American Journal of Political Science*, 1987, 31(3).

[2] 投票行为分为四种类型：真诚投票(sincere voting)、策略性投票(strategic voting)、随机投票和弃权。真诚投票(Sincere voting)和策略性投票(strategic voting)是两种不同的投票方式。真诚投票将选票投给自己支持的政党。而策略性投票则是当自己支持的政党已经没有希望当选，处于策略上的考虑支持其他党派。具体参见[美]安东尼·唐斯：《民主的经济理论》，姚洋、邢予青、赖平耀译，上海世纪出版集团，2010年，第247页。

[3] [美]安东尼·唐斯：《民主的经济理论》，姚洋、邢予青、赖平耀译，上海世纪出版集团，2010年，第88页。

[4] Party System and Voter Alignments, *Cross-National Perspectives*, Seymour M. Lipset and Stein Rokkan, eds., The Free Press, 1967:10.

政党的意识形态就会居中。①当社会基本分歧呈现出清晰分割（clear-cut）和对抗的形态，选民与政党的意识形态则会走向极化。一旦选民与政党的意识形态走向极化与敌对，国家面临重大的认同危机。

作为一个典型的移民国家，美国社会突出的社会基本分歧主要是文化和宗教上的。20世纪30年代，为了团结社会力量，加强共识和推动新政，罗斯福新政大联盟（New Deal Coalition）创造了一个以工薪阶层为基础的占据多数人口的民主党。这个联盟由南方保守的白人工人阶级（居住在郊区的白人盎格鲁—撒克逊新教徒）、城市移民、女性、非洲裔美国人、不同的族群、宗教团体、工人阶级和工会等组成。②这个联盟通过相似的经济地位将社会成员的多重身份，即文化、宗教和城乡差异结合在一起，创造了民主党历史上的多数选民大联盟。依仗这个大联盟，民主党赢下了几乎从30年代到60年代末的所有总统选举。

1965年美国国会宣布废除具有种族歧视特质的移民限额制度，支持《亲属投奔移民制度》（The Immigration and Nationality Act of 1965）。同年，民主党总统翰逊通过了《选举权法》（Voting Rights Act of 1965），将投票权赋予南方黑人。美国移民群体的人口结构变迁与非洲裔美国人获得投票权彻底颠覆了美国选民的分布格局。美国特定的赢者通吃体制，加上总统初选采用的党内封闭初选制度（closed primary），使得政治家和选民必须隶属于民主共和两党。譬如，伯尼·桑德斯本来不属于民主党，支持社会主义，政策非常进步。他代表了在美国属于弱势群体的工人阶级、女性、少数性别群体和移民群体。在移民政策上，他主张给1100万的非法移民以合法身份。但是他的

---

① 李普塞特提出的横贯隔阂（cross-cutting cleavage），也翻译为"多重成员身份"，认为当个体隶属于若干个不同而且在利益和观念上存在分歧的有组织或无组织的团体时，因为心理上的交叉压力，他们将倾向于持温和的态度。参见［美］阿伦·利普哈特：《多元社会中的民主：一项比较研究》，刘伟译，上海人民出版社，2013年，第8页。

② 罗斯福新政大联盟的一个重要背景是自美国内战结束后，南方选民由于对林肯（共和党）不满，转而支持民主党。

竞选最终不得不在民主党的旗帜下进行。也正因为如此,随着这些群体和精英力量的壮大,他们改变了美国政党的政策议题和立场。正如他所言:"我们的竞选深刻影响了民主党的竞选议题,本届民主党提出的议题是有史以来最为进步的。虽然我们是少数派,但我们的支持者深刻影响了民主党的主张。"[1]根据美国投票数据,少数族裔和黑人支持民主党的比例远高于共和党(40%:8%)。[2]正如图2所示,民主党急速扩张的政治优势使得右翼的共和党产生严重的保守党危机:既要维护精英特权,又要争取普罗大众的支持。[3]

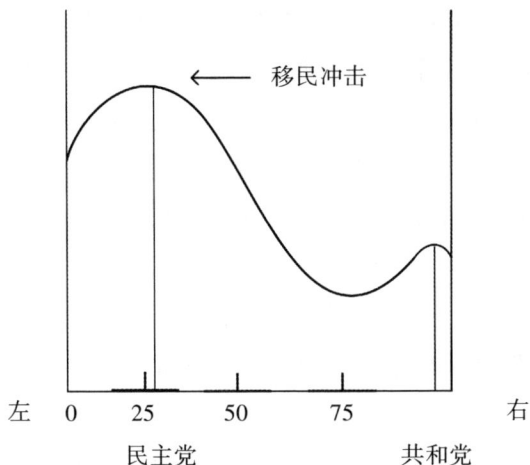

图2　"移民冲击"与"保守党危机"

为了赢得大众选民的支持,解除保守党危机,共和党精英决心通过煽动种族情绪和排外主义激发白人工人阶级的身份认同。通过反对移民,煽动白人工人阶层的怨愤,分裂的认同政治打破了保守党的困境。1970年,尼克松为了谋求连任,将"蓝领工人问题"写入竞选重

---

① [美]伯尼·桑德斯:《我们的革命:西方的体制困境和美国的社会危机》,钟舒婷、周紫君译,江苏凤凰文艺出版社,2018年,第2页。
② [美]L.桑迪·梅塞尔:《美国政党与选举》,陆赟译,译林出版社,2017年,第82页。
③ [美]雅各布·哈克、保罗·皮尔森:《推特治国:美国的财阀政治与极端不平等》,法意译,当代世界出版社,2020年,第23页。Daniel Ziblatt 在其著作 *Conservative Parties and the Birth of Democracy*, Cambridge University Press, 2017首次阐述"保守党危机"的内涵和历史发展。

要的备忘录,认为如何把"白人工人阶级",这个民主党长期的忠诚选民转变为支持共和党对于保守主义政治具有根本性的作用。备忘录强调:"这一阶层具有经济上的不安全感和社会疏离感","面对自动化有强烈的受威胁感",而且"蓝领工人们更容易将他们在社会经济上的受挫感转移到种族和民族偏见上"。[1]共和党操盘的右翼媒体通过大肆宣扬种族主义和反移民的言论来明确白人工人阶级身份的危机和重要性。共和党"种族议题"的核心策略就是将暴力、犯罪等社会负面现象全部归咎到移民和少数族裔上,[2]认为移民入侵是民主党为了窃取选举而实施的阴谋。[3]因美国社会种族结构和文化冲击而感到不安的白人工人阶级选民,本就不满民权运动,愤恨非法移民对于美国福利的占用。[4]1980年的里根时代,通过支持小政府、低税收和削弱福利项目,很多支持传统价值观的原民主党人转投共和党。20世纪末,保守基督教势力与经济身份解绑,在移民和堕胎问题上采取极端立场,加剧民众的意见分歧。在身份认同强烈的推动下,白人工人阶级最终打破罗斯福新政大联盟的选民交叠共识,选民结构走向两极化。[5]大规模文化上迥异移民的到来导致了白人的文化恐惧与身份焦虑。共和党利用这个恐惧重新塑造了保守主义的共和党。

---

① ［美］雅各布·哈克、保罗·皮尔森:《推特治国:美国的财阀政治与极端不平等》,法意译,当代世界出版社,2020年,第45页。

② 在尼克松的律师约翰·迪恩(John Dean)致劳伦斯·希格比(Lawrence Higby)的备忘录中(1971年8月16日)这样写道:"在对付我们政府的反对阵营内活跃人士时,如何最大程度地发挥我们的责任这一事实;更为直率地讲——我们如何利用有效的联邦机器打败我们的政治敌人"。而且他们的工作人员编制了一份"敌人名单",下令监视他的潜在对手泰德·肯尼迪和其他人员,并且利用联邦调查局、中情局和国税局来骚扰他们。参见［美］亚当·普沃斯基:《民主的危机》,周建勇译,上海人民出版社,2022年,第66页。

③ ［美］雅各布·哈克、保罗·皮尔森:《推特治国:美国的财阀政治与极端不平等》,法意译,当代世界出版社,2020年,第177页。

④ 从移民视角讨论美国公民对于福利政策的相关研究请参见 Martin Gilens, *Why Americans Hate Welfare: Race, Media, and the Politics of Antipoverty Policy*, The University of Chicago Press, 1999。

⑤ Marisa Abrajano & Zoltan L. Hajnal, *White Backlash: Immigration, Race, and American Politics*, Princeton University Press, 2015:9. Zoltan H. Hajnal, *Dangerously Divided: How Race and Class Shape Winning and Losing in American Politics*, Cambridge University Press, 2020:24.

如图3所示,"移民冲击"与反对式民主狭路相逢,加剧两党与选民的分裂,深化了美国的认同危机。

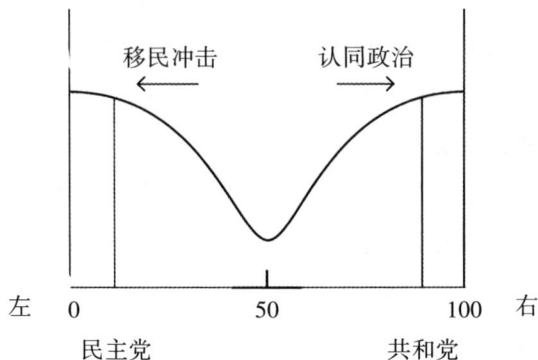

图3　选民—政党极化与认同危机

四、结论与启示

在当代美国保守主义理论家看来,基督教信仰的公民社会是美国秩序的基石。①20世纪中叶以降,随着在文化和价值观念上迥异的非欧洲白人移民大规模涌入美国,"聚众成族"的少数族裔寻求群体权利和亚文化认同,极大地冲击了以主流人群文化为基础的国家认同。大量新移民被民主党的经济社会和移民政策所吸引而选择支持民主党,进而打破了美国两党政治的基本平衡。为了获得选举胜利,共和党将"移民冲击"转化成"认同政治",粉碎了民主党以选民经济地位为交叠共识的政治结构。美国"赢者通吃"的政治体制是一种强调"执政—反对"的反对式政党民主模式,"移民冲击"成为党争的工具,捣毁了政治共同体的社会文化基础,导致了严重的国家认同危机。

---

① ［美］拉塞尔·柯克:《美国秩序的根基》,张大军译,江苏凤凰文艺出版社,2018年,第4页。

　　移民融入问题引发的美国国家认同危机折射出当代西方在对待少数族裔群体问题上存在重大的理论与实践困境。从理念上来看，与西方社会个人主义价值观的泛滥密切相关。[①]历史上，种族排外主义与西方国家在资本主义现代化过程中采用的殖民主义、奴隶制度和"一族一国"的民族国家模式不可分割。竞争性选举的民主制度依赖于较高的社会同质正常运转，[②]资本主义制度鼓励市场和政治竞争，文化差异较大移民进一步极化了社会主流群体与少数群体之间的裂痕，反对式民主模式最终演变成身份政治的"操盘手"。

---

①　马德普、龙涛：《现代种族主义的嬗变及其个人主义根源》，《民族研究》2022年第1期。

②　马德普：《竞争性选举：功能、弊端与可替代性选择》，《政治学研究》2023年第2期。

政治衰败视野下的右翼民粹主义
与西方民主的危机[*]

张　旭^{**}

内容摘要　在亨廷顿的政治衰败理论中,核心问题是前现代社会在向现代社会变化的过程中何以出现了"发展与失序并存"的现象。在他的视野下,主角是处于现代化之中的国家,而那些实现了政治现代性的国家则被视作摆脱政治衰败的成功范例。本文延续了亨廷顿对政治衰败内涵的基本理解,但将其解释范围扩展至了西方主要国家因面临"后现代"问题而出现的政治失序危险。在后现代主义价值观的影响下,身份认同成为激起政治动员的重要因素,而以之为基础的右翼民粹主义更是对自由民主的政体产生了冲击,有可能危及共同体的维续从而导致政治的衰败。本文从右翼民粹主义产生的主客观背景出发,探讨西方民主危机的社会、制度和精神根源,进而在如何应对政治衰败的问题上作出前景展望。

关键词　政治衰败;右翼民粹主义;身份政治;民主危机

---

*　本文系对外经济贸易大学中央高校基本科研业务费专项资金(21QD14)的阶段性研究成果。

**　张旭,北京大学政治学博士,现为对外经济贸易大学国际关系学院讲师、博士后,研究方向为政治学理论、西方政治思想史。

一、导言：回到政治衰败的视野

当亨廷顿在20世纪60年代提出政治衰败（political decay）的概念时，他的意图是解释第三世界国家在二战后的发展进程中缘何出现了政治失序的问题。与经典的现代化理论不同，[①]在亨廷顿的眼中，政治秩序具有自主性，它并不伴随经济、社会和文化等领域的发展自然地到来，而是反映着经济社会的变迁与政治制度化之间的比值关系。[②]相应地，政治衰败指的是政治制度无法继续将社会凝聚成为一个共同体，由此出现了社会动荡甚至战乱的状况。

在亨廷顿之后，普沃斯基（Adam Przeworski）延续了对政治衰败概念的关注，[③]不过他试图对亨廷顿提出挑战，认为政治动员的不足而非过剩才是制度与秩序不稳定（即政治衰败）的根源所在。在普沃斯基的研究中，聚焦的是诸多发达的自由民主国家，这也体现了"政治衰败"这一概念工具所具有的普遍性的理论价值。[④]而到了弗朗西斯·福山，对政治衰败概念的使用则摆脱了"变化社会"（changing societies）的背景限制，他在广义的"变化的环境"视野下来审视所有政治制度和组织机构的"生命周期"，由此使政治衰败的概念获得了历史社会学意义上的分析力量。[⑤]对福山来说，与政治发展相对的政治衰败，是政治制度在诸多外部因素作用下出现的僵化和腐败，若用公式

[①]　关于这种经典的现代化理论，参见 David E. Apter, *Politics of Modernization*, University of Chicago Press, 1965。

[②]　即亨廷顿最著名的一组公式：社会动员÷经济发展=社会挫折；社会挫折÷流动机会=政治参与；政治参与÷政治制度化=政治不稳定。See Samuel P. Huntington, *Political Order in Changing Societies*, Yale University Press, 2006:55.

[③]　Adam Przeworski, "Institutionalization of Voting Patterns, or is Mobilization the Source of Decay?" *The American Political Science Review*, 1975, 69(1):49–67.

[④]　尽管这一时期的政治衰败研究所涉及的个案大都属于不发达的第三世界国家。Henry C. Hart, "The Indian Constitution: Political Development and Decay," *Asian Survey*, 1980, 20(4):428–451; Zalmay Khalilzad, "The Politics of Ethnicity in Southwest Asia: Political Development or Political Decay?" *Strategic Studies*, 1984, 7(3):46–70.

[⑤]　[美]弗朗西斯·福山：《政治秩序与政治衰败》，毛俊杰译，广西师范大学出版社，2015年，第419—424页。

来说明便是"不断变化的环境÷趋于稳定的制度=政治衰败"。

然而,概念适用范围的扩大是有代价的,它体现在福山的政治衰败概念并未聚焦于政治的核心议题,即如何将人群(the multitude)塑造成一个可以行动的"我们"的问题,这个问题的关键是政体(或者说根本的政治制度)所发挥的对社会中不同力量的统合作用。正如亨廷顿所言:"一个社会所达到的政治共同体水平,反映的是政治制度与构成这些政治制度的社会力量之间的关系。"[1]社会成员进行政治参与的过程,实则是政治权力的分配结构不断确立和调整的过程。政治制度对参与的不断容纳,是平等的现代社会维持政治秩序的条件。从这个意义上说,亨廷顿和普沃斯基的关注点是一致的,只是在具体论点上有所分歧而已。

在申述其政治衰败理论时,亨廷顿未曾将类似西欧和美国这样发达的现代政治体置入视野之中,原因在于他所抱持的依然是一种广义而言的现代化理论(虽然他反对那种乐观的版本),这背后实则有着进步史观的色彩:完成了传统政体向现代政体转型的国家,便一劳永逸地解决了政治秩序的维持问题。然而,亨廷顿在自己学术生涯后期的"文化转向"中,[2]显然看到了那些更加复杂难解的方面,即一国之内及国家之间的文化认同问题将对人类的秩序产生持久且根本的影响。而近年来世界范围内的身份政治、移民危机、宗教极端主义运动,以及与之伴随的右翼民粹主义浪潮一定程度上证实了亨廷顿的判断。

由此着眼,最初以现代化理论为底色的政治衰败概念才有了重新加以修正的必要:政治参与的需求与政治制度的包容性之间的差距仍然是导致政治衰败的直接原因,但是激发政治参与的因素却不再限于现代化进程中社会动员和经济发展的层面,而是增加了许多

---

[1]　Samuel P. Huntington, *Political Order in Changing Societies*, Yale University Press, 2006:8.

[2]　Samuel P. Huntington, *The Clash of Civilizations and The Remaking of World Orders*, Simon & Schuster, 1996; Lawrence E. Harrison, Samuel P. Huntington, eds., *Culture Matters: How Values Shape Human Progress*, Basic Books, 2000; Samuel P. Huntington, *Who Are We? The Challenges to America's National Identity*, Simon & Schuster, 2004.

的文化、民族（甚至种族）和宗教的成分。对于当今成熟的现代国家而言，这些非经济的因素与经济因素一起，产生了政治动员和参与的压力，需要通过进一步的政治制度化来予以疏解。这一方面突显了自由主义民主政体在容纳政治参与方面"表现不佳"的旧问题；另一方面，也因为提出了新的议题而加剧了此种政体所面临的危机。如果不能成功应对社会中新的冲突和对抗，政治共同体将无法得到凝聚，那么政治衰败的局面就有可能在一些西方国家中出现。

故此，虽然福山对政治衰败的论述失去了对"政治"根本问题的聚焦，但他以普遍性眼光看待这一概念工具的做法却值得借鉴。无论什么地域、发展程度如何，政治秩序的建设都是最根本和艰巨的课题。人类依然处在"变化的社会"中，人与制度之间的关系需要不断调整。如何在各种社会力量的作用下确立和维持那些解决人与人之间分歧的政治制度，对任何发展阶段的政治体而言都并非已经完成的工作。即便自由民主政体依然挺立在"历史的终结"处，[1]但现实中的自由民主国家却将继续面对政治秩序的问题。在新的时代变局下，曾经以发展中国家为解释对象的政治衰败概念获得了新的生命力。

本文将主要关注当代西方社会中的右翼民粹主义现象，尝试在政治衰败的视野下考察这一现象对自由民主政体产生的强烈冲击，以及它在何种意义上危及了此种政体所维系着的政治秩序。

二、变化社会与新的政治动员

在亨廷顿最早讨论政治衰败问题的年代里，对世界范围内的不发达社会而言，"变化"主要意味着生产和生活方式从传统向现代的转型，包括工业化、城市化、世俗化，以及大众媒介和教育的普及

---

[1] Francis Fukuyama, "At the 'End of History' Still Stands Democracy," *Wall Street Journal*, June 8, 2014.

等。①而这样的变化引起了各种新旧集团之间的相互作用和紧张状态，其结果是，传统社会中的和睦相处被打破、暴力冲突不断出现。正如李普塞特所言："无论什么地方出现迅速的工业化，都会在前工业状态与工业状态之间造成剧烈的突变性。"②社会的现代化剧变造成传统制度的整合作用下降甚至走向瓦解，这就要求政治行动者推动制度的进一步复杂化和权威化，即亨廷顿所强调的"政治制度化"，以维持政治共同体的存续。

与发展中国家不同，自20世纪六七十年代以来，许多的西方发达国家主要在经历着另一些深刻的"变化"。其中既包括客观的经济社会环境的变化，比如全球化进程中贫富差距的扩大，以及外来移民和难民人数的增加；也包括主观的政治社会思潮方面的变化，比如后现代主义和身份政治等的兴起。我们分别阐述它们对不同社会成员之间关系的影响，进而讨论客观环境与主观思潮的相互关联，由此展现出西方主要国家在政治参与的动员方面所发生的新变化。

（一）全球化背景下的贫富分化

对于处在世界"中心"的西方发达社会而言，全球化无疑从整体上带来了巨大的物质财富，却也导致了不同社会成员之间赢家和输家的区别。麦肯锡全球研究所的一份报告显示，在其所调查的25个发达经济体中，2005—2014年间有大约2/3的家庭出现了收入停滞甚至下降（flat or falling incomes）的情况。尽管政府相应地采取了低税收和再分配的措施，但仍有超过20%的家庭没能实现可支配收入的增长。③这背后是伴随制造业转移和工业自动化而失业或随时可能失业的大量产业工人，诸如《乡下人的悲歌》和《下沉年代》等文学作

---

① Daniel Lerner, Lucille W. Pevsner, *The Passing of Traditional Society*: *Modernizing the Middle East*, Free Press, 1958.

② ［美］李普塞特：《政治人：政治的社会基础》，张绍宗译，上海人民出版社，2021年，第34页。

③ McKinsey Global Institute, *Poorer Than Their Parents? Flat or Falling Incomes in Advanced Economies*, McKinsey&Company, 2016.

品就向我们描述了中产阶级走向失落和困窘的景象：传统的蓝领社区（"铁锈地带"是其中的代表）陷入破败，那里在经历着工作岗位流失、药物滥用、离婚率高企、枪支泛滥等的困扰。

但这样落寞的情景显然只属于输家，与之相对的是一个"赢者通吃"的社会的出现。米兰诺维奇曾提出著名的"大象曲线"（elephant curve），这一曲线表明在许多发展中国家（比如中国、印度、泰国、越南等）从全球化进程中获益的同时，发达国家中前1%的最富裕者更是经历了财富的巨大跃升。[1]而且，哈克与皮尔森的研究表明，最富有者通过各种方式制定了有利于自己的经济和社会政策，实现了"赢者通吃"。[2]这是整个社会陷于阶层固化的表现。帕特南曾直言，美国人大多数时间并不会对财富不平等本身感到忧心，"只要拥有平等天资的人都有平等的机会为人生而奋斗"，那么他们就并不在意向上攀登的社会经济阶梯"究竟有多高，路有多长"。[3]不过，如今摆在美国人面前的是一个"断裂的阶梯"（broken ladder）。[4]与此同时，从20世纪80年代开始，西方主要国家致力于改革传统的福利国家模式，寻求降低对底层劳工群体的福利保障。[5]这意味着贫富分化的趋势更加缺少了抑制性的力量，那些推动新自由主义改革的政治精英也沦为了普通民众不满的对象。

（二）外来人口的挑战

对于许多西方国家而言，全球化产生的贫富差距只是社会变化的一个方面，另一个重要的方面是移民和难民等外来人口的大量增加。在欧洲，移民主要是从二战后开始涌入的，在数十年间已经达到

---

[1]　Branko Milanović, *Global Inequality: A New Approach for the Age of Globalization*, Harvard University Press, 2016:11.

[2]　[美]雅各布·S.哈克、保罗·皮尔森：《赢者通吃的政治》，上海人民出版社，2015年。

[3]　[美]罗伯特·帕特南：《我们的孩子》，田雷、宋昕译，中国政法大学出版社，2017年，第35页。

[4]　[美]基斯·佩恩：《断裂的阶梯》，李大白译，中信出版社，2019年。

[5]　Paul Pierson, *Dismantling the Welfare State? Reagan, Thatcher, and the Politics of Retrenchment*, Cambridge University Press, 1994.

了可观的规模。根据欧洲议会的报告,截至2021年,欧盟国家中有大约3700万人(占欧盟总人口的8%)出生在欧盟之外。[①]而从外来人口在族裔宗教上的异质性来看,皮尤研究中心2016年的数据表明,欧洲穆斯林人口的比例已近4.9%,其中法、德、英等国家的比例更高,分别为8.8%、6.1%和6.3%。[②]相比之下,美国的移民问题也经历了巨变:20世纪60年代以前,其移民主要来自欧洲,以白人基督教徒为主;而伴随着1965年《移民与国籍法修正案》的出台,美国人口结构中拉美裔和亚裔等少数族裔的占比逐渐升高,以至于在2010—2019年间增加的1900万美国人中,仅拉美裔就占了约1000万。[③]而且,相比主流白人群体而言,穆斯林等族群有着更高的生育率,比如根据凯塔尼(Houssain Kettani)的研究,欧洲大陆穆斯林人口的增长率是欧洲大陆人口增长率的10倍。[④]所以,即使在西方主要国家普遍收紧移民政策的情况下,少数族裔所占的人口比重依然在不断上升。

按照一些经典移民理论的解释,国际移民本是生产要素优化配置的结果,它为输入国带来劳动力,填补了那些劳动密集型经济部门的职位空缺,由此使得输入国从中受益。[⑤]但事实却是,由于自身经济和社会境况的未得改善甚至恶化,输入国的许多主流民众——比如前文所说的"输家",将移民看作是"偷走"他们工作机会和占用福利资源的人。[⑥]特别是那些在语言和基本技能等方面难以进入劳动力市场的难民和非法移民,不但被认为增加了社会的福利负担,而且成了治安犯罪案件的高发群体,给本地的居民造成了困扰。在此过

① European Commission, "Integration of Immigrants in the European Union," Special Euroba-rometer 519, 2021.
② Pew Research Center, "Europe's Growing Muslim Population," November 29, 2017.
③ William Frey, "What the 2020 Census Will Reveal about America: Stagnating Growth, an Aging Population, and Youthful Diversity," *The Brookings Institution*, January 11, 2021.
④ Houssain Kettani, "Muslim Population in Europe: 1950–2020," *International Journal of En-vironmental Science and Development*, 2010, 1(2):154–164.
⑤ M. J. Piore, *Birds of Passage: Migrant Labor and Industrial Societies*, Cambridge University Press, 1979:17.
⑥ Dani Rodrik, "Populism and the Economics of Globalization," *Journal of International Busi-ness Policy*, 2018, 1(1):12–33.

程中,宗教激进主义者所发动的恐怖袭击活动,更是极大地刺激了西方许多国家民众的神经,加剧了他们对外来者的恐惧。

(三)社会思潮的新状况

正是伴随着民众在经济和安全方面的状况恶化,英格尔哈特(Inglehart)等人指出,西方社会中出现了"文化反冲"(cultural back-lash)的现象。[1]这是指对那些受教育程度较低、处在社会中下阶层、年纪较长的人们而言,物质福利和生存安全重新变得重要,而自我表现的价值观(self-expression values)则受到了抑制。不过,这并不意味着价值观从后物质主义的一极到了物质主义的另一极,而只是反映了优先目标的转变。实际上,人的价值取向是交叠在一起的,所谓"反冲"的物质主义价值观实则有着后物质主义的底色,比如对生存安全等的迫切诉求,就是以对"自我"的激烈表达和捍卫作为方式的,甚至"安全"的内容本身也是对"自我"所作特定理解的产物。[2]在个人价值观层面的此种"底色",折射出的是在更大范围内渗透于西方社会方方面面的后现代主义思潮。

从核心主张来看,后现代主义的基本特征是对现代性的质疑和批判,后者以普遍的理性主义为核心,塑就了包括个人主义、市场经济、代议制民主等在内的现代资本主义体系。这个体系将人的注意力导向对外部世界的控制,同时也在严密的政治和社会组织之下完成了对人类的自我控制,而它所忽视的则是人的精神世界和内心生活。相应地,后现代主义突出人作为主体的个别性、差异性,挑战理性主义的秩序,将意志、情绪、直觉、本能等放在了更高的位置,它表达出的是生活在资本主义制度下的人们对于个人命运与生命意义的

---

[1] Pippa Norris and Ronald F. Inglehart, *Cultural Backlash: Trump, Brexit, and Authoritarian Populism*, Cambridge University Press, 2019.

[2] "安全"意味着自我未曾受到外来的侵犯和威胁,而"自我"的范围却可能从个人的身体延伸至精神和情感,也可能含括个人所归属的性别、族裔和文化,这就使得对持有不同"自我"观念的人来说,感受到"侵犯和威胁"的条件以及面对相同境况时的感受强度很可能是不同的。

强烈关注。

正是基于这样的后现代主义理路,晚近的西方社会中兴起了以多元文化主义和社群主义等为代表的理论流派,它们秉持特殊主义的取向,强调承认"身份"(identity)等的价值,希望通过使现代文明中的原子化个人回到历史、文化和共同体之中,来克服现代人在归属感和意义感上的匮乏问题。而作为这种转变的反映,不少国家推出多元文化主义政策,比如英国先后在2006年和2010年制定的《平等法案》,不仅保护种族平等,而且将公共机构应对歧视的范围扩大到性别、性取向和宗教等诸多方面。

由此,二战后盛行的以T.H.马歇尔为代表的公民身份(citizenship)理论遭受挑战,转而到来的是身份政治(identity politics)的时代。[1]在马歇尔那里,公民身份意味着公民权利、政治权利与社会权利的有机统一,其旨在使这些权利普遍、平等和无差别地适用于所有的社会成员。[2]它聚焦的是福利国家的建设,希望通过弱化阶级之间的差别,实现民族国家的整合,这被视作"再分配的政治"(politics of redistribution)。而当前的身份政治则执着于人与人之间的种种"差异",旨在寻求他人对自身所具有的这些差异的肯定。

(四)客观与主观之间:新的政治动员

在过去的数十年间,西方主要国家经历了上述客观和主观方面的新变化,它们彼此之间相互作用,使政治动员的情况变得更加复杂。通常认为,单纯的经济不平等问题和人口结构变化问题都有可能导致政治动员的扩大:贫富分化会使失意的民众产生"相对剥夺感"(relative deprivation),他们最终会诉诸政治行动来寻求改变现

---

[1] Nancy Fraser, "Social Justice in the Age of Identity Politics: Redistribution, Recognition and Participation," in Nancy Fraser, Axel Honneth, *Redistribution or Recognition? A Political-Philosophical Exchange*, translated by Joel Golb, James Ingram and Christiane Wilke, Verso, 2003:7-109.

[2] [英]马歇尔:《公民社会与社会阶级》,郭忠华、刘训练编:《公民身份与社会阶级》,江苏人民出版社,2007年,第3—60页。

状;①而少数族群则可能在经济福利和融入本土社会等问题上与主流民众产生隔阂,使得双方都把政治行动作为表达不满情绪的最终手段。②然而在当前身份政治的背景下,无论是经济不平等问题还是人口结构问题,更多是作为客观的刺激因素,它们挑动着不同群体在自我主观认同上的敏感神经,使本来可以通过妥协予以改善的经济社会问题演变成了不容妥协的文化冲突。由此,理性的利益考量也让位于非理性的身份认同和情感表达,后者反而在政治动员中扮演着更为基础性的角色。③

大致看来,我们可以从三个侧面来认识客观变化与主观变化之间互相作用的历程:首先,从20世纪60年代风行于西方社会的"文化革命"开始,少数或弱势群体(以黑人、女性、同性恋、残疾人为主)掀起了要求平等权利和地位的社会运动,其背后的思想理念在多元文化主义的政治哲学中获得了系统的表达。其次,因为多元文化主义对于少数群体权利的强势论证和支持,使得全球化进程中大量涌入的外来移民对融入本土社会文化不再热情,反而把自己原有的生活方式(包括语言、宗教、习俗等)视为理所当然,甚至将之当作自身个性和尊严的体现而不容许被侵犯。最后,少数群体在文化和社会领域的激烈表现,日益引起主流的基督教白人群体的反感。一方面,在经济处境和福利状况变差的背景下,他们看到一些少数群体的成员不劳而获地领取社会福利,由此给后者贴上懒惰的"寄生虫"的标签,使身份之间的对立成为发泄社会不满情绪的出口。另一方面,少数族裔对于自身生活方式的固守,使得主流民众感到了文化的压迫感,担心自己的文化认同可能沦于弱势地位,从而倾向于以更加强硬和极端(比如强调民族甚至种族的凝聚力)的方式来捍卫自己的生活

---

① T. R. Gurr, *Why Men Rebel*, Princeton University Press, 1970.
② Rafaela M. Dancygier, *Immigration and Conflict in Europe*, Cambridge University Press, 2010.
③ See Alan T. Arwine and Laurence C. Mayer, *The Changing Bases of Political Conflicts in Advanced Western Democracies: The Politics of Identity in the United States, the Netherlands, and Belgium*, Palgrave Macmillan, 2013.

方式。①

从以上的历史侧面中，我们看到意识形态光谱的左右两端都在透过身份政治的"镜头"看待外部世界的变化。而无论身份政治的左翼还是右翼，同样都是后现代主义思潮的产物，它们所突显的都是现代社会中原子化个人所面临的意义危机。通过参与到对一个更大的外在"自我"（即一种更大的"同一性"）的建构和维护之中，凭借着对那些作为"他者"的压迫性力量的反抗和对自身内在力量的释放，一个个孤独的"小我"充实了自身的意义、满足了对于情感归属的渴求。这无疑是不同的身份政治背后共同的逻辑，也是当今西方主要国家"新"的政治动员的根本动力所在。

与身份政治的逻辑相似，普通民众基于特定的外部特征（左翼围绕社会经济地位，右翼则强调种族文化成分）建构出狭隘的"我们—人民"，与"他们—精英"进行对抗。这种"大众—精英"的二元对立，被视作界定"民粹主义"的典型做法。而根据对政党数量及其支持情况的相关测量，21世纪以来民粹主义获得了蓬勃的发展，其中右翼民粹主义的力量远远超过左翼。②虽然无法完全厘清阶级政治的元素和后现代的文化政治元素在其中分别扮演何种角色，但可以明确的是，民粹主义的右翼与身份政治的右翼实现了合流，成为所谓右翼民族民粹主义（right-wing nationalist populism）。他们不仅如左翼民粹主义那样反对建制派（the establishment）、批评新自由主义所鼓吹的自由贸易，而且强烈拒绝与少数族裔有密切关联的外来移民，由此表现出种族主义的倾向，并对国内非主流的文化和宗教信仰抱有敌意。

可见，相较于左翼民粹主义而言，右翼民粹主义激发出的政治动员对于西方主要国家的政治秩序造成了更大的威胁：前者所内含的阶级政治逻辑具有更大的妥协性，而且其所秉持的平等、人权等价值

① 这样的担忧可见于［美］亨廷顿：《谁是美国人？美国国民特性面临的挑战》，程克雄译，新华出版社，2010年。
② 韩冬临、张渝西：《欧洲民粹主义的发展与变化（2000－2019年）——基于民粹主义政党的测量》，《欧洲研究》2020年第1期。

与自由民主的根本理念相契合;后者则既试图挑战以代议制为核心的自由民主政体,又拒绝接受半个多世纪以来形成的多元文化的社会现实,它的出现尤其突显了西方民主的危机,有可能导致一些欧美发达国家的政治衰败。

三、自由民主遭遇右翼民粹主义:政治衰败?

　　关于右翼民粹主义与自由民主政体之间的纠葛,国内外学术界已经有了充分的讨论。这些讨论集中在两个方向上:一是右翼民粹主义产生的制度根源,其中主要是自由民主的内在不足甚或"病变"(pathology)。[①]二是右翼民粹主义的崛起对自由民主造成的影响,这种影响既包括消极的,比如对既有规范、制度和政策产生的冲击;[②]还包括积极的,比如拓展政治参与的方式、重构国家与社会之间的关系,从而矫正陷入僵化的旧有体制等。[③]

　　我们无意对自由民主与右翼民粹主义之间的关系作全面的展示,而是聚焦于一个中心问题,即"自由民主政体能否纾解右翼民粹主义的政治动员"。对这一问题的考察将涉及两个维度:一是在主客观条件未获改善的情况下,右翼民粹主义的参与需求能否在自由民主政体的合法渠道内得到满足;二是自由民主政体能否弱化甚至消解右翼民粹主义的动员基础,特别是使身份政治这一引起群体间激烈对立的因素获得缓和。如果这些问题的答案是否定的,那么就意味着当前阶段的自由民主体制无法与政治参与的状况相适应,而这

[①]　在这一方向上的讨论有很多,比如:Nadia Urbinati, "Political Theory of Populism," *Annual Review of Political Science*, 2019(22):111-127; Paul Taggart, "Populism and the Pathology of Representative Politics," in Yves Mény and Yves Surel, eds., *Democracies and the populist challenge*, Palgrave, 2002:62-80。

[②]　Stafan Rummens, "Populism as a Threat to Liberal Democracy," in Cristóbal Rovira Kaltwasser et al., eds., *The Oxford Handbook of Populism*, Oxford University Press, 2017.

[③]　当然,这样的观点大多是在民粹主义的大范围内谈及的,比如:Canovan, "Trust the People! Populism and the Two Faces of Democracy," *Political Studies*, 1999, 47(1):2-16; Benjamin Arditi, *Politics on the Edges of Liberalism: Difference, Populism, Revolution, Agitation*, Edinburgh University Press, 2007。

将有可能导致政治秩序的危机,毕竟如亨廷顿所曾指出的:"任何一个既有政体的稳定都依赖于政治参与程度和政治制度化程度之间的相互关系。"①

(一)自由民主的参与"赤字"

自由民主所面临的政治参与问题自其确立之初便已存在,正如熊彼特所言,民主是一种方法,与古典学说强调执行人民意志和实现共同福利不同,现代的自由主义民主"是为作出政治决定而实行的制度安排,在这种安排中,某些人通过争取人民选票取得作决定的权力"②。在自由主义与民主相结合的过程中,为了避免多数人的暴政和维护个人的自由与权利,代议制、政党、宪政、法治等制度安排都有着浓重的精英色彩。虽然从20世纪60年代起,围绕着改善自由民主的政治参与状况产生了一系列的理论创见,比如以佩特曼为代表的参与民主理论③、本杰明·巴伯的强势民主理论④、约瑟夫·贝赛特最早提出的协商民主理论⑤等,但这些学理探索并没有治愈自由民主在现实运行中参与"赤字"的痼疾,反而是像美国这样所谓的民主典型出现了寡头统治的严重倾向。

自由民主政体的参与不足问题首先表现为传统代议制的信任危机。作为自由民主政体的"轴心",代议制是民众融入政治体系、表达自身意志的基本制度安排。而且,它也意味着对人民利益与福祉的承诺,甚至可以说,承诺的实现与否成了人民意志是否表达的外在指征。当承诺未能实现,也就是民众的生活状况普遍不佳时,便会出现

① Samuel P. Huntington, *Political Order in Changing Societies*, Yale University Press, 2006:79.
② [美]约瑟夫·熊彼特:《资本主义、社会主义与民主》,吴良健译,商务印书馆,2019年,第396页。
③ [美]卡罗尔·佩特曼:《参与和民主理论》,陈尧译,上海世纪出版集团,2006年。
④ Benjamin Barber, *Strong Democracy: Participatory Politics for a New Age*, University of California Press, 2003.
⑤ Joseph M. Bessette, "Deliberative Democracy: The Majority Principle in Republican Government," in Robert A. Goldwin and William A. Schambra, eds., *How Democratic Is the Constitution?* American Enterprise Institute, 1980:102–116.

"代议制下的精英是否表达了人民意志"的质疑,而民粹主义关于"腐化精英"与"有德人民"的对立正是源出于此。这样的信任危机,根本上是由代议制的"间接性"所造成的,它使人们在评判自身的政治参与是否有效这一问题上拥有很大的主观性。因为国家治理(特别是经济状况)本就复杂而波折,经济社会难免陷入发展的低谷,此时民众一方面生出更强的政治参与热情,另一方面却又因为境况未获明显改善而体验到更大的参与挫折感。在此过程中,问题并不是精英或代议制本身"腐化"了,而是其内在固有的结构紧张——尤其是民众未能充分参与政治决策——使得代议制无法获得足够的合法性支撑。

　　与代议制所遭遇的合法性危机相伴随的是传统政党的衰落。[①]根据相关研究,在经济合作与发展组织的成员国中,广泛出现了诸如社会民主党、保守党和自由主义党等主流大党自1960年以来支持率稳步下滑的情况。[②]而基亚拉蒙特等人考察发现,跨党派投票的选民流动愈加频繁,这既与传统政党的衰落有关,也反映了众多新政党的涌现。[③]对此,普沃斯基曾感慨:"我们此时目睹的是,75年来一成不变的旧政党体制即将崩塌,而稳固的新的制度模式尚在襁褓之中"[④],其背后是政治动员方式的改变,传统的权威式政治动员逐渐被议题导向(issue-oriented)的政治动员所替代。[⑤]前者以精英领导下的建制化官僚组织为基础,虽然覆盖了数量庞大的民众,但是参与质量却较低;相比之下,后者则更多依靠临时性组织,致力于影响特定政策,从而更能准确地传递公民个体的政治偏好。我们可以看到,新兴的右翼民粹主义政党/运动很多时候正是聚焦于某些尖锐的议题(比如非

---

① P. Mair, *Ruling the Void: The Hollowing of Western Democracy*, Verso Books, 2013:1.

② [美]亚当·普沃斯基:《民主的危机》,周建勇译,上海人民出版社,2022年,第82页。

③ Alessandro Chiaramonte and Vincenzo Emanuele, "Party System Volatility, Regeneration, and De-institutionalization in Western Europe (1945-2015)," *Party Politics*, 2015, 23(4): 1-13.

④ [美]亚当·普沃斯基:《民主的危机》,周建勇,上海人民出版社,2022年,第76-77页。

⑤ Ronald Inglehart, *Cultural Evolution: People's Motivations Are Changing, and Reshaping the World*, Cambridge University Press, 2018:133.

法移民、贸易保护等），以此回应那些深感被"抛弃"的中下层民众的关切。如有学者所言，当代西方的传统政党已经丧失国家与社会之间纽带的功能，"政党国家化逆转了民主政治的运行目标，它导致主流政党通过选举程序控制政权、逃避责任"[①]。

由此可见，对自由民主政体而言，政治参与的问题是颇为难解的，寄希望于它自身通过扩大参与渠道、提升参与质量，以使激烈的右翼民粹主义动员回到制度的轨道，并非短期之内能够实现的。尽管被动员起来的右翼民众仍然通过选举产生自己强有力的领袖，但是他们却试图以非制度化的"人民"名义来打破与政治决策之间的区隔。在这个过程中出现的所谓"威权主义的反照"（authoritarian reflex），恰恰是自由民主长期的参与"赤字"在时代背景下的产物。

（二）自由民主之下的意义缺失

在短期内无法开拓出更多参与空间的情况下，如果能够削弱右翼民粹主义动员的主客观基础，则自由民主政体亦可避免"参与过载"之虞。从客观方面来看，全球化的进程虽已受阻，但贫富分化的局面却非一时所能改变，而族群宗教的多元化也早已成为西方发达国家长期需要面对的现实。[②]有鉴于此，遏制后现代主义思潮下兴起的身份政治或许可以成为努力的方向？毕竟如前所述，身份认同作为一种归因机制，将客观的社会经济问题导向了不同群体之间的对抗，激起了以排斥"他者"为核心诉求的右翼民粹主义政治动员。不过我们接下来将要阐明，自由民主政体是无法逆转人们对身份认同的强烈需求的，因为与自由民主相伴随的意义缺失问题，恰恰是身份政治兴起的土壤。

现代化进程是一个神圣与世俗逐渐分离的过程，通过自由主义思想家们的努力，与生命意义相关的信仰和价值问题（即目的论问

---

① 高春芽：《政党代表性危机与西方国家民粹主义的兴起》，《政治学研究》2020年第1期。
② 包刚升：《西方政治的新现实——族群宗教多元主义与西方自由民主政体的挑战》，《政治学研究》2018年第3期。

题)被归入私人的领域。而在公共领域中确立起的现代自由民主制度，则"是一种致力于满足我们世俗欲望的政体"①，它从本质上而言是物质主义和技术主义的，无力回答甚至避免涉及关于生活的最根本问题。正如罗尔斯在《政治自由主义》中指出的，自由主义必须对宗教和道德性的整全学说(comprehensive doctrines)保持中立，政治权利和义务的观念(或者说政治正义观念)虽然有其内在的规范性，但是并未回答"何为良善生活"的问题。自由民主社会是建立在公民普遍的理性能力基础上的"公平合作系统"。②

这种将终极关怀"私人化"的努力，一定程度上解决了以绝对理念/价值之名进行集体性迫害的问题(比如极权主义)。但是另一方面，因为失去了确定性的价值体系、弱化了对超越性存在的情感依附和对群体的忠诚意识，现代社会中普遍出现了"道德和灵魂上的空虚"。就像福山在描述"末人"(the last man)形象时所说的那样，普遍的承认带来的是生活的无聊和对安逸自足的厌倦，自由民主社会在理性的基础上长期维持自身的能力令人怀疑。"无论是对于经济活动来说，还是对于社群生活而言，更好的支撑是群体而不是普遍承认，即使这种群体从根本上来说是非理性的。"③人们日渐感到了理性化的限制，不再满足于那种"无根的自由主义"。

这与前文所讨论的后现代主义思潮的产生背景是一致的，毕竟自由民主制度本身就是西方现代性的组成部分。当外在神圣之物的光环逐渐褪去，理性的道德规范又无法安抚孤独的心灵，那些与身体特征、民族(甚至种族)、文化相连的存在物反而更能给人提供确定性。而融入围绕这些存在物而形成的集体之后，原子化的个人似乎不再孤单，漂泊无依的生命寻得了可以栖息的居所。可见，对于身份认同感的需要，表达的是对现代性(包括自由民主)的逆反。

---

① ［美］史蒂文·史密斯：《现代性及其不满》，朱陈拓译，九州出版社，2021年，第5页。
② ［美］约翰·罗尔斯：《政治自由主义》，万俊人译，译林出版社，2011年，第14页。
③ ［美］弗朗西斯·福山：《历史的终结与最后的人》，陈高华译，广西师范大学出版社，2014年，第342页。

当然,自由民主对于意义问题的无能为力并不意味着"通过改善自由民主政体可以应对身份政治的挑战"成为伪命题。不过正如本文在之后将要表明的,对身份政治的应对同样需要政治参与层面的努力,而前文已经说过,扩大和充实政治参与并非一时之功。故此,以身份政治为基础的动员无法在短期内获得根本上的缓和,右翼民粹主义对自由民主的威胁也将长期存在。

(三)右翼民粹主义:政治衰败的可能

我们已经看到,右翼民粹主义的动员基础无法消除,而政治参与的"赤字"也难以在短时间获得改善(这需要进一步的政治制度化),这两者之间的紧张关系便意味着自由民主政体的整合危机。亨廷顿曾经说过:"一个国家在政治制度化方面的滞后,可能会使通过合法渠道表达对于政府的要求,以及在政治体系内部缓解与整合这些要求变得很困难甚至不可能。因此,政治参与的剧增就产生政治动乱。"[1]而这些用于解释不发达国家何以在发展进程中出现政治衰败的文字,如今看来与一些发达国家的政治状况并不违和。

右翼民粹主义对西方自由民主构成的挑战,不只在于前者从规范层面否定后者蕴含的自由主义价值,更在于其间激起的政治参与有可能越出自由民主长期确立的权力分配结构,使得政治共同体走向分裂。所以,是否能够整合右翼民粹主义的政治动员,对于维持自由民主政体和避免政治衰败尤其重要。然而如前文所指出的,限于自由主义的理论预设和以代议制为核心的制度架构,现实中的西方民主很难及时且有效地扩大政治参与的途径。更进一步来看,以往自由民主更多以利益群体(特别是阶级)之间的冲突和妥协作为运转重心,比如传统政党的"左—右"两翼便是根据"平等分配—自由放任"的光谱加以区分的。而从如今右翼民粹主义的情况看,文化因素在政治参与中日趋关键,而这些因素很多时候又具有"非此即彼"的

---

① Samuel P. Huntington, *Political Order in Changing Societies*, Yale University Press, 2006:55.

绝对性——这与利益冲突的可妥协性不同。由此，如何实现利益整合与文化整合之间的转换，便成了对自由民主政体的考验。

在自由民主的内部，有着普遍主义和特殊主义两种特质。①前者指的是基于自由主义的自由、平等原则，个人权利，以及相应的法律和政治地位普遍地适用于全体公民；而后者指的则是民主有其人口和地域的边界，而且为了使地域之上的所有人口成为承载主权的"人民"，需要他们成为一个有高度凝聚力的决策单元，这意味着要有一些共享的特定观念和彼此间特殊的忠诚感，以确保可以相互倾听、理解和信任。若要实现政治共同体的长久存续，就要确立起全体公民之间的普遍团结，然而作为实现手段的政治民主，却有可能导向特殊主义的身份认同，这构成了自由民主本身的内在张力。

正如查尔斯·泰勒所言，民主在达成统一的同时伴随着排他性。而随着"国际移民的范围和速度正在使所有的社会都变成'多元文化'社会"，由此带来的历史挑战便是，一个社会有可能诉诸"内部的排他性"（inner exclusion）来解决外来者的融合问题，"以试图在多元的情况下创造某种统一"。②这恰恰是右翼民粹主义在自由民主政体之下所采取的方式，他们以狭窄的身份认同为基础，强调只有那些符合他们民族、文化特征的人才有资格成为"人民"的一分子，而那些反对者则被视为"人民的敌人"，要从人民中彻底清除。这种通过排斥社会内部的"他者"来寻求团结的做法，与西方社会长久以来形成的多元现实相背离，由之激起的不同社会群体间的冲突甚至对立，如果无法在正式的权力结构内部得到弥合，政治共同体就有分裂的危险。

---

① 马涛：《身份政治与当代西方民主的危机》，《当代美国评论》2019年第2期。

② Charles Taylor, "A Tension in Modern Democracy," in Aryeh Botwinick and William E. Connolly, eds., *Democracy and Vision: Sheldon Wolin and the Vicissitudes of the Political*, Princeton University Press, 2001:85.

四、应对政治衰败：自由民主的前景

从以上的讨论中可知，在右翼民粹主义的问题上，造成政治衰败危险的自变量有两个：一是自由民主内部的理论和制度张力，二是时代境况的变化产生了具有新特征的政治动员。二者之间的不协调造成了自由民主的危机，削弱了它进行社会整合的能力。因而如果要应对政治衰败，就需要从这两个变量着手展开。

关于"新"的政治动员，前文说过它是主客观因素相互作用的结果。客观的全球化进程已经放缓，外来移民的政策也在收紧，但是文化和人口多元化的社会现实无法改变。至于人们的观念和情感状况，则是现代生活和交往方式的产物，其中的后现代主义属性很难扭转，"意义"的匮乏和对身份认同的需求将会持续。有鉴于此，削弱客观的社会经济因素与主观心理基础之间的关联，或可成为平抑右翼民粹主义政治动员的努力方向。也就是说，要避免使社会经济层面的问题通过身份认同的机制加以归因，特别是要避免使可妥协的利益冲突演变为无法妥协的"文化战争"。而要做到这一点，既需要确保利益表达的渠道是畅通的，更要创造条件消除身份认同的政治化。

就右翼民粹主义所引起的政体危机来说，表达渠道的畅通可以使其支持者们的声音被听到，并将之反映在政策措施中，由此缓解他们"被遗弃"的感受、弱化其与体制之间的疏离。前文提到的那些聚焦于政治参与的民主理论，都曾提出过丰富的改良主张，其中既有原则方向，也有措施细节，依然值得如今自由民主的实践者们借鉴。可以想见的是，通过扩大民众在决策制定中的影响、提升政治精英们的代表性，"精英—人民"的对立有望缓解，贫富分化的状况也可能改善。然而仅止于此显然不够，因为如果社会领域中族群、文化等的对抗不能获得解决，那么伴随政治参与的扩大，排斥性的、不包容的文化性诉求反而有了更多表达的机会，由此将加剧而不是弥合政治共同体内部的分裂。所以，如何在日常的公共生活中培育共同的理解和情感,使怀抱着不同身份的人们建立互信,免于沦入敌友划分式的"政治"斗争,①便是更加基础性的制度建设任务。

李普塞特曾经指出:"如果社会结构的运行自然造成一种环境,使具有相同政治观点的个人或团体不能与其他不同观点的个人或团体相接触,那么这些离群的个人或团体往往要支持政治极端主义。"②当今社会的互联网文化和大数据算法,造成了"信息茧房"(information cocoons)的现象,这为右翼民粹主义等极化政治的出现提供了条件。不过背后更为根本的则是现代生活的个人主义化所导致的封闭性,此种封闭性伴随着人们对内在感受和主体间承认的愈加敏感,使得以塑造"我们"为内容的"政治",蜕变成了以"我"的认同为中心的"伪政治"(pseudo-politics)。③

在《论美国的民主》中,托克维尔最早提出"个人主义"的概念,并且讨论了当时的美国人如何在民主自治制度下克服个人主义对于政治生活的危害。他写道,除了代议制能够"使原来一直互不相识的众多民众长期地接近下去","使国内的各个构成部分享有自己的独立政治生活权利,以无限增加公民们能够共同行动和时时感到必须互相信赖的机会",同样是恰当和明智的。他进一步指出:"地方性自由可使大多数公民重视邻里和亲友的情谊,所以它会抵制那种使人们相互隔离的本能,而不断地导致人们恢复彼此协力的本性,并迫使他们互助",从而让"每个人时时刻刻和从各个方面都在感到自己是生活在社会里的"。④

可见,公民自治作为民主制度的有机组成部分,它所发挥的功能不只在于地方事务的治理,更重要的是塑造一致的舆论和民情。地方性公共事务就像民主的"毛细血管",它提供着日常互动的政治空

---

① [德]卡尔·施密特:《政治的概念》,刘宗坤等译,上海人民出版社,2018年,第32页。
② [美]李普塞特:《政治人:政治的社会基础》,张绍宗译,上海人民出版社,2021年,第54页。
③ 在马克·里拉看来,身份政治是一种"伪政治",参见 Mark Lila, *The Once and Future Liberal: After Identity Politics*, C. Hurst & Co., 2018:57—95。
④ [法]托克维尔:《论美国的民主》,董果良译,商务印书馆,2012年,第630—634页。

间,有利于在多元化的社会中培育共同的情感,以此将所有民众纳入国家的政治结构之中,实现对社会力量的整合。"民主政治意味着接触和说服不同于自己的人们"①,特别是当公民为了共同的"小事"走到一起进行理性协商时,最初出于必要而考虑公益,"后来转为出于本意","靠心计完成的行为后来变成心性,而为同胞的幸福进行的努力劳动,则最后成为他们对同胞服务的习惯和爱好"。②这是托克维尔描述的公民德性(civic virtue)的养成过程,其间经历了从理性到情感的转化。

对当今西方而言,与自由民主政体相伴的是一个注重专业化和效率的"行政国家"(administrative state),后者确保了社会福利的广泛实现,但也使得行政权力在大规模介入社会事务时削弱了地方自治的开展,结果我们看到的便是一大批的理性官僚与专注于自身利益的原子化个人。如何打破这个现代世界的"铁笼"(iron cage),恰恰是右翼民粹主义等政治运动所突显的更为深层的问题:在宏大且抽象的激情口号背后,掩藏着的是渺小而相互区隔的个体,他们接受行政官僚"无微不至"的照顾,却也由此退入"向内观看"的狭小视野,并在精神虚无中捍卫着那些赋予自身以意义的特定标签。应该看到,正是由于温和而真实的日常政治的式微,人们转而围拢在空洞的"身份"周围以寻求对自己心灵的安顿,并加入不同群体之间捍卫身份的冲突中。如若依循托克维尔的思路,面对此种境况,要做的是重建地方自治,使人们有机会从个人事务的"小世界"中走出,先是基于"正确理解的个人利益"(enlightened self-interest)对身边的公共事务予以理性的思考,进而在与邻人的不断互动中增强彼此间团结的情感,习惯于过一种公共的生活。

这样的思路与社群主义有相通之处,即都同样致力于塑就共同体成员之间的忠诚纽带。不过,社群主义因为对实质的"善"观念的

---

① Mark Lila, *The Once and Future Liberal: After Identity Politics*, C. Hurst & Co., 2018:112.
② [法]托克维尔:《论美国的民主》,董果良译,商务印书馆,2012年,第634页。

主张,而有可能在特殊生活方式的坚守中走向封闭和排他——这也是它被视作身份政治的哲学基础的原因。与之不同,在应对政治共同体的分裂危机时,自由民主以对"现代人的自由"的普遍肯认作为前提,这表现为"尊重公民的个人权利,保障他们的独立,避免干扰他们的工作"①。而在此基础上,要提高地方事务的开放性和重要性,确保每一个公民都能有机会且有必要为了自身的利益而参与到自治空间之中。

　　对于一个多元文化的社会来说,在面对移民和少数群体时,鼓励人们持有包容的态度是重要的,但更为重要的是使所有人都融入"至高且广涵"(亚里士多德语)的政治生活中,在人类所固有的合群性情之下经由政治的联合而生出"友爱"(philia)之情。就像古典时代的城邦是一种"友爱共同体"②一样,现代国家若欲长久维持统一和避免失序,也应该于正式和普遍的政治法律结构之外,在地方的层面着力于"友爱"的培育。③而这反过来又需要以更加开放的权力结构为前提,使不同意见和利益之间的交锋、博弈,以及最终的妥协与平衡成为可能。这意味着长期以来由自由主义所主导的西方民主实践,要跟上思想领域中"重新找回政治"的脚步,④认识到政治生活所追求的并非一派"田园牧歌"的景象,而是如埃德蒙·柏克所言:"自然界和政治世界中不同的力量和势力在相互斗争中所产生的作用力与反作用力,会最终产生出宇宙的和谐。"⑤

---

① [法]邦雅曼·贡斯当:《古代人的自由与现代人的自由》,闫克文等译,上海人民出版社,2017年,第92—93页。
② 张新刚:《友爱共同体:古希腊政治思想研究》,北京大学出版社,2020年。
③ 古典意义上的"政治友爱"并非一种私人性的感情,而是公民之间怀有善意,并且彼此了解这种善意。它可能出于功利的需要,也可能源自高尚的利他精神,但表现出的都是与他人共同生活的愿望。
④ 段德敏等:《重新找回政治——西方政治思想研究回顾与展望》,《北大政治学评论》2021年第10辑。
⑤ [英]埃德蒙·柏克:《法国大革命反思录》,冯丽译,江西人民出版社,2015年,第63—64页。

五、结语

在提出"政治衰败"概念十年之后,亨廷顿在一篇写给三边委员会(The Trilateral Commission)的报告中讨论"民主的危机"问题,他注意到了美国在20世纪60年代出现的民主参与扩大的情况。对此他作出的判断是,美国政治系统成功地吸纳了那些新兴的活动群体,而且这一"民主浪潮"所持续的时间和影响的范围是有限的。如今以一种后见之明看来,亨廷顿显然低估了当时那场"浪潮"对于美国乃至整个西方世界具有的转折性意义。它所突显的是现代社会中个人与"他者"之间关系的深刻变化,这样的变化反映在观念/思潮的层面,伴随而来的是人们对于旧有社会权力结构的日益不满情绪。而右翼民粹主义则正是这种不满情绪与全球化等诸多客观因素交织作用的产物,它本身所固有的排他性特质对于西方主要国家的政治秩序构成了巨大威胁,以至于最初用来解释不发达国家在发展过程中为何出现社会失序现象的"政治衰败"理论,如今有了扩大适用范围的必要。

正如普沃斯基在《民主的危机》中所说:"这场危机不仅是政治的危机,它深深地扎根于经济与社会之中。"[1]自由民主的理论和制度张力从其最初形成时便已存在,但不同的时代境况——表现为人的生活和交往方式的变迁——使这些张力以不同的政治现象呈现出来。右翼民粹主义作为自由民主出现"政治整合危机"的重要指征,是会像历史上的大多数危机那样刺激着它作出进一步朝向民主化的调整,还是会导致像某些特殊年代(比如20世纪30年代)那样的秩序颠覆状况,则需要我们用更多的时间来观察和思考。

---

[1] [美]亚当·普沃斯基:《民主的危机》,周建勇译,上海人民出版社,2022年,第176页。

领导权视阈中的发展中国家军政关系

——对埃及、土耳其和伊朗的比较历史分析[*]

张　汉　梁佳琪　吴诗尧[**]

内容摘要　领导权是统治集团维持其统治地位的总体性权威状态,有两种结构模式:在集中形态的领导权模式中,领导权集中于统一的权力组织;而在离散形态的领导权模式中,领导权没有统一的权力组织,分散在公民社会中。集中形态的领导权模式擅长控制并平衡政权与军权的关系,而离散形态的领导权模式在控制并平衡政权与军权的关系方面需要更为复杂的内外部条件。本文采用比较历史分析方法,对埃及、土耳其和伊朗三个中东伊斯兰大国在民族国家建构历程中的军政关系变迁进行研究。

关键词　领导权;军政关系;发展中国家;中东地区;比较历史分析

在众多发展中国家的现代民族国家建设历程中,军队不但深度

[*] 本文获2021—2022学年复旦大学陈树渠比较政治发展研究中心跨学科学术工作坊基金项目(CCPDS-FudanNDKT22007)、北京师范大学中央高校基本科研业务费专项资金(2021NTSS40)和国家社会科学基金一般项目"政党社会学的知识谱系与发展趋势研究(22BZZ009)"的资助。

[**] 张汉,社会学博士,北京师范大学社会学院副教授,研究方向为政治社会学。梁佳琪,山东大学政治学与公共管理学院博士生,研究方向为比较政治学。吴诗尧,政治学博士,对外经济贸易大学国际关系学院讲师,研究方向为中东国际关系与区域国别、政党政治。

参与了民族解放运动等重大政治变革,而且在建国之后仍然长期发挥着维持政治秩序的重要作用,由此享有较高的政治地位,甚至直接行使重要的政治权力。[①]在一些发展中国家中,虽然军队被置于统治集团的牢固掌控之下,但军队仍然在非军事领域发挥着重要作用,比如协助或监督政府的施政、直接参与经济生产和社会动员、众多政治家出身于军队、现役军人占据国家立法机关议席等。而在另一些发展中国家中,各种政治力量,比如政党、媒体、非政府组织、利益集团等,都难以对军队权力进行有效约束,军队往往成为各方政治斗争的仲裁者,甚至直接发动政变夺取政权,国家权力对军队的制度约束比如宪法和法律,往往很容易就被突破。在政变之后,一些发展中国家的军队维持原有政体并很快恢复文官政府,而另一些发展中国家的军队则完全推翻了原有政体。

为什么很多发展中国家的军队发挥着重要的政治功能而偏离军队政治中立原则?为什么有些发展中国家的军队参政被控制在一定范围内,以军队向政府输送政治精英、军人占据立法机关席位为常态,即使出现政变也维持原有政体并很快恢复文官政府的统治,而有些发展中国家的军队参政则经常超出既有政体所允许的范围,比如政变导致政体变革?在什么条件下,发展中国家的军队参政行为会逐渐得到有效控制,从而更接近军队政治中立原则?本文尝试回答上述问题,认为不同发展中国家之间军政关系[②]的差异性,以及某个发展中国家内部军政关系的历时态演变,都可以从领导权(hegemony)的理论角度获得解释。

---

① [美]塞缪尔·亨廷顿:《变化社会中的政治秩序》,王冠华等译,生活·读书·新知三联书店,1989年,第218—221页;[美]安东尼·奥罗姆:《政治社会学导论(第4版)》,张华青等译,上海世纪出版集团,2014年,第279—281页。
② 在本文所称的"军政关系"中,"军"是指包括正规军、民兵、预备役等在内的所有国家武装力量,"政"是指包括政党及行政、立法、司法等所有国家机关在内的广义的文官政府。

一、领导权:理解军政关系的一个视角

自亨廷顿以来,比较政治学界对军政关系的研究,往往把文官对军队的控制(civilian control of the military)作为核心研究问题,比较文官对军队不同的控制程度和控制方式。[①]亨廷顿指出,如要对发展中国家频发的军人干政现象进行解释,就不能从军队本身入手,而只能从这些国家的社会和政治制度结构入手。[②]此类研究开创了从政体结构和国家—社会关系的角度解释军政关系模式差异性的研究路径。而在亨廷顿之后出现的西方军政关系研究的新范式,则强调西方文官政府对军队的控制不但是有效的,而且控制军队的文官政府本身是民主的,因此区别于某些能够实现文官对军队的控制的非民主政体。[③]该新范式其实隐含了重要的研究问题,即不同的政体(比如民主政体和非民主政体)都可以实现文官对军队的控制,那么它们实现此种控制的手段、目标和效果是否存在差异?与此相关但尚未被提及的更进一步的研究问题则是,军队参与政治的目标和结果是维护现行政体还是颠覆现行政体?虽然文官对军队的有效控制是政治民主化的重要标准之一,[④]但并不能据此推论说,一些发展中国家能够实现文官对军队的有效控制是因为它们实现了民主化,而另一些发展中国家不能实现文官对军队的有效控制是因为它们尚未民主化。

对于比较政治学来说,军政关系研究的重要任务是建立具有广泛适用性的比较研究框架,从而对各国军政关系的结构性成因及军

---

① Samuel P. Huntington, *The Soldier and the State: The Theory and Politics of Civil-Military Relations*, The Belknap Press of Harvard University Press, 2000:80-85.
② [美]塞缪尔·亨廷顿:《变化社会中的政治秩序》,王冠华等译,生活·读书·新知三联书店,1989年,第177页。
③ 李月军:《新文武关系理论:范式替代抑或理论补充》,《军事历史研究》2010年第2期。
④ Terry L. Karl, "Dilemma of Democratization in Latin America," *Comparative Politics*, 1990, 23(1):1-21.

队在整个政体中所发挥的功能进行比较研究,而不是脱离这些发展中国家的特定历史、经济社会发展阶段和政治现实去谈论军队"职业化"或"政治中立"问题。本文通过考察国家政治权力对军队控制的实际效力,认为政体结构(领导权模式及政权与军权的关系)而非政体性质(民主与否)是保持军政关系稳定性的决定性因素。笔者提出,一个政体无论民主与否,文官能否采用政治手段对军队进行有效控制,都是衡量政治制度化水平的重要标志。[①]

本文从马克思主义的领导权理论出发,提出军政关系的比较研究框架。葛兰西、阿尔都塞等西方马克思主义学者提出,一个国家政体的稳定性,不但取决于国家机器的强制能力,也取决于国家建构领导权的能力。葛兰西提出"有机国家"(integral state)这种扩展的国家观(expanded notion of the state),认为上层建筑由政治社会(political society)和公民社会(civil society)两部分共同组成。政治社会主要依靠强制能力实施专政(dictatorship),具体由阿尔都塞所称的军队、警察、法庭、监狱等镇压性国家机器(repressive state apparatus)行使。而公民社会则是建构和维持领导权的主体,由阿尔都塞所称的政治、法律、公民组织、教育、家庭、宗教、出版传媒、文化艺术等系统的意识形态国家机器(ideological state apparatus)行使,从而获取人民对统治者统治地位的同意(consent)。[②]领导权是一种总体性权威状况,由同意和强制(coercion)两方面共同组成:一方面,领导权反映了统治者的内部共识,这支撑着统治者通过国家机器对被统治者实施必要的强制;另一方面,领导权也反映了社会共识,即被统治者同意接受被统治的

---

① 本文在相对宽泛的意义上使用"文官"和"文官政府"概念。"文官"是指使用非军事手段实施统治的文职人员,比如政治领袖和官僚。"文官政府"是指文职统治者建立和主导的国家机关。

② [意]安东尼奥·葛兰西:《狱中札记》,曹雷雨等译,中国社会科学出版社,2000年,第7—8、223—224页;[法]路易·阿尔都塞:《论再生产》,吴子枫译,西北大学出版社,2019年,第174—203页。Adam David Morton, *Unravelling Gramsci: Hegemony and Passive Revolution in the Global Political Economy*, Pluto Press, 2007:78, 89; Joseph V. Femia, *Gramsci's Political Thought: Hegemony, Consciousness, and the Revolutionary Process*, Oxford University Press, 1981: 26, 37.

状况,包括同意统治者实施必要的强制。①

　　在某些政体之下,一些原本属于公民社会的组织,比如政党和教会,会直接成为国家机器的组成部分。然而建构领导权的过程在本质上仍然是一个国家权力逐渐消融于公民社会之中的过程,统治者仅仅依靠最低限度的国家强制以保护公民社会的发育。而各种公民社会组织则可以针对其成员的不服从行为对其实施组织强制(organized coercion),以维护统治者的领导权。②当统治者能够维持强大的领导权时,统治者更有能力获得人民的同意,从而减少对强制的使用需求,由此减少政治冲突、降低统治成本、提高政治决策效率。而当统治者丧失领导权时,统治者的意识形态灌输不再有效,统治者无法获得人民的同意,因此就更需要通过使用强制来维持统治。如果把领导权问题放入革命的研究视域中就会发现,掌握国家机器有助于维持领导权,但是建立领导权并不依赖于国家机器。在革命前夜,掌握国家机器的统治者陷入权威危机(crisis of authority)而丧失了领导权,而革命者则建立了自己的领导权。革命如果要获得成功,革命者必须在掌握国家机器之前就建立自己的领导权。③

　　本文把领导权理论用于分析军政关系问题,认为在不同的上层建筑结构(即政治社会与公民社会的关系)之下,领导权有不同的行使方式,并且直接影响到领导权的有效性程度,也影响到该政体对军队的控制力。从军事社会学的角度来看,虽然军队属于镇压性国家机器,是政治社会的一部分,但是军官和军人作为国家公民,又身处于公民社会中,因此也时刻受到意识形态国家机器的意识形态规训

① Francisco Fernández Buey, *Reading Gramsci*, translated by Nicholas Gray, Brill, 2015:107; Adam David Morton, *Unravelling Gramsci: Hegemony and Passive Revolution in the Global Political Economy*, Pluto Press, 2007:95.

② Joseph V. Femia, *Gramsci's Political Thought: Hegemony, Consciousness, and the Revolutionary Process*, Oxford University Press, 1987:27–28; Marco Fonseca, *Gramsci's Critique of Civil Society: Towards a New Concept of Hegemony*, Routledge, 2016:101.

③ Antonio Gramsci, *Selections from the Prison Notebooks*, edited and translated by Quintin Hoare and Geoffrey Nowell Smith, International Publishers, 1971:57, 59, 210; Marco Fonseca, *Gramsci's Critique of Civil Society: Towards a New Concept of Hegemony*, Routledge, 2016:71, 94.

乃至组织强制。当统治者拥有强大的领导权时,统治者获得人民同意的能力较强,动用军队行使强制力以维持统治的必要性较小,统治者可以通过公民社会对军队进行有效的意识形态规训乃至组织强制,因此军事组织相对于政治组织来说处于明显的从属地位,难以产生超出统治者之外的政治自主性并进而挑战统治者。具体来说,军队难以通过政变等方式毕其功于一役地夺取国家权力,即使军队企图夺权,也往往会受到公民社会的强力阻击而走向失败;相反,军队参政往往是为了维护统治者的领导权。

笔者首先提出,领导权是统治集团维持其统治地位的总体性权威状况,它在不同的上层建筑结构之下有不同的模式。统治者要建构领导权必须完成两方面的任务:其一是通过建构和宣传系统性的意识形态,建立内部的思想共识,并获得被统治者的同意;其二是通过建立和维持制度化的组织体系,协调内部的权力精英关系,并吸纳接受其统治的部分被统治者进入统治集团。由于意识形态在本质上具有多元化和变动不居的特征,并且往往依靠组织强制来推广,[1]所以决定领导权归属的并非意识形态的内容,而是统治集团能否有效吸纳和组织起擅长意识形态工作的知识分子。组织体系的设计可以直接决定统治集团内部的权力配置及统治者与被统治者的关系,契合本文对政体结构和国家—社会关系的分析重点。

因此,笔者从组织体系这个角度,区分出两种领导权模式(见图1):第一种是集中形态的领导权模式,统治集团采用集权的组织体系,有统一的权力组织作为载体,并据此集中控制各种意识形态国家机器。具体来说,在世俗君主制国家下,其集中形态是王权,组织载体是王室。[2]在政教合一国家,其集中形态是神权,组织载体是教会。

---

① 赵鼎新:《论意识形态与政党政治》,《学海》2017年第3期;赵鼎新:《〈儒法国家〉与基于理想类型集的理论构建》,《开放时代》2019年第4期。
② 此处的"世俗君主制"并不包含标准的君主立宪制,因为君主立宪制之下的君主并不掌握领导权,对文官政府和军队都没有实际控制力。

在实行一党制和霸权党制（hegemonic party system）的国家，[①]其集中形态是党权，组织载体是执政党。这些权力组织，即家庭、教会和政党，原本属于公民社会，但是它们凭借自己在现代民族国家建设进程中的领导者地位，而直接成为政治社会的一部分并集中行使领导权。第二种是离散形态的领导权模式，统治集团采用分权的组织体系，没有统一的权力组织作为载体，领导权分散于政党、媒体、非政府组织、利益集团、个体选民等众多组织和个人共同构成的公民社会中，统治集团并不能集中控制各种意识形态国家机器。无论领导权的具体模式有何不同，领导权的根本功能都是支撑统治集团占据统治地位，无论具体负责政府运行的是哪些个人和组织，统治集团及其主导的政治秩序都会保持相对稳定。在集中形态的领导权模式中，统一的权力组织就是统治集团的具体化身，王室、教会和执政党就接近马基雅维利所称的"君主"（prince）和葛兰西所称的"现代君主"（modern prince）。

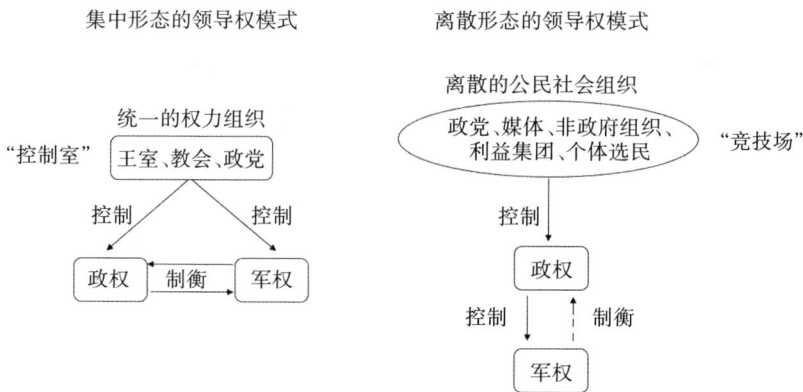

图1　领导权的不同模式

---

① 笔者采用萨托利对政党体制的分类框架，把政党体制在总体上分为竞争性政党体制和非竞争性政党体制。本文中的"一党制"和"霸权党制"都属于非竞争性政党体制。Giovanni Sartori, *Parties and Party Systems: A Framework for Analysis*, the ECPR Press, 2005:193-211.

　　在对军政关系的具体分析中,笔者接着引入"政权"(governmental power)概念来表述文官政府所行使的政治权力,引入"军权"(military power)概念来表述军队所行使的军事权力。笔者提出,在不同的领导权模式中,军政关系具有显著的差异性。笔者依据意识形态和组织两个维度进行演绎推理,确定不同的领导权模式建构领导权的能力范围(见图2)。①笔者提出,集中形态的领导权模式建构领导权的能力范围类似于"窄谱",分布于图2中较为有限的区域中。在统一权力组织保持其主导地位的前提下,集中形态的领导权模式擅长控制和平衡政权与军权的关系:一方面,集权的统一权力组织凌驾于政权和军权之上,成为领导权的总体代表,政治社会围绕统一权力组织呈现向心结构,成为统治集团分配资源和权力的"控制室",统一权力组织的意志等同于国家意志。另一方面,统一权力组织源自公民社会,又代表政治社会向公民社会渗透,社会群体的政治行动受到统一权力组织普遍而显著的约束,政治参与的方式、范围和时间均由统一权力组织决定。统一权力组织集中行使领导权,使得文官政府与军队都成为其施政工具,相互之间既合作又竞争,防止文官政府和军队中的任何一方过分强大而威胁到统一权力组织。特别值得注意的是,统一权力组织实质上直接控制军队,文官政府对军队并没有直接的控制力,西方典型的"文官政府控制军队"及军队的政治中立在此类领导权模式中并不存在。在此类领导权模式下军政关系发生变化的根本原因是统一权力组织丧失了领导权。

---

① 在图2中,由意识形态和组织构成二维空间,弧线表示不同的领导权模式建构领导权的能力上限,双箭头所指示的是不同的领导权模式建构领导权的能力范围。

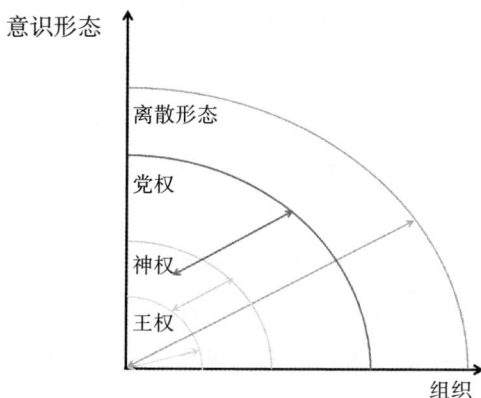

图2　不同的领导权模式建构领导权的能力范围

在当今世界，只有在发展中国家中才能找到集中形态的领导权模式，但是该模式的几种具体类型之间也存在差异。笔者依据意识形态和组织两个维度进行更为细化的演绎推理，比较不同类型建构领导权的能力上限，提出党权建立领导权的能力上限最高，神权建立领导权的能力上限居中，王权建立领导权的能力上限最低。现代政党中有负责意识形态工作的世俗知识分子，并且具有制度化的政党组织体系，显然在意识形态和组织这两种能力上都处于绝对优势，可以直接站在政治运行的最前线。教会中有教士这种宗教知识分子，并且具有制度化的教会组织体系，在意识形态和组织这两种能力上不输政党，其相对于政党的劣势仅在于其并非专业的政治组织。神圣教义的超验性与世俗政治的现实性之间时有冲突，因此除非政教合一政体与君主制结合，否则教会通常仍需要依靠政党等专业政治组织在前台执政。而王室的劣势则源于其在意识形态方面往往依赖王室之外的世俗和宗教知识分子，在组织体系方面以血缘关系这种非理性原则为基础，难以在王室内部实现制度化的权力分配，更难以从公民社会中吸纳新成员加入王室。

离散形态的领导权模式，由于其在更大程度上把国家权力消融于公民社会之中，因此其建构领导权的能力上限高于集中形态的领导权模式。但是离散形态的领导权模式建构领导权的能力下限则很低,甚至可以低于王权建构领导权的能力,因此其能力范围类似于"宽谱",分布于图2中较为广泛的区域中。离散形态的领导权模式在控制和平衡政权与军权的关系方面需要更为复杂的条件。离散形态的领导权模式没有统一的权力组织作为载体,分权制衡的国家权力结构及多党竞争的政党体制,使得政治社会成为一个相对开放和多元的"竞技场"。分散在公民社会的众多个人和组织都无法宣称自己是公民社会的总体代表,公民社会中的多元社会利益需要经过一系列政治过程才能有效表达和聚合。虽然此类领导权模式要求文官政府和军队必须服从作为公民社会意志表达的宪法和法律,但在实际的政治过程中,只有协调好公民社会中的众多个人和组织,才有可能建立有效的文官政府以控制军队。公民社会虽然在理论上掌握着对军队的最终控制力,但是由于没有统一的权力组织作为依托,因此在事实上,公民社会对军队的控制需要由依据公民社会意志建立起的文官政府来具体落实。进而,要求保障言论、出版和结社自由,以及充分的选举权和被选举权,从而培育自由表达的媒体环境、发达的第三部门和活跃的政党组织,使它们协调多元社会利益,并且通过高度制度化的政治参与紧密嵌入国家政治过程。

在西方发达国家和广大发展中国家中,都能够找到离散形态的领导权模式,但两者的公民社会状况有很大区别。公民社会的形成,最初是西方民族国家建设过程中资产阶级革命的结果。尽管随着西方国家民主化进程的推进,特别是在国际工人运动和社会主义阵营的巨大压力之下,基本的公民和政治权利也扩展到了资产阶级之外的其他阶级,但资产阶级仍然牢牢控制领导权。在上百年的民主化进程中,西方国家曾经长期以财产权、性别和种族等为理由拒绝赋予大量人口选举权,公民和政治权利是逐步向其他阶级开放的。西方漫长而渐进的民主化进程为资产阶级争取了时间,确保资产阶级公民社会掌握领导权。因此,西方发达国家公民社会建构领导权的能力,接近离散形态领导权模式的能力上限。相比之下,在很多发展中国家,不成熟的公民社会难以发挥协调多元社会利益并且紧密嵌入国家政治过程的功能。众多发展中国家的民主化是在二战后甚至是冷战结束后的短时间内以高度压缩方式完成的,大量来自不同阶级、族群、地区和宗教的人口同时进入或者要求进入政治过程,出现"参与内爆"或"参与爆炸",难以形成基本的政治共识,因此成为"普力夺社会"。①因此,众多发展中国家公民社会建构领导权的能力,接近离散形态领导权模式的能力下限。在公民社会尚未成熟的情况下,各种反体制的意识形态大行其道,而开放的政治社会又给各种反体制力量提供了充足的斗争舞台,各种离心力量不断发展,而任何阶级和社会群体都难以建立领导权,因此也难以控制文官政府和军队,容易出现独裁统治和军队干政的局面。

从政治发展的角度看,发展中国家的普遍特征是政治制度化水平不高,由此形成的灵活性固然给政体面对环境变化的调适带来了相对较大的自主空间,但是同时也带来了政治过程往往因缺乏有效规则约束而导致的无序性等问题。在总体政治制度化水平不高的政体中,制度化水平较高的军队显然具备参与政治的显著潜力,很容易找到走出军营、走进政治的机会。建立起集中形态的领导权模式的发展中国家,可以通过统一权力组织强有力的组织能力弥补政体制度化水平较低的问题,能够有效地控制文官政府和军队,使它们成为统一权力组织的施政工具。但这并不意味着在此类政体中军队参政的现象被根除,相反,军队可能还发挥着十分重要的政治功能。但通常这并非源于军队单方面的参政意愿,而是统一权力组织积极利用军权进行现代民族国家建设并制约和规训政权的一种策略,比如军队参与国内安全保卫工作、军队向政府输送大量精英、军人占据立法机关席位等。在采取集中形态的领导权模式的发展中国家,军权对政权的制衡作用更为明显。不过,军队参政的结果最多仅限于文官政府的政策调整和人事更迭,但并不威胁统一权力组织的领导权,整

---

① [美]塞缪尔·亨廷顿、琼·纳尔逊:《难以抉择——发展中国家的政治参与》,汪晓寿译,华夏出版社,1989年,第24—26页;[美]塞缪尔·亨廷顿:《变化社会中的政治秩序》,王冠华等译,生活·读书·新知三联书店,1989年,第177—181页。

个政体依然基本保持稳定。

而呈现离散形态的领导权模式的发展中国家,政治制度化水平参差不齐,政治社会是一个相对开放和多元的权力竞技场,为众多社会群体提供了广泛的参政机会。很多发展中国家的公民社会尚未发育成熟,政党、媒体、非政府组织、利益集团、个体选民之间难以建立广泛的政治共识并有效参与政治过程,文官政府就会比较虚弱,从而为军队参政提供了制度空隙。此时,如果文官政府的施政失误再触发普遍的社会不满情绪,同时损害军队的切身利益,那么军队将有强烈的参政意愿,并且其参政行为很可能得到广泛的社会支持或者至少是默许。在一些文官政府脆弱并容易被反体制力量俘获的发展中国家,如果军队本身是现行政体的忠实守卫者,那么军队参政就成为国家功能运行意义上的必要活动,军队周期性地代替文官政府恢复政治秩序。而如果军队本身并不是现行政体的忠实守卫者,那么军队参政的结果将不限于文官政府的政策调整和人事更迭,还可能颠覆整个政体。

军政关系研究领域中的一类重要案例是军人直接掌握国家最高权力并直接运行政府的军政府国家,但它们不属于笔者所提出的两种领导权模式中的任何一种。原因是军政府国家几乎完全依靠军队的强制来实施统治,属于葛兰西所称的专制国家,其特征是政治社会独大,统治者更多依靠强制来实施统治,因此领导权问题无从谈起。如果一个国家出现军政府,就说明这个国家中没有任何政治组织能够建立有效的领导权;而该国要终结军政府的统治,则必须出现能够建立有效领导权的政治组织。

二、对埃及、土耳其和伊朗的比较历史分析

笔者接下来将使用比较历史分析(comparative historical analysis)方法,从领导权的角度,运用上文中建构的概念和演绎出的命题具体分析发展中国家军政关系的差异性。本文提出领导权模式的视角,

不只是对静态结构的描述和比较,而是进一步通过考察结构的形成和变迁过程来提出机制解释。本文选取了埃及、土耳其和伊朗这三个相似案例,具体展开比较历史分析。这三个国家都是中东地区大国,都以伊斯兰教为主要宗教,都在20世纪20年代建立现代民族国家,在很多政治经济社会发展指标方面也具有可比性。在这三国的现代民族国家建设历程中,军队都起到关键性作用,但同时这三国的军政关系也存在显著的差异性和复杂的历时态变迁(见图3)。[1]

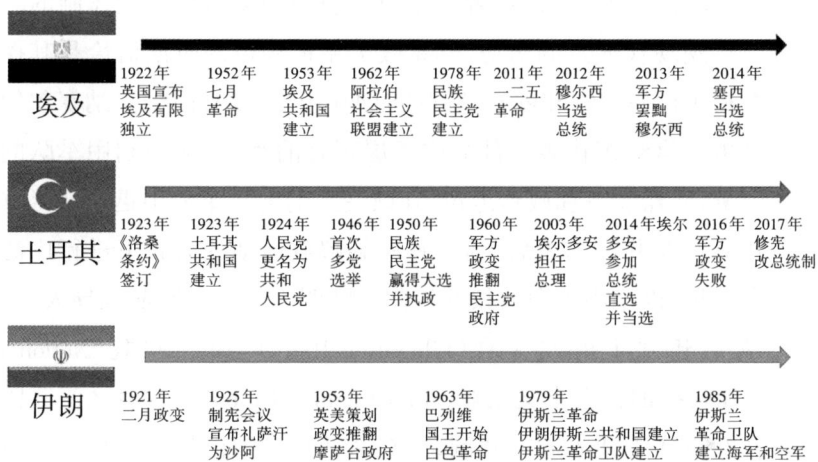

图3　埃及、土耳其和伊朗三国军政关系发展大事件时间线

(一)埃及

埃及的军政关系先后经历了四个时期:君主制时期(1922—1952年),受英国钳制的虚弱王权勉强驾驭政权和军权,后被军权所推翻;

---

① 沙特阿拉伯也是中东地区大国,但是本文并不把沙特阿拉伯纳入比较研究之中,理由是沙特阿拉伯在这三方面与埃及、土耳其和伊朗的可比性不足:第一,沙特阿拉伯的现代民族国家建设历程中没有出现广泛的社会革命,社会结构的变化并不显著,尚未真正形成大众政治参与格局,尚未真正启动大规模工业化,国家动员能力和社会发展水平与埃及、土耳其和伊朗有明显差距;第二,沙特阿拉伯的现代民族国家建设历程中军队的作用相对有限,军队规模与埃及、土耳其和伊朗也有明显差距;第三,沙特阿拉伯的人口规模与埃及、土耳其和伊朗有较大差距,因此在实际的国家规模上与埃及、土耳其和伊朗也有明显差距。

一党制和霸权党制时期(1953—2011年),党权驾驭政权和军权,后被社会革命和军队倒戈所推翻;短暂的竞争性政党体制时期(2011—2013年),公民社会尚未发育成熟,被政治伊斯兰势力控制的政权,在与代表世俗政治势力的军权的斗争中被军权推翻;塞西时期(2014年至今),军权实质上控制政权。

自1922年获得有限独立以来,埃及先后采取了世俗君主制和共和制。埃及军队先后在1952年七月革命和2013年政变中扮演关键角色,是埃及共和国的缔造者和短暂而脆弱的竞争性政党体制的终结者。综观现代埃及的历史,其军政关系最稳定的时期恰恰是其探索建立和实行一党制和霸权党制的时期(1953—2011年)。纳赛尔领导的自由军官组织代表一部分中下层军官的利益,他们利用军队的组织力量、武器装备和政治地位,在政变式的七月革命中迅速获得成功。建立埃及共和国之后,为了在民族解放运动的大旗下进行广泛的社会动员,以稳固革命政权并控制以阿明为代表的军队领导人,纳赛尔先后建立了解放大会(Liberation Rally)、民族联盟(National Union)和阿拉伯社会主义联盟(Arab Socialist Union)。这些政治联盟使埃及在事实上建立起一党制,并在萨达特和穆巴拉克时代逐步演化为以民族民主党(National Democratic Party)为核心的霸权党制,从而在埃及确立集中形态的领导权模式。在2011年一二五革命之前,埃及军队主导的统治集团依托一党制和霸权党制,以党权承载统治集团的领导权,控制政权和军权。军队掌握着埃及广泛的政治和经济权力,突出表现在安排政府人事和参与经济活动等方面。这一时期埃及的四任总统(不含代总统)纳吉布、纳赛尔、萨达特和穆巴拉克都是军人出身。然而军队的政治经济权力,必须在党权主导之下的党—政—军的有机联系体系之中才能得到保障。

而在埃及王国(阿里王朝)时期和一二五革命之后,埃及的军政关系呈现出不稳定性,军队都发动政变推翻了文官政府。埃及王国的有限独立主要是华夫脱党(The Wafd Party)等具有强烈民族主义色彩的资产阶级政党与英国斗争后双方妥协的结果。在英国的钳制之下，此时的埃及仍然没有获得完全的主权地位，在国内则形成了王室与华夫脱党相互利用和制衡的局面，任何一方都无法真正建立稳固的领导权，但华夫脱党显然在意识形态和组织两方面都占据优势。二战以来埃及民族意识觉醒、民族自决愿望高涨，但埃及王室和华夫脱党却无力抵御英国对埃及主权的损害，又在第一次中东战争中惨败于以色列，因此华夫脱党依靠对英斗争所积累下来的有限的领导权尽失。而纳赛尔领导的自由军官组织发动七月革命之后，继续进行广泛的社会革命，革命政权显然无法容忍埃及君主制继续存在，最终在七月革命的次年即1953年废除了君主制。

导致民族民主党政权被一二五革命推翻的原因，除了穆巴拉克执政后期不断恶化的经济社会问题之外，还有军方对穆巴拉克不满因而倒戈，促使穆巴拉克下台并在相当程度上主导了随后的政治进程。穆巴拉克在民族民主党内培养其毫无军队背景的次子贾迈勒作为政治接班人，而贾迈勒又计划扩大私有化经济改革，这触动了埃及军队的政治和经济利益，因为军队认为埃及的最高领导人必须是军人出身并维护军方利益。穆巴拉克的个人独裁及建立家族统治的企图，破坏了党权主导之下的党—政—军的有机联系，统治集团内部的共识破裂，埃及民众也无法忍受不断恶化的经济社会问题，民族民主党政权因而丧失了领导权。一二五革命之后，民族民主党被取缔，党权控制政权和军权的局面被打破，但是军队仍然保持了政治影响力，并且在一定程度上变成了超党派的监国机构，埃及武装部队最高委员会（The Supreme Council of the Armed Forces）主导着以修改宪法为核心内容的政治过渡进程，能确立新的政治和法律制度以维护军队的利益。

穆尔西击败空军司令出身的前总理沙菲克，当选埃及的首位民选非军人总统，这标志着埃及初步建立了竞争性政党体制。然而穆尔西执政期间出现了日益加剧的政治撕裂和治理失败问题，自由与正义党及其母体穆斯林兄弟会所代表的政治伊斯兰势力壮大，穆尔西强令国防部长坦塔维等军队高官"退休"，以及与军队争夺经济利益的做法,也加深了穆尔西与军队的矛盾。穆尔西既未能有效笼络军队而建立统治集团的内部共识,也未能通过有效的经济社会政策使埃及世俗派民众接受政治伊斯兰。因此穆尔西很快被国防部长兼武装部队最高委员会主席塞西领导的军队推翻,脆弱的竞争性政党体制戛然而止。塞西是军方代表,无意复辟民族民主党的旧体制,只是一方面打击穆斯林兄弟会所代表的政治伊斯兰势力,另一方面继续通过修宪等手段强化军队的权力。军队通过超党派的总统职位实现对政权实质上的控制,至少维护了统治集团内部的共识,但是缺乏党权对政权和军权的统领,因此其仍没有建立领导权,明显依赖军队的强制力及塞西个人的卡里斯玛,接近葛兰西所称的专制国家。

(二)土耳其

土耳其的军政关系先后经历了三个时期:一党制时期(1923—1950年),党权控制政权和军权,之后党权主动开启民主化,放弃对政权和军权的直接控制;不稳定的竞争性政党体制时期(1950—2003年),公民社会尚未发育成熟,政权与军权呈现相持局面,文官政府依靠选举上台执政,但军队先后四次发动政变推翻文官政府后还政于民;埃尔多安时期(2003年至今),竞争性政党体制逐步稳定,文官政府逐步有效控制军队。

自1923年土耳其共和国建立以来,土耳其虽然并未像埃及一样经历根本性的政体变革,但是军政关系仍然发生很多变化。土耳其军队至今先后五次发动政变,是土耳其共和国的缔造者和凯末尔主义的捍卫者。综观现代土耳其历史,其军政关系最稳定的时期也是其探索建立和实行一党制的时期(1923—1950年)。凯末尔等军官是土耳其国民运动的领导者,他们组织起土耳其国民军击退入侵安纳托利亚的外敌,废除苏丹制和哈里发制,建立了土耳其共和国。凯末尔还十分注重对土耳其人进行广泛的社会动员,为此他召集了数次民族主义者大会,为后来在安卡拉召开大国民议会、建立新政府奠定了制度基础。民族主义者在国民运动中所建立的护权协会(Association for the Defence of National Rights of Anatolia and Rumelia)则为后来的共和人民党(Republican People's Party)奠定了组织基础,由此开创了土耳其的一党制历史。受到同时期德国和意大利法西斯主义政党组织与国家政体结构的影响,凯末尔在1931年共和人民党第三次代表大会上正式确立共和人民党与国家机关同构的一党制。一党制时期的土耳其,党—政—军之间的有机联系使得军队可以把包括伊诺努在内的军事精英向文官政府输送。

伊诺努从1944年开始逐步开启的民主化进程,后来不但终结了土耳其的一党制,也使土耳其的军政关系进入世人所熟知的"文官执政、军人监国"时期。集中形态的领导权模式终结,共和人民党不再是与土耳其国家机关同构的统一的权力组织,而是转型为定期接受选票检验的选举型政党,因此无法再控制政权和军权。然而离散形态的领导权模式并未迅速确立,而是呈现出明显的不稳定性。在土耳其资产阶级公民社会尚未成熟的情况下,在大选中战胜共和人民党的其他政党,屡次走向反(凯末尔主义)体制道路,也损害了土耳其军队的利益。无论是自由主义、社会主义还是伊斯兰主义,都为凯末尔主义者所不容。凯末尔一贯主张军人不应该插手政治,要求希望从政的军官辞去军职,并且在1923年制定的宪法中明确规定了现役军人不得担任议员、不得加入政党等具体规范。但是凯末尔留给军队的遗嘱和《国内职责法》(Internal Service Act No. 35 of 1935),又给军队干政提供了政治和法律依据。当民主党(Democrat Party)政府越走越远的时候,土耳其军队终于在1960年出手,军队干政的"潘多拉盒子"由此打开。

土耳其军队数次出手干政,往往得到了广泛的民意支持,并且在干政后很快还政于民,同时又通过修宪、立法和人事任免等手段来调整国家政治制度,以保障军队持续发挥政治影响力。自1960年政变到2003年埃尔多安首次出任总理之间,土耳其共经历了七任总统(不含代总统),其中古尔塞勒、苏奈、科鲁蒂尔克和埃夫伦这四任总统均是军人出身,显示了军队强有力的政治地位。然而这一时期的土耳其在总体上仍然朝着竞争性政党体制的方向发展,资产阶级公民社会稳步发育,这也为埃尔多安时代土耳其军政关系的变迁埋下了伏笔。

随着埃尔多安领导的正义与发展党(Justice and Development Party)持续稳定执政,埃尔多安主义取代凯末尔主义,离散形态的领导权模式在土耳其基本建立,政权逐步有效控制了军队。首先,埃尔多安及其领导的正义与发展党在执政期间,继承了厄扎尔的自由主义经济政策,使土耳其经济增长强劲,而且惠及广大的中低收入群体,稳定了土耳其的社会秩序,壮大了土耳其商业导向的资产阶级——伊斯兰公民社会。其次,1980年军队发动政变严厉打击土耳其政治左派和右派,并利用"土耳其—伊斯兰一体化思想"强化国家权威和维护社会稳定,客观上推动了祖国党(Motherland Party)等伊斯兰主义政党的兴起。汲取繁荣党(Welfare Party)被取缔的历史教训,埃尔多安打造了"保守的民主"的意识形态并重新定义"世俗主义",既争取到对伊斯兰教信仰有深厚传统情感的广大选民的支持,又强调自己契合市场经济、议会民主和申请加入欧盟的进程,还吸纳了部分旧的中右翼政治家加入,从而避免走向激进的政治伊斯兰道路而招致凯末尔主义者的激烈反对。此外,在土耳其一直寻求加入欧盟的背景下,埃尔多安以建立欧盟标准为理由,以行政、司法和修宪等手段持续削弱土耳其军队的政治权力,推动了民主化并稳定了土耳其文官政府。在2016年军队发动的未遂政变中,埃尔多安通过社交媒体动员土耳其公民社会对军队迅速进行强力阻击。政变后,埃尔多安对军队、文官政府和公民社会组织都进行了大清洗,并顺势于2017年通过修宪改总统制,建立起以总统为核心的强势行政主导体制,其权力集中程度为凯末尔以来所未见。不可否认,自2013年"加齐公园事件"以来,特别是2017年修宪改总统制以来,土耳其的政体形式逐步接近霸权党制,其威权主义色彩日益显著。然而正义与发展党仍然需要定期接受竞争性选举的检验,也不能绕开文官政府而直接控制军队,土耳其的其他政党仍然能够在国家和地方层面的选举中对正义与发展党造成压力和挑战。

(三)伊朗

伊朗的军政关系先后经历了两个时期:君主制时期(1925—1979年);王权控制政权和军权,但领导权薄弱,后被社会革命所推翻;政教合一制时期(1979年至今),神权控制政权和军权,并建立起独特的二元军事体制,伊朗伊斯兰革命卫队制衡伊朗伊斯兰共和国军队。

自1925年巴列维王朝建立以来,埃及先后采取世俗君主制和政教合一制。伊朗军队是巴列维王朝的主要缔造者,而在伊斯兰革命之后,旧军队由于政治忠诚问题又成为新生的伊斯兰共和国防范的对象,这催生了伊斯兰革命卫队。纵观现代伊朗的历史,虽然巴列维王朝实质上由军队主导的1921年二月政变而生,但此后伊朗的军政关系一直相对稳定。无论是巴列维王朝时期还是伊斯兰共和国时期,军队都没有主动干政导致政体变革,由巴列维王朝到伊斯兰共和国的政体变革是源自一场军队袖手旁观的社会革命。

礼萨汗当时所处的波斯恺加王朝在外敌入侵中面临灭国的危险,然而英国对礼萨汗发动的二月政变采取了支持或者至少是默许的态度。二月政变后,礼萨汗在恺加王朝的既有体制内一路攀升至伊朗实质上的一号人物,因此也是体制内的受益者,他既没有意愿也没有能力进行广泛的社会动员以服务于民族解放运动,没有建立一个强大的大众政党以实施统治。礼萨汗面对伊斯兰教权的压力时与之妥协而选择了君主制的老路,只是在表面上效仿凯末尔在伊朗强硬推动世俗化进程。故此,礼萨汗显然错失了在他那个时代建构领导权的几个重要的意识形态话语,即共和主义、民粹主义和社会主义,只能诉诸民族主义和世俗主义。巴列维王朝的军队虽然听命于王权,不会主动干政,但是这样一支缺乏政治意识的、只从属于国王个人的军队,在穆罕默德·礼萨·巴列维国王面对伊斯兰革命而出逃国外之后迅速土崩瓦解,根本无力拯救巴列维王朝。不过巴列维王朝时期的伊朗仍能基本保持国家主权完整,在国内也不存在类似埃及华夫脱党的其他政治组织能够制衡王室的权力，因此巴列维王朝仍能建立有限的领导权。

当1953年英美联手策划推翻摩萨台政府政变的时候，伊朗依靠世俗力量走上政治改革或者社会革命的道路已经被堵死，因为巴列维王朝此后日益成为美国的附庸而脱离了伊朗人民，又丧失了建构领导权的另外一个重要的意识形态话语即民族主义，此后巴列维王朝只能依靠世俗主义这个唯一的意识形态话语。缺少广泛的社会动员的巴列维王朝，注定不可能真正启动国家工业化，并且政治基础始终脆弱。于1963年开启的所谓白色革命，客观上是巴列维王朝自掘坟墓，因为有限的经济社会改革主要是使与统治集团有密切联系的官僚阶层受益，而利益相对受损的传统工商业者和底层工农，将与因为改革而受损的地主和伊斯兰教会越走越近。伊朗的什叶派伊斯兰教会组织严密、经济独立，对世俗政治有很大的影响力，教权逐渐在反对巴列维王朝统治的各方面力量中崛起为最主要力量之一。美国主导的针对摩萨台的颠覆活动也使得伊朗人民对美国产生强烈反感，导致西方竞争性政党体制乃至整个世俗化道路对伊朗的吸引力进一步降低。最终，巴列维王朝有限的领导权尽失，1979年迟到的社会革命最终并不让人意外地选择了伊斯兰主义。

伊朗伊斯兰共和国建立以来，凭借其所掌握的社会根基深厚的伊斯兰教义及强大的社会动员能力，神权在政教合一政体下建立起强大的集中形态的领导权，对政权和军权的控制达到了巴列维王朝难以企及的高度。由霍梅尼领导的带有强烈伊斯兰色彩的社会革命，自然会对代表旧的世俗君主制的伊朗军队持有强烈的防范心理。为了保卫革命成果，霍梅尼决定建立革命者自己的武装力量，伊斯兰革命卫队应运而生。伊朗伊斯兰共和国建立后，正式确定了独特的二元军事体制，即伊朗的武装力量包括旧军队转制而来的共和国军和新成立的伊斯兰革命卫队，两支部队都由最高领袖直接统帅。由选举产生的文官政府仅仅是行政工具，政权与军权互不隶属，被共同置于代表神权的最高领袖的控制之下。革命后第二年即爆发的两伊战争,又给了伊斯兰革命卫队发展壮大的绝佳机会。革命卫队在战争的洗礼中成长为一支拥有海陆空三军部队的正规军,增强了对共和国军的制衡能力。

伊朗伊斯兰革命卫队是一支高度政治化的军队。在伊朗伊斯兰共和国,政教合一体制与选举制度结合,文官政府的行政和立法职务仍然需要经过人民选举产生,而选举给不同的政治力量提供了定期进行公开竞争的制度化安排。虽然霍梅尼在遗嘱中强调武装部队不得干预政治的原则,但选举所产生的不确定性仍然为后霍梅尼时代的伊斯兰革命卫队的参政活动提供了制度空隙,比如在总统选举中支持保守派候选人,与改革派总统进行政治斗争,镇压带有自由主义色彩的社会运动、批评政府的自由主义政策等。当然,伊斯兰革命卫队对政体的忠诚度,确保了其参政行为仅限于在政体允许的范围内影响具体的人事和政策问题。在伊朗伊斯兰共和国至今的九任总统中(不含代总统),也仅有内贾德和佩泽希齐扬两人曾有在军队服役的经历,与埃及和土耳其的情况不可同日而语。

三、比较历史分析的发现

通过对埃及、土耳其和伊朗这三个中东国家的军政关系进行比较历史分析,笔者提出一些关于发展中国家建设历程中军政关系变迁的机制解释。三个国家在20世纪20年代的现代民族国家建设历程起点都是集中形态的领导权模式,其中土耳其采取的是一党制,而埃及和伊朗采取的是君主制。土耳其一党制的形成,是在一战的背景下,凯末尔领导的民族解放运动与协约国和以苏丹为首的奥斯曼帝国保守势力不懈斗争的结果。反观埃及和伊朗,两国当时并未遭遇奥斯曼帝国在一战中面临的被彻底肢解的重大危机,华夫脱党和礼萨汗都不同程度地与英帝国主义者和国内保守势力实现妥协,因此延续君主制显然是实现妥协的成本最低的制度选择。而埃及七月革命的实质是自由军官组织与英帝国主义和以阿里王朝为代表的国

内保守势力进行毫不妥协的斗争,因此随后埃及也建立了一党制和霸权党制。笔者由此提出第一个机制:

> a.以社会革命方式与外国侵略者(殖民者)和国内保守势力进行不懈斗争而建立现代民族国家的发展中国家,更有可能采取一党制或霸权党制,具有强大的领导权;通过与外国侵略者(殖民者)和国内保守势力妥协而建立现代民族国家的发展中国家,更有可能延续传统的政体形式,通常是君主制,其领导权相对较弱。

在三个国家的现代民族国家建设历程中,军队都起到了关键作用。土耳其和伊朗的军队是在20世纪20年代的现代民族国家建设起点上就发挥了关键作用,而埃及军队则迟至于1952年七月革命才发挥重要作用。在土耳其和伊朗建立现代民族国家之前,奥斯曼帝国和恺加王朝在周旋于各西方列强之间而维持传统君主制政体的条件下,都自18世纪末至20世纪初进行了较为持续的、以军事改革为重要内容的近代化改革。两国的改革都使得军队成为本国先进力量的代表,但改革未能使两国彻底摆脱被西方侵略的境地,因此军队又强烈地感受到现有政体的各种弊端,因此转而成为旧政体的掘墓人。而埃及阿里王朝的近代化改革在奥斯曼帝国和西方列强的共同打击下被中断,1882年英埃战争后埃及沦为事实上的英国殖民地,完全丧失自主改革的条件,此后英国尤其注意削弱埃及的军事力量。埃及军队在七月革命中之所以能够发挥重要作用,主要是源于1936年《英埃同盟条约》签订后,包括纳赛尔、萨达特在内的大量埃及中间阶层人士进入埃及军校并担任军官,以及"二月事件"和第一次中东战争失利对埃及军官的刺激。笔者由此提出第二个机制:

> b.在面对外国侵略者(殖民者)而丧权辱国特别是出现对外战争失败的发展中国家中,如果一些国家此前曾经进行了较为

持续的经济和军事改革而建立了近代化军队，那么这些国家就更有可能出现由军队主导现代民族国家建设的情况。

军队主导建立埃及共和国和土耳其共和国之后，都选择了一党制和霸权党制，以党权驾驭政权和军权，建立起比较稳定的军政关系。随后土耳其的伊诺努选择主动民主化，虽然多次出现文官政府被军队推翻而更替的情况，但随着资产阶级公民社会的稳步发展，到埃尔多安时期实现了政权对军权的有效控制。而埃及则坚持霸权党制，最终穆巴拉克被军队默许的社会革命所推翻，而随后建立的竞争性政党体制又很快被穆尔西搞砸而被军队推翻。笔者由此提出第三个机制：

> c. 军队主导建立一党制或霸权党制，可以以党权驾驭政权和军权，建立起集中形态的领导权和稳定的军政关系。此类政体如果主动开启民主化，虽然在一段时期内军政关系可能会出现不稳定，但同时也为资产阶级公民社会和资本主义经济的发展创造了条件，因此未来更有可能建立离散形态的领导权模式和稳定的军政关系。而如果此类政体拒绝民主化并被社会革命推翻，则随后军政关系不稳定的情况将更有可能持续。

在埃及和土耳其建立现代民族国家之后，都出现了军队发动政变推翻文官政府的情况。在土耳其，除了疑点重重的2016年未遂政变，其余所有政变都是军队为了维护凯末尔主义体制和军队自身利益而出面更换文官政府和改革政治制度，并未推翻竞争性政党体制。而在埃及，纳赛尔领导的政变性质的七月革命和塞西发动的2013年政变，则分别推翻了阿里王朝和一二五革命之后建立的竞争性政党体制。笔者由此提出第四个机制：

> d. 军队发动政变，既有可能维护现行政体，也有可能颠覆现

行政体,军队最直接的考量当然是现行政体能否有效维护军队利益。实行竞争性政党体制的发展中国家,往往难以建立有效的离散形态的领导权模式。如果竞争性政党体制是一党制或霸权党制之下统治集团主动民主化的结果,则统治集团更有可能掌控民主化进程和照顾军队利益,军队就更有可能成为竞争性政党体制的维护者,其维护方式包括但不限于政变。而对于君主制政体及由社会革命所急速催生的竞争性政党体制来说,前者由于君主制固有的意识形态和组织短板,后者由于在急速民主化过程中军队的利益难以得到照顾,因此在出现统治危机时更有可能遭遇以颠覆现行政体为目标的军队政变。

理论上说,除了军人之外,民族资产阶级及其联系的世俗知识分子通常也是发展中国家现代民族国家建设的关键力量。在1922年埃及的有限独立中,随着一战期间埃及民族工商业获得难得但短暂的发展机会,以华夫脱党为代表的埃及民族资产阶级起到了重要的领导作用,但是并未在埃及建立真正的领导权,未能阻挡自由军官组织发动的政变式革命。而在土耳其,伊诺努的改革开启了政治民主化和资本主义经济的长期探索,特别是厄扎尔推行自由主义经济改革以来,有着深厚伊斯兰文化传统,同时支持自由主义经济政策和民主政治并要求更多宗教自由的安纳托利亚资产阶级发展壮大,成为日后埃尔多安打压军队的政治势力并实现政权对军权有效控制的重要社会基础,而军队则逐步丧失了超党派监国机构的地位。笔者由此提出第五个机制:

> e.发展中国家的民主化探索和资本主义经济发展的时间越长,就越有可能建立离散形态的领导权模式和稳定的军政关系,军队的政治功能就越有可能被削弱,政权就越有可能有效控制军权。

伊朗这一案例的独特性在于,教士这一传统知识分子群体通过领导社会革命而成为伊斯兰共和国的缔造者,在政教合一体制下实现了对政权和军权的有效控制。在大国均势的背景下,伊朗巴列维王朝并未经历长时间的外敌入侵或殖民统治,因此军队并未走上政治舞台的中央而主导民族国家建设历程。而英美联手策划的针对摩萨台政府的政变,则预示着资产阶级及其联系的世俗知识分子的政治破产,并客观上把后续的社会革命领导权基本锁定在高举反美大旗的伊斯兰教会的手中。笔者由此提出第六个机制:

　　f. 只有当军队、资产阶级及其联系的世俗知识分子等其他群体无力担当的时候,教士等传统知识分子才有可能在发展中国家成为现代民族国家建设的领导力量。当推行现代化改革的君主制国家同时陷入外国的经济和政治控制及国内经济社会危机,但尚未卷入对外战争时,由于军队此时无法借助军事动员之机而崛起为决定性的政治力量,而君主制及其所依靠的世俗主义意识形态又走向政治破产,因此教士为自己走向政治舞台中央找到了最有利的条件。

四、结论

对军政关系的研究应该采用具有包容性的比较研究框架,着眼于分析影响军政关系的宏观因素即政体结构和国家—社会关系。亨廷顿开创的军政关系研究范式,显然为后世的研究指出了正确的方向,但是在对客观文人控制和主观文人控制的比较中,亨廷顿却过于强调军事专业主义(military professionalism)的作用。[1]军事专业主义

---

[1] Samuel P. Huntington, *The Soldier and the State: The Theory and Politics of Civil-Military Relations*, The Belknap Press of Harvard University Press, 2000:83-85.

的兴起虽然能够在一定程度上解释西方军政关系中客观文人控制模式的出现,但是我们不能把军事专业主义作为一个孤立的决定性因素来看待。从职业社会学(sociology of profession)的角度看,军事专业主义的兴起是现代化所带来的职业自主性(professional autonomy)在军事领域的体现。由于现代常备军对于现代民族国家至关重要的意义,以及随之而来的现代民族国家对军队的垄断控制权,相对于各社会群体的军事专业主义随着欧洲民族国家的建立而在17世纪末确立起来,并推动了主观文人控制的建立;而相对于文官政府的军事专业主义则在19世纪初才在欧洲逐步兴起,并推动了客观文人控制的建立。①而在广大发展中国家,军队参与政治的情况比比皆是,军事专业主义的发展也尚未改变这种状况。因此,区分军政关系是否稳定及文官政府能否有效控制军队,比区分客观文人控制和主观文人控制更有意义。

笔者提出,从马克思主义的领导权理论视角解释发展中国家军政关系的差异性,正是延续了亨廷顿开创的政体结构和国家—社会关系等宏观结构层面的研究进路,同时又避免把军事专业主义作为一个孤立的因素过分强调。在采用集中形态的领导权模式的发展中国家,由于统一权力组织的意识形态和组织能力较强,军事专业主义无论作为一种政治观念还是一种政治事实都难以获得很高程度的发展。军队只是王室、教会和执政党等统一权力组织的施政工具,表现出较低的职业自主性,政治化程度高但是本身并不构成一个独立的政治主体,而是根据统一权力组织所设定的程度和方式去参政。然而,采用离散形态的领导权模式的发展中国家,作为一种政治观念的军事专业主义,可以从西方引入这些发展中国家,但军政关系的稳定性在本质上仍然取决于公民社会建构领导权的能力,也决定了军事

---

① [美]塞缪尔·亨廷顿:《变化社会中的政治秩序》,王冠华等译,生活·读书·新知三联书店,1989年,第109—110页。[美]查尔斯·蒂利:《强制、资本和欧洲国家》,魏洪钟译,上海人民出版社,2012年,第83—85、101—102页。Samuel P. Huntington, *The Soldier and the State: The Theory and Politics of Civil-Military Relations*, The Belknap Press of Harvard University Press, 2000:30-9.

专业主义作为一种政治事实的发展限度。当文官政府无法有效统治时，军队即使要坚守军事专业主义和政治中立，也难以避免政治失序给军队自身带来的危机，比如由于国家财政危机而导致的军费削减乃至军队组织涣散和哗变，或者政治派别之间的权力斗争蔓延到军队内部而导致军队分裂甚至发生内战。在此情况下军队不可能独善其身，而只有两个选择：主动参政还是被动参政？

　　笔者提出，从马克思主义的领导权视角解释发展中国家军政关系的横向差异和历时态变迁，并使用埃及、土耳其和伊朗这三个中东伊斯兰国家为案例，通过比较历史分析以考察它们的民族国家建构历程中的军政关系变迁。很多发展中国家的军队发挥着重要的政治功能，是由于存在两种情况：第一种是在集中形态的领导权模式中，统一权力组织积极利用军权进行国家建设并制约和规训政权。军队是作为统一权力组织的工具而参政，军队参政体现的是统一权力组织的意识形态和组织能力，因此有助于维护现行政体的稳定。在这种情况下，随着统一权力组织领导下的文官政府的制度化，军队参政的范围可能会缩小，但不可能完全实现军队的政治中立。而第二种情况是在离散形态的领导权模式中，如果公民社会尚未发育成熟、文官政府虚弱，就为军队参政提供了制度空隙。军队以独立政治主体的身份参政，军队参政体现的政治组织的软弱，其参政的结果既可能是周期性地代替文官政府以维护现行政体，也可能是完全颠覆现行政体。在这种模式中，只有公民社会发育成熟、文官政府权力巩固，军队参政的范围才可能缩小，并最终实现军队的政治中立。在民族国家建构的历程中，领导权模式并非一成不变，它会由于政治精英主导的政治改革、军队发动的政变、广泛的社会革命、国际压力等因素而发生变化，由此导致军政关系的变化。只有建立强大的领导权，政治组织才能使用政治手段有效控制军队，从而建立稳定的军政关系。

　　至此，本文得出的总体性结论是，发展中国家的政治不发达(political underdevelopment)状况，使军队在其现代民族国家建设过程中经常发挥着主导性作用，并且在建国之后仍继续发挥重要的政治功能。然而在不同的发展中国家之间,以及同一个发展中国家的不同历史时期之间,都存在着军政关系的差异,这源于不同发展中国家领导权模式的差异,以及同一个发展中国家领导权模式的历时态变迁。军政关系的差异,体现为文官政府能否及如何控制军队,以及军队参政的目标和结果是维护现行政体还是颠覆现行政体。只有建立了稳固的离散形态的领导权模式,发展中国家的军政关系才能接近军队政治中立原则,既不允许(规范意义上)也不需要(功能意义上)军队参政。

徘徊于军营内外

——发展中国家军政关系的新发展

郝诗楠　　徐子涵*

内容摘要　近年来,包括拉美、西亚北非和撒哈拉以南非洲三个地区在内的发展中国家军政关系呈现出三条新的发展脉络:第一是愈发多样化的军人干政与军事政变的动机,这些动机既有纯粹的利益计算,也有基于族群和角色认知的考量,更有在政权危机发生时的被迫抉择;第二则是军队在政治发展中的角色日渐模糊,即军队可能可以帮助建立自由民主体制,但却又无法完全保证自己"退回军营"。第三是文人政府不断探索预防军事政变的多重策略,这些策略包括了文人统治者对军事精英的"打与拉",以及统治者着眼于军队内部结构的改造,当然这些策略也会产生一些"反作用";时至今日,尽管军事政变和军人政权日渐减少,但发展中国家的军政关系远未达至稳态,这将对地区、国际的秩序与安全带来一定的挑战。

关键词　军政关系;军人干政;军事政变;政治发展;发展中国家

不论是二战时期拉斯维尔关于"卫戍国家"的研究还是20世纪50年代亨廷顿对于军人与国家关系类型学的开创性研究,文武关系或

---

*　郝诗楠,政治学博士,上海外国语大学国际关系与公共事务学院副教授,主要研究方向为比较政治。徐子涵,南京大学政府管理学院博士研究生,主要研究方向为比较政治。

军政关系(civil-military relations)研究都是以西方国家的军政关系为蓝本的。然而,随着战后大量的第三世界国家纷纷脱离其西方宗主国而获得独立,军政关系的研究者们发现了一个"富矿"。因为相比于战后军政关系趋于稳定的西方国家来说,发展中国家的军政关系不仅有其明显的特点,而且也存在更大的内部变异度(variations)。例如,几乎所有发展中国家都希望建立基于自由民主体制的文人统治秩序,但是20世纪50至70年代之间连锁性的军事政变或军人干政,让发展中国家的军政关系在文人统治与军人政权的光谱之间呈现出多样性。可以说,正是发展中国家所提供的丰富案例推动了军政关系研究的蓬勃发展。

早期发展中国家的军政关系在西方比较政治学研究中被置于"政治发展"的研究领域之中,随之又转而被纳入"民主化"研究的范畴。从趋势来看,军政关系研究的"黄金时期"在20世纪60至70年代。当时正是一些非洲、拉美与亚洲的发展中国家建立军人政权与军事政变的高发期,而且该时期军事政变的成功率也非常高。[1]尽管最近几年,非洲国家的军事政变似有"回潮"的倾向。[2]但从长时段的趋势来看,随着发展中国家内部政治变迁,军事政变的成功率和数量已显著降低,[3]外加军人政权作为一种独立的政体类型逐渐退出历史舞台,发展中地区军政关系也由此出现了新的变化。本文主要立足于拉美、西亚北非和撒哈拉以南非洲三个地区的案例,梳理发展中国家军政关系近十年来的最新发展。我们发现,近年来发展中国家军政关系呈现出了三条发展脉络:一是愈发多样化的军人干政与军事政变的动机,二是军队在政治发展中的角色日渐模糊,三是文人政府

---

① 　郝诗楠:《比较政治学研究中的军政关系:趋势、议题与未来议程》,《比较政治学研究》2019年第1期。

② 　据统计,自2021年初至2023年9月,乍得、马里、几内亚、苏丹、布基纳法索、几内亚比绍、尼日尔、加蓬等8个非洲国家至少发生11次政变。见:韩冰、司源、吴晓颖:《非洲政变缘何不止》,半月谈网 http://www.banyuetan.org/gj/detail/20231120/1000200033136201700466429961461902_1.html,最后访问日期:2023年12月5日。

③ 　Niall McCarthy, "Coups Are Becoming Rarer," *Statista*, https://www.statista.com/chart/11905/coups-are-becoming-rarer/, accessed December 5, 2023.

不断探索预防军事政变的多重策略。愈发多样化的军人干政动机说明了军队在发展中国家的政治发展中仍然发挥着重要的作用，这也引起文人政府对于预防军事政变策略的持续探索。

一、军队介入政治的动机与方式多样化

亨廷顿曾提出两种著名的文人控制军队模式，一种是"主观文人控制"，即通过处理好文官之间的关系来实行对军队的控制，要义是"最大化文官的权力"；还有一种是"客观文人控制"，这种模式的要义在于"最大化军人职业主义"，它要求军队在政治上变得无能，只关心军事事务。[①]大多观察者认为，如今的西方国家已经基本上完成了"主观文人控制"向"客观文人控制"的转型。军人大多将其自身与政治之间的距离视作其军人职业主义精神的核心，而"文武"之间的分离也成为社会的普遍共识。

（一）军队介入政治的动机

反观广大发展中国家，军队介入政治（不仅仅是发动政变）仍然是一种较为常见的现象。从能动的角度来看，至少存在以下四种激励军队介入政治的动机：

一是基于族群的动机。在一些发展中国家，文官政府通过集群性纽带来保持军队的忠诚。[②]一些非洲国家基于族群纽带打造族群化军队正是这种策略的表现。这种族群化军队的形成与非洲国家被殖民的历史和暴力清洗有关。在殖民地时期，虽然许多非洲地区的普通士兵由当地人组成，但军官几乎完全都由欧洲白人担任。当本民族的建国领袖将他们的军官团"非洲化"时，也就同时建立起了一

[①]　Samuel Huntington, *The Soldier and the State: the Theory and Politics of Civil-Military Relations*, Harvard University Press, 1957:80-85.

[②]　Michael Makara, "Coup-Proofing, Military Defection, and the Arab Spring," *Democracy and Security*, 2013, 9(3).

种基于族群的忠诚模式。①然而从效果上来看,族群化的军队虽然成功地将部分军人的命运与政权绑在一起,但客观上又造成了军队内部的分化。由于族群身份被视为评价军人政治可靠性的一种手段,来自受优待或受信任族群的军人便拥有了更多特权,而这在增加了本族群内群体忠诚的同时也增强了本族群外其他群体的凝聚力。②对于那些来自被排斥族群的军人来说,族群化策略使他们受到边缘化和歧视,这便驱使他们通过发动政变等方式来扭转命运。经验证据显示,在非洲,那些建立起族群化军队的国家发生政变的频率大约是其他国家的四倍。③

　　二是基于理性选择角度下的相对收益计算。从理性选择角度出发来对军人干政或军事政变的动机做出解释是军政关系研究中的传统路径之一,迄今为止其仍基本贯穿于对各类军人干政的解释之中。事实上,干政或政变对于军人来说是一种风险极高的策略,这不仅是因为其成功率很低(发展中国家的政变企图约有一半失败),④而且还因为如果失败基本上就意味着军官个体利益重大损失甚至是丢命。⑤因此,就发动政变而言,作为策划者的军队都会在事前对政变成功的可能性以及政变成功后的预期收益进行充分评估。⑥这些相对收益的计算取决于多个方面的因素。

　　首先,需要考虑攻守力量的强弱。其中,是否存在相对强大的其他平行武装力量是军队发动政变的主要考虑要素之一。对政权稳定

①　Harkness A. Kristen, "The Ethnic Army and the State: Explaining Coup Traps and the Difficulties of Democratization in Africa," *Journal of Conflict Resolution*, 2016, 60(4).

②　Theodore McLauchlin, "Loyalty strategies and military defection in rebellion," *Comparative Politics*, 2010, 42(3).

③　Harkness A. Kristen, "The Ethnic Army and the State: Explaining Coup Traps and the Difficulties of Democratization in Africa," *Journal of Conflict Resolution*, 2016, 60(4).

④　Milan Svolik, "Power Sharing and leadership Dynamics in Authoritarian Regimes," *American Journal of Political Science*, 2009, 53(2).

⑤　Clayton Thyne and Jonathan Powell, "Coup d'état or coup d'Autocracy? How Coups Impact Democratization, 1950-2008," *Foreign policy analysis*, 2016, 12(2).

⑥　Clayton Thyne, "Supporter of Stability or Agent of Agitation? The Effect of US Foreign Policy on Coups in Latin America, 1960—99," *Journal of Peace Research*, 2010, 47(4).

性的评估也至关重要。例如在一些发展中国家,当反对运动的规模足够大以至于现政权领导人无法难以压制时,军队就有可能介入政治或发动政变。①

其次,需要考虑经济因素和外部环境的影响。当然,就经济因素而言,其对政变预期收益的影响并不一定是线性的——不同类型的经济冲击会对政变成功后的收益产生不同的影响。②如果经济的负面冲击是长期性的,那么政变发动者对于政变成功后的回报预期也会相应下降。相较而言,国家外部环境对成功发动政变后预期收益的影响则更为清晰。许多政变策划者发现,当他们的利益与有影响力的外部行为者的利益一致时,他们就可以通过成功发动政变获得一个基本上不受限制的国际环境。③例如在拉丁美洲,发动政变的可能性与美国所释放的信号相关:当美国发出对执政当局敌对的信号或发出支持政变的信号时,发生政变的可能性更高,因为这意味着美国可能会在政变成功后支持政变者。④

最后,需要考虑介入政治后军队的集团福利变化。作为理性选择解释路径的一种特殊(且最为直接的)形态,军队福利受损是军人干政或军事政变的直接动机。一般而言,军队福利受损主要有两种情形:第一种常见于军费开支较低或受到削减时。有统计研究发现,当一个国家的军事开支占国内生产总值的比例相对较低时更有可能发生政变;⑤此外,政权(文人)领导人的意识形态倾向可能会影响军费开支进而对军队的利益产生冲击。例如在拉美,一个左翼的且激进的民粹主义领导人更容易触发军队的抗争,因为这类领导人通常

---

① Ozan Varol, *The Democratic Coup d'état*, Oxford University Press, 2017:19.

② Kim Nam Kyu, "Revisiting Economic Shocks and Coups," *Journal of Conflict Resolution*, 2016, 60(1).

③ Oisin Tansey, *The International Politics of Authoritarian Rule*, Oxford University Press, 2016:159.

④ Clayton Thyne, "Supporter of Stability or Agent of Agitation? The Effect of US Foreign Policy on Coups in Latin America, 1960–1999," *Journal of Peace Research*, 2010, 47(4).

⑤ Gabriel Leon, "Loyalty for sale? Military spending and coups d'etat," *Public Choice*, 2014:159.

会将国家资源投入给社会底层,这会使得军方难以获得更高的军费支持。在这种情况下,一些右翼的文人精英甚至会选择"敲开军营的大门"(knock at the barracks door)来与军队领导人结成联盟,支持推翻在任的左翼政权。[1]第二种常见于持续的战争或准战争环境。因为长期的战争事实上会削弱军事精英和士兵的福利,例如处于长期内战的国家政变发生的可能性更大。[2]换言之,在战争环境下,由于利益受损改变了成本—收益曲线,欲发动政变的军官们比和平时期更愿意接受政变的风险。

　　三是基于自身的角色认知。这种动机强调观念变量的重要性,认为军队对自身角色的认知是塑造军队政治行为的核心。在一些发展中国家中,客观文人控制远远没有实现,军队仍然是政治的重要参与者。这种状况的长期存在,从根本上塑造了发展中国家军队对于自身的角色与使命的看法。有学者发现,埃及军官普遍将军队与埃及的命运紧密联系在一起,他们不仅认为自己是国家的守护者,也将军队视作是国家利益的最终体现,促使埃及军队在关键时刻介入政治,拯救国家。[3]军队对自身角色的认知也部分解释了为何在阿拉伯之春后,埃及和突尼斯在民主转型上最终走向了两条截然相反的路径。[4]

　　四是基于对政权合法性的判断。当现任政权既无法满足民众的需求,又无法通过转移矛盾来推卸责任时,就会陷入合法性危机。对于许多发展中国家来说,经济停滞或衰退是一种常见的引起政权合法性危机的形式。经济衰退可能会严重破坏民众对政府的信心,这有助于提高民众在政变成功后支持新政权(但不一定会支持军人政

---

[1]　David Kuehn and Harold Trinkunas, "Conditions of military contestation in populist Latin America," *Democratization*, 2017:24(5).

[2]　Curtis Bell and Jun Sudduth, "The causes and outcomes of coup during civil war," *Journal of Conflict Resolution*, 2017, 61(7).

[3]　Nassif Hicham Bou, "Coups and nascent democracies: the military and Egypt's failed consolidation," *Democratization*, 2017, 24(1).

[4]　Bellin Eva, "The Puzzle of Democratic Divergence in the Arab World: Theory Confronts Experience in Egypt and Tunisia," *Political Science Quarterly*, 2018, 133(3).

权)的可能性。而且,糟糕的经济表现还能增强民众对政变所带来的混乱状态的心理承受力。①大众抗争则是一种更为直观的政权合法性危机的表现形式。有证据显示,政变会随着国内抗议活动的增加而增加,且当抗议活动集中在首都附近且以非暴力形式进行的时候,最有可能引发政变。②关于这一点,我们将在下文中详述。

(二)"终局场景"(endgame scenarios)中的军队抉择

可以说,军队在由政权合法性危机引发的大众抗争中如何"站队"(即"终局场景"中的选择)是近来对发展中国家军政关系研究的焦点之一。近十年来,有关"阿拉伯之春"的研究都把军队视作大众抗争中政权命运的关键决定者③——军队站在哪一边决定了大众抗争最终的成败。根据军队是否选择服从(文人)政权命令,我们可以将终局场景中的军队角色分为守护者、监护者和旁观者三种。

首先,军队可能会在终局场景中选择忠于政权,从而扮演政权守护者的角色。而军队之所以选择"忠诚"可能出于两种考虑:一是军队是否与现政权具有"利益重叠"(encompassing interests)。如前所述,一旦军队的领导层通过血缘、族群等社群纽带的形式与现任政权建立联系,或者深刻介入政治的运转之中,军队就不太可能背叛现任政权。因为军队可以从现状中获得特权,而新政权的建立通常意味着利益的重新分配,这大概率会损害军队的既得利益。④二是军队与

① Nikolay Marinov and Hein Goemans, "Coups and democracy," *British Journal of Political Science*, 2014, 44(4).

② Jaclyn Johnson and Clayton Thyne, "Squeaky wheels and troop loyalty: How domestic protests influence coups d'état, 1951–2005," *Journal of conflict resolution*, 2018, 62(3).

③ Nepstad S. Erickson, "Nonviolent Resistance in the Arab Spring: The Critical Role of Military-Opposition Alliances," *Swiss Political Science Review*, 2011, 17(4); Bellin Eva, "Reconsidering the Robustness of Authoritarianism in the Middle East: Lessons from the Arab Spring," *Comparative politics*, 2012, 44(2).

④ Lutterbeck Derek, "Arab Uprisings, Armed Forces, and Civil-Military Relations," *Armed Forces & Society*, 2013, 39(1); Makara Michael, "Coup-Proofing, Military Defection, and the Arab Spring," *Democracy and Security*, 2013, 9(4); Koehler Kevin, "Political militaries in popular uprisings: A comparative perspective on the Arab Spring," *International Political Science Review*, 2017, 38(3).

社会之间的联系是否紧密。当军队与社会相对疏离时,就会增加在终局场景中选择"守护"的概率。例如,在西亚北非的政治动荡中,若军队由少数族群控制,或者严重依赖于外国雇佣军的情况下,军队更容易和现任政权站在一起。①

其次,当军队与社会联系紧密或与(文人)政权无过多利益捆绑时,他们就更倾向于在大众抗争中选择旁观。如果军队能够按照韦伯式的科层制原则组织起来,具有更高的组织化程度,就会拥有一种与政权相分离的集团认同感。②在拉美的案例中,各国军队组织化程度相对较高且与文人政府相对疏离,因此当面临着社会动荡时,驻扎军营成了军队的首选(或最安全的选择),因为其他选择(叛乱或镇压)风险更高。③此外,军队选择旁观的行为还可以从理性、思想和结构三个分析视角得到解释:第一,作为理性行为者,军队感兴趣的是最大化他们的物质福利,并对政治当局造成的物质损失进行报复,因而军队在大众抗议中待在军营可能是一种表达对所获得的物质现状不满的方式;第二,作为思想上的行动者,军队会拒绝推翻现任统治者或镇压民众的任务,因为这些任务都被认为不符合其职业身份;第三,作为一种组织结构,军队会评估服从命令将如何影响其机构的内部凝聚力,镇压民众的任务可能会破坏军队内部的凝聚力,因而军队会拒绝服从命令。④

最后,军队在终局场景中也可能会选择扮演监护者的角色,与民众一起反对政府。这种情况常见于中等规模的大众抗议中。在抗争出现时,文人政府与军队之间会达成某种"暴力契约"(contracting on

① Lutterbeck Derek, "Arab Uprisings, Armed Forces, and Civil-Military Relations," *Armed Forces & Society*, 2013, 39(1).
② Bellin Eva, "Reconsidering the Robustness of Authoritarianism in the Middle East: Lessons from the Arab Spring," *Comparative politics*, 2012, 44(2).
③ Pion-Berlin David and Trinkunas Harold, "Civilian Praetorianism and Military Shirking During Constitutional Crises in Latin America," *Comparative politics*, 2010, 42(4).
④ Pion-Berlin David, Esparza Diego, and Grisham Kevin, "Staying quartered civilian uprisings and military disobedience in the twenty-first century," *Comparative Political Studies*, 2014, 47(2).

violence），即文人政府会以更多的自主权和政策妥协来换取军队的支持，但这种暴力契约在中等规模的大众抗议中却最可能破裂。因为当面临中等水平的大众抗议时，军方掌握的资源足够大，足以让它愿意冒险进行干预，但又不足以完全使得政府对军方让步。①在这种情况下，一旦政府没能满足军队的政治要求，军队就会转而"与民众站在一起"反对（文人）政权。

二、军队在政治发展中的角色呈现模糊性

军队在政治舞台上的活跃表现和他们在终局场景中的关键角色意味着发展中国家的军政关系仍然十分复杂。实际上，军队与政治发展的关系一直是发展中地区军政关系研究的核心议题。在20世纪50至60年代，一些发展中地区的军队直接参与到反殖民斗争和国家建构的进程中，成为第三世界国家独立的重要推动者。有学者指出，在现代化程度不高的发展中地区，军队无疑是现代化程度最高的组织。②然而，在建国完成后与随后的现代化的进程中，一些发展中国家的军队仍旧惯以各种或明或暗的方式影响国家政治发展的方向。③也正因为如此，军人在政治发展及政治现代化过程中的负面作用又不断被人提及。近年来，由军队推动所谓"民主转型"的现象时有发生，又有不少学者开始讨论军队是否可能重新变为政治发展的"推动力"。简言之，军队在政治发展中的角色矛盾性与模糊性是当前发展中国家所面临的重要问题之一。

---

① Svolik M. W., "Contracting on Violence: The Moral Hazard in Authoritarian Repression and Military Intervention in Politics," *Journal of Conflict Resolution*, 2012, 57(5).
② 郝诗楠：《比较政治学研究中的军政关系：趋势、议题与未来议程》，《比较政治学研究》2019年第1期。
③ Croissant Aurel, Eschenauer Tanja, and Kamerling Jil, "Militaries' Roles in Political Regimes: Introducing the PRM Data Set," *European Political Science*, 2017, 16(3).

（一）作为政治发展推动者的军队

近年来，随着像缅甸这样的国家中出现了由"军队推动民主化"的现象，因此有学者开始讨论所谓"民主政变"（democratic coups）的概念，挑战了以往将军事政变视为"反民主"的传统观念。[①]所谓"民主政变"，是指军队通过政变推翻"威权政权"，然后通过在短时间内（通常是一到两年）促进公平和自由的民主选举来实现向文人统治转型。"民主政变"概念的提出意味着军队可以成为政治发展的推动者。有学者通过对非洲地区的研究为军队的这种正面角色提供了支持。就非洲而言，正是政变改善了一个国家政治发展的前景。尤其是在冷战结束后，政变对民主化的积极影响有所加强，发生政变的国家迎来民主转型的可能性要大大高于没有发动政变的国家，[②]而这与其他地区显示出的实证证据相重合。经验证据显示，冷战后大多数成功的政变，在五年内都伴随着军人的退出与民主选举的开展。[③]

不可否认的是，冷战后要求发展中国家民主化的国际压力也催生了政变后的"民主化"。外部行为者不只是通过停止援助、实施制裁等方法来"迫使"政变上台的军人退回军营；相反，跨国经济中的贸易与经济活动等"软压力"，也使得一些发展中国家的政变与民主化产生了联系，[④]这对那些高度依赖国际贸易的非洲、拉美国家来说尤为如此。相比文人统治，军人政权在现代经济中的前景并不被看好。因此，军队可能会认识到它的统治会损害自身的集团利益，这导致政变者试图通过"回归军营"而不是长期统治来恢复秩序，从而为之后向文人统治的转型开启了大门。

---

① Varol O. Ozan, "The democratic coup d'état," *Harvard International Law Journal*, 2012, 53(2).

② Powell M. Jonathan, "An Assessment of the 'Democratic' Coup Theory," *African Security Review*, 2014, 23(3).

③ Nikolay Marinov and Hein Goemans, "Coups and Democracy," *British Journal of Political Science*, 2014, 44(4).

④ Chacha Mwita and Powell Jonathan, "Economic Interdependence and Post-coup Democratization," *Democratization*, 2017, 24(5).

有趣的是,也有证据显示,那些失败的政变同样有可能促进政治发展。因为政变的发生对统治者发出了强烈的信号,表明领导人必须实施有意义的改革才能继续掌权。这促使一些发生政变的国家不得不实行改革以避免军队进一步发动政变的企图。①

(二)作为政治发展扰乱者的军队

不过,事实的复杂性远远超出了学者们的预期。一些在军事政变遗产上建立起的民主制度,在实际运作的过程中并不如意。缅甸军方自2010年推动民主改革以来,仍然保留了相当大的自主权和政治力量。2021年2月,军方因不满大选结果再次发动了政变,扣押了包括缅甸国务资政昂山素季、国家总统吴温敏在内的多位高级官员,并将国家权力移交给国防军总司令敏昂莱,亲手破坏了自己推动的民主改革成果。缅甸的情况反映了军队在政治发展进程中的矛盾性——军队在"民主政变"之后的"退场"可能是"三心二意"的。在埃及,军队同样是政治制度转型的重大阻碍,它的超大规模存在孕育了它将自己视作"国家的守护者"和"国家利益的最终保障者"的独特的自我概念和制度文化。②这意味着它在政治上永远无法被完全回避。缅甸和埃及的军政关系正是许多发展中国家政治运行状况的缩影,这些国家的军队长期以来在政治舞台上扮演了重要的角色,它们的强大存在意味着它们很难真正的"退回军营"。而这正是发展中国家的政治秩序难以走向纯粹的文官统治的重要原因之一。对于许多发展中国家来说,政变后建立了民主制度是一回事,而该制度的运行质量则是另一回事。有学者指出,虽然冷战后的政变越来越多地引入了一些形式上的民主制度,但这些转型后的国家就民主制度运行的效能而言至多只能被算作"竞争性威权政体"(competitive authoritar-

① Clayton Thyne and Jonathan Powell, "Coup d'état or Coup d'Autocracy? How Coups Impact Democratization, 1950-2008," *Foreign Policy Analysis*, 2016, 12(2).
② Bellin Eva, "The Puzzle of Democratic Divergence in the Arab World: Theory Confronts Experience in Egypt and Tunisia," *Political Science Quarterly*, 2018, 133(3).

ian regime)。在大多数情况下,政变并没有产生持久和高质量的民主制度,许多国家的选举受到操纵,政治自由的评级也并不理想。①在更多情况下,政变还会带来一批新的反民主精英和对公民权利更严厉的压制。②

与此同时,上文提到的促进"民主政变"的国际环境压力也并不总是有效。有观察指出,"反政变规范"并没有在国际层面得到一致认同,各个国家和国际组织在执行"反政变规范"时是高度选择性的,而且,由于反政变规范的有效范围难以界定,以及一些国家对反政变规范的抵制,"反政变规范"的有效实施存在着许多困难。③退一步而言,即便某些发展中国家在国际压力下实现了形式上的"民主转型",但在其内部无法建立起一套系统且完善的民主制度的情况下,所谓民主倒退(democratic backsliding)仍是大概率事件。④

(三)更加隐蔽的干政形式

当然,从全球性的范围内来看,军事政变的总量愈发减少;而且正如上文分析所述,军事政变的发动、成功并不容易。一些国家没有发生政变的原因并不是已经建立起了强大的文人统治。相反,对于那些已经具有相当政治权力的军方来说,根本不需要通过发动政变来影响政治。

因此,那些更加隐蔽的军队干政形式更值得关注。事实上,进入21世纪之后,武装力量干预政治的行为更加谨慎,其操纵政治的渠道也愈发多元。⑤在内外压力下,军队在寻求政治影响时更注重合法性

---

① Tansey Oisin, *The International Politics of Authoritarian Rule*, Oxford University Press, 2016:159.

② Derpanopoulos George, Frantz Erica, and Geddes Barbara et al., "Are Coups Good for Democracy?" *Research& Politics*, 2016, 3(1).

③ Tansey Oisin, "The Fading of the Anti-Coup Norm," *Journal of Democracy*, 2017, 28(1).

④ Meyerrose M. Anna, "The Unintended Consequences of Democracy Promotion: International Organizations and Democratic Backsliding," *Comparative Political Studies*, 2020, 53(4).

⑤ Croissant Aurel, Eschenauer Tanja, and Kamerling Jil, "Militaries' Roles in Political Regimes: Introducing the PRM Data Set," *European Political Science*, 2017, 16(3).

和对舆论的控制,而不再像以前那样频繁地直接采用武力手段。在拉美国家,军队更多地执行非传统任务,例如墨西哥军队愈发频繁地执行对内的安全行动、委内瑞拉的军队更多地介入社会经济发展活动之中(如参与控制石油等国内重要产业),①这使得军队的政治影响力愈发扩大。关于这点下文会进行相应讨论。同样,有研究也提到了部分非洲国家的军队对于非安全事务的频繁参与会对民主质量、问责制和公民自由产生负面影响。②

三、军队与文官政府之间的"拉锯"

上文提到,尽管在发展中国家中,军队在政治中直接使用武力的情况在减少,但军队并不总是愿意退回军营,而是常常"徘徊于军营内外"。从人类的政治发展史来看,军队和战争无疑是国家构建(state-building)的首要动力。③然而,军队是一个高组织化且垄断暴力的组织,既然它能够创造一个国家,也必然有能力颠覆一个国家。④因此,如何在政权稳定之后驯服军队是任何国家的文人政权都面临的重大政治问题。而对于发展中国家来说,这一任务更加艰巨。由于类似革命建国(或去殖民化)历史遗产的存在,发展中国家的军队大都作为一支独立的政治力量活跃在政治舞台上。这类军队在国家权力体系中的独特性,使得发展中地区的文人政权需要花费更多的心思来降低军方在国家政治和社会中的强大力量,从而巩固文人统治。因而,发展中国家军政之间的"拉锯"也就不可避免。

---

① Pion-Berlin D., *Military Missions in Democratic Latin America*, Palgrave Macmillan, 2016: 186-187.
② Mehler Andreas, "Why Security Forces Do Not Deliver Security," *Armed Forces & Society*, 2012, 38(1).
③ Finer S., "State-And Nation-Building in Europe: The Role of The Military," in Tilly Charles ed., *The Formation of National States In Western Europe*, Princeton University Press, 1975: 85-89.
④ 郝诗楠:《比较政治学研究中的军政关系:趋势、议题与未来议程》,《比较政治学研究》2019年第1期。

（一）军队经济与政治权力的相互转化

为什么发展中国家的军队如此强大？这是因为军队在一些发展中国家的国民经济中占据了重要地位，并在很大程度上实现了经济权力与政治地位的相互转化。具体而言，军队可以通过诸如对自然资源和大型军工部门的控制等方式获得强大的经济权力，从而巩固政治地位；反过来也可以利用较高的政治地位谋求更多的经济收益。例如，中东各国用于安全机构的支出占国民生产总值的平均水平位居世界首位，[1]这不仅是因为中东地区丰富的自然资源能够帮助各国承担高昂的军事开支，更重要的是军队通过深度介入国民经济获得了超凡的政治地位。

在埃及，胡斯尼·穆巴拉克（Hosni Mubarak）治下的军队控制着大量的经济资源。具体而言，除了直接控制一些军工业的工厂外，埃及军队还监督着众多国有控股公司的子公司，而这些公司的业务很多又都嵌入在大型跨国公司的业务中，这些跨国公司涉足建筑、海运、武器制造等多个经济领域。此外，近年来埃及军方还利用其垄断地位，为吸引国际投资伙伴而向外国公司提供独家准入，以此获得进一步的经济收益。[2]约旦的武装部队同样掌控着重要的经济资源，约旦武装部队已经与至少26家外国国防公司建立了合作伙伴关系，这种合作伙伴关系统一由约旦武装部队控制的阿卜杜拉二世国王设计和发展局（King Abdullah II Design and Development Bureau，缩写为KADDB）所控制。通过利用美国的援助、海湾地区的富豪和约旦政府提供的一系列税收优惠政策，KADDB在周边战争频发的环境下为约

---

① Kårtveit Bård and Jumbert G. Maria, "Civil-Military Relations in the Middle East: A Literature Review," Chr. Michelsen Institute, June, 2014, https://www.cmi.no/publications/file/5188-civil-military-relations-in-the-middle-east.pdf, accessed December 20, 2023.

② Marshall Shana and Stacher Joshua, "Egypt's Generals and Transnational Capital, Middle East Report 262," Spring, 2012, https://merip.org/2012/03/egypts-generals-and-transnational-capital/, accessed, December 17, 2023.

旦的武装部队创造了巨额的利润。①

同时,一些发展中国家的军事政权的存在和政变遗产会导致其政府军事开支持续攀升。平均而言,军事政权比其他政权的军事开支高;而且通过军事政变上台的军事统治者或经历过军事政变的军队统治者也更倾向于增加军事开支。②一方面,这是因为军事政权中军队的凝聚力和强大的集团利益使领导人自然地将利益、租金重新分配给军事集团的成员;另一方面,由于大多数军事政权都是通过军事接管上台的,军事开支是统治者用来削弱发动新一轮政变动机的工具之一。

(二)文人政权的政变预防策略

面对军队巨大的经济权力和较高的政治地位,发展中国家的文人政权也时刻在避免军队"将枪口对准自己"。但由于军事政变的隐匿性、突发性和反复性,发展中国家的文官领导人总是显得猝不及防。从经验证据来看,成功的军事政变不仅是民主制度失败的主要原因,③也是部分文人威权政权的噩梦。④因此,发展中国家的文官领导人也在实践中探索出了各种策略来防止军队通过政变夺取政治权力,从而实现"政变的预防"(coup-proofing)。⑤总的来看,这些政变预防策略有以下两大类型。

① Marshall Shana, "Jordan's Military-Industrial Complex and the Middle East's New Model Army, Middle East Report 267," Summer, 2013. https://merip. org/2013/06/jordans-military-industrial-complex-and-the-middle-easts-new-model-army/, accessed Decemeber 15, 2023.

② Kim Hong-Cheol, Kim Hyung Min, and Lee Jaechul, "The Post-Coup Military Spending Question Revisited, 1960-2000," *International Interactions*, 2013, 39(3).

③ Cheibub José, Gandhi Jennifer, and Vreeland R. James, "Democracy and Dictatorship Revisited," *Public Choice*, 2010:143.

④ 据统计,1950—2004 年间的 201 次威权统治的崩溃中,有 102 次是由政变引发的。Bove Vincenzo and Rivera Mauricio, "Elite Co-optation, Repression, and Coups in Autocracies," *International Interactions*, 2015, 41(3).

⑤ Ruth First, *The Barrel of a Gun: Political Power in Africa and the Coup d'état*, Penguin Press, 1970:429; Quinlivan J. T., "Coup-proofing: Its Practice and Consequences in the Middle East," *International Security*, 1999, 24(2); Belkin Aaron and Schofer Evan, "Toward a Structural Understanding of Coup Risk," *Journal of Conflict Resolution*, 2003, 47(5).

　　第一种类型是文官领导人对军队领导人的"打与拉"。例如，发展中国家中的统治者往往对"小圈子"武装部队精英采取拉拢（co-optation，即提供政治参与平台）和压制（repression，即通过暴力手段清除部分成员）两种策略来防范政变的风险。[1]在拉丁美洲，一些文官统治者通过大量的努力来维持军队的忠诚从而降低政变的风险。这里的方法包括增加有针对性的军事开支、对军队的人事政策进行控制，以及对军队进行"社会化"（socialize）来使军方认同文人政权的社会政治议程、意识形态及使用"政变修辞"（coup rhetoric）来威慑潜在的政变者。[2]

　　第二种类型是对军队及其内部结构所进行的改革。经验研究支持了结构/制度性（structural/institutional）和增加组织资源两种政变预防策略的有效性。前者包括了为军队制造实质性的协调障碍及设立平行的武装力量（如准军事部队）等结构性"限制"措施；后者则包括了增加军事开支、向军队提供物资补助和保证军队在某些领域的特权等"收买"措施。例如，有学者就发现，军队被允许参与经济事务对于领导人来说是一种生存战略，即通过向军队开放经济领域的进入权来换取军队对政权的支持。[3]增加组织资源策略不仅可以降低军队发动政变的意愿，还能同时削弱军队发动政变的能力，但结构性策略的效能则有赖于一定的条件——如在强化准军事部队时，要考虑到其与正规武装部队之间的相对力量，不能只单纯地扩大准军事部队的规模。[4]有学者指出，只有出现两个同等强大的军事组织时，结构性策略才能达到最好的效果；[5]也有学者利用关于发展中国家安全

---

[1]　Bove Vincenzo and Rivera Mauricio, "Elite Co-optation, Repression, and Coups in Autocracies," *International Interactions*, 2015, 41(3).

[2]　Rittinger R. Eric and Cleary R. Matthew, "Confronting Coup Risk in the Latin American Left," *Studies in Comparative International Development*, 2013, 48(4).

[3]　Izadi Roya, "State Security or Exploitation: A Theory of Military Involvement in the Economy," *Journal of Conflict Resolution*, 2022(66).

[4]　Powell Jonathan, "Determinants of the Attempting and Outcome of Coups d'état," *Journal of Conflict Resolution*, 2012, 56(6).

[5]　Böhmelt Tobias, Pilster Ulrich, "The Impact of Institutional Coup-Proofing on Coup Attempts and Coup Outcomes," *International Interactions*, 2015, 41(4).

部队的新数据集,专门分析了结构性策略的效力和机制。研究显示,结构性策略是通过激励一部分士兵奋起抵抗政变,从而起到了降低政变成功概率的效果。[①]此外,如上文所述,一些发展中国家政府通过共同的族群基础来实现军事人员的招募和晋升,从而建立起了"族群化军队"(ethnic army),并依靠族群庇护和族群亲和机制来确保军队在政治上的忠诚与可靠,最终也可起到防范政变的效果。[②]例如,叙利亚领导人阿萨德(Hafiz al-Assad)曾经成功击败穆斯林兄弟会的武装政变也得益于他所实行的军队族群化政策。[③]

(三)政变预防策略的"反效果"

当然,不同的政变预防策略在事实上产生了不同的效果,并非每一种策略都能切实降低政变的风险。第一,拉拢和压制两种策略都有以相反的方式影响政变的风险。具体而言,统治者通过民选的立法机构吸纳政治参与,借此来拉拢不同的政权精英,这种方式可以有效降低政变发生的可能性;与此相反,对精英的清洗则构成了一种压制性策略,它会损害统治者的支持基础,反而容易增加政变的风险。[④]

第二,改变武装力量的结构和增加组织资源虽然被广泛认为是两种较为可行的政变预防策略,但它们同样可能会在军事集团内部造成分裂和竞争,这反而会使统治者甚至是政权本身在面临大规模抗议时面临崩溃的风险。[⑤]不仅如此,还有学者注意到,平行武装力

[①]　Bruin E. De, "Preventing Coups d'état: How Counterbalancing Works," *Journal of Conflict Resolution*, 2018, 62(7).

[②]　Harkness A. Kristen, "The Ethnic Army and the State: Explaining Coup Traps and the Difficulties of Democratization in Africa," *Journal of Conflict Resolution*, 2016, 60(4).

[③]　Theodore McLauchlin, "Loyalty Strategies and Military Defection in Rebellion," *Comparative Politics*, 2010, 42(3).

[④]　Bove Vincenzo and Rivera Mauricio, "Elite Co-optation, Repression, and Coups in Autocracies," *International Interactions*, 2015, 41(3).

[⑤]　Makara Michael, "Coup-Proofing, Military Defection, and the Arab Spring," *Democracy and Security*, 2013, 9(4).Brooks Risa, "Abandoned at the Palace: Why the Tunisian Military Defected from the Ben Ali Regime in January 2011," *Journal of Strategic Studies*, 2013, 36(2).

量的建立反倒会增加接下来一年中发生政变的可能性。①此外,前述的军队族群化策略虽然能够帮助统治者在大众抗议中"存活"下来,但容易引发"政变陷阱"——被排斥族群的军官们通过发起政变来推翻当权者,然后再次通过建立新的族群化军队来防止政变,即"通过政变来防止政变"。②

第三,新的大众动员形式的兴起,也为传统的政变预防策略带来了新挑战。在"阿拉伯之春"中,西亚北非地区的不同国家军队在对现任政权的忠诚度上表现出了很大的差异性。过去,很少有学者在探讨政变预防策略的同时关注到大众抗议对军队行为的影响。实际上,大众抗议将军方的行为带入一个新的情境中,从而部分消解了政变预防策略的实施效能。有学者通过对埃及、叙利亚和也门三个国家的比较案例研究,发现建立平行的武装力量和分配物质激励难以保证军队在大众抗议浪潮中维持对政权的忠诚;相反,是否能通过共同身份/认同(identity)建立起集群性纽带(communalities)决定了军队是否在大众抗议中选择支持现任政权。③这种策略要求政权领导人在建立武装力量和提拔军官时,对那些与政权在家庭、部族和教派等方面联系密切的"信任集群"(communities of trust)给予特别优待。

第四,政变预防策略本身的成本—收益比并不尽如人意。政变预防策略甚至增加了叛乱和内战的可能性;④特别是在文人政权本身就面临着高政变风险时,政变预防策略的实施力度越强,内战爆发的可能性就越大。⑤与此同时,许多发展中国家往往采取多种政变预防

---

①　Bruin E. De, "Preventing Coups d'e'tat: How Counterbalancing Works," *Journal of Conflict Resolution*, 2018, 62(7).

②　Harkness A. Kristen, "The Ethnic Army and the State: Explaining Coup Traps and the Difficulties of Democratization in Africa," *Journal of Conflict Resolution*, 2016, 60(4).

③　Makara Michael, "Coup-Proofing, Military Defection, and the Arab Spring," *Democracy and Security*, 2013, 9(4).

④　Roessler Philip, "The enemy within: Personal rule, coups, and civil war in Africa," *World Politics*, 2011, 63(2); Powell Jonathan, "Regime vulnerability and the diversionary threat of force," *Journal of Conflict Resolution*, 2014, 58(1).

⑤　Powell Jonathan, "Leader Survival Strategies and the Onset of Civil Conflict: A Coup-Proofing Paradox," *Armed Forces & Society*, 2019, 45(1).

策略,这虽然在一定程度上可以形成"合力"降低政变成功的概率,但也同样提升了文人政府预防政变的成本。[1]首先,多种政变预防策略的实施会显著增加军事开支;其次,军官的不断轮换、军事单位的政治化、额外平行军事组织等制衡措施除了会产生直接的经济成本之外,也需要投入大量的政治和社会资本。更为致命的是,政变预防策略的运用是以牺牲军事效能为代价的,[2]它对于军人的领导素质、主动性和协调能力有负面影响。[3]

结论与讨论

时至今日,尽管世界政治局势相比于二战前后已经发生了巨大改变,但对于发展中国家的军队而言,走出还是退回军营依旧是一个不太容易的抉择。因此,对于近年来从事发展中国家军政关系研究的学者而言,那些传统的议题如文人控制、军事政变及军队在政治发展中的角色等主题依旧重要。本文对于拉美、西亚北非和撒哈拉以南非洲的发展中国家的比较研究也显示,军政关系领域的三大发展趋势值得持续关注。

第一,近年来发展中国家军队的多重动机推动了军人干政与军事政变切实地发生。事实上,即便是拥有强大权力的军队也不会贸然选择干政或发动政变,因为这些行为的风险在任何时候都异常高。因此,干政与政变的切实发生仍旧有赖于充分的动机。具体而言,这些动机包括族群排斥、纯粹的成本收益计算、军队的自我角色认知,以及政权本身发生总体性危机。在最后一种情况下,军队在政权岌

---

① Rittinger R. Eric and Cleary R. Matthew, "Confronting Coup Risk in the Latin American Left," *Studies in Comparative International Development*, 2013, 48(4).

② Brown S. Cameron, Fariss Christopher, and McMahon R. Blake, "Recouping after coup-proofing: Compromised military effectiveness and strategic substitution," *International Interactions*, 2016, 42(1).

③ Pilster Ulrich and Böhmelt Tobias, "Coup-Proofing and Military Effectiveness in Interstate Wars, 1967-99," *Conflict Management and Peace Science*, 2011, 28(4).

炭可危时的抉择——即到底是成为政权的守护者、"冷眼"的旁观者还是决定政权命运的监护者——可以决定这个政权的最终命运。

第二，军队在政治发展中的角色日渐模糊。"民主政变"概念的提出表明军队可以在"民主转型"中扮演相对正面的角色；然而，随着时间的推移，在军事政变遗产上建立起的那些民主制度却显现出了弊端，也未产生良好的绩效。更为重要的是，纯粹军事政权在今天已很少见，军队也很少直接选择用暴力手段来实现自己的目的。相反，如今的军队干预政治的行为更加隐蔽，其操纵政治的渠道也愈发多元，而这也成了一些发展中国家政治过程中的一种"新常态"。未来，发展中国家的军队可能不再像现在一样徘徊于军营之外，而是同时存在于军营内外。

第三，文人政权采取了多重预防政变的策略，但其结果并不总是尽如人意。在经济发展处于现代化早期的一些国家中，军队保留了巨大的经济权力，而这种权力可以与他们的政治地位实现相互强化。面对这些强势的军队，文人政府基本上会采取两大类型的政变预防策略：一是通过（文人）统治者的笼络或打压，对军队精英进行驯服；二是通过改变军队内部的结构，增加军事政变的难度。但是，有些政变预防策略可能会产生"反效果"，不仅会增加文人政权的负担，而且会反过来激发军官干政或发动政变的"热情"。

本文的研究显示，尽管军事政变和军人政权持续减少，但发展中国家的军政关系远未达至稳态，这将对地区、国际的秩序与安全带来挑战。首先，一国军政关系的不稳定将产生外溢效应，造成其所在地区的不稳定性。军队干政动机的多元化、复杂性和手段的隐蔽性使得发展中国家内部的政治权力结构更加不稳定，政治上的不确定性也会由此增加。就此而言，引发政治混乱的"爆点"也将会增加，进而导致社会动荡。而这种一国国内的政治不稳定性、不确定性及其产生的社会动荡也将导致地区冲突的风险上升，特别是原本就与该国关系紧张的国家可能趁机寻求利益最大化乃至介入该国内政，带来地区性的紧张局势，甚至改变该地区的地缘政治格局。

其次,发展中地区军政关系的不稳定将为恐怖主义和非法武装提供"温床"。特别是军政关系长期不稳定乃至混乱的国家常常无力维护内部社会治安,这为恐怖组织提供了渗透和滋长的机会;而当一国军政关系的不稳定性导致冲突升级时,更是为极端主义组织提供了合适的环境,使其更容易获得支持和庇护。此外,军政关系的失衡乃至混乱可能导致武器和军火扩散,这使得这些物资更容易流入非法武装分子的手中,而武器的非法交易可能加剧地区内冲突和暴力活动水平。

最后,国际社会对于处理一国国内军政关系问题的立场可能存在分歧,这使得国际社会共同行动变得困难。有些国家可能因自身利益的不同而采取不同的立场,导致缺乏合作一致性。同时,国际组织和一些跨国机构在协调乃至介入一国军政关系问题时遇到的阻力将会更大。这种阻力一是来源于军队武装力量的性质,二是来源于国际社会对于处理军政关系失衡议题的资源、手段与能力的匮乏。例如,国际社会可能通过制裁措施来对一国内部的军队或文人政权施压,然而,这种制裁与外交封锁措施并非总是有效,甚至可能激发当事国军队的进一步反抗情绪,最终导致国际对话和合作的空间受到挤压。因此,国际社会应加强合作,进一步提升双边乃至多边合作能力,来应对由一国内部军政关系失序所引发地区不稳定。各国应积极利用国际组织和地区联盟加强冲突预防机制,通过早期干预、对话和调解等手段,防止一国军政关系失衡导致的地区冲突升级。同时,国际社会在面对一国军政关系问题时应更多采用建设性的外交手段,包括对话、斡旋和外交调解等,避免采取过于强硬的制裁措施激化矛盾。在未来,学者们也应当更多关注这些外交手段的类型与效果,分析发展中国家中的军队和军队领导人如何在这些约束条件下行动。

如何理解变化中的西方政治?

——包刚升著《演变:西方政治的新现实》评介

马丝妮[1]

内容摘要 最近二十年来,对全球化、移民等的焦虑情绪在欧美社会中蔓延。与此同时,一些持有质疑或反对全球化与移民立场的保守派政党或政治家,普遍在欧美国家的政治舞台上强势出现并占据一席之地,西方世界也逐渐转向更具现实主义的"硬政治"。包刚升教授敏锐地捕捉到这些变化,并将它们统称为"西方政治的新现实"。《演变:西方政治的新现实》一书的写作,正是希望能够探索西方世界出现的这些现象到底意味着什么,为什么会出现这种政治新现实,以及新现实的出现又会给西方与整个世界带来何种影响。为了更好地解读这一系列的问题,包刚升立足于这些国家的政体结构与制度设计,尝试以多元分裂结构的理论范式取代传统的单一结构模型,以政治现实主义的视角来取代民粹主义的解释,以兼具历史与地域的动态分析方法来取代静态或均衡分析。同时,包刚升还为这一领域注入了全球化、族裔宗教人口结构多样性的新议题,并为我们思考民主政体的深层逻辑提供了新的思路与启发。当然,该书在整体解释框架上仍然可以进一步优化,部分观点也存在可商榷之处,但也

---

① 马丝妮,复旦大学国际关系与公共事务学院博士研究生,研究方向为比较政治。

恰好带给了读者一些理解当下与未来政治变化的有待继续思考和探
索的议题。

关键词　政治新现实；现实主义；移民政治；民主稳定

　　从英国的脱欧公投到美国边境墙的修建，从欧洲激进政治家的
诞生到极右翼政党的崛起，西方政治在最近一二十年间出现的一些
新现实，正冲击着人们对传统西方政治的认知与理解。这一系列的
现象不禁让人发问，西方世界怎么了，我们该如何理解正在变化中的
西方政治。

　　围绕这一系列的问题，国内外学者纷纷展开研究。既有研究往
往倾向于将新现实的出现视为全球化与移民浪潮下欧美各国阶级分
裂深化或民粹主义抬头的结果，并沿着经济逻辑或文化逻辑对政治
变化进行解释。这为我们理解当下政治提供了重要的理论基础和分
析视角。与此同时，一种围绕政治逻辑展开且兼顾西方政治演变多
重面向的因果机制分析亟需推进。在这种关怀下，包刚升教授的《演
变：西方政治的新现实》一书即基于政治现实主义的新范式，以动态
分析的新方法，围绕全球化、人口结构变化等新变量对当下的西方政
治变化展开了分析，为我们理解民主稳定性与多样性提供了新思路。
当然，该书的部分观点可能潜存争议，在整体解释框架上也有进一步
讨论的空间。但总体上，《演变》一书为我们理解西方当下与未来的
民主政治提供了具有思辨性和启发性的阐释。

一、变化政治中新的理论、议题与方法

　　2017年10月7日，一群欧洲的保守派知识分子联合发布了《巴黎
声明：一个我们能够信靠的欧洲》(*The Paris Statement：A Europe We
Can Believe In*)，提出了他们对近年来欧洲政治、文化、社会现状与趋
势的看法，并展望了对未来欧洲的构想。他们一针见血地指出，真正
的欧洲应当是"多元一体"(unity-in-diversity)的共同体，"始终被同一

种精神遗产所联结",人们可以在其中"争论、进步、分享以及互相关爱"。但是,彻底的多元主义、原子化的个人主义和对无节制自由的崇尚,瓦解了欧洲的共同性基础。①类似的担忧并不鲜见,英国保守派作家道格拉斯·穆雷在著作中就指责欧洲各国吸纳过多移民的做法是"自杀"行为,导致原本"欧洲人的家园"逐渐变成"全世界的家园"。②与此同时,一种"陌生人"的叙事逐渐兴起,尤其对于保守主义者而言,移民群体就像是生活于他们之中的"陌生人",亦或者说,他们自己也像是生活在"故土上的陌生人"。③当下,无论在欧洲还是美国大都面临着类似的情境。保守派的呼声涌起,反映了社会分歧的总体加剧,一种政治极化现象在欧美国家陆续出现。④政治焦点议题也发生了转变。相比于二战结束到21世纪初形成的后物质主义领域的争论,目前分歧的议题又转回了经济与全球化、移民、宗教与族群政治等传统领域。保守派或右翼对此多持强硬立场,并且随着他们在竞选中影响力的上升,这些议题的争论也达到了顶峰。尽管2020年民主党的乔·拜登(Joe Biden)赢得美国总统大选,并宣称一个信奉并践行民主价值观的"美国回来了"(America is back),但这并不意味着潜藏的民主危机就此落幕。⑤

那么,我们应当如何理解变动政治的逻辑?它的起因是什么,反映了什么,又将造就什么样的政治结果?西方与中国学界近年来都涌现了许多讨论。一种视角是沿着阶级分析的路径展开。罗伯特·D.

---

① "The Paris Statement: A Europe We Can Believe In," October 7, 2017, https://thetrueeurope. eu/, accessed May 3, 2024. 中译版参见《欧洲保守派知识分子巴黎发表声明〈一个我们能够信靠的欧洲〉》,华东师范大学世界政治研究中心译,澎湃新闻,2017年10月9日,https://m.thepaper.cn/newsDetail_forward_1817875,最后访问日期:2024年5月3日。

② Douglas Murray, *The Strange Death of Europe: Immigration, Identity, Islam*, Bloomsbury Continuum, 2017:1.

③ 参见 David Miller, *Strangers in Our Midst: The Political Philosophy of Immigration*, Harvard University Press, 2016; [美]阿莉·拉塞尔·霍赫希尔德:《故土的陌生人:美国保守派的愤怒与哀痛》,夏凡译,社会科学文献出版社,2020年。

④ 庞金友:《国家极化与当代欧美民主政治危机》,《政治学研究》2019年第3期。

⑤ The White House, "Remarks by President Biden on America's Place in the World," February 4, 2021, https://www. whitehouse. gov/briefing-room/speeches-remarks/2021/02/04/remarks-by-president-biden-on-americas-place-in-the-world/, accessed May 3, 2024.

帕特南（Robert D. Putnam）早在2015年就忧心忡忡地提示人们，曾经"美国梦"提倡的机会平等正逐渐消失，愈发壁垒森严的阶级隔离正在划分出两个不同的美国，且这一分隔将波及子孙后代。[①]帕特南的担忧是围绕经济不平等与贫富分化展开的，他认为阶级分裂超越了族群差异成为当下美国的新问题。那些曾占据欧美政治中间位置的白人工人阶级正在成为"新的少数群体"。伴随经济全球化、本土族群生育率下降及移民增加而出现的，是白人工人阶级规模的缩小和政治地位的边缘化，他们之中弥漫着一种流离失所和丧失权力之感。[②]因此，许多受挫者会基于理性选择而将选票转投那些在经济、文化立场上更能回应其诉求的激进右翼政党。[③]这也为欧美政治极化现象提供了一种解释。同时，激进右翼的兴起也改变了西欧既有政党竞争格局，党际选票争夺愈发激烈。有研究指出，左翼或中右翼政党会同激进右翼争夺工人阶级或由小企业主组成的旧中产阶级的选票，双方也会相互竞争工薪中产阶级的支持。[④]这类研究为理解新现实提供了基于经济逻辑与阶级差距的解释，但也暗示了当下阶级分裂的复杂态势——它往往夹杂了种族、地域等分裂因素。而且，即便是传统上以阶级为标签的政党也早已囊括了多元利益的选民基础。因此，只从单一的阶级维度来理解西方政治变迁是不够的。

此外，还有一类文献是以民粹主义范式来解释西方国家的政治变迁。这类研究，往往默认了新现象的民粹主义本质，从经济、文化及其互动关系的视角分析民粹主义领袖或政党的崛起。比如，经济萧条与紧缩政策被认为会引发大批选民的经济焦虑，使他们更容易

① ［美］罗伯特·D.帕特南：《我们的孩子：危机中的美国梦》，田雷等译，中国政法大学出版社，2017年，第35—51、81页。
② Justin Gest, *The New Minority: White Working Class Politics in an Age of Immigration and Inequality*, Oxford University Press, 2016.
③ 朱炳坤：《工人阶级为何支持激进右翼政党？——政党代表性视角下的比较分析》，《比较政治学研究》2023年第1期。
④ Daniel Oesch and Line Rennwald, "Electoral Competition in Europe's New Tripolar Political Space: Class Voting for the Left, Centre-Right and Radical Right," *European Journal of Political Research*, 2018, 57(4):783-807.

接受民粹主义政治家或政党的文化反弹信号。[①]这也暗示了政治精英对民众意识形态的塑造,前者往往能将族群议题、移民焦虑与传统的经济社会政策议题相结合以吸引特定选民,并利用媒体宣传来塑造选民偏好。[②]白人劳动群体尤其会受到这种经济焦虑与文化威胁的浸染,一种白人身份政治在他们之中形成并涌现为一股强劲的右翼民粹主义浪潮。[③]此外,除经济与文化方面,社会地位的下降、国内安全威胁的加剧及传统精英政治的衰落,都可能交织构成欧美民粹主义兴起的基础。[④]总体上,这类研究提供了对精英与大众从政治经济到政治心理的分析,但同时也可能面临民粹主义概念外延较大的潜在挑战。

在既有研究基础上,包刚升提出了一种基于政治现实主义与多元分裂结构的理论范式,突显了全球化、人口结构变化等因素的重要性,并以动态分析方法取代了静态或均衡分析。具体而言,第一,他主张以社会分裂结构的多元范式取代单一的阶级分裂范式,强调复杂社会中分裂结构的多维性,尤其族裔维度,或是叠加宗教、语言、地区维度的政治分裂,是解释今天的西方政治更关键的维度。[⑤]基于此,移民问题及其引申出的政党政治的新变化,就成为探索西方新现实的焦点议题。像毛国民教授与刘齐生教授主编的《欧洲移民发展报告》也囊括了目前国内学界对欧洲国家移民与融合、难民危机与管

---

① Abdul Noury and Gerard Roland, "Identity Politics and Populism in Europe," *Annual Review of Political Science*, 2020, 23:421–439; Ronald Inglehart and Pippa Norris, "Trump, Brexit, and the Rise of Populism: Economic Have-Nots and Cultural Backlash," *Faculty Research Working Paper Series*, 2016.

② Marc Hooghe and Ruth Dassonneville, "Explaining the Trump Vote: The Effect of Racist Resentment and Anti-Immigrant Sentiments," *Political Science & Politics*, 2018, 51(3):528–534; Kai Arzheimer and Carl C. Berning, "How the Alternative for Germany (AfD) and Their Voters Veered to the Radical Right, 2013–2017," *Electoral Studies*, 2019, 60.

③ 林红:《身份政治与国家认同——经济全球化时代美国的困境及其应对》,《政治学研究》2019年第4期。

④ 宋全成:《反移民、反全球化的民粹主义何以能在欧美兴起》,《山东大学学报(哲学社会科学版)》2018年第5期。

⑤ 包刚升:《演变:西方政治的新现实》,中信出版社,2024年,序言,第iii页。

理等热点议题的研究。①

　　当然，相较于发展趋势与治理政策分析，《演变》一书更注重探索这些议题与现象背后所反映的政治逻辑，挖掘移民问题、政党政治现象同全球化、人口结构变化、政体与制度设计等变量之间的关联。这也构成了本书的第二个重点。当然，学界也有研究关注了全球化与移民涌入的效应——引发欧美国家内部族群对立与民粹主义运动，进而推动逆全球化、反移民现象的出现。②包刚升在书中进一步对全球化的政治与经济的多重效应展开了详细分析。此外，移民影响的发挥，与伴随其出现的人口结构变化密切相关。相较于以往从经济学、社会学或人类学领域对人口结构效应展开的研究，《演变》的独到之处还在于提供了一套移民的政治效应的解释。③

　　第三，与民粹主义范式不同，包刚升强调了理解西方政治变迁的政治现实主义路径。这一现实同时具有规范与经验意义，这意味着，我们应当扎根于政治现实，既要理解当下学术界或社会上偏于自由与理想主义的观点，也要兼顾偏于保守与现实主义的另一派立场；既要理解西方国家较长历史阶段中以理想主义和"软政治"（soft politics）为主的政治基调，又要洞察目前朝着现实主义与"硬政治"（hard politics）回归的演变趋势。我们不能简单将所有反对自由主义或多元主义的现状都归咎于民粹主义现象，否则极有可能面临将一些保守派与现实主义者的观点统括在民粹主义范畴之内并降低这一概念客

---

① 参见毛国民主编：《欧洲移民发展报告（2018）：难民危机与管理》，社会科学文献出版社，2018年；毛国民、刘齐生主编：《欧洲移民发展报告（2019）：难民危机与移民融入》，社会科学文献出版社，2019年；毛国民、刘齐生主编：《欧洲移民发展报告（2020）：移民群体与融合》，社会科学文献出版社，2020年。

② 参见吴前进主编：《欧洲移民危机与全球化困境：症结、趋势与反思》，社会科学文献出版社，2018年；田野、张倩雨：《全球化、区域分化与民粹主义——选举地理视角下法国国民阵线的兴起》，《世界经济与政治》2019年第6期。

③ 参见［美］加里·S.贝克尔、［英］黛安娜·科伊尔：《移民的挑战：一个经济学的视角》，徐春华译，中国人民大学出版社，2017年；［美］珍妮弗·D.朔尔：《80亿人口：一个全球性的重要议题，生育、死亡和移民如何塑造世界》，岳玉庆译，中信出版集团，2023年；伍慧萍：《移民与融入：伊斯兰移民的融入与欧洲的文化边界》，上海人民出版社，2015年。

观性与解释力的风险。①

最后,理解变化政治,还应当采用动态分析的方法。这首先要求研究者不事先预设变化的积极或消极性,而只是站在马克斯·韦伯意义上客观中立的学者立场去观察、思考与解释。毕竟,在真实世界中,"变化才是无处不在的,唯一不变的就是变化本身"②。同时,这种方法提示我们要关注变化发生的关键节点,以时空相结合的视角,通过对西方国家历史与当下、内部与外部的政治比较来理解变化是什么、发生在何处、将往何处去。也正是在上述意义上,《演变》一书成为在政治学领域基于新理论、新议题、新方法对西方政治新现实展开深入探索的一部重要著作。

二、今天的西方政治是一个民粹主义现象吗?

在唐纳德·特朗普(Donald Trump)首次当选美国总统的两年后,弗朗西斯·福山(Francis Fukuyama)出版了《身份政治:对尊严与认同的渴求》一书,将特朗普称作代表"民粹民族主义"(populist nationalism)的政治领袖人物。尽管特朗普通过"人民"的宣传并借助民主程序成功当选,但他所代表的"人民"实际是由狭隘的族裔概念所定义的,大量人口被排除在外。③无独有偶,英国独立党领袖奈杰尔·法拉奇(Nigel Farage)在庆祝脱欧公投结果时,同样宣称这是"真正的人民、普通的人民、正派人民的胜利"④。然而在公投中,仍然有48.1%的选民并不赞成脱欧——他们是否也被排除在了人民的范畴之外?

不可否认的是,这类现象中掺杂着民粹主义的因素。尽管民粹

---

① 包刚升:《演变:西方政治的新现实》,中信出版社,2024年,第3、7—23页。
② 包刚升:《演变:西方政治的新现实》,中信出版社,2024年,序言,第iv页。
③ [美]弗朗西斯·福山:《身份政治:对尊严与认同的渴求》,刘芳译,中译出版社,2021年,前言,第2页。
④ Adam Withnall, "EU Referendum: Nigel Farage's 4am Victory Speech," *Independent*, June 24, 2016, https://www.independent.co.uk/news/uk/politics/eu-referendum-nigel-farage-4am-victory-speech-the-text-in-full-a7099156.html, accessed May 3, 2024.

主义概念的外延争议较大，但一个共识在于，民粹主义一般会注重"精英"与"人民"之间规范性差别的叙事。根据卡斯·穆德的经典界定，民粹主义强调一种"非友即敌"的话语，其本质特征是将社会区分为"纯粹的人民"（pure people）与"腐败的精英"（corrupt elite）两个同质但对立的群体，政治应当是前者普遍意志的表达。①也正是在这一意义上，学界许多研究都尝试将近二十年来西方政治中上述政党与政治家现象归纳进民粹主义，尤其是"激进右翼民粹主义"的范畴。②比如，罗纳德·英格尔哈特和皮帕·诺里斯就将特朗普现象与英国脱欧事件视为民粹主义的崛起，他们从经济焦虑论、文化反弹论的视角，认为全球化的深入会加剧国内不同群体的收入差距，进而使相对弱势群体陷入经济与生存焦虑。同时，外来移民的增多则会加大社会异质性，冲击一国本土传统的价值观与社会规范，进而使部分群体产生文化抵触心理。二者的交织，也更能助长国内对民粹主义的支持。③

　　但是，包刚升对这一问题有着不同的看法。在他看来，这些现象与其说是民粹主义的，不如说是现实主义的。他并不否认欧美政治中民粹主义思潮的存在，但认为民粹主义并非欧美政治新趋势与新变化的主要原因，而只是问题的次要方面。其逻辑在于，第一，民粹主义过大的外延会削弱它的解释力，一个包罗万象的概念难以精准解释变化中的事件。"每个人都是一个民粹主义者吗？"扬-维尔纳·米勒在《什么是民粹主义》一书开篇提出的这一疑问直指当下民粹主义研究的困境——这一概念似乎可以用于囊括所有呈现"人民"话语与

①　Cas Mudde, "The Populist Zeitgeist," *Government and Opposition*, 2004, 39(4):541–563.

②　参见祁玲玲：《欧洲激进右翼政党选举格局论析》，《世界经济与政治》2019年第2期；Abdul Noury and Gerard Roland, "Identity Politics and Populism in Europe," *Annual Review of Political Science*, 2020, 23:421–439。

③　Ronald Inglehart and Pippa Norris, "Trump, Brexit, and the Rise of Populism: Economic Have-Nots and Cultural Backlash," *Faculty Research Working Paper Series*, 2016; Ronald Inglehart and Pippa Norris, "Trump and the Populist Authoritarian Parties: The Silent Revolution in Reverse," *Perspectives on Politics*, 2017, 15(2):443–454.

反建制、反现状色彩的现象的解释。①诸如民族主义、反精英主义、反自由多元主义等,都同它密切关联,且无论在左翼还是右翼的意识形态上都有其生存空间。如果都统称为民粹主义,那么在研究中就可能会忽视甚至误判不同现象与事件的差异,或是导致将一些保守派与现实主义观点排斥在政治正确的范畴之外。也正如包刚升所言,当一个人因为缺乏工作机会而要求国家采取保护性政策时,我们很难断言他是民粹主义的,毕竟这是他谋得生存的最低和最现实的要求。②

第二,西方当下许多常见的"民粹主义现象"其实也并不完全符合这一概念的内涵。比如,一些激进右翼派所划分的对立,并非纯粹民粹主义下"精英"与"大众"的二分,而是基于现实的本土主义立场分为"我们"(本土族裔)与"他们"(外来移民族裔),并将后者视为民族国家同质性的威胁。③此外,英国脱欧公投的倡议最早也是来自保守党内部,而非持有右翼民粹主义立场的英国独立党,且主导脱欧运动的——像迈克尔·戈夫(Michael Gove)、鲍里斯·约翰逊(Boris John-son)等人也是保守党要员。同样,特朗普尽管自身作为"政治素人",但他的确赢得了共和党的党内初选,并作为美国两大老牌政党之一的候选人参选。尽管这些现象带有民粹主义色彩,但我们并不能说它们是全然的民粹主义。也因此,包刚升认为,这些现象很多情况下只是"伪装了的现实主义"——在表象之下,更本质的是"普通大众先于主流精英回归了政治现实主义立场",或说是"政治现实主义与大众政治的联姻"。④

进而言之,包刚升将欧美国家近二十年来的政治发展趋势称为"硬政治"的回归,而主导这种"硬政治"运作的便是政治现实主义。

---

① Jan-Werner Müller, *What is Populism?* University of Pennsylvania Press, 2016:1-6.
② 包刚升:《演变:西方政治的新现实》,中信出版社,2024年,第24、40—41页。
③ Cas Mudde and Cristóbal Rovira Kaltwasser, "Studying Populism in Comparative Perspective: Reflections on the Contemporary and Future Research Agenda," *Comparative Political Studies*, 2018, 51(13):1667-1693.
④ 包刚升:《演变:西方政治的新现实》,中信出版社,2024年,第36、39—41页。

这种现实主义要求我们正视人类社会的实际情形，包括人的缺点、人与人之间分歧与冲突普遍存在的可能，以及完美社会的难以企及。①正如乔万尼·萨托利（Giovanni Sartori）所提醒的那样，如果只处于一种"想象的民主"中，离现实太远，我们就难以有效应对根植于真实世界中的种种问题。②这一视角主要根植于两个基本逻辑：一是普通大众比精英更脆弱，也因此更能敏感察觉到与自身密切相关的政治、经济及社会危机，进而转向现实主义的立场。毕竟，经济状况、社会与政治地位相对欠佳的他们比精英群体更可能面临降薪、失业等危机，在他们生活的社区也更可能接触到在宗教、族裔、语言背景上颇具异质性的移民群体。如果说移民进入可能会降低本土工人的就业机会与薪资福利，会增加文化冲突与社会矛盾，那么首当其冲的大概率是他们。也正如伯纳德·威廉斯对霍布斯意义上首要政治问题的重申，"秩序、保护、安全、信任与合作条件"具有根本性与优先性。③感知到生存危机的群体，也更容易以现实主义而非理想主义的视角来看待问题。第二个逻辑是，对于新兴政治家而言，要想撬动现有建制派掌权的格局，一个有效策略是借助大众政治的力量。建制派精英无论相比于大众还是新兴政治家，都更缺乏改变现状的动力，因为他们往往是现状的既得利益者。④而正如马基雅维利所指出的，政治领袖应当同时扮演"狐狸"和"狮子"，手握"胡萝卜"与"大棒"，根据现实需要适时调整角色与工具以达成政治目标。⑤对于一个希望获得政治生存但又缺乏政治根基的新政治家来说，要想获得成功，那么赢得上述同样具有现实危机的大众选民支持就是一个现实策略。这也便是新

---

① 包刚升：《演变：西方政治的新现实》，中信出版社，2024年，第10—13、39—41、265—267页。

② ［美］乔万尼·萨托利：《民主新论（上卷）：当代论争》，冯克利等译，上海人民出版社，2016年，第88—96页。

③ Bernard Williams, *In the Beginning Was the Deed: Realism and Moralism in Political Argument*, Princeton University Press, 2005:3.

④ 包刚升：《演变：西方政治的新现实》，中信出版社，2024年，第39—41页。

⑤ ［意］尼科洛·马基雅维利：《君主论》，潘汉典译，商务印书馆，1985年，第83—84、94—95页。

兴政治主体与大众政治联合的现实主义运作逻辑。

三、移民与人口结构的政治效应

　　近半个世纪以来,欧美各国在族群宗教人口结构上的一个重要变化趋势是,以白人族裔和基督教人口为主导的结构,正转向一种族群宗教多元化的人口结构。[①]以美国为例,除了来自拉美地区的移民,近年来亚洲移民人口也在稳步上升。美国皮尤研究中心(Pew Research Center)2008 年的一项估算表明,西班牙裔、黑人族裔、亚裔的移民人口占美国总人口比例预计在 2050 年分别稳步上升至 29%、13%、9%。同时,美国白人族裔人口比例则已经从 1960 年的 85% 降至 2005 年的 67%,并预计在 2050 年继续降至 47%。这也意味着,届时美国白人将丧失绝对多数地位。[②]

　　目前,许多研究都关注了大量移民进入后对东道国经济与社会的潜在影响。从经济上看,大量移民进入可能会对以下群体造成冲击:一是同一城市或地区的弱势劳动力,比如受教育程度较低、更依赖制造业的本土或前几代移民工人。这种冲击一般会通过影响人们在劳动力市场上的就业机会、福利资源与再分配实现。[③]二是与移民处于竞争行业的就业人群,包括一些受教育水平较高的人群,也可能受掌握高端技术的高学历移民的就业冲击。[④]此外,移民还可能会在社会规范和民众安全感方面对东道国产生影响。有研究就关注了移民与犯罪率的关系,认为特定族裔移民人数的上升可能会增加城市

---

① 包刚升:《演变:西方政治的新现实》,中信出版社,2024年,第54页。

② Jeffrey S. Passel and D'Vera Cohn, "U.S. Population Projections: 2005–2050," Pew Research Center, February 11, 2008, https://www.pewresearch.org/wp-content/uploads/sites/3/2010/10/85.pdf, accessed May 3, 2024.

③ Anthony Edo, "The Impact of Immigration on the Labor Market," *Journal of Economic Surveys*, 2019, 33(3):922–948; Tara Watson and Kalee Thompson, *The Border Within: The Economics of Immigration in an Age of Fear*, University of Chicago Press, 2022:226.

④ Tara Watson and Kalee Thompson, *The Border Within: The Economics of Immigration in an Age of Fear*, University of Chicago Press, 2022:8–15.

犯罪率。①当然，我们重点需要关注移民现象带来的政治后果。皮尤研究中心2020年的一项报告表明，约24%的美国人对移民持负面观点，认为他们夺走了工作、住房和医疗保健，并给国家带来负担。如果按照政治立场或党派身份来界分，在相对支持共和党的选民中，约有44%的人对移民持消极立场，相较之下，在相对支持民主党的选民中这一比例只占8%。②除了对第一代移民的关注，不同宗教族裔群体之间代际意义上的出生率差异，同样会导致人口结构的重大变动，且往往还能产生更深刻的政治效应。

　　那么，我们应当如何理解这种族群宗教多元化趋势对移民接收国的政治影响？之所以人口结构的政治效应会出现，是因为一个国家的族群宗教人口结构实际牵涉了不同的选民结构、政治力量结构、意识形态结构等政治因素。随着人口结构的变化，这些因素也会随之改变。③这一观点关涉了这样一个事实——移民群体的价值观念与行动原则可能同东道国存在较大差异，且并非所有移民及后代都能对东道国形成政治认同。当不同族裔之间的异质性较大或少数族裔的同化程度较低时，政治冲突就更容易发生。其背后的逻辑在于：一方面，移民来源国的传统价值与政治状况可能会对移民群体产生潜移默化的影响，进而使其在民主信仰与政治认同上与接收国的主流群体有所差异。比如，美国新移民中很大部分来自拉美国家，但只有很少数拉美国家在民主指数评级中能达到完全民主政体的标准。④类似地，占据欧洲移民人口多数的穆斯林群体，在国家观、民主价值观等方面同欧洲基督教白人群体存在差异。这些差异也预示

① Aaron Chalfin, "The Long-Run Effect of Mexican Immigration on Crime in U.S. Cities: Evidence from Variation in Mexican Fertility Rates," *American Economic Review*, 2015, 105(5): 220–225.
② Abby Budiman, "Key Findings about U.S. Immigrants," Pew Research Center, August 20, 2020, https://www.pewresearch.org/short-reads/2020/08/20/key-findings-about-u-s-immigrants/, accessed May 3, 2024.
③ 包刚升：《演变：西方政治的新现实》，中信出版社，第51页。
④ 关于政体项目（Polity IV）的评级，参见 https://www.systemicpeace.org/polity/polity4.htm，最后访问日期：2024年5月3日。

着,不同群体可能会形成多重政治认同,包括对本族裔或本宗教集团、对不同民族国家的认同等,这些认同之间可能会存在矛盾,这些矛盾短期内也许很难被消解。比如,许多移民在进入东道国后仍习惯定居于聚居区,且异质性也会通过代际传承到后代中。[①]另一方面,移民人口的上升也会促使本土社会中"移民焦虑"群体的增多。除了上述经济与社会因素外,在宗教与文化方面异质性的增加,也可能会对一些土生土长的白人群体所重视的文化传统、生活方式与价值观念产生潜在"威胁",他们会将外来人口视为本土文化消解的"罪魁祸首"。因此,这些国家内部的主导族群与少数族群之间在政治认同及宗教与文化上的分化,都可能转化为政治分歧乃至政治冲突,并反映在选举与政党政治之上。

　　紧接着,我们应当如何衡量移民冲击的政治效应? 上述分析也指出了一些关键因素,包括不同族群的人口比例、族群异质性程度、少数族群的政治同化程度。其中,不同族群的人口比例还与移民率、不同族裔的出生率有关。[②]基于这些要素,包刚升提出了一项评估移民带来政治冲击或政治效应的函数模型,表达公式如下:

$$\text{PI} = \text{F}\left(\text{IR} \times \text{DI}/\text{AR}, \text{BR}_{min}/\text{BR}_{maj}\right)$$

注:PI(Political Impact of Immigration)代表移民带来的政治冲击,IR(Immigration Rate)代表移民率,DI(Dissimilarity Index)代表的是移民与主导族裔的异质性程度,AR(Assimilation Rate)代表同化率,BR_{min}(Birth Rate of the Minority Group)代表移民或少数族裔的出生率,BR_{maj}(Birth Rate of the Majority Group)代表多数或主导族裔的出生率。[③]

　　从中可见,如果一个国家的移民率较高,移民进入的少数族裔与主导族裔之间的异质性程度较高且同化率较低,主导族裔的出生率较低,那么移民对该国的政治冲击就比较大。但如果一个国家的移民率较低,移民群体的出生率较低、同化率较高且与主导族裔群体的异质性较低,那么移民带来的政治冲击就相对较小。这一模型也提示我们,应当同时关注移民人口多样性与社会文化多样性两个方面。

---

① 包刚升:《演变:西方政治的新现实》,中信出版社,第54—59页。
② 包刚升:《演变:西方政治的新现实》,中信出版社,第59—60、101—104页。
③ 包刚升:《演变:西方政治的新现实》,中信出版社,第102页。

如果一定时期内移民进入的少数族裔与本土族裔之间人口比例的差异显著缩小——比如移民率过高或出生率反向悬殊，但不同族裔人口之间尚能保持较大程度的认同，那么移民群体带来政治危机的风险仍然相对有限。同样，如果不同群体之间的分歧较大且难以弥合，但是本土族裔人口仍然能在一定时期内占据绝对优势，那么移民带来的政治冲击同样可控。

但事实是，当人口比例结构与社会文化多元主义都处于不利情形时，为应对政治冲击，移民接收国就很可能启动政治策略转向。一方面，移民问题可能会上升成为政党竞争的焦点议题与选民的投票热点，政党会沿此议题产生立场分化以争夺选民。近半个世纪以来，移民问题在美国大选中的重要性不断攀升，到了2016年，已成为大选的主要议题。而对于移民问题的各项政策，民主党总体上持更加自由和开放的立场，共和党则总体上持更加保守和限制的立场，两党的对立与极化也吸引着他们的支持者，这使得这种分化可能长期延续。[①]左右翼主流政党通过表达特定的移民立场来迎合特定选民群体与党内派系的政治诉求，也使得移民问题进一步政治化。[②]另一方面，执政当局还会面临转变政策的艰难抉择。在欧洲，难民激增让一些欧洲人对本国现行移民与难民接收政策持审慎或反对立场。为避免这种反对上升到大规模的社会抗争，并确保执政者能在下一次选举中顺利连任，执政当局可能会在涉及移民、边境、族群、宗教等领域的内外政策上转向更为务实、审慎和保守的强硬立场。比如采取保卫边境政策，通过提高移民条件或控制特定背景的移民迁入来收紧移民政策，以及在教育、文化宣传领域抑制反西方传统主流的文化的扩张等。但与此同时，他们也需要评估采取这一方式后可能招致的人道主义谴责。[③]总体上，移民政策转向在长期内能够促使人口结构

---

① 周督竣、包刚升：《观念、利益与政党：美国移民政策变迁背后的三重张力》，《探索与争鸣》2023年第4期。

② 孙涵：《欧美国家移民问题政治化：背景、争议问题及政治竞争逻辑》，《当代世界与社会主义》2023年第1期。

③ 包刚升：《演变：西方政治的新现实》，中信出版社，第37—39、47—51、74—75、268页。

产生新的变化,但短期内则需要政治家与政党做出抉择并处理好打破均衡所可能面临的种种波动。

四、政治冲突会削弱民主稳定性吗?

2024年4月17日,一场即将席卷美国多所大学的学生运动正在哥伦比亚大学发生,一群声援巴勒斯坦的学生组织了一场校园抗议,反对以色列在加沙地区的军事行动。他们呼吁学校结束与支持战争的公司的商业关系,希望终结发生在战火深处的"种族隔离、屠杀与非法占领"①。类似的抗议活动在西方国家时有发生,对其可能带来的影响也众说纷纭:一种观点认为,这类事件往往预示着民主的不稳定,执政当局为了谋求稳定可能采用强硬的手段回应抗议,进而导致冲突的加剧;但另一种观点则认为,类似的政治冲突本身是在民主的制度框架下进行的,且如果抗议被顺利平息,可以进一步巩固民主的稳定性。这两种观点提示我们思考这样一些问题:今天西方国家面临的种种冲突,在多大程度上可以从政体自身的理念性质或制度设计来解释? 我们应当如何理解民主稳定与不稳定的深层逻辑?

对这一问题的回答其实也是本书暗含的一条线索。某种意义上说,民主政治就像是一种"吵吵闹闹"的政治,冲突始终伴随其中。要理解这些政治冲突是如何形塑民主政体的"演变",我们则需要对其进行层层拆解,这可以从以下三个层次展开:

第一个层次是民主政体中不同集团之间的参与、竞争与反对。民主政治为不同政治群体、利益集团提供了竞争与博弈的场所,随着越来越多具有不同宗教文化与价值观念的群体参与进民主当中,冲突自然会加剧,共识也越难达成。正如胡安·林茨(Juan J. Linz)和阿尔弗莱德·斯蒂潘(Alfred Stepan)所言,越是多民族、多语言、多宗教和

---

① Bernd Debusmann Jr and Emma Vardy, "Gaza Protests: Police Raid on Columbia Protest Ignited Campus Movement," *BBC News*, April 27, 2024, https://www.bbc.com/news/world-us-canada-68906215, accessed April 27, 2024.

多元文化社会组成的国家,政治会越复杂,以民主方式达成一致的难度也会越大。①倘若在捍卫多元的同时,亦能在价值观、传统习俗或是社会资本上保持一定的联结,那将有利于民主政体长期稳定与有效运转。②反之,正如塞缪尔·亨廷顿所担忧的那样,如果长期共享的盎格鲁—新教文化与自由、平等与民主的"美国信念"走向衰落,那么美国也会走向衰落。③这一点也正与《巴黎声明》所捍卫的欧洲"多元一体"异曲同工。某种意义上说,民主政体短期内的"争吵"并不足为奇,但关键是这种争吵的背后,是否还维系着一种对共同性或政治认同的追求。包刚升在全书多处也提示我们思考这一问题,即自由民主政体背后运作的,到底是一种"多元平行"还是"多元一体"的逻辑。抑或说,朝着程度较高的"多元平行"的发展又将会导致什么? 正如包刚升指出的,文化多元主义在过去长期的发展,似乎带来了一种"悖论"——当自由原则与平等观念充分发展,一种无限包容的多元主义逐步成为政治正确原则和社会主流价值时,反而削弱了原先主流的价值观或保守叙事并使它们成为政治不正确的表述,导向了一种弱势的非主流文化对强势主流文化的"反向歧视"。④

第二个层次是选举政治与政党政治的波动性。在民主政体下,政治冲突可能会改变既有政党格局,进而对整个政治体系的运转带来中长期的影响。一方面,如果上述多元背景的群体进入民主游戏后,发现没有一方能够代表他们的利益,这就会为新政治家或新政党的出现乃至崛起提供契机。另一方面,这些新兴主体崛起的程度,又同各国具体的制度设计有很大关联。包刚升观察到了近年来发达民主政体在选举上的总体波动,同时也注意到不同国家不同的变化趋

---

① [美]胡安·林茨、阿尔弗莱德·斯蒂潘:《民主转型与巩固的问题:南欧、南美和后共产主义欧洲》,孙龙等译,浙江人民出版社,2008年,第30—31页。
② [美]塞缪尔·亨廷顿、劳伦斯·哈里森主编:《文化的重要作用:价值观如何影响人类进步》,程克雄译,新华出版社,2010年。
③ [美]塞缪尔·亨廷顿:《我们是谁?:美国国家特性面临的挑战》,程克雄译,新华出版社,2005年,第281—282页。
④ 包刚升:《演变:西方政治的新现实》,中信出版社,第66—68、84页。

势。尤其是在"新政治家或新政党是否崛起"上,法国无论在政党还是政治家方面都有相对突出的变化;德国老牌政治家的地位稳固,但也面临着新兴的左翼党、选择党发起的挑战;美国在保持民主、共和两党长期稳固地位的同时,却又出现了政治素人特朗普的当选;英国独立党尽管在欧洲议会上崭露头角,但国内层面的政党政治总体趋于稳定。这种差异的直接原因其实又归结于各个国家不同的制度设计。首先,政府首脑的直接选举会比经由议会程序的间接选举更容易帮助政治新星崛起。毕竟,一个明星政治家赢得一次性的全国普选,要比其领导政党下的一大批政治家同时在全国绝大多数选区获胜更容易,而且能够规避议员的"同行审议"程序——这种程序下选出的往往是政治经验丰富且政治网络深厚的老牌政治家。其次,议会选举的领先者胜出制,相比起两轮选举制、混合选举制更难导致新政党崛起。毕竟,前者往往会带来"获胜者红利",扭曲新党或小党的得票与席位比,而后者恰恰能够缓解这种"非比例性"(disproportion)。此外,两类选举制度还存在联动效应。在同样的议会选举制度下,政府首脑的直接选举更有可能带动获胜政治家所在的新政党崛起。类似地,尽管政治新人在间接选举条件下获胜不易,但如果议会选举采用了非领先者胜出制,那么他也可能通过崛起的新政党来完成突破。①

　　冲突带来的种种影响,最终还是根植于自由民主政体本身的结构张力。包刚升指出,当下的西方政治,面临着一种自由民主国家需要恪守的政治正确原则与少数群体(尤其移民群体)的政治权利诉求之间的"不对称结构"②。也就是说,国家必须赋予合法进入的个人以平等的公民自由与公民权利,而这种平等意味着对各主体"保持差异"之权利的肯定,公民同时被赋予了民主权利与"反对民主"的权

---

① 包刚升:《演变:西方政治的新现实》,中信出版社,第163—173页。
② 包刚升:《演变:西方政治的新现实》,中信出版社,第47—48页。

利。①尽管这里隐含着一种"契约",即移民或少数群体在正式成为该国公民前有义务接受这个国家的基本价值理念与宪法制度规范,但现实中,民主国家往往并不具有保障这一义务兑现的强制力。换言之,国家在此面对的是硬约束,而公民面对的是软约束。国家赋予了公民受法律保障的作为"不忠诚的反对派"的权利,公民可以根据这些合法权利转而向国家提出诉求。②尽管这种结构张力自民主政治诞生之日起就已然存在,民主政体的制度设计也因此在包容多样性、以制度化方式处理分歧方面颇具经验优势。但是,这种包容性也存在限度,一旦这种张力超过了政体所能容纳的范畴,那么很有可能导向共同体的整体性危机。③毕竟,在承平日久的"软政治"中形成的政治惯例,很可能难以应对当下颇具现实主义色彩的种种挑战。无论是公民诉求的分歧程度、涉及的议题领域,还是主流政党的极化及新政党或政治家的崛起,这些考验似乎都要比此前几十年更加严峻。因此,包刚升在本书中暗含的这三个层次的理解,也有助于我们更好地解读政治冲突对民主政体的影响。

五、总结与进一步的研究展望

正如北京大学国际关系学院王缉思教授的推荐语所言:"包刚升教授这部新著将近年来西方世界的政治万象包罗殆尽,在深厚的政治理论和比较政治学基础之上,剖析了全球化背景下西方国家面临的政治经济失衡、移民冲击、族群矛盾、宗教多元化等各方面的挑战乃至危机。作者并同当代西方多位著名政治家展开学术思辨的对话,其广度和深度为中国政治学界所罕见。"包刚升敏锐捕捉到了西方政治的新变化,经过长期深耕,为我们提供了一套洞悉当下变化以

---

① [美]M. M.戈登:《美国生活中的同化:种族、宗教和族源的角色》,马戎译,译林出版社,2015年,第134页。
② 包刚升:《演变:西方政治的新现实》,中信出版社,第50—51、60—71页。
③ 包刚升:《演变:西方政治的新现实》,中信出版社,第61—62、125—128、133—141、161页。

及理解西方民主深层逻辑的新的理论、议题与方法。具体可以从三个方面理解：

第一，当下的西方政治是一种大众政治与现实主义的"联姻"。包刚升首先反思与批判了对政治演变的民粹主义解释路径，他认为这种路径可能会在分析中忽视不同现象的差异，并将保守与现实主义立场排斥在政治正确之外。其次，他通过对西方不同历史阶段的比较，阐明了目前出现的现实主义趋势：第一阶段是两次世界大战时期以"硬政治"与现实主义为主导的格局；第二阶段是二战之后承平日久的"软政治"与以理想主义为主导的格局；沿着这一动态演变的逻辑，当下的西方政治正处于现实主义苏醒的第三阶段，而这一趋势主要与全球化和移民政治下的人口结构变动有关。基于此，包刚升就构建了一个基于西方国内政治且兼具历史性和地域性的分析框架，并提供了一项具有思辨性的解释。同时，对于西方民主的未来，他认为应当在思路或政策上采用理想主义与现实主义相结合的办法。毕竟，政治是一种"平衡的艺术"——只有理想主义，则难以应对频次与幅度日益渐涨的政治冲击；但如果只有现实主义，又可能导向对西方自由民主传统的违背或摈弃。

第二，基于多元分裂结构范式，从全球化、人口结构变动及政体和制度设计探索演变的趋势。《演变》重点讨论了族群与宗教维度的分裂结构是如何为全球化与移民政治所塑造的，并又如何反映在选举竞争与政党政治之中。部分保守派政治家与极右翼政党所持有的本土主义、反全球化与反移民立场，反映了这些国家政治分裂的变化趋势。同时，透过选举制度设计的差异，我们又能看到欧美各国在新现实上出现的分野。这对于我们理解变化的共性与特性颇有助益。此外，包刚升还借助少数族裔的移民率、同化率、不同族裔的出生率、异质性程度等指标，提供了一项理解移民政治效应的演绎模型。当然，在这一模型的基础上，未来的研究可以进一步探索：比如，如何构建能更准确衡量异质性程度的指标，以及如何在具体国家的比较分析中，借助系统性的经验证据对这种政治效应进行更充分的检验与发展。

第三，以动态分析方法理解变化中的西方政治。包刚升关于"现实主义的回归"的论点建立于对西方不同历史阶段政治状况的分析之上。也就是说，如果不能充分理解这段发展中的历史脉络，或是不能充分厘清西方国家与那些仍以"硬政治"为主导的周边国家间的关系，就很难把握政治变化的根源。借助这一方法，还有助于规避将所有新现实都描述为"黑天鹅事件"的误读——不能只将它们视为一系列平地而起的独立事件，而应当挖掘这些看似出人意料实则频繁发生的事件背后所反映的真实逻辑。同时，作为研究者或学习者，我们还应该在心态上去接受这种"无处不在的变化"，尽可能以客观的视野去观察与思考变化，去探索其表现形态、解释其成因、分析它已经或可能造就的不同结果。

当然，《演变》一书也有一些进一步讨论的空间。首先，包刚升以政治现实主义取代民粹主义的分析，缩小了民粹主义概念的统摄范围并弥补了此类分析中可能导向排斥保守派观点的缺陷。但不容忽视的是，在包刚升的这一观点形成的 2017 年前后，学界也有一批学者意识到了民粹主义概念统摄过大的问题，并致力于缩小概念外延。目前常见的就是用修正后的"右翼民粹主义"——强调"我们"和"他们"的横向对抗——来解释欧美政治，以此区分于主张"人民"与"精英"纵向对抗的"左翼民粹主义"。[①]沿着这一路径，如果概念外延已经缩小，那似乎也不必用一个新概念来替代。类似地，现实主义的解释也许同样会招致提问："人人都是现实主义者吗？"毕竟，即便自身利益没有实质受损，但在极富动员的口号与宣传下，也可能有相当规模的群体卷入愤怒。当然，这也启示我们进一步思考，如何理解或评估当下西方政治中现实主义、民粹主义等要素的分野及其实际作用

---

① 参见林红：《西方民粹主义的话语政治及其面临的批判》，《政治学研究》2018 年第 4 期；Jan-Werner Müller, *What is Populism?* University of Pennsylvania Press, 2016:1–6; Abdul Noury and Gerard Roland, "Identity Politics and Populism in Europe," *Annual Review of Political Science*, 2020, 23:421–439。

范围,以及更精细的民粹主义概念是否足以规避本书中提及的问题。

其次,《演变》一书论证了全球化和人口结构变化的作用机制,也兼论了它们如何与政体或制度设计等旧变量共同导致新现实的出现。但一个可能的缺憾在于,相较于各章单独呈现的清晰逻辑,全书似乎缺乏一个更系统的解释框架。以全球化变量为例,如果整合上篇多章的内容,会发现全球化在论证中出现于多个逻辑点位:它既与另一变量人口结构变动存在关联,比如可以促进人口跨国与跨地区流动、带来移民现象或引发政治失衡。同时,它也能够直接作用于新现实这一结果本身,如可能会加大经济不平等和社会分裂、诱发移民政策调整等。因此,在整体逻辑中,全球化可能会被理解为一种背景因素,或是对人口结构变化与政治新现实都具有影响的混淆变量。

在最后部分,必须指出的是《演变》一书对于理解当今欧美政治演变及开拓该领域未来研究所具有的启示意义。政治演变是多重因素长期共同作用的动态结果。长期来看,当下的新现实及决定新现实的诸多变量都处于变化之中。这启发读者进一步思考:一是业已存在的新现实将会对西方国家的未来造成何种影响? 比如,当下国际关系领域涉及的大国之间或软或硬的冲突或战争,将会如何影响西方乃至世界主要国家的外交战略或政治经济选择? 毕竟,按照《演变》一书的逻辑,这些战略与选择很可能又会作用于未来的政治并形成新的现实。二是影响当下新现实的诸多变量又会产生何种变化? 这些解释变量自身的变化又是由什么因素导致的? 比如,我们可以进一步思考,诸如反移民、激进右翼现象的出现,是否会加剧西方国家反全球化的趋势,或者说是否会引导世界各国从第三波全球化迈向第四波全球化的新格局? 类似地,随着政策选择等要素的变动,世界人口流动与各国族群宗教人口结构又将产生何种变化? 如果人口结构的危机能被有效缓解,那么未来是否可能回归"软政治"主导的演进逻辑之中?

总而言之,对于当今的西方国家,无论是痛心疾首地沉溺于"逝去的时代"而对现状失望愤怒,抑或过分乐观地沉浸在"进步的时代"

而对已然发生的变化视若无睹，都无助于应对当下。政治新现实的未来几何，最终还是取决于今天的人们如何运用民主政体长期积累下来的精神果实、价值规范与制度遗产，以及能否在基于对现实的准确把握与经验借鉴之上，主动采取合适的策略来预防或应对新的变化与挑战。这也是《演变》一书带给我们的思考与启示。

政治制度研究中的新制度主义

——马雪松著《新制度主义政治学十讲》评介

杨　楠[*]

内容摘要　　制度是政治世界的核心要素,政治制度研究在中西学术脉络中均占有重要位置。20世纪70年代以来,新制度主义政治学日渐成为当代政治制度研究中的主导范式和前沿领域。作为国内该领域研究的最新著作,《新制度主义政治学十讲》围绕新制度主义政治学进行了长时段、广视域、宽领域、多层次的整体性分析与系统性阐释。在解析政治制度的含义、本质、特征、类型并考察新制度主义历史渊源的基础上,聚焦理性选择制度主义、历史制度主义、组织分析制度主义与建构制度主义四个主要流派,以及制度的生成、维系与变迁三大核心议题展开深入研究。同时,基于社会科学的整体背景及学科间交叉互动视角,审视新制度主义政治学的未来图景。概言之,这部著作是新制度主义政治学研究的融通创新之作,在融通中推进理论创新是其显著特征与重要贡献。此外,还需进一步思考新制度主义政治学与构建中国政治学自主知识体系之关系等重点问题。

---

* 杨楠,政治学博士,东北师范大学马克思主义学部讲师,主要研究方向为政治学理论、中国政治。

关键词 政治制度；制度研究；制度理论；新制度主义；制度政治学

制度作为政治场域的核心要素，深为古今中外研究者所注重。制度研究伴随人类政治文明的发展演进，逐渐成为政治学的经典方法与关键内容。无论是中国学术文化脉络中的典章制度研究还是西方古典政治制度分析，都充分彰显制度在政治生活中的至关重要地位，深刻揭示了制度研究与政治学的共生关系。随着现代政治科学在西方世界的率先兴起，特别是二战后行为主义与理性选择理论在美国的蓬勃发展并迅速成为政治科学中的主要力量，底蕴深厚的传统政治制度研究遭遇了前所未有的冲击与挑战。在经历短暂低潮与深入反思后，制度研究复起并发生范式转向。作为"快速成长的一个领域"[①]，新制度主义在一定程度上代表了当代西方政治科学的前沿成果，对于推进制度理论生长和制度实践发展具有重要学术价值和现实意义。尽管浸润于中华文明并扎根于中国特色社会主义政治实践的中国式政治制度与西方政治制度存在本质区别，但成长于中西文明加速互动、彼此影响与深入互鉴背景下的现代中国政治制度，也应在辩证汲取、批判借鉴与合理转化西方制度研究的有益成果中实现持续更新与不断优化。

新制度主义政治学的兴起与演进建立在批判和超越行为主义及理性选择理论的基础之上，不仅承继了传统制度研究的优秀资源，而且深受制度经济学、组织社会学、比较政治经济学等社会科学多元学科互动融合的影响。这一独特背景，塑造了新制度主义政治学兼收并蓄且复合多元的理论品格和学术底色。然而，经过不断发展并取得长足进步的新制度主义政治学虽议题拓展、方法迭代、理论纷呈，但多元流派间不乏差异性观点甚至冲突见解，相关研究成果大量累

---

① ［美］罗伯特·古丁、汉斯–迪特尔·克林格曼主编：《政治科学新手册》，钟开斌等译，生活·读书·新知三联书店，2006年，第303页。

积却呈现一定碎片化现象。因此,体系化推进新制度主义政治学理论研究并在整合与升华相关研究成果的基础上建构一般性制度理论成为探索政治制度逻辑的重要课题。马雪松教授新著《新制度主义政治学十讲》对新制度主义政治学进行了整体性分析与系统性阐释,这既是对上述课题的有力回应和集中关照,也为中国政治制度研究提供了域外经验与学理支撑。观该书之理路与要义,重在厘清新制度主义政治学基础概念和历史渊源的前提下,综合分析新制度主义政治学的流派格局与核心议题,并基于社会科学的整体背景与学科间互动视角对其未来走向予以思索展望。

一、概念与渊源:新制度主义政治学的基础之维

界定政治制度概念并考察新制度主义政治学渊源,是迈入新制度主义政治学之门的初始步骤,也是透视新制度主义政治学理论内核的基本前提。解析政治制度的含义、本质、特征与类型等诸多面向,有助于更为立体完整地捕捉与描摹政治制度的基本面貌。同时,回溯与追踪新制度主义政治学的源流轨迹,对于审视和把握其总体格局与未来趋向大有裨益。

(一)政治制度概念的多重面向

新制度主义政治学以政治制度为核心研究对象,澄清政治制度的定义是理解新制度主义的基石。然而,新制度主义者大都并不专门厘定制度或政治制度的含义,甚至在研究过程中也并非总在相同维度上一以贯之地加以运用,这在一定程度上增加了廓清政治制度概念的难度。因此,有必要在分析政治制度基本内涵的基础上,围绕其本质、特征和类型等多重面向予以系统探究。从政治制度的含义来看,制度作为其中心词为之供给了概念内核,政治则是对制度概念施加的限制与规定,为制度的存续与运转提供了特定场域。因此,明晰制度内涵是理解政治制度的基础与核心,而明确何谓政治是准确

界定政治制度的关键。在对制度展开语义分析、学理阐释和相近概念辨析的基础上,可将制度视为含括规则与组织的结构模式。与之相比,政治概念更为模糊不清。当然,这并非意味政治不能被感知与理解。实际上,通过在已有研究中提炼政治概念的共识性关键词,便可勾勒出政治的基本轮廓。其中,利益、权力与决策是政治的核心要素。基于此,广义的政治制度泛指存在于政治世界的所有规则与组织,而狭义的解释则重点指代与政治的核心范畴均密切相关的规则与组织,即"围绕利益的竞取和分配,以政治权力的强制执行作为保障,同法规制定和政策选择活动紧密关联的规则和组织的结构模式"①。

为了增进对政治制度的理解,仍需接续探讨政治制度的本质、特征与类型。从本质来看,政治制度首先表现为某种秩序状态。构建秩序并形塑良善秩序是政治起源与发展的深层逻辑,也是政治制度的核心功能。进而言之,创制、运行与变革政治制度实质上也是政治秩序的确立、维系与重构过程。其次,政治制度体现为特定权力结构。与西方古典政治观相比,近现代政治思想尤为凸显权力的地位与作用。政治制度不仅因权力的获取、分配与运行而生成演化,并且在很大程度上促进了权力关系及其格局设置的形式化、固定化乃至强化,两者相互嵌套、互构互进。最后,政治制度还是政治行为选择的背景性因素。强调制度与能动之间的互动关系是新制度主义政治学的重要取向,政治制度不单是政治行为体的产物,同时也是影响政治行为的关键变量。作为行为选择背景的政治制度,既能够约束政治行动者的观念与行为,也可以引导政治观念的生成转向与政治行为的路径选择,甚至还会内化为能动者的自觉意识与主动遵循。

政治制度的上述内涵与本质,内在规定了政治制度的突出特性与基本类型。就特征而言,新制度主义政治学者所关注的制度主要具备以下属性:其一,结构性。政治制度并非构成要素的碎片集合,

---

① 马雪松:《新制度主义政治学十讲》,中国社会科学出版社,2023年,第13—14页。

而是呈现明显的内部层次性、外部宏观性和相互关联性。其二,稳定性。政治制度对于秩序状态和权力关系固化的追求,赋予其鲜明的稳固特性。同时,政治制度中的既有权力关系在一定程度上也会在剧烈的正反馈过程中得以强化并促使制度巩固。[①]其三,约束性。作为权力结构和行为选择背景的政治制度,以政治权力为保障并通过规制或塑造政治观念与行为,将关联主体稳定在一定秩序之内。其四,观念性。制度与观念虽存在明显区别,却相伴而生、互相构建。政治制度既是特定观念的产物与载体,又有助于推进观念的重塑与传播。此外,从政治制度的类型来看,基于内涵、本质与特征的分析,可将其划分为规则型制度与组织型制度、正式制度与非正式制度、单一制度与复合制度。需要指出的是,关于政治制度的类型学划分并不绝对也难以周延,随着划分标准的变化自然会产生差异性结果。同时,新制度主义政治学的多元流派对于不同制度类型的关注程度与偏好选择也并非完全一致。

(二)新制度主义政治学的历史渊源

推本溯源是分析问题的重要门径,理解新制度主义政治学的基本取法便是探察其由来。尽管部分新制度主义者极力强调与旧制度主义的显著差异,试图严守新旧之防以避免范式混淆并彰显身份标识。但毋庸置疑的是,制度分析的历史脉络难以轻易地被人为割断,西方政治学的制度研究传统特别是政治科学中被格式化与标签化的旧制度主义确为新制度主义政治学提供了学术滋养和理论根基。柏拉图对何为好政体的初步思考及亚里士多德对该问题的继续探讨,在表明制度是政治学研究原初议题的同时,也奠定了制度分析在政治学中的重要地位。"总的来看,近代以前及近代发端时政治制度研究的主要对象是城邦、政体和主权国家。"[②]肇兴于19世纪末与20世

---

① [美]保罗·皮尔逊:《时间中的政治:历史、制度与社会分析》,黎汉基、黄佩璇译,江苏人民出版社,2014年,第36页。
② 马雪松:《新制度主义政治学十讲》,中国社会科学出版社,2023年,第44页。

纪初的现代政治科学在初创之时仍深受古典传统影响,这也直接反映在政治制度研究领域。在1900年至1950年的政治制度研究中,政治组织及与之相关的宪法法律与正式制度如"国家、主权、联邦制和立宪政体"等成为研究者的主要关注对象和重点探讨议题。①这一时期的制度研究范式,被新制度主义者视为旧制度主义。概括而言,基于描述性分析且相对缺乏解释功能的旧制度主义带有浓厚的哲学、历史学与法学色彩,在议题选择与研究路径等方面呈现出法律主义、结构主义、整体主义、历史主义、规范分析等鲜明特征。②

20世纪中叶以后,美国政治学在两次世界大战期间"重申科学主义"③的基础上掀起了影响深远的行为主义和理性选择理论革命,逐渐脱离历史学的政治科学日益将社会学等视作可靠同盟。④在此背景下,原有关于国家或正式制度的分析逐渐被个体行为研究所排挤,在较短时间内大量减少甚至陷入沉寂。然而,行为主义和理性选择理论在提升政治学的科学化水平及弥补传统制度研究不足的同时也显露出天然缺陷。在其指导下形成的以背景论、化约论、功利主义、功能主义、工具主义为重要特征的政治科学理论,⑤不仅难以解释政治运作的完整逻辑,也存在将政治学引入歧途的风险。因此,上述两场革命对于制度的忽视乃至轻视埋下了此后制度研究复兴的种子,成为新制度主义政治学兴起的关键背景。及至20世纪六七十年代,从经济学、社会学、政治学等多个社会科学学科中的理论研究中已经能够发觉制度回归迹象,⑥特别是新制度经济学、历史社会学等具有

---

① [美]贝蒂·H.齐斯克:《政治学研究方法举隅》,沈明明等译,中国社会科学出版社,1985年,第6页。
② [美]B.盖伊·彼得斯:《政治科学中的制度理论:新制度主义》,王向民、段红伟译,上海人民出版社,2016年,第6—11页。
③ 曾繁正等编译:《西方政治学》,红旗出版社,1998年,第30页。
④ [美]多萝西·罗斯:《美国社会科学的起源》,王楠等译,生活·读书·新知三联书店,2019年,第418页。
⑤ [美]詹姆斯·G.马奇、[挪威]约翰·P.奥尔森:《新制度主义:政治生活中的组织因素》,何俊志等编译:《新制度主义政治学译文精选》,天津人民出版社,2007年,第20—25页。
⑥ 马雪松:《社会科学中的新制度主义政治学:一项学科史考察》,《比较政治学研究》2018年第1辑。

明显制度研究取向的学科或学派的集中显现充分表明制度研究大有
兴盛之势。1984年，马奇和欧森发表的《新制度主义：政治生活的组
织因素》一文树立起新制度主义的旗帜，对于新制度主义政治学的确
立具有标志性意义。此后，历经四十年的快速发展与学术累积，制度
研究已重返西方政治科学的中心位置，流派纷呈与议题延展的新制
度主义显然成为政治制度研究的主导范式。

二、流派与议题：新制度主义政治学的主体形态

　　政治制度概念的多面性与新制度主义兴起的社会科学背景，共
同赋予了新制度主义政治学的多学科基因和多源流属性。来源广泛
的新制度主义者在概念选择、问题偏好、层次划分、理论资源与方法
取向等诸多方面存在差异与分歧，从而造就了新制度主义政治学的
多元流派。然而，归属不同派别的研究者在议题择取方面又展现出
一定共性特征。总的来说，多样的理论流派及其对共通性焦点议题
的集体回答缔构了新制度主义政治学的主体形态与总体格局。

（一）新制度主义政治学的四个流派

　　新制度主义政治学内容繁复已成共识，但在流派划分上却仍存
在争议。基于霍尔和泰勒提出的经典"三分法"并结合新近研究动
态，可将其划分为注重规则、程序与计算的理性选择制度主义，强调
结构、关系与历史的历史制度主义，侧重规范、认知与文化的组织分
析制度主义，以及凸显观念、话语与修辞的建构制度主义。对上述四
个流派的发生路径、内在逻辑与意义评析分别展开探讨，有助于更好
呈现新制度主义政治学的发展脉络与演进特征。
　　第一，以理性选择理论为根基并融合制度分析的理性选择制度
主义，在多学科特别是新政治经济学和新制度经济学的共同滋养与
合力推动下逐步强化身份意识并汇聚为新制度主义政治学的重要流
派，深刻体现了学科之间尤其是政治学与经济学的互动本然。随着

政治科学中实证主义和经验主义的持续升温,理性选择制度主义不断演进且日益衍生出博弈论、组织理论、比较历史分析、政治经济学分析等多重路径。在此过程中,理性选择制度主义者基于理性选择制度分析、结构诱致均衡分析与内生制度变迁分析等核心理论,综合运用分析性叙述、博弈均衡的历史研究、交易成本、否决点等方法工具,延展了关于制度生成、维系与变迁研究的范围与深度。客观地讲,理性选择制度主义既在推动实证政治理论发展、促进政治学与经济学融通、加强新制度主义政治学流派互鉴,以及拓展结构与能动的关系认知等方面展现优长,也在承继理性选择理论、借鉴新制度经济学、弥合新制度主义政治学多元流派纷争,以及融入政治科学等进程中显现不足之处,因而仍需在优化理论、强化应用、转化前沿与深化交流等方面持续发力。

第二,历史制度主义从政治学、历史社会学、比较政治经济学等多重学科脉络的互动交织中广泛汲取理论养分与方法资源,并在兼具历史取向与结构特征、注重国家与社会互动关系的社会科学研究者的持续推动下,日益成长壮大为围绕权力关系、时序要素、制度变迁与观念分析展开研究的学术共同体。在其发展过程中,着重借助比较历史分析方法并依托路径依赖、正向反馈、关键节点等理论模型,深入探讨制度的源起、维系特别是变迁的发生条件、动力机制和持续过程等议题。作为新制度主义政治学的重要流派,历史制度主义在以中观制度分析模式破解重大政治难题、运用历史分析方法解释制度运作逻辑、注重制度与权力的互动关系,以及促进多元流派会通中彰显独特优势,但也存在结构与能动关系处理欠佳、因果机制解释有待精细、观念研究尚不成熟与理论建构能力略显不足等客观局限。为此,还应基于现实问题拓展理论命题、更新分析工具增强理论解释力、细化过程追踪和时序分析并不断拓展资源整合的广度与深度。

第三,根植于社会学制度研究传统与卡耐基学派组织理论中的组织分析制度主义,在组织理论分析的范式嬗变与议题革新背景下逐渐兴起,同时得益于认知心理学、文化人类学与现象学社会学的有力驱动而渐成学术流派。其尤为关注中观维度的组织现象,聚焦组织趋同的合法性机制、制度环境与组织的内在关系、制度变迁等议题,基于制度个体的认识论、方法论制度主义原则与定量研究方法等构建了覆盖多维的理论内核。总体而言,组织分析制度主义拓展了新制度主义政治学的理论维度、方法选项与议题空间,集中表现为关注制度的认知维度、侧重组织理论分析的文化路径、更新制度研究的认识论。当然,在一定程度上忽视权力因素与行为者的能动性、概念界定的模糊性与理论适用的有限性是其难以回避的缺点。因而,注重认知过程中的话语分析、加强制度与行动者的互动关系研究、推进流派间的沟通互鉴成为组织分析制度主义深入发展的重要路径。

第四,源于社会科学"语言学转向"与政治科学"观念转向"的建构制度主义,在受到比较政治学和国际关系学范式转换的深刻影响,以及新制度主义政治学其他流派对于观念的日益重视与持续探讨的强烈推动下,发展为新制度主义政治学的新晋成员。作为其主要分析路径,观念制度主义尤为强调观念在政策制定、制度变迁与制度维系中的能动作用,话语制度主义则着重运用话语分析方法重新阐释利益范畴并揭示制度维系与制度变迁过程中的观念逻辑,而修辞制度主义更为注重借助语义分析、语用分析、叙事分析等语言学方法解释观念与话语在制度维系与制度变迁等议题中的运作机理。整体来看,建构制度主义对于确立观念在制度分析中的主体性地位、丰富内生性制度变迁理论、阐释制度变迁的动态性与渐进性具有积极意义。但也不能忽视其明显短板,如概念界定不清、忽视时间要素、主观倾向严重等。基于此,有待以协调主体性与主体间性关系、提升理论整合度与贯通性、探究结构与能动的微观互动机制等路径推动建构制度主义向前迈进。

(二)新制度主义政治学的三大议题

新制度主义政治学的魅力不仅在于流派的多元取向,更与其呈现差异性与同一性共存、冲突性与共识性同在的学术景象密切关联，这突出表现为不同流派在对制度研究核心问题的关切上展现出趋同性。基于动态视角分析制度是新制度主义者的鲜明风格与显著优势，制度的生成、维系与变迁成为新制度主义政治学内部派别共同关注与集中探讨的重大议题。

第一个议题是制度生成，新制度主义者对其进行了卓有成效的分析，形成了设计、演化与选择三种主要理论模式。从设计观来看，制度生成很大程度上源于制度设计，如政体设计、程序设计与政策设计。这不仅由于人类拥有建构理性并能够习得完备知识，而且还深受计划秩序观念的支持。总的来说，制度设计理论在以构建秩序降低政治生活的不确定性、体现人类对于自身命运的能动作用和彰显政治世界的理性价值等方面意义显著，但也受到理性与知识的有限性、计划秩序的现实阻碍与意外后果的存在等多元挑战。从演化观来看，基于演进理性、有限知识与自发秩序的逻辑前提，制度能够通过演化博弈或社会演进的方式逐步生成。这一理论的鲜明优点，在于拓展了制度生成的解释边界，注重制度生成分析中的传统因素、时间维度与文化背景，并为人类的自由发展提供某种思想支持。然而，忽视权力因素和个体能动性、过度强调传统与历史作用、缺乏对文化要素的严密论证、易受自发秩序自身困境影响成为其明显不足。从选择观来看，制度选择的实质是"对制度约束与个体选择间张力的一种回应"[①]。对此，作为重要分析路径的理性选择制度主义、历史制度主义尤其是建构制度主义进行了大量探索。与上述两种理论模式相比，制度选择观较好地处理了结构与能动的关系并拓宽了制度生成分析视域，在一定程度上弥补了两者的短处。但是，也存在研究定位模糊、对意图之外的制度缺乏解释力等瑕疵。

第二个议题是制度维系，新制度主义者聚焦前提与途径两个层面对其展开广泛探究。所谓制度维系的前提，"是指相对于制度维系

---

① 　马雪松：《新制度主义政治学十讲》，中国社会科学出版社，2023年，第234页。

方式或途径而言的认识基础,同时也是制度维系得以发生的必要条件"①。其中,制度的真实存在、保持稳定与有效运转既是制度维系的内在要求,也是判定制度维系的重要标准,而一定的历史过程及制度的内部变量与外部参数为制度维系提供了必要支撑。在此基础上,考察制度维系的关键途径成为该议题研究的核心内容。基于对新制度主义政治学相关研究成果的归纳与概括,并深受组织分析制度主义研究者的有益启发,可把路径依赖的自我强化、政治权力的强制执行、制度环境的密切配合与观念因素的必要支持视为制度维系的主要路径。

第三个议题是制度变迁,这也是新制度主义政治学研究中的关键维度与困难所在。长期以来,新制度主义者围绕制度变迁的基本含义、动力机制和主要方式进行深入解析并取得了较为丰硕的成果。从基本含义来看,均衡、演化与历史是审视制度变迁的三重视角,依此分别将制度变迁视为断裂阶段、连续过程和包含上述两者的集合。"在承认制度变迁丰富内涵的前提下,可以将制度变迁理解为制度在生成之后,受到某些因素的影响,随着时间的推移而脱离既有轨迹的过程。"②从动力机制来看,权力关系、制度结构与观念因素及其相互作用对于推动制度变迁至关重要,构成了制度变迁动力机制分析的整体性框架。从主要方式来看,以制度变迁的动力来源、权力关系与激励机制、速度与剧烈程度、方向是否合意作为划分标准,将变迁方式主要分为外生变迁与内生变迁、强制变迁与诱致变迁、激进变迁与渐进变迁、合意变迁与意外变迁。

三、张力与趋势:新制度主义政治学的未来向度

20世纪70年代以来尤其是1984年至今,新制度主义政治学由兴

① 马雪松:《新制度主义政治学十讲》,中国社会科学出版社,2023年,第244页。
② 马雪松:《新制度主义政治学十讲》,中国社会科学出版社,2023年,第281页。

起走向繁盛。在体验发展成就之时也应意识到,新制度主义政治学始终没有摆脱内部矛盾与外部挑战。因此,在认真对待新制度主义政治学内在张力的基础上不断汲取前进动力,并探索继续发展的未来图景尤为重要。

(一)新制度主义政治学的内在张力

"如果说在今天的社会科学的诸多分支之间存在某个统一的主题的话,那就非制度研究莫属。"[①]政治制度研究中的新制度主义,自滥觞之时便具有鲜明的跨学科印记且始终在社会科学各学科的互动影响中不断成长。因此,以"现实主义取向的理性与经验的划分、实证主义取向的解释与诠释的划分、个体主义取向的结构与功能的划分"[②]为基本内容的社会科学背景与脉络,在很大程度上赋予了新制度主义政治学内在张力。在塑造新制度主义政治学的多流派形态与竞争性观点的同时,也为其发展提供了强劲且持久的动力。

一方面,体现为结构(structure)与能动(agency)之间的张力。结构与能动的关系也可大致理解为客体与主体、整体与个体的关系,主要"涉及究竟是整体还是个体在社会事实的确立上发挥主导作用"[③]。关于上述问题的思考,成为社会科学的核心问题与永恒困惑。这一社会科学中的基础背景投射于制度研究中,突出反映为结构维度的制度与能动层面的个体行为者之间的张力。在此影响下,新制度主义政治学的内部流派在对个体能动性与结构约束性及其相互关系的认知方面存有分歧,进而呈现为适宜逻辑与后果逻辑的差别、文化路径与算计路径的分野。因此,处理结构与能动的关系成为新制度主义政治学理论建构中的重要内容。在研究过程中,不应将结构与能动视为非此即彼的存在,而需把两者置于对立统一视角下加以审视

① 唐世平:《制度变迁的广义理论》,沈文松译,北京大学出版社,2016年,第2页。
② 马雪松:《社会科学中的新制度主义政治学:一项学科史考察》,《比较政治学研究》2018年第1辑。
③ 马雪松:《新制度主义政治学十讲》,中国社会科学出版社,2023年,第70页。

并在其互动融合中推进理论创新。

另一方面,表现为解释(explanation)与诠释(interpretation)之间的张力。社会科学与自然科学均属科学研究,但两者仍存在显著差异。与自然科学相比,社会科学特别是政治科学在研究中面临"资料获取"难题并易受"隐含价值"和"中立性的虚构神话"①等影响。因而,社会科学的科学性问题被反复提及,由此在社会科学研究途径层面形成了类自然科学式的解释与人文科学取向的诠释之间的张力。不但影响了新制度主义政治学不同流派的研究途径,还触发了派别间的争论甚至攻讦。例如,根植于经济学土壤的理性选择制度主义倾向于以解释路径探究制度逻辑,富有史学色彩的历史制度主义则在因果机制分析中更愿拥抱诠释途径。事实上,诠释或理解"旨在拈出一种认识模式,这种模式与自然科学的客观认识不同,但在正当性、严格性和真实性上却并不逊色"②。当然,如果诠释超过一定界限便"被认为是不好的诠释或勉强的诠释"③。因此,新制度主义政治学的深入演进应兼顾科学化与人文化双重取向,既不能完全抛弃科学抱负也无需对诠释带有偏见。

(二)新制度主义政治学的发展趋势

新制度主义政治学不仅诞生于社会科学的宏观背景之下,而且在社会科学分支学科的互动交流与互鉴融合中加速演进。因此,也必然要基于社会科学的全局视野与整体脉络把握其演进趋势。总体而言,社会科学视域下的新制度主义政治学需立足"超越新与旧"④的立场,坚持问题导向、开放包容与博采众长等基本原则,在尊重与承

---

① [英]安德鲁·海伍德:《政治学》,张立鹏译,中国人民大学出版社,2006年,第20—21页。
② [法]安托万·普罗斯特:《历史学十二讲》,王春华译,北京大学出版社,2018年,第157页。
③ [英]斯特凡·柯里尼编:《诠释与过度诠释》,王宇根译,生活·读书·新知三联书店,2005年,第155页。
④ 马雪松:《超越新与旧:新制度主义政治学的传统渊源与演进脉络》,《理论探索》2019年第2期。

袭制度研究的多学科基因与多源流属性基础上,于历时性维度打破新旧对立,并从共时性维度打通学科藩篱,沿着交叉融合之势持续前行。具体而言,主要包括以下三种发展趋势:

第一,在多元研究取向的相互整合中构建整体性制度理论。新制度主义政治学内容丰富且流派多样,不同流派分别具有的多学科背景又进一步增添其复杂性与差异性,从而使之呈现极为显著的多元取向特征。多元取向的整合既包括三大基础性流派即理性选择制度主义、历史制度主义与组织分析制度主义的彼此融合,也涉及对新兴流派即建构制度主义的修正完善与拓展补充。其中,凝练新制度主义政治学不同流派的主要特征并明确多元取向内涵是实现理论整合的重要前提。在此基础上,从分析视角、问题意识等方面“将多个流派的基本观点内化为制度分析的关键要点,由此推进形成相对统一的新制度主义范式”①。

第二,在某一理论流派的主导下促进各流派有机贯通。相比于前述发展图景,这种趋势同样希冀建构统合型制度理论。不同的是,其尤为强调单一流派对于其他派别的吸纳作用,并且更加凸显个别流派在理论重塑过程中的中心地位。在新制度主义政治学的多元流派中,理性选择制度主义与历史制度主义所具有的强大整合能力,使其成为担负理论贯通任务的两大流派。一方面,理性选择制度主义的主导功能在很大程度上与其在理论提炼、领域拓展与框架搭建方面的优势密切相关。另一方面,历史制度主义在理论整合中的核心地位不仅源自其融通传统政治学资源和多元制度分析路径,而且得益于同建构制度主义的广泛对话。

第三,推动新制度主义迈向制度逻辑理论。在关于新制度主义走向何方的思考中,社会学与管理学研究者提出了制度逻辑这一“基于但亦有悖于新制度理论”②的兼具新颖性与整合性的视角,并以之

---

① 马雪松:《新制度主义政治学十讲》,中国社会科学出版社,2023年,第315页。
② [法]帕特里夏·H.桑顿等:《制度逻辑:制度如何塑造人和组织》,汪少卿等译,浙江大学出版社,2020年,序言,第8页。

为基础建构制度逻辑理论从而推动新制度主义转型。从新颖性来看,作为比较性分析框架的制度逻辑在归纳与比较已有制度理论基础上,广泛吸收文化工具箱等有益资源,从而为阐释制度如何塑造行动者问题供给更具包容性与综合性的答案。从整合性来看,制度逻辑理论从微观、中观、宏观及其相互作用的角度开展理论建构,形成了跨越多系统、多层级、多要素的理论模型,在一定程度上促进了新制度主义的丰富与发展。

四、评价与讨论

对《新制度主义政治学十讲》的核心问题、基本逻辑与主要观点等进行宏观性梳理与概要性介绍,有益于在呈现该书总体轮廓的同时展示其要旨。在此基础上,还应就该著作的研究特点及其承载的重要学术意义予以评价,并且围绕有待思考的主要问题展开初步讨论。

(一)新制度主义政治学研究的融通创新之作

新制度主义政治学作为当代西方政治制度研究的主导范式,自其兴起以来便备受关注并成为学术研究中的热门领域。国外学界的相关研究十分丰富,特别是21世纪以来"制度研究文献的极大扩展,使公允评价这一领域的发展极为困难"[①]。其中,美国学者彼得斯所著《政治科学中的制度理论:新制度主义》与韩国学者河连燮的著作《制度分析:理论与争议》极具代表性。两书之学术价值与启发意义显而易见,但在研究的逻辑性与深入性等方面也存有提升空间。与国外研究相比,国内新制度主义政治学研究在数量方面相对有限。虽渐由研究初期的零散性引介与探索性分析走向深入化与系统化阐

---

① [美]B.盖伊·彼得斯:《政治科学中的制度理论:新制度主义》,王向民、段红伟译,上海人民出版社,2016年,第三版序,第Ⅴ页。

述,但仍鲜有体系化与集成性研究。作为国内该领域最新著作的《新制度主义政治学十讲》,是马雪松教授在长期深耕新制度主义政治学研究基础上写就的融通创新之作。总体而言,在融通中推进理论创新即注重融汇社会科学领域相关研究之长处并贯通新制度主义政治学古今之变化而凝练成一家之言,成为该书的显著特征与重要贡献。

　　流派多元的新制度主义政治学理论交织、方法缠绕且充斥歧异见解,社会科学的宏观背景及各学科间的跨越交叉使其更为复杂多变。因此,系统性厘清新制度主义政治学的来龙去脉与内在逻辑并构建一般性制度理论绝非易事。该书以强烈的问题意识为引领,围绕新制度主义政治学这一核心对象展开长时段、广视域、宽领域、多层次的融通性研究。概言之,既在全面考察新制度主义的历史、现实与未来中促成了脉络会通,也将新制度主义置于社会科学的全局背景与分支学科的互动交融视野下予以整体审视。不仅从宏观、中观与微观等不同层次通盘把握新制度主义所涉及的诸多要素,如流派与议题、理论与方法、概念与类型等,也在兼顾统一性与多样性中展现出核心议题集中探讨与多元流派分类研究并存的学术格局,还秉持逻辑与历史相统一,将批判思维、反思意识、理论抱负与科学精神贯穿于浩瀚文献的历史考察之中,实现了述与评相得益彰、史与论有机结合。此外,该书还彰显出其他创新意蕴,进一步拓展与深化了新制度主义政治学理论研究。例如,在全面搜集、及时跟踪、系统整理、比较筛选、归纳概括与评析升华新制度主义政治学研究成果的基础上呈现新近学术动态、搭建全新理论框架并提出大量原创性观点。

(二)新制度主义政治学与构建中国政治学自主知识体系

　　《新制度主义政治学十讲》在作出上述重要学术贡献的同时,也为国内学界继续思考与该书所涉及研究领域相关的重点问题提供了有利契机。其中,新制度主义政治学与构建中国政治学自主知识体系之关系尤为值得探讨。

　　首先,理论创新和知识进步难以凭空产生,"而是在科学遗产的基础上发展出来的"①。中国政治学自主知识体系的构建不仅要依托中国本土知识,也应广泛吸收借鉴包括新制度主义政治学在内的一切人类创造的有益学术成果。"真正属于中国人自己的政治学理论","决不是在闭关自守中产生的,而是在与国外的理论学术的广泛交流和对话中逐步积累和成长出来的"。②以此观之,新制度主义政治学与构建中国政治学自主知识体系并不是截然对立关系。在翻译与研究西方新制度主义政治学最新成果的过程中增进理论认知、加强学术对话并推动知识互鉴,对于中国政治学自主知识体系建构具有重要价值。

　　其次,构建中国政治学自主知识体系"要以中国为根据对国外政治学加以理解、采择、扬弃和消化"③。中国与西方国家在政治制度、历史文化等诸多方面存在着本质差异,生长于西方土壤的新制度主义政治学绝非完美无缺而是具有理论局限与方法短板。例如,历史制度主义的渐进性制度变迁理论有助于为中国制度变迁研究提供积极参考,但是却难以完全契合中国制度实践。④因此,在立足中国实际的基础上以批判意识和审慎态度对待新制度主义政治学尤为关键,从而避免盲目照搬、随意套用与机械模仿。

　　最后,中国政治学自主知识体系的建构既不是把西方政治学知识简单拿到中国,也不是"仅仅把精力花在寻找中国经验的独特性然后将之作为西方社会科学理论的注脚"⑤,而是要注重从中国出发并以中国为方法探索具有中华文化主体性和本土适用性的理论成果。

---

①　[法]马太·杜甘:《比较政治学:马太·杜甘文选》,李洁等译,社会科学文献出版社,2006年,第275页。

②　何俊志等编译:《新制度主义政治学译文精选》,天津人民出版社,2007年,序言,第4页。

③　王炳权、杨睿智:《论建构新时代中国政治学自主知识体系》,《新视野》2023年第1期。

④　马得勇:《历史制度主义的渐进性制度变迁理论——兼论其在中国的适用性》,《经济社会体制比较》2018年第5期。

⑤　王学典:《本土化是大国学术的必然选择》,《济南大学学报(社会科学版)》2017年第1期。

由此来看,对于新制度主义政治学与构建中国政治学自主知识体系之关系的探讨,更应该从为本土政治制度理论乃至本土化制度政治学的确立与发展寻求有益启示的角度展开。例如,可以从"概念构建、方法运用、议题扩展"①等方面思考建构制度主义的本土意义。

---

① 　马雪松、冯修青:《新制度主义政治学的建构主义转向》,《政治学研究》2023年第4期。